全本全注全译丛书

中华经典名著

杜　斌◎译注

岁时广记 下

中华书局

目录

下册

卷二十四

朝节

【题解】

本卷有《朝节》与《天贶节》。朝节，即夏至，二十四节气之一。夏至作为古代节日，宋朝在夏至之日始，百官放假三天，回家休息娱乐。辽代则称为"朝节"。卷首一段总叙文字概说朝节之义。其条目均为朝节时俗节物，主要有朝节祈福"着五彩""施朱索""求百饭""改井水"等；朝节宜忌之事"禁举火"；朝节食疗滋补"颁冰酒""吞暑苻""饵硫黄""服丹药"等；朝节节令物品"进粉囊""结杏子""作净馔"等；朝节奇闻异事"验猫鼻""跃井水"等。

《图经》云："池阳风俗，不喜端午而重夏至。以角黍、舒雁往还①，谓之朝节。"《岁时杂记》云："濒江州郡皆重夏至②，杀鹅为炙以相遗，村民尤重此日。"

【注释】

①舒雁：鹅的别称。《礼记·内则》："舒雁翠，鹄鸮胖。"郑玄注："舒雁，鹅也。"

②濒：靠近，临近。江：指长江。

【译文】

《图经》记载："池州风俗，不喜爱端午节而看重夏至。用粽子、大鹅相互馈赠，称为朝节。"《岁时杂记》记载："靠近长江的州郡都看重夏至，把鹅杀了烤炙后相互馈赠，村民特别看重这一天。"

颁冰酒①

《会要》②："唐学士初上赐食③，悉是蓬莱池鱼鲙④。夏至，颁冰及酒，以酒味浓，和冰而饮。"李德裕诗云："荷净蓬池鲙，冰寒郢水醪⑤。"盖禁中有郢酒坊。

【注释】

①颁：颁发，分赏。

②《会要》：书名。不详待考。

③赐食：多指皇帝宴请臣下。

④蓬莱池：池名。在今陕西西安长安区蓬莱宫附近。宋程大昌《雍录·唐东内大明宫》："大明宫地本太极宫之后苑……（高宗时）改名蓬莱宫，取殿后蓬莱池为名也。"鱼鲙（kuài）：生吃的鱼片。

⑤荷净蓬池鲙，冰寒郢水醪：出自李德裕《追梦诗四十韵》，原诗为"荷静蓬池鲙，冰寒郢水醪"。郢水醪，即郢州酒。郢州，又称富水郡，治所在今湖北钟祥。

【译文】

《会要》："唐代皇帝宴请刚晋升的翰林学士，都是用蓬莱池的鲜鱼鲙。夏至，赏赐冰块及酒，因酒味浓郁，与冰块一同饮用。"李德裕诗写道："荷净蓬池鲙，冰寒郢水醪。"大概宫中有郢酒坊。

禁举火

《后汉·礼仪志》："夏至，禁举火，作炭鼓铸、消石冶皆止[①]。"

【注释】

①作炭鼓铸：即烧炭和冶炼。消石冶：停止硝石冶炼。消石，即硝石。
　制造火药的原料之一。

【译文】

《后汉书·礼仪志》："夏至日，禁止生火，也禁止烧炭和冶炼、硝石
冶炼。"

进粉囊

《酉阳杂俎》："北朝妇人，夏至，进扇及脂粉囊，皆有辞[①]。"

【注释】

①辞：祝辞。

【译文】

《酉阳杂俎》："北朝的妇女，夏至日，进献扇子以及粉脂囊，赠送时需附
上吉祥诗句或祝辞。"

结杏子

《文昌杂录》："唐岁时节物，夏至则有结杏子[①]。"

【注释】

①结杏子：指夏至时节杏子成熟结果。唐代夏至的重要时令食物，

可鲜食或制成果脯、果酱。

【译文】

《文昌杂录》:"唐代一年中应节的物品,夏至日就有结杏子。"

著五彩

《风俗通》:"夏至日,着五彩,辟兵,题曰'游光厉鬼'①。知其名者,无瘟疾。五彩,辟五兵也。今人取新断织系户②,亦此类也。一云,厉鬼字野重、游光。"

【注释】

①游光:传说中的恶鬼名。《文选·张衡》:"殪野仲而歼游光。"薛综注:"野仲、游光,恶鬼也。"

②断织:《列女传·邹孟轲母》:"自孟子之少也,既学而归。孟母方绩,问曰:'学何所至矣?'孟子曰:'自若也。'母以刀断其织,孟子惧而问其故,孟母曰:'子之废学,若吾断斯织也。'"

【译文】

《风俗通义》:"夏至日,用五彩丝系在手臂上,可以避免兵祸,写上'游光厉鬼'四字。知道这个名字的人,能不染瘟疫。系五彩丝,可以避免兵祸。如今人们用刚剪断的织物系在门户上,也是这种说法。还有一种说法,厉鬼的名号叫野重、游光。"

施朱索

《续汉书·礼仪志》:"夏至,阴气萌作,恐物不成,以朱索连桃印施门户。后世所尚,以为饰也。"

【译文】

《后汉书·礼仪志》:"夏至日,阴气开始萌生,担心万物不能生长,用红绳连接桃木印安放在门旁。后世崇尚这种做法,作为装饰物流传了下来。"

求百饭

《岁时杂记》:"京辅旧俗①,皆谓夏至日,食百家饭,则耐夏。然百家饭难集,相传于姓柏人家求饭以当之。有医工柏仲宣太保②,每岁夏至日,炊饭馈送知识家③。又云求三家饭以供晨餐,皆不知其所自来④。"

【注释】

①京辅:京城及其附近地区。

②医工:对医生的一种称谓。

③炊饭:煮饭。馈送:赠送。知识:相识的人,朋友。《墨子·号令》:"其有知识兄弟欲见之,为召,勿令入里巷中。"岑仲勉注:"知识,友人也。"

④自来:由来。

【译文】

《岁时杂记》:"京城及其附近地区有个旧风俗,都说夏至这一天,吃百家饭,就能忍耐夏天的炎热。然而百家饭很难收集,相传可以到柏姓人家求饭,以此代替百家饭。有一个医生柏仲宣太保,每年夏至这一天,煮饭赠送给相识的人家。又有一种说法,求取三家的饭以作早饭,都不知道这些说法的由来。"

作净馔①

《岁时杂记》:"江东僧,以夏至日作净馔,送檀越家②。"

【注释】

①净馔:素斋,佛家素食。

②檀越:梵语音译。施主。

【译文】

《岁时杂记》:"江东的僧人,在夏至这一天做素斋,送到施主家。"

吞暑符

《朝野金载》:"或问不热之道①,答曰:'夏至日,服玄冰丸、飞雪散、六壬六癸符②,暑不能侵。'"

【注释】

①道:法术。

②玄冰丸、飞雪散:疑为古代传说的丹药。据称人服后不怕热。六
　壬六癸符:《奇门遁甲·烟波钓叟歌句解上》注云:"甲辰为'六
　壬',甲寅为'六癸'",则"六壬六癸符",当为甲辰与甲寅日书写
　的符图。

【译文】

《朝野金载》:"有人问不怕热的法术,回答说:'夏至这一天,服用玄
冰丸、飞雪散、六壬六癸符,可以防止暑气侵入。'"

饵硫黄

《孙公谈圃》①："硫黄,神仙药也。每岁夏至、三伏日②,必饵百粒,去脏腑中滞秽,甚有验焉。客因与公言曰:'夫硫黄之与钟乳,皆生于石,阳气溶液凝结而就。石,阴也。夏至阳发乎地,相薄而不和③,故聚为大热之药④。硫黄伏于石下,泉源所发则蒸为汤⑤,其沸可以烹饪,是宜服之杀人,粉以为剂,老幼皆可服。得火者多发为背疽⑥。若钟乳生岩穴,流如马涎⑦,结如鹅管⑧,虚圆空中⑨,若不足畏者,然不待火研,以玉槌七昼夜不息,而其性燥怒不解,甚于硫黄。昔夏文庄公服药粥⑩,有小吏食其余,流血而殂⑪,用此二药也。硫黄信有验,殆不可多服。若陆生韭菜,柔脆可菹⑫,则名为草钟乳;水产之茨⑬,其甘滑可食⑭,则名水硫黄。岂二物亦性之暖欤? 不然,徒盗其名也。'公抚掌而笑。"

【注释】

①《孙公谈圃》:三卷,刘延世笔录所闻于孙升之语。该书多记元祐年间朝廷遗闻、士大夫轶事。孙升(1038—1099),字君孚,高邮(今属江苏)人。元祐中官中书舍人,绍圣初谪汀州。刘延世父时知长汀,刘延世随其父,得与孙升交游,因而记录孙升的话,编为此书。

②三伏日:即一年中最炎热的时候。夏至后第三个庚日起为初伏,十天;然后是中伏,十天或二十天;再后是末伏,十天。

③相薄:相迫近,相搏击。

④大热之药:指药性大热的药材。

⑤泉源:泉水的源头。

⑥背疽：泛指生于背部的有头疽。

⑦马潼（dòng）：底本作"马潼"，据《孙公谈圃》改。马乳。亦指用
　马乳酿成的酒，即马奶酒。

⑧鹅管：石钟乳的别名。因其中空轻薄如鹅翎管，故称。

⑨虚圆空中：强调鹅管石的中空特性。由于水流沿管壁外缘结晶，
　中心部分逐渐封闭形成空心结构，古人观察其"虚圆"形态，形容
　其通透轻盈。

⑩夏文庄公：即夏竦（985—1051），字子乔，谥"文庄"。北宋大臣、
　文学家。

⑪殂（cú）：死亡。

⑫菹（jū）：腌菜。

⑬芡：多年生草本植物，生在水池中，全株有刺，叶子圆形，像荷叶，
　浮在水面。花紫色，浆果球形，略像鸡头，种仁可以吃，根、花茎、
　种仁可入药。也叫鸡头。

⑭甘滑：鲜美柔滑。

【译文】

《孙公谈圃》："硫黄，是神仙药。每年夏至、三伏日，一定要服食上
百粒，能够去除脏腑中积滞的脏物，很有效果。有位客人于是对孙公说：
'硫黄与钟乳石，都产于岩石中，由阳气促使溶液中的矿物质凝结沉淀
形成。石，属阴性。夏至时阳气从地下升发而出，与阴性岩石相互搏击
难以调和，因而聚合成为药性大热的药材。硫黄埋藏于岩石之下，泉水
涌出地表时被加热成热汤水，热的程度可以用来煮饭，直接服食生硫黄
能致人死亡，研磨成粉末制成药剂，老少都能服用。体内虚火旺盛的人
服用易发背疽。如钟乳石生长在岩穴中，钟乳石表面湿润如乳汁缓慢滴
落，形成鹅翎管，外圆中空，看似表面性质平和，如果未用火煅烧，用玉棒
连续研磨七天七夜，经此处理后药性燥烈不会消解，甚至超过硫黄。以
前夏文庄公服食药粥，有个小吏吃了剩下的药粥，流血而死，就用了这

两种药物。硫黄确实有效验,恐怕不能过多服食。如陆地生长的韭菜,柔软脆嫩可以腌菜,就称为草钟乳;水里生长的芡实,鲜美柔滑可以食用,就称为水硫黄。难道韭菜和芡实这两种植物也真的具有温热的性质吗?如果不是,那它们不过是徒有虚名罢了。'孙公听后拍手而笑。"

服丹药

《琐碎录》:"金液丹①,硫黄炼成,乃纯阳之物②。夏至,人多服之。"又《本草》:"蝼蛄,一名蟪蛄③,一名天蝼④,出肉中刺。生东城平泽中⑤,夜出者良。夏至日取,曝干。"《孙真人方》云⑥:"治箭镞在咽喉、胸臆及针刺不出⑦。以蝼蛄捣取汁,滴上三五度⑧,箭头自出。"

【注释】

①金液丹:方剂名。一种用少许硫黄制成的药物,其主治功能是除久寒痼冷,补劳伤虚损。

②纯阳:纯一的阳气。古代以为阴阳二气合成宇宙万物。火为纯阳,水为纯阴。

③蟪蛄(huì gū):蝉的一种。体短,吻长,黄绿色,有黑色条纹,翅膀有黑斑,雄的腹部有发音器,夏末自早至暮鸣声不息。

④天蝼:即蝼蛄。

⑤东城:秦始皇始置东城县(今安徽定远朱马乡下马浦),属九江郡。东汉恢复西汉旧名,东城县改属下邳郡,东汉末,属东城郡。平泽:平湖,沼泽。

⑥《孙真人方》:孙思邈撰。

⑦箭镞(zú):箭头上的金属尖物。胸臆:即"胸膈"。泛指胸腹。

膈,膈膜。

⑧度:次。

【译文】

《琐碎录》:"金液丹,用硫黄炼制而成,是纯阳之物。夏至日,人们大多服用它。"又有《证类本草》:"蝼蛄,又名蟪蛄、天蝼,可以去除扎进肉中的刺。生长在东城县的沼泽中,夜里出来活动的蝼蛄药用效果好。夏至日收取,晒干。"《孙真人方》记载:"治疗箭镞卡在咽喉、胸腹处以及针刺进肉里拔不出。把蝼蛄捣碎取汁,滴上三五次,箭头能自己出来。"

验猫鼻

《酉阳杂俎》:"猫目睛旦暮圆①,及午,竖敛如綖②。其鼻端常冷,唯夏至一日暖。猫洗面过耳,则客至。猫一名蒙贵,一名乌员。"

【注释】

①目睛:眼珠。

②綖(xiàn):古同"线"。

【译文】

《酉阳杂俎》:"猫的眼珠早晨和傍晚变圆,到了中午,就竖成一条线。猫的鼻头经常是凉的,只有夏至这一天是暖的。猫洗脸时爪子抓过耳朵,就会有客人来。猫又称蒙贵、乌员。"

改井水

《续汉书·礼仪志》:"夏至日,浚井改水①。冬至日,钻燧改火^②。可去温病^③。"

【注释】

①浚井：淘井。

②钻燧改火：古时钻木取火，因季节不同而用不同的木材。《论语·阳货》："旧谷既没，新谷既升，钻燧改火，期可已矣。"何晏集解引马融曰："《周书·月令》有更火之文：春取榆柳之火，夏取枣杏之火，季夏取桑柘之火，秋取柞楢之火，冬取槐檀之火。一年之中，钻火各异，故曰改火也。"后仅于寒食后二日为之，并成为习俗。

③温病：病证名。感受风寒而引起的热病的总称。《素问·生气通天论》："冬伤于寒，春必温病。"

【译文】

《后汉书·礼仪志》："夏至日，淘井换水。冬至日，钻火的燧木也改用新的。这样可以去除温病。"

跃井水

《春秋考异邮》^①："夏至，井水跃。"

【注释】

①《春秋考异邮》：又名《春秋纬考异邮》《春秋考异》，《春秋纬》的一种。该书大体上说灾异及人事相通之道，而以《春秋》之事为依据。说风雨气候及物象变化与人事政教相应，天垂现象，以见吉凶，考其灾异祯祥，天人通邮，符应不爽，故名《考异邮》。

【译文】

《春秋考异邮》："夏至日，井水飞跃。"

天贶节

【题解】

天贶节,农历六月初六。传说宋真宗耻于澶渊之盟,为了巩固自己的统治地位,伪托梦见神人,当降天书以示天瑞。后果然于正月及六月,两次降天书于京师及泰山,其实均系伪造。于是,宋真宗将第二次降天书的六月六日定为天贶节。南宋时,又定六月六日为崔真君诞辰。这一天除了降香设醮,祭祀崔府君神灵外,主要的节日活动是避暑游玩,借机行乐。第一段文字概说天贶节之义。其条目均为天贶节时俗节物,主要有天贶节祭祀祈福"谒圣祖""诏醮设""宜禳袚"等;天贶节食疗滋补"服豨莶""收瓜蒂""造神曲""煎楮实""酿谷醋"。

《国朝会要》曰:"祥符四年正月①,诏以六月六日天书再降日为天贶节②,在京禁屠宰九日。诏诸路并禁③,从欧阳彪之请也④。"

【注释】

①祥符:即大中祥符,为宋真宗年号(1008—1016)。

②天书:上天或神仙所降赐的书。

③路：宋、金、元行政区划名。宋初为加强中央集权，改唐代道制，分
　　境内为二十一路。

④欧阳彪：人名。不详待考。

【译文】

《国朝会要》记载："大中祥符四年正月，朝廷下诏把六月六日天书
再次降临之日定为天贶节，在京城禁止屠宰九日。诏令各路一并禁止屠
宰，这是听从了欧阳彪的上奏请求。"

谒圣祖

《嘉泰事类·仪制》："令诸州立圣祖殿①，天贶节，州长
吏率在城官朝谒②。"

【注释】

①圣祖殿：宋太祖赵匡胤在宋朝南京（今河南商丘）所建的赵宋宗庙。

②朝谒：入朝觐见。此指前往参拜。

【译文】

《嘉泰条法事类·仪制》："诏令各州设立圣祖殿，天贶节时，州长吏
率领在城的官员前往圣祖殿参拜。"

诏醮设①

《国朝会要》："祥符元年六月六日，天书降兖州泰山醴
泉②。二年五月八日，诏曰：'其六月六日天书降泰山日，宜
令醮设。'"

【注释】

①醮（jiào）设：谓斋醮设祭之事。

②兖州：西汉置，辖境相当今山东西南部及河南东部之地。刘宋元嘉十三年（436）移治瑕丘城（今山东兖州）。北宋时期，泰山地区属兖州管辖。泰山醴（lǐ）泉：一位于泰安上河桥西侧天书观遗址内，二位于泰山岱庙内。

【译文】

《国朝会要》："大中祥符元年六月六日，天书降于兖州泰山醴泉。大中祥符二年五月八日，朝廷下诏：'六月六日天书降于泰山之日，应当下令斋醮设祭。'"

赐休假

《国朝会要》："祥符二年六月，诏在京诸州六月六日并赐休假一日。前此遣中使诣宰臣王旦第①，特令中外赐假②。"至今以为休务。

【注释】

①中使：官中派出的使者。多指宦官。诣：前往。宰臣：帝王的重臣，宰相。王旦（957—1017）：字子明，谥文正，大名莘县（今属山东）人。太平兴国进士，淳化二年（991）累迁知制诰，景德三年（1006）拜相。

②中外：朝廷内外，中央和地方。赐假：经皇帝批准而给与假期。

【译文】

《国朝会要》："大中祥符二年六月，朝廷下诏让京城及各州六月六日都赐给官员百姓休假一日。在此之前，朝廷派宦官前往宰相王旦府第，特令朝廷内外都赐给假期。"至今六月六日仍休假。

罢朝谒

《容斋五笔》："大中祥符之世，谀佞之臣^①，造为司命天尊下降及天书等事^②，于是降圣、天庆、天祺、天贶诸节并兴^③。始时京师宫观，每节斋醮七日，旋减为三日，为一日，后不复讲，百官朝谒之礼亦罢。今中都未尝举行^④，亦无休假，独外郡必诣天庆观朝拜^⑤，遂休务，至有前后各一日。此为敬事司命殆过于上帝矣^⑥，其当寝明甚^⑦，惜无人能建白者^⑧。"

【注释】

①谀佞：奉承献媚的人。

②造：鼓噪，煽动。司命：神名。掌管生命的神。下降：下凡。天书：上天或神仙所降赐的书。

③降圣：即降圣节。又称玄元节、真元节、老君诞等，是太上老君的降诞之日。天庆：即天庆节。大中祥符元年（1008）十一月，宋真宗下诏规定以正月初三（天书初降日）为天庆节，休假五日，不扫地、不乞火，不汲水，与岁朝相同。天祺：即天祺节。原称"天祯节"，后因避仁宗讳改名。节期在夏历四月初一。宋真宗因耻于"澶渊之盟"，欲假借天瑞镇服四方，遂伪称大中祥符元年（1008）四月初一"天书"再降内廷功德阁，因于天禧元年（1017）定立此日为"天祯节"。是日，诸宫观均建道场设醮，宗室近臣例赴上清宫行香，各级官衙休假一天，禁屠宰和行刑一天。天贶：即天贶节。

④中都：京城。

⑤天庆观：宋真宗大中祥符二年（1009）七月，下令天下各州县建天庆观，供奉三清帝君。

⑥敬事：恭敬奉事。殆：几乎。

⑦寝：停止。

⑧建白：谓对国事有所建议及陈述。

【译文】

《容斋五笔》："大中祥符年间，一些奉承献媚之臣，煽动说掌管命运的天尊下凡以及天书等事，于是降圣、天庆、天祺、天贶等节一并兴起。起初在京城的宫观，每个节日都要设坛祈祷斋戒七天，不久减为三天，减为一天，后来就不再举行了，百官朝拜神仙的礼仪也取消了。如今京城不再举行与这些节日有关的活动，官员也不休假，只是京城以外的州郡每遇节日必到天庆观朝拜神仙，于是就停止公务，有些地方节前节后各放假一天。这是恭敬地奉事司命，几乎超过上帝了，其实这类活动明显应当停止，可惜没有人能向皇帝提出建议。"

宜禳袚①

《道藏经》②："六月六日为清暑之日③，崇宁真君降诞之辰④。"《正一朝修图》曰："六月六日，真武灵应真君下降日⑤，护国显应公诞生之日⑥，大宜禳袚。"

【注释】

①禳袚（ráng guì）：为消灾除病而祭祀。

②《道藏经》：即《道藏》。

③清暑：消除暑热，避暑。

④崇宁真君：宋徽宗于崇宁三年（1104）加封三国名将关羽为崇宁真君。

⑤真武灵应真君：宋真宗天禧年间加封真武大帝为真武灵应真君。真武大帝，道教所信奉的真武神。下降：敬词。犹言降临，光临。

⑥护国显应公:宋仁宗景祐二年（1035）加封崔府君为护国显应公。

崔府君,一说为崔珏,字子玉,原为唐朝官员,后逐渐被神化。

【译文】

《道藏经》:"六月六日为避暑之日,是崇宁真君诞生之日。"《正一朝修图》记载:"六月六日,是真武灵应真君降临之日,护国显应公诞生之日,非常适宜为消灾除病而祭祀。"

献香楮①

《东京梦华录》:"崔府君庙②,在京城北十五里。世传府君以六月六日生,倾城具香楮往献之③。本庙在磁州④,是日尤盛。事具碑记。"

【注释】

①香楮（chǔ）:祭神鬼用的香和纸钱。

②崔府君:民间所敬之神。据诸书记载,实为唐代之地方官,因有德政,死后为当地人民所奉祀。相传崔府君在世时即昼理阳,夜治阴,死后奉为主幽冥之神,或列为东岳大帝之辅佐。

③倾城:全城,满城。

④磁州:今河北磁县。

【译文】

《东京梦华录》:"崔府君庙,在京城往北十五里。世代相传崔府君在六月六日出生,全城的人都买了祭神鬼用的香和纸钱前往祭献。崔府君本庙在磁州,这一天尤其隆重。这件事在碑上有详细的记录。"

服豨莶①

《图经本草》云："豨莶音枚，俗呼火杴草，今处处有之，人亦皆识。春生苗，似芥菜而狭长。秋初有花，如菊。秋末结实，颇似鹤虱②。近世多有单服者，云甚益元气。蜀人服之之法：五月五日、六月六日、九月九日，采其叶，去根茎花实，净洗，曝干，入甑③，层酒与蜜，蒸之，又曝。如此九过，则已气味极香美，熬捣筛蜜丸服之。治肝肾风气④，四肢麻痹，骨间痛，腰膝无力者，亦能行大肠气⑤。惟文州、高邮军者性热无毒⑥，服之补虚，安五脏，生毛发，主肌肉麻痹。妇人久冷，尤宜服之。他州所产者有毒，不宜用。"

【注释】

①豨莶（xī xiān）：一种一年生的草本植物。

②鹤虱：为菊科植物天名精的干燥成熟果实。

③甑（zèng）：古代炊具，底部有许多小孔，放在鬲上蒸食物。

④风气：病名。

⑤大肠气：即大肠胀气，又称腹胀。它是老年人经常述说的消化道症状，为腹腔内胃肠道有大量气体积聚所致。

⑥文州：今甘肃文县。高邮军：今江苏高邮。

【译文】

《图经本草》记载："豨莶读作枚，俗称火杴草，如今到处都有，人们也都认识它。春季生苗，叶像芥菜而更狭长。秋初开花，如同菊花。秋末结实，果实很像鹤虱。近世有很多人单独服用豨莶，说是大补元气。蜀人的服用方法：五月五日、六月六日、九月九日，采叶，去掉根茎、花和果实，洗净，晒干，装入瓶中，分层加入酒与蜜，蒸熟，再次晒干。如此反复九次,气味变得极其香美,经过熬煮、捣碎、研磨、过筛,用蜜制成丸服用。只有文州及高邮军所产的豨莶性热无毒,服用后可以补虚,使五脏安宁,滋生毛发,对肌肉麻痹也有效果。妇人长期体寒,更宜服用。其他州所产的豨莶有毒,不宜服用。"

收瓜蒂

《经验方》:"治遍身如金色:瓜蒂四十九个,须是六月六日收者,丁香四十九个,用甘锅子烧①,烟尽为度,细研为末。小儿用半字吹鼻内及揩牙②,大人用一字吹鼻内,立差。"

【注释】

①甘锅子:即坩埚。古人用细瓷末制的锅,以熔化金、银。

②揩牙:擦拭牙齿。字:中医古药方中称量单位名。

【译文】

《经验方》:"治疗遍身如金色的病症:用瓜蒂四十九个,必须是六月六日采收的,丁香四十九个,用甘锅烧制,直到没有烟为止,细细研为末。小孩用半字吹入鼻内以及擦拭牙齿,大人用一字吹入鼻内,病立马就好。"

造神曲①

《岁时杂记》:"医方所用神曲,皆六月六日造也。其法,以河水和曲作块,如瓦砖状,大小随意。以纸重裹,悬风处,一月可用。和面不得太软。"《本草》云:"曲,味甘,大暖。六月作者,良。"贾相公进《牛经》云②:"牛生,衣不下^③，取六月六日曲末三合，酒一升，灌便下。"

【注释】

①神曲：一种中药。由面粉、麸皮、白术、青蒿、苍耳等经过发酵制成，有帮助消化等功用。

②贾相公进《牛经》：疑为《宋史·艺文志》所载贾耽《医牛经》或贾朴《牛书》一卷。

③衣：胎衣。胎盘和胎膜的统称。此指小牛。

【译文】

《岁时杂记》："医疗处方所用的神曲，都是六月六日制造的。神曲的制造方法，用河水和曲制作成块，如瓦砖形状，大小随意。用纸重重包裹，悬挂在风口，一个月后可用。和面不能太软。"《证类本草》记载："曲，味甘甜，性大暖。六月制作的，效果好。"贾相公上呈《牛经》记载："牛生产时，小牛出不来，取六月六日曲末三盒，酒一升，给牛灌下去后，小牛就出来了。"

煎楮实^①

《经验后方》^②："炼谷子煎法：取谷子五升，六月六日采，以水一石煮，取五升，去滓，微火煎如饧，即用。"陶隐居云："谷子即楮实也，仙方取以捣汁和丹用。"《抱朴子》云："楮实赤者服之，老者少，令人夜能彻视鬼神^③。道士梁顿，年七十乃服楮实者。"久服转为骨软疾。

【注释】

①楮实：楮树果实。可入药。

②《经验后方》:书名。不详待考。

③彻视:一种超常视力。据称能看见屋顶及墙壁之外物件,不受限制。

【译文】

《经验后方》:"炼谷子煎法:取五升谷子,六月六日采收,用一石水烧煮,煮好后剩五升,去除渣滓,微火煎熬至如同饧糖一样,就能使用了。"陶弘景说:"谷子就是楮实,在一些神方中,会用楮实捣汁和寻药一起使用。"《抱朴子》记载:"服用红色的楮树果实,老人可变年轻,使人夜里能彻视鬼神。道士梁顿,年过七十才服用楮实。"长久服用可治骨软病。

酿谷醋

《治生先务》①:"闽人以六月六日造谷醋,合酱豉②,云其日水好。"

【注释】

①《治生先务》:书名。不详待考。

②合:制作。

【译文】

《治生先务》:"福建人在六月六日制造谷醋,制作酱豆豉,说那天水质好。"

卷二十五

三伏节

【题解】

本卷有《三伏节》与《立秋》。三伏，初伏、中伏和末伏的总称。《渊鉴类函·岁时部》："阴阳候曰：'从夏至后第三庚为初伏，第四庚为中伏；立秋后初庚为末伏，谓之三伏。'"自入伏到出伏，约相当于阳历7月中旬到8月中旬，正是我国夏季最热时期，故有"热在三伏"之说。卷首一段总叙三伏节之义。其条目均为三伏节时俗节物，主要有三伏节起源"初祠社""自择日"等；三伏节食疗滋补"取狗精""采狗胆""烧犬齿""饮附汤"等；三伏节宜忌之事"忌迎妇"；三伏节节令典故"赐酒肉""琢冰山""避时暑""结凉棚""噙碧筒"等；三伏节日饮食"飧热粥""尚羊签""烹羊羔""食汤饼"等。

《阴阳书》曰[①]："夏至逢第三庚为初伏，第四庚为中伏，立秋后初庚为末伏，是谓之三伏。曹植谓之三旬[②]。"

【注释】

①《阴阳书》：本指战国时邹衍、邹奭等所作阴阳历律之书。后多指择日、占卜、星相等书。

②曹植（192—232）：字子建，沛国谯县（今安徽亳州）人。曹操第

三子,三国魏文学家。

【译文】

《阴阳书》记载:"夏至后遇到第三个庚日为初伏,第四个庚日为中伏,立秋后第一个庚日为末伏,这就是所说的三伏。曹植称为三旬。"

初祠社

《史记·秦纪》:"德公二年^①,初作伏祠^②。"

【注释】

①德公二年:前676年。德公,即秦德公(前710—前676),嬴姓。春秋时期秦国国君(前677—前676年在位)。

②伏祠:秦时伏日祭祀名。

【译文】

《史记·秦本纪》:"秦德公二年,开始把伏日当作节日祭祀。"

自择日

《汉书》:"高帝分四部之众^①,用良、平之策^②,还定三秦^③,席卷天下^④。盖君子所因者本也^⑤。论功定封^⑥,加金帛,重复宠异^⑦,令自择伏日,不同于风俗也。"

【注释】

①高帝:即汉高祖刘邦(前247—前195),字季,沛县丰邑(今江苏丰县)人。汉朝开国皇帝(前206—前195在位)。四部之众:指汉中、巴、蜀、广汉四郡军队。按应劭《风俗通·户徭》:"汉中、

巴、蜀、广汉,土地温暑,草木蚤生晚枯,气异中国,夷狄畜之,故令自择伏日也。谨按《汉书》,高帝分四都之众,用良平之策,还定三秦,席卷天下,盖君子所因者本也。论功定封,加以金帛,重复宠异,令自择伏日,不同天凡俗也。"汉高祖灭三秦席卷天下之际,这四郡之人曾给予很大帮助,故令自择伏日。

②良、平:即汉高祖刘邦的谋士张良、陈平。

③还定三秦:即还定三秦之战。三秦,关中等地。项羽入关,以故秦关中之地分封章邯、司马欣、董翳等三位秦降将,所以有三秦之称。

④席卷天下:形容力量强大,控制了全国。此指夺取天下。

⑤所因者本:所因循的是人性根源的孝道。因,因循。本,孝道。

⑥论功:评定功劳之大小。定封:确定封地、爵位。

⑦宠异:指帝王给以特殊的赏赐。

【译文】

《汉书》:"汉高帝分派汉中、巴、蜀、广汉四郡军队,用张良、陈平的计策,回师平定了三秦地区,夺取天下。大概是君子所因循的是人性根源。刘邦根据功臣的功劳大小,确定他们的封地、爵位,追加赏赐金银布帛,对此给予特殊的赏赐和优待,下令让他们自己选择伏日,与民间习俗的日子不同。"

枯草木

《风俗通·户律》①:"汉中、巴、蜀、广汉自择伏日②,俗说汉中、巴、蜀、广汉土地温暑③,草木蚤生晚枯,气异中国,夷狄畜之④,故令自择伏日也。"

【注释】

①户律:汉高祖时颁行的有关户籍、赋役的法律。由丞相萧何参考

秦代法律制定,为九章律中的一章。

②汉中:即汉中郡。战国秦置,治南郑县(今陕西汉中)。因在汉水中游得名。巴:即巴郡。战国秦置,治江州县(今重庆江北)。蜀:即蜀郡。战国秦置,治成都县(今四川成都)。广汉:即广汉郡。西汉分巴、蜀两郡置,治雒县乘乡(今四川德阳)。

③温暑:炎热。

④夷狄:此指边远少数民族。畜:畜牧。

【译文】

《风俗通·户律》:"汉中郡、巴郡、蜀郡、广汉郡自己选择伏日,民间认为汉中郡、巴郡、蜀郡、广汉郡这些地方气候温暖炎热,草木生长得早,枯萎得晚,气候不同于中原,少数民族在此畜牧,因此朝廷下令允许这些地区自己选择伏日。"

行厉鬼

后汉永元六年六月己酉①,初令伏闭尽日②。《汉官旧仪》注云③:"伏日,厉鬼所行,故尽日闭,不干他事。"

【注释】

①永元六年:94年。永元,汉和帝刘肇年号(89—106)。

②伏闭:在伏日闭户不办公事。尽日:整日。

③《汉官旧仪》注:底本作"汉官仪旧注",《后汉书》李贤注作"汉官旧仪注",故改。

【译文】

后汉永元六年六月己酉日,开始下令伏日整日闭门不出。《汉官旧仪》注解说:"伏日,是厉鬼出来活动的日子,因此要整日闭门不出,不做其他事情。"

赐酒肉

《汉书》："东方朔为郎①。伏日，诏赐诸郎肉。太官丞日晏不来②，朔独拔剑割肉，谓其同官曰③：'伏日当早归，请受赐。'即怀肉去④。太官奏，诏朔自责⑤。朔曰：'受赐不待诏，何无礼也！拔剑割肉，一何壮也⑥！割之不多，又何廉也⑦！归遗细君⑧，又何仁也⑨！'"杜甫诗云："尚想东方朔，诙谐割肉归⑩。"富郑公诗云⑪："古云伏日当早归，况今著令许休暇⑫。"

【注释】

①郎：侍郎。官名。秦汉郎中令的属官之一。

②太官丞：官名。秦有太官令、丞，属少府。两汉因之。掌皇帝膳食及燕享之事。日晏：天色已晚。

③同官：同僚。

④怀肉：把肉揣在怀里。

⑤自责：自我谴责。

⑥壮：豪壮。

⑦廉：廉洁。

⑧细君：古称诸侯之妻。后为妻的通称。《汉书·东方朔传》："归遗细君，又何仁也！"颜师古注："细君，朔妻之名。一说：细，小也。朔辄自比于诸侯，谓其妻曰小君。"

⑨仁：仁爱。

⑩尚想东方朔，诙谐割肉归：出自杜甫《社日两篇·其一》。诙谐，谈吐幽默风趣。《汉书·东方朔传》："其言专商鞅、韩非之语也，指意放荡，颇复诙谐。"

⑪富郑公：即富弼（1004—1083），字彦国。宋英宗时进封郑国公，故称。谥号文忠。河南（今河南洛阳）人。北宋文学家。今存《富郑公集》。

⑫古云伏日当早归，况今著令许休暇：出自富弼佚句。著令，谓得到许可的命令。休暇，休假。

【译文】

《汉书》："汉武帝时东方朔为侍郎。伏日那天，汉武帝下诏赏赐侍郎官肉。主管分肉的太官丞很晚也没来，东方朔拔出宝剑割肉，对他的同僚说：'伏日应当早点回家，请让我赶快接受赏赐吧。'说完，把肉揣在怀里走了。主管分肉的太官将这件事情上报给汉武帝，汉武帝命令东方朔自我谴责。东方朔说：'接受赏赐而不等待诏令，这是多么无礼啊！拔出宝剑割肉，这是何等豪壮啊！没有多割肉，又是何等廉洁啊！回到家中把肉交给妻子，又是何等仁爱啊！'"杜甫有诗写道："尚想东方朔，诙谐割肉归。"富弼有诗写道："古云伏日当早归，况今著令许休暇。"

赐醝汁①

唐《辇下岁时记》："伏日，赐宰相、学士醝汁，京尹、公主、驸马蜜麨及浆水②。"

【注释】

①醝（cuō）汁：酒水。

②京尹：即京兆尹。蜜麨（chǎo）：用麦芽做成的糖稀。浆水：以粟米或仓米饮酿成者。

【译文】

唐代《辇下岁时记》："伏日，赏赐宰相、翰林学士酒水，京兆尹、公主、驸马糖稀以及浆水。"

颁麨面

《岁时杂记》：“京师三伏，唯史官赐冰麨^①，百司休务而已^②。自初伏日为始，每日赐近臣冰，人四匣^③，凡六次。又赐冰麨面三品并黄绢为囊^④，蜜一器。”颍滨作《皇帝阁端午帖子》云：“九门已散秦医药^⑤，百辟初颁凌室冰^⑥。”

【注释】

①冰麨：疑似冰镇凉面、冷饮或冰粉的消暑食品。宋代文献记载，官廷赐冰时，常搭配蜜糖、果品等，形成复合冷食。麨，炒熟的麦粉或米面制成的食品。

②百司：即百官。休务：指停止公务。即休假。

③匣：匣子。盛物器。

④三品：三种。囊：覆盖，蒙住。

⑤九门：借指天子。秦医：指扁鹊。古之良医。

⑥百辟：百官。凌室：古代藏冰之室。《汉书·惠帝纪》：“秋七月乙亥，未央宫凌室灾。”颜师古注：“凌室，藏冰之室也。”

【译文】

《岁时杂记》：“京城在三伏天的时候，只赏赐史官冰块及麨面，其他百官休假而已。从初伏那天开始，每日赏赐近臣冰块，每人四匣，共六次。又赏赐冰块及麨面三种并用黄绢袋装上，蜂蜜一罐。”苏辙作《皇帝阁端午帖子》写道：“九门已散秦医药，百辟初颁凌室冰。”

供冰匣

皇朝《岁时杂记》：“政府及要局修史修书之类^①，人日供冰二匣,自初伏至末伏。"又陆翙《邺中记》②:"石季龙于冰井台藏冰②,三伏之日赐大臣。"

【注释】

①政府:唐宋时称宰相治理政务的处所为政府。此处指宰相。要局:重要部门。修史:编纂史书。修书:编纂书籍。

②陆翙(huì):晋朝人,曾任国子助教。

③石季龙:即后赵皇帝石虎。冰井台:曹操三台(冰井台、铜雀台、金虎台)之一。建安十九年(214)建于铜雀台北。因上有冰井而得名,高八丈,有屋一百四十间,南距铜雀台六十步。后赵石虎曾用这些冰井贮藏过冰块。

【译文】

本朝《岁时杂记》:"宰相及重要部门编纂史书、书籍之类的官员,每人每日供应冰块二匣,从初伏到末伏。"又有陆翙《邺中记》:"石虎在冰井台贮藏冰块,三伏之日赏赐大臣。"

送冰兽

《天宝遗事》:"杨国忠子弟,以奸媚结识朝士①。每至伏日,取冰,命工雕为凤兽之状,或饰以金环彩带,置之雕盘中②,送与王公大臣,惟张九龄不受其惠③。"

【注释】

①奸媚:诡诈谄媚。结识:与人交际往来。朝士:朝廷之士。泛指朝廷官员。

②雕盘:雕有花纹的盘子。

③张九龄（678—740）：一名博物，字子寿，谥文献，韶州曲江（今广东韶关）人。唐名相、诗人，著有《曲江集》。惠：惠赠。

【译文】

《开元天宝遗事》："杨国忠的子弟们，以诡诈谄媚结交朝廷官员。每至伏日，取出冰块，命工匠雕刻成凤凰或走兽的形状，有的还用金环彩带装饰，放置在雕有花纹的盘子中，赠送给王公大臣，只有张九龄不接受惠赠。"

琢冰山

《天宝遗事》："杨氏子弟①，每至伏中②，取大冰，使匠琢成山③，周围于宴席间④。座客虽酒酣，而各有寒色⑤，亦有挟纩者⑥。其骄贵如此⑦。"

【注释】

①杨氏子弟：指杨国忠、杨玉环兄妹一族。
②伏中：指三伏期间。
③琢：雕琢。
④周围：围绕一周。
⑤寒色：感到寒冷时的气色。
⑥挟纩（jiā kuàng）：披着绵衣。
⑦骄贵：骄横贵显。

【译文】

《开元天宝遗事》："杨氏家族子弟，每到三伏期间，取出大冰块，让工匠雕琢成山的形状，于宴席间围绕一周。座中客人虽酒喝得尽兴，也都面露寒意，还有披着绵衣的。他们就是这样骄横贵显。"

避时暑①

魏文帝《典论》②:"大驾都许③,使刘松北镇④,与袁绍并酣酒⑤。以盛夏三伏之际,昼夜与松饮,至于无知⑥,以避一时之暑,故河朔间有避暑饮⑦。"杜甫诗云:"篱边老却陶潜菊⑧,江上徒逢袁绍杯。"何逊《苦热》诗云⑨:"实无河朔饮⑩,空有临淄汗⑪。"

【注释】

①时暑:指夏天的炎热。

②魏文帝《典论》:底本作"魏文帝《典略》,据《初学记》改。五卷,魏文帝曹丕撰。该书内容包括政治、伦理、生活、文化等。

③大驾:指皇帝。都许:定都许昌。

④刘松:时任光禄大夫。

⑤袁绍(?—202):字本初,汝南汝阳(今河南商水)人。东汉末年军阀,汉末群雄之一。酣酒:沉湎于酒。

⑥无知:此指不省人事。

⑦河朔:古代泛指黄河以北的地区。《尚书·泰誓》:"惟戊午,王次于河朔。"孔传:"戊午渡河而誓,既誓而止于河之北。"

⑧篱边老却陶潜菊,江上徒逢袁绍杯:出自杜甫《秋尽》。陶潜菊,晋隐士陶潜曾任县令,有赏菊的爱好。后因以"陶潜菊"作为咏隐士家园的典故。袁绍杯,《后汉书·郑玄传》:"时大将军袁绍总兵冀州,遣使要玄,大会宾客,玄最后至,乃延升上座。身长八尺,饮酒一斛,秀眉明目,容仪温伟。"后用"袁绍杯"为咏宴请宾客。

⑨何逊(?—518):字仲言,东海郯(今山东郯城)人。南朝梁诗人。

⑩河朔饮:三国魏曹丕《典论》"大驾都许,使光禄大夫刘松北镇袁

绍军,与绍子弟日共宴饮,常以三伏之际,昼夜酣饮,极醉,至于无知。云以避一时之暑,故河朔有避暑饮。"后因以"河朔饮"指夏日避暑之饮或酣饮。

⑪临淄汗:《晏子春秋·杂下六》:"(晏子)见楚王,王曰:'齐无人耶?'晏子对曰:'齐之临淄三百闾,张袂成阴,挥汗成雨,比肩接踵而在,何为无人!'"后因以"临淄汗"谓挥汗如雨。

【译文】

魏文帝《典论》:"先帝定都许昌,光禄大夫刘松奉命布防北方。刘松与袁绍的子弟沉湎于酒。刘松曾在盛夏三伏期间昼夜不停饮酒,喝到不省人事,以饮酒躲避盛夏的暑热,因而河朔间有避暑饮的说法。"杜甫有诗写道:"篱边老却陶潜菊,江上徒逢袁绍杯。"何逊《苦热》诗写道:"实无河朔饮,空有临淄汗。"

结凉棚

《天宝遗事》:"长安富家子刘逸、李闲、卫旷,家世巨豪①。而好接待四方之士,疏财重义②,有难必救,真慷慨之士③,人皆归仰焉④。每暑伏中,各于林亭内植画柱⑤,以锦绮结为凉棚⑥,设坐具⑦,召长安名姝间坐⑧,递相延请为避暑会⑨,时人无不爱羡⑩。"

【注释】

①家世:谓世代相传的门第或家族的世系。

②疏财重义:散财给人,看重义气。指慷慨解囊,扶危济困。

③慷慨:性格豪爽。

④归仰:归附仰仗。

⑤植：竖立。画柱：巨大的柱子。

⑥锦绮：华丽的丝绸。

⑦坐具：可坐的用具，如椅、凳等。

⑧召：召集。名姝：美女。

⑨递相：犹互相。延请：邀请。

⑩爱羡：喜爱羡慕。

【译文】

《开元天宝遗事》："长安富家子弟刘逸、李闲、卫旷，家里有钱有势。他们喜好接待四方之士，慷慨解囊，扶危济困，有难必救，真是性格豪爽之人，人们都归附仰仗于他。每到夏季三伏期间，他们各自在林亭内竖立起巨大的柱子，用华丽的丝绸结为凉棚，设立坐具，时常召集长安的美女来做客，互相邀请，成为避暑盛会，当时的人无不喜爱羡慕。"

噏碧筒①

《缙绅脞说》②："魏正始中③，郑公悫三伏之际④，率宾僚避暑于历城北使君林⑤。取莲叶盛酒，以簪刺叶令与柄通，曲茎轮囷如象鼻⑥，传噏之，名碧筒杯⑦。"东坡诗云："碧筒时作象鼻弯，白酒微带荷心苦⑧。"方伯休诗云："几酌碧筒陪笑咏⑨。"

【注释】

①噏（xī）：通"吸"。吸取。

②《缙绅脞（cuǒ）说》：二十卷，北宋张君房撰。该书为文言志怪小说，收录皆为古今奇异之事。

③正始：北魏宣武帝元恪年号（504—508）。

④郑公悫（què）：即为郑悫，北魏时人。嗜酒，相传他有一次宴饮宾
　　客，曾用荷叶饮酒。

⑤宾僚：宾客幕僚。历城：今属山东济南。使君林：北魏正始年间齐
　　州刺史（使君）郑悫在历城北面开辟的一方私园。

⑥轮囷（qūn）：屈曲盘绕的样子。

⑦碧筒杯：底本作"碧筒酒"，据《酉阳杂俎》改。

⑧碧筒时作象鼻弯，白酒微带荷心苦：出自苏轼《泛舟城南，会者五
　　人，分韵赋诗，得"人皆苦炎"字四首·其三》。时作，时兴。白
　　酒，泛称美酒。

⑨几酌碧筒陪笑咏：出自方士繇佚句。

【译文】

《缙绅脞说》："北魏正始年间，郑悫在三伏之际，率领宾客幕僚到历
城北面的使君林避暑。郑悫取荷叶盛酒，用簪刺穿荷叶下方的柄茎，让
叶与茎相通，然后把叶柄盘曲起来如同象鼻，互相传递着吸酒，称此杯为
碧筒杯。"苏轼有诗写道："碧筒时作象鼻弯，白酒微带荷心苦。"方士繇
有诗写道："几酌碧筒陪笑咏。"

浮瓜李

《东京梦华录》云："京都人最重三伏，盖六月中别无时
节。往往风亭水榭①，峻宇高楼②，雪槛冰盘③，浮瓜沉李④，
流杯曲沼⑤，包鲊新荷⑥，远迩笙歌⑦，通夕而罢⑧。"

【注释】

①风亭水榭（xiè）：临风面水的亭台楼阁。

②峻宇高楼：高峻巍峨的楼宇。

③雪槛：雪柜。

④浮瓜沉李：吃在冷水里浸过的瓜果。借指消夏乐事。

⑤流杯曲沼：即流觞曲水。古人依修禊的习俗，在每年阴历的三月
　三日，在水边盥洗，借以驱邪。后来参加者坐在曲折环绕的水流
　旁，在上游放酒杯，任它顺水流下，停在何处，则由某人取酒杯而
　饮。曲沼：曲折迂回的池塘。

⑥包鲊（zhǎ）新荷：即裹鲊。经过腌制并用荷叶包裹而成的便于贮
　藏的鱼食品。鲊，盐腌的鱼。北魏贾思勰《齐民要术·作鱼鲊》：
　"作裹鲊法：脔鱼，洗讫，则盐和糁。十脔为裹，以荷叶裹之，唯厚
　为佳，穿破则虫入。不复须水浸、镇迮之事。只二三日便熟，名曰
　'曝鲊'。荷叶别有一种香，奇相发起香气，又胜凡鲊，有茱萸、橘
　皮则用；无亦无嫌也。"

⑦远迩（ěr）：远近。笙歌：合笙之歌。泛指奏乐唱歌。

⑧通夕：整夜。

【译文】

《东京梦华录》记载："京城的人最看重三伏，因为六月里没有其他
节日。往往去那临风面水的亭阁台榭，登上高峻巍峨的楼宇，让瓜李浮
沉于雪柜冰盘的冰水之中，在流觞曲水边把酒品尝新荷包裹的鱼鲊，不
论远近都能听到悠扬的笙歌，通宵达旦，方才结束。"

喜义井

宋王元谟《寿阳记》："明义井者①，三伏之日，炎暑赫
曦②，男女行来③，其气短急，望见义井，则喜不可言，未至而
忧，既至而乐，号为欢乐井。"

【注释】

①明义井：古井名。

②赫曦：阳光强烈。

③行来：往来。

【译文】

宋王元谟《寿阳记》："所谓明义井，在三伏天，暑天酷热阳光强烈，男女往来，都呼吸急促，从远处看到明义井，就高兴得难以用语言表达，未到井边时心中忧伤，到达井边后则无比欢乐，因此这口井被称为欢乐井。"

飧热粥

《世说》："郗超①，字嘉宾，三伏之日，诣谢公②。炎暑熏赫③，复当风交扇④，犹沾汗流离⑤。谢公着故绢衫，食热白粥，宴然无异⑥。郗谓谢曰：'非君，几不堪此也。'"

【注释】

①郗超（336—378）：字景兴，一字敬舆，小字嘉宾，高平金乡（今山东金乡）人。东晋书法家、佛学家，著有《奉法要》。

②诣：晋谒，造访。古代到朝廷或上级、尊长处去之称。谢公：指谢安（320—385），字安石，陈郡汤夏（今河南太康）人。东晋政治家、文学家。

③熏赫：气焰炽盛。

④当风交扇：正对着风不停地打扇。

⑤流离：犹淋漓。

⑥宴然：神态安然。

【译文】

《世说新语》："郗超，字嘉宾，在三伏天去造访谢安。当时酷热难耐，阳光炽热，诸人对着风不停地扇扇子，仍然大汗淋漓。谢安身穿旧的绢衫，吃着热白粥，神态安然，毫无异常。郗超对谢安说：'我不是您，我热得几乎忍受不了。'"

尚羊签①

《岁时杂记》:"京师三伏日,特敕吏人、医家、大贾聚会宴饮②。其宴饮者尚食羊头签,士大夫家不以为节。"

【注释】
①羊签:即羊杂汤。
②特敕:皇帝的特别命令。吏人:官府中的胥吏或差役。医家:医生。大贾:大商人。

【译文】
《岁时杂记》:"京城的三伏天,皇帝特别命令官府中的差役、医生、大商人聚会宴饮。其中宴饮的人喜喝羊杂汤,不过士大夫家并不把三伏天当作节日。"

烹羊羔

汉杨恽《报孙会宗书》①:"田家作苦②,岁时伏腊③,烹羊炮羔④,斗酒自劳⑤。"

【注释】
①杨恽(?—前54):字子幼,弘农华阴(今陕西华阴)人。西汉政治家。孙会宗:西汉西河(今内蒙古鄂尔多斯)人。曾任安定太守,杨恽的朋友。
②作苦:劳苦。
③岁时:年节。伏腊:两个节日,夏祭为伏,冬祭为腊。

④烹羊炮羔：烧煮羊肉烤炙羊羔。

⑤斗酒自劳：斟上一壶酒自我慰劳一番。

【译文】

汉杨恽《报孙会宗书》："种田的人家劳作辛苦，一年中遇上伏日、腊日的祭祀，就烧煮羊肉烤炙羊羔，斟上一壶酒自我慰劳一番。"

取狗精①

《食疗》云："牡狗阴茎，补髓，肉温，主五脏，补七伤五劳②，填骨髓，大补益气力，空腹食之。黄色牡者上，白、黑色者次。娠妇勿食。"《本草》云："牡狗阴茎，味咸，平，无毒，主伤中、阴萎不起③，令强热大生子，除女子带下十二疾④。一名狗精。六月上伏取，阴干百日。"《日华子》云："犬阴，治绝阳及妇人阴瘘⑤。又云：伏日取狗精，主补虚。"

【注释】

①狗精：亦称"牡狗阴茎""狗阴"。犬科动物雄性狗之外生殖器。棒状，睾丸椭圆形，全体淡棕色，阴茎部分坚硬。主治阳瘘，带下。

②七伤五劳：即五劳七伤。中医学上五劳指心、肝、脾、肺、肾五脏的劳损；七伤指大饱伤脾，大怒气逆伤肝，强力举重、久坐湿地伤肾，形寒饮冷伤肺，忧愁思虑伤心，风雨寒暑伤形，恐惧不节伤志。泛指身体虚弱多病。

③伤中：病证名。人体内的膈膜或者内脏受到伤害。阴萎：病证名。即指阳萎病。

④女子带下十二疾：病证名。指女子带脉以下的十二种疾病而言，如经水不利、少腹满痛、崩漏、瘕、带下五色等。

⑤绝阳：阳气衰竭。此指男子阳痿或不育。

【译文】

《食疗本草》记载："公狗的阴茎，补精髓，肉性温，主治五脏的相关病症，补身体虚弱多病，填充骨髓，能大大地补益身体、增加气力，空腹吃。黄色公狗的阴茎是最好的，白色、黑色公狗的阴茎稍次。孕妇不能吃。"《证类本草》记载："公狗阴茎，味咸，性平，无毒，主治内脏受伤、阳痿不举，能使阳具勃起增大，使人生育能力增强，并能治疗女子带下十二疾。又称狗精。六月上伏日采取，阴干百天。"《日华子诸家本草》记载："公狗阴茎，治疗男子阳痿、不育及妇人阴痿。又载：伏日取狗精，主补气虚。"

采狗胆

《魏志》："河内太守刘勋女①，病左膝疮痒，华佗视②，以绳系犬后足，不得行，断犬腹③，取胆向疮口。须臾，有虫若蛇从疮中出，长三尺，病愈。"《食疗》云："上伏日，采狗胆，以酒调服之，明目，去眼中脓水。又主恶疮痂痒，以胆汁傅之，止。"孟诜云："白犬胆和通草、桂为丸④，令人隐形，青犬尤妙。"

【注释】

①河内：即河内郡。秦置，治怀县（今河南武陟西南）。西汉辖境相当今河南黄河以北，太行山以南，安阳、滑县以西地区。刘勋：字子台，琅邪（今山东临沂）人。东汉末年武将。建安四年（199），刘勋被孙策打败后，投奔曹操，历任平虏将军、河内太守、征虏将军，册封华乡侯。

②华佗（约145—208）：一名旉，字元化，沛国谯县（今安徽亳州）

人。东汉末医学家,通晓内、外、妇、儿、针灸等科,尤精于外科及针灸。著有《枕中灸刺经》《内事》《观形察色并三部脉经》《华佗方》等。

③断:割开。

④通草:藤本植物。掌状复叶,小叶倒卵形或椭圆形;雌雄同株,花紫色;结浆果,可食。果实和茎入药。

【译文】

《魏志》:"河内太守刘勋的女儿,左膝上长了个疮,奇痒无比,华佗看了后,用绳子系住犬的后足,不让它行走,割开犬腹,取出犬胆,敷在疮口上。一会儿,有像蛇一样的虫子从疮口中爬出来,长三尺,病由此痊愈。"《食疗本草》记载:"上伏日,采取狗胆,用酒调制并服用,可以明目,去除眼中的脓水。又主治恶疮结痂后的瘙痒,用胆汁涂抹在上面,立时止住。"孟诜说:"白犬的胆和通草、桂皮做成药丸服下,可使人隐形,青犬的胆效果更好。"

烧犬齿

《本草》:"狗齿,主颠痫寒热、卒风痱①。伏日取之。"《日华子》云:"狗齿,理小儿客忤②,烧灰入用。"

【注释】

①寒热:即发烧。卒风痱(fèi):底本作"卒风沸",据《证类本草》改。即中风。

②理:治理。客忤:小儿见生客而患病。

【译文】

《证类本草》:"狗齿,主治颠痫发烧、中风等病症。伏日采取。"《日华子诸家本草》记载:"狗齿,治理小儿见生客而引起的病症,将狗齿烧成灰研末服用。"

饮附汤①

《百忌历》②:"三伏之日,人不得寝,宜饮附子汤禳之。"

【注释】

①附汤:即附子汤。中医方剂名。具有温经散寒之功效。主治少阴
　病,得之一二日,口中和,其背恶寒者,少阴病,身体痛,手足寒,
　骨节痛,脉沉者。
②《百忌历》:《新唐书·艺文志》:"《广济阴阳百忌历》,一卷,吕才撰。"

【译文】

《百忌历》:"三伏之日,人们热得不能睡觉,应当饮用附子汤去除
伏热。"

食汤饼①

《荆楚岁时记》:"伏日,食汤饼,名辟恶饼。"

【注释】

①汤饼:水煮的面食。

【译文】

《荆楚岁时记》:"伏日,家家都吃汤饼,名为辟恶饼。"

荐麦瓜

《四民月令》:"初伏,荐麦瓜于祖祢①。"

【注释】

①祖祢（mí）：祖庙与父庙。泛指祖先。

【译文】

《四民月令》："初伏这一天，要用新麦和瓜果来祭祀祖先。"

忌迎妇

《阴阳书》："伏日，切不可迎妇①，死亡不还。"

【注释】

①迎妇：迎娶新妇，娶亲。

【译文】

《阴阳书》："伏日，切忌迎娶新妇，不然新妇到死也不能回家。"

制器皿

《博闻录》："三伏内，斫竹制器皿①，不蛀。"

【注释】

①斫（zhuó）：用刀、斧等砍劈。

【译文】

《博闻录》："三伏日内，用刀、斧等砍劈竹子制作器皿，这样不生蛀虫。"

立秋

【题解】

　　立秋,二十四节气之一,每年8月8日前后太阳到达黄经135°时开始,标志着秋季的开始。早在周代,逢立秋日,天子亲率三公九卿诸侯大夫到西郊迎秋,举行祭祀、蓐收等仪式。第一段总叙文字概说立秋之义。其条目均为立秋时俗节物,主要有立秋祭祀"祭白帝""荐陵庙""作滕祭"等;立秋节日卜筮"望天气""占雷雨"等;立秋饮食滋补"熬楸膏""服赤豆"等;立秋奇闻异事"猫饮水""草化萤"等。

　　《续汉书》曰:"立秋之日,夜漏未尽五刻①,京都百官皆衣白,施皂领缘中衣②,迎气于西郊③。"

【注释】

①夜漏:夜间的时刻。漏,古代滴水记时的器具。

②皂领:黑色衣领。古代官员的服式。中衣:古代穿在祭服、朝服内的里衣。

③迎气:上古于立春日祭青帝,立夏日祭赤帝,立秋日祭白帝,立冬日祭黑帝;后汉除祭四帝外,又于立秋前十八日祭黄帝。用以迎接四季,祈求丰年,谓之"迎气"。

【译文】

《后汉书》记载:"在立秋这天,夜漏未到五刻时,京城百官都穿白色衣服,中衣用黑色衣领边,在西郊祭祀白帝。"

祭白帝①

《汉·祭祀志》:"立秋之日,迎秋于西郊②,祭白帝蓐收。车旗服饰皆白。歌《西皓》③,八佾舞《育命》之舞④。"

【注释】

① 白帝:古神话中五天帝之一,主西方之神。《周礼·天官·大宰》"祀五帝"唐贾公彦疏:"五帝者,东方青帝灵威仰,南方赤帝赤熛怒,中央黄帝含枢纽,西方白帝白招拒,北方黑帝汁光纪。"

② 迎秋:古代祭礼之一。古人以秋和五方之西、五色之白相配应,故于立秋日,天子率百官出西郊祭白帝,迎接秋季到来。《礼记·月令》:"(孟秋之月)立秋之日,天子亲帅三公、九卿、诸侯、大夫,以迎秋于西郊。"郑玄注:"迎秋者,祭白帝白招拒于西郊之兆也。"

③《西皓》:乐曲名。古代宫廷祭天地、祀鬼神、享先祖、敬百官的雅乐。西周初年,周公制礼作乐,始行用《云门》《大卷》《大夏》《大武》等乐舞,以祭天地、祀鬼神、享先祖、敬百官。秦平天下,仅存用《大韶》《大武》二乐舞。西汉初年,儒臣叔孙通等沿袭秦制,作宗庙行礼等乐舞,极为简略。东汉初年,复作雅乐。其乐曲有《青阳》《朱明》《西皓》《元冥》等,舞曲则有《云翘》《育命》等。

④ 八佾舞:周代天子用的舞乐。舞队由纵横各八人,共六十四人组成。《育命》之舞:底本作"育之舞",据《后汉书·祭祀志》补。祭祀舞蹈的名称,其名"育命"蕴含"孕育生命"或"护佑万物延续"的寓意,可能与秋季丰收后祈求来年风调雨顺有关。

【译文】

《后汉书·祭祀志》："在立秋这天，在西郊举行迎秋祭，祭祀白帝蓐收。车辆、旗帜、服饰都用白色。演唱《西皓》之歌，由八列八行的舞队表演《育命》之舞。"

荐陵庙①

《后汉·礼仪志》："立秋之日，郊毕，始扬威武；斩牲于东门，荐陵庙。束帛赐武臣②。"

【注释】

①陵庙：古代天子的陵墓和宗庙。

②束帛：捆为一束的五匹帛。古代用为聘问、馈赠的礼物。《周易·贲》："束帛戋戋。"《周礼·春官·大宗伯》："孤执皮帛。"汉郑玄注："皮帛者，束帛而表以皮为之。"贾公彦疏："束者十端，每端丈八尺，皆两端合卷，总为五匹，故云束帛也。"

【译文】

《后汉书·礼仪志》："在立秋这天，祭祀天地结束后，开始彰显军威武力，在东门外宰杀牺牲，献给天子的陵墓和宗庙。赏赐武官五匹帛。"

命督邮①

《汉书》："孙宝为京兆尹②，以立秋日，署侯文为东部督邮③。入见，敕曰：'今日鹰隼始击④，当从天气取奸恶，以成严霜之诛⑤。'"又裴德容注⑥："汉家授御史⑦，多于立秋日，盖以风霜鹰隼初击。"

【注释】

①督邮：督邮书掾、督邮曹掾的简称。汉置，郡的重要属吏，代表太守督察县乡，宣达教令，兼司狱讼捕亡。

②孙宝：字子严，西汉颍川鄢陵（今河南鄢陵西北）人。以明经为郡吏，后任京兆尹。汉平帝时拜大司农。

③署：代理、暂任或试充官职。侯文：人名。不详待考。

④鹰隼（sǔn）：鹰和雕。泛指猛禽。

⑤严霜：喻严厉。

⑥裴德容：人名。不详待考。

⑦汉家：汉室，汉朝。授：任命。

【译文】

《汉书》："孙宝担任京兆尹，在立秋这天，任命侯文代理东部督邮。侯文入府拜见，孙宝说：'今天鹰隼开始搏击猎物，理当顺应天时，铲除奸恶之人，以形成严厉的肃杀气势。'"又有裴德容注解："汉朝任命御史，多在立秋这天，大概因为天气严厉鹰隼开始捕猎。"

作䝞祭①

《汉仪注》②："立秋貙䝞③。"苏林曰④："䝞，祭名也。貙，虎属。常以立秋日祭兽，王者亦以此日出猎，还以祭宗庙，故有貙䝞之祭。"古人䝞祭亦无常时，至汉史始定以立秋之日⑤。冀州北部以八月朔作饮食为䝞⑥，其俗语曰"䝞腊社伏"⑦。貙，五于反，䝞读作娄。

【注释】

①䝞（lóu）：饮食之祭，酒食宴饮之期。《说文解字》："䝞，楚俗以二

月祭饮食也。从肉，娄声。一曰祈谷食新曰膢。"

②《汉仪注》：书名。不详待考。

③貙（chū）膢：古代天子于立秋日射牲以祭宗庙之礼。

④苏林：字孝友，陈留（今河南开封）人。三国魏文学家，博学，多通古今字。

⑤汉史：泛指汉代史书。

⑥冀州：古九州之一。《尚书·禹贡》的冀州，西、南、东三方都以当时的黄河与雍、豫、兖、青等州为界，指今山西和陕西两省间黄河以东、河南和山西两省间黄河以北和山东省西北、河北东南部地区。

⑦膢腊：古代的两种祭名。其祭多在岁终，故常并称。古时贫民，必待"膢腊"方得饮酒食肉。社：社祭。伏：伏祭。

【译文】

《汉仪注》："立秋这天举行貙膢之祭。"苏林说："膢，就是祭名。貙，属于虎一类的猛兽。貙常在立秋这天祭兽，天子也在这天外出打猎，回来祭祀宗庙，因此有貙膢之祭。"古人膢祭也没有固定时间，到汉代史书才定在立秋这天。冀州北部在八月初一制作饮食进行膢祭，其俗语说"膢腊社伏"。貙，五于反，膢读作娄。

望天气

《阴阳书》："立秋日，天气清明，万物不成；有小雨，吉；大雨，则伤五谷。"

【译文】

《阴阳书》："立秋这天，天气晴朗，万物不能生长；有小雨，就会收成好；有大雨，就会损伤五谷。"

占雷雨

《清台杂占》^①："立秋日以火^②，不宜老人。雷雨折木，主多怪。"

【注释】

①《清台杂占》：书名。不详待考。清台，古代天文台名。《三辅黄图·台榭》："汉灵台，在长安西北八里，始曰清台，本为候者观阴阳天文灾变，更名灵台。"杂占，古时称卜筮之外的占卜术。《汉书·艺文志》："杂占者，纪百事之象，候善恶之征。《易》曰：'占事知来。'众占非一，而梦为大，故周有其官。"

②立秋日以火：指立秋之日使用火相关行为（如焚烧、取暖等）。古人认为立秋属"金"，火克金，若立秋日刻意用火，可能破坏五行平衡，导致气候反常或人体不适。

【译文】

《清台杂占》："立秋之日刻意用火，不适宜老人。雷雨折断树木，预示多发生怪异之事。"

熬楸膏

《琐碎录》："立秋日，太阳未升，采楸叶^①，熬为膏，傅疮，立愈，谓之楸叶膏。"

【注释】

①楸（qiū）叶：楸树叶。唐宋习俗用以象征秋意。

【译文】

《琐碎录》："在立秋这天，太阳未升起时，采集楸树叶，熬成膏，涂抹在伤口上，立时痊愈，称为楸叶膏。"

戴楸叶

《东京梦华录》："京师立秋，满街卖楸叶，妇女儿童，皆剪成花样戴之，形制不一。"

【译文】

《东京梦华录》："京城立秋这天，满街都卖楸树叶，妇女儿童都将楸树叶剪成花样戴在头上，形状款式都不一样。"

服赤豆

《四时纂要》："立秋日，以秋水吞赤小豆七七粒[①]，止赤白痢疾[②]。"

【注释】

①秋水：秋天的江湖水，雨水。七七粒：即四十九粒。

②赤白痢疾：病证名。因痢疾临床症状以脓血便为主。如脓血便以血为主，即为赤白痢中的赤。若以脓为主，即为赤白痢中的白。

【译文】

《四时纂要》："立秋这天，用秋水吞服红小豆四十九粒，可止住赤白痢疾。"

呷井水①

《岁时记》："京师人于立秋日,人未动时,汲井花水,长幼皆呷之。"

【注释】

①呷（xiā）：喝,饮。

【译文】

《岁时杂记》："京城的人在立秋这天,人们还没有起床活动时,就去汲取井花水,老少都饮用。"

十八浴

《岁时记》："人皆言,立秋后不浴十八次,以其渐凉,恐伤血也①。"

【注释】

①伤血：病证名。指外感或内伤,伤及血或血脉而致的病证。如血虚、血滞、血瘀、血热妄行、血不循经等。

【译文】

《岁时杂记》："人们都说,立秋后洗澡不能超过十八次,因天气渐凉,害怕血液亏虚。"

不作浴

《琐碎录》："立秋日,不可浴,令人皮肤粗燥,因生白屑①。"

【注释】

①白屑：即白屑风。指以头皮干燥、脱落白屑、瘙痒为特征的皮肤病。

【译文】

《琐碎录》："立秋这天，不能洗澡，否则会使人皮肤粗糙，因而产生白屑。"

猫饮水

《岁时记》："立秋后，猫饮水，则子母不相识。"

【译文】

《岁时杂记》："立秋后，猫如果喝了水，那么就会母子不相识了。"

草化萤

《易通卦验》："立秋，腐草化为萤。"

【译文】

《易通卦验》："立秋后，腐败的草变化为萤火虫。"

卷二十六

七夕 上

【题解】

本卷《七夕上》篇,七夕,最早起源于人们对自然天象和时间的崇拜,后又衍生出牛郎织女相会的爱情故事,是少女祭祀星神、祈求心灵手巧的浪漫之夜。卷首一段总叙文字概说七夕之义。

本卷条目均为七夕时俗节物,主要有牛郎织女传说"何鼓星""黄姑星""天孙女""天真女""出河西""向正东""借聘钱""渡天河""复斜河""伺渡河"等;七夕晒衣习俗"曝衣楼""曝革袭"等;七夕乞巧"祀星楼""穿针楼""乞巧楼""乞巧棚""乞巧市""乞巧果""乞巧厢""乞巧图""鍮石针""金细针""双眼针""五孔针"等;七夕节令物品的"明星酒""同心鲙""进䭔饼""造煎饼""设汤饼"等;七夕诗文典故"驾香车""驾鹊桥""填河乌""象夫妇""得会同"等。

梁吴均《续齐谐记》曰①:"桂阳成武丁有仙道②,常在人间,忽谓其弟曰:'七月七日,织女渡河,诸仙悉还宫。吾向已被召,不得暂停,与尔别矣。后三千年当复还。'弟问曰:'织女何事渡河?兄何当还?'答曰:'织女暂诣牵牛,一去后三千年当还。'明旦,果失武丁所在。世人至今犹云:

'七月七日,织女嫁牵牛。'"又宗懔《荆楚岁时记》云:"七月七日,世谓织女、牵牛聚会之日。是夕,陈瓜果于庭中,以乞巧③。"

【注释】

①吴均(469—520),字叔庠,吴兴故鄣(今浙江安吉)人。南朝梁文学家、史学家。《续齐谐记》:底本作"《齐谐记》",据《隋书·经籍志》改。一卷,吴均撰,为志怪小说集。

②桂阳:郡名。今湖南郴州。成武丁:又名成仙公,桂阳临武(今湖南临武)人。异人传授丹药食之得道,后仙化。

③乞巧:农历七月七日夜(或七月六日夜)妇女在庭院向织女星乞求智巧。

【译文】

梁吴均《续齐谐记》记载:"桂阳郡有一个成仙得道的人叫成武丁,常在人间居住,有一天他忽然对自己的弟弟说:'七月七日,织女要渡过银河,所有的神仙都要回到天宫。我已经被召,不能在此停留,要与你告别了。三千年后就会回来。'他的弟弟问:'织女因为什么事要渡河?哥哥什么时候能回来?'成武丁回答说:'织女暂时前往牵牛那里,我离开后三千年就会回来。'第二天早上,成武丁果然消失了。世人至今还说:'七月七日,织女嫁牵牛。'"又有宗懔《荆楚岁时记》记载:"七月七日,世人说是织女、牵牛团聚相会的日子。这天晚上,在庭中摆放瓜果,以进行乞巧活动。"

何鼓星①

《尔雅》:"何去声鼓谓之牵牛。""牵牛者,日月五星之所终始②,故又谓之星纪③。"郭璞注云:"今荆楚人呼牵牛星为担鼓,盖担者荷也。"陈后山《七夕》诗云:"天孙何鼓隔天津④。"

【注释】

①何鼓星:星名。即河鼓。《尔雅·释天》:"何鼓谓之牵牛。"郭璞注:"今荆楚人呼牵牛星为担鼓,担者荷也。"郝懿行义疏:"何鼓亦名黄姑,声相转耳。郭云:'担鼓,担者荷也。''担荷'《说文》作'担何',今南方农语犹呼此星为扁担。盖因何鼓三星中丰而两头锐下,有儋何之象,故因名焉。"

②日月五星:合称"七曜"。中国古代的日月五星,包括太阳、月亮、金星、木星、水星、火星、土星。

③星纪:星次名。十二次之一。与十二辰之丑相对应,二十八宿中之斗、牛二宿属之。《左传·襄公二十八年》:"岁在星纪,而淫于玄枵。"杜预注:"星纪在丑,斗牛之次。"

④天孙:星名。即织女星。《史记·天官书》:"婺女,其北织女。织女,天女孙也。"唐司马贞索隐:"织女,天孙也。"天津:银河。

【译文】

《尔雅》:"何去声鼓星称为牵牛星。""牵牛星,是日月五星运转的起始和终结之处,因而又称为星纪。"郭璞注解说:"如今荆楚人称牵牛星为担鼓,大概担就是荷的意思。"陈师道《七夕》诗写道:"天孙何鼓隔天津。"

黄姑星①

《玉台新咏》引《古乐府》云②:"东飞伯劳西飞燕③,黄姑织女时相见。"杜公瞻注梁宗懔《荆楚岁时记》云:"'黄姑'即'何鼓'也,盖语讹所致云④。"

【注释】

①黄姑星:即河鼓星。又称牵牛星。

②《玉台新咏》:底本作"玉台新话","东飞伯劳西飞燕"始见于《玉台新咏》,故改。十卷,南朝陈徐陵编。该书是继《诗经》《楚辞》之后的又一部古代诗歌总集。

③伯劳:鸟名。

④语讹:言语讹误。

【译文】

《玉台新咏》引用《古乐府》记载:"东飞伯劳西飞燕,黄姑织女时相见。"杜公瞻注解梁宗懔《荆楚岁时记》说:"'黄姑'就是'何鼓',大概是言语讹误所致。"

天孙女①

《史记·天官书》:"织女,天女孙也。"陈后山《七夕》诗云:"上界纷纷足官府②,也容何鼓过天孙。"陈简斋诗云:"天女之孙擅天巧,经纬星宿超庸庸③。"武夷詹克爱词云:"天孙亲织云锦,一笑下河西④。"宝月词云⑤:"遥想天孙离别后,一宵欢会,暂停机杼⑥。"

【注释】

①天孙女:即织女星。

②上界:天界。指神仙居住的地方。

③天女之孙擅天巧,经纬星宿超庸庸:出自陈与义《陈叔易赋王秀

才所藏梁织佛图诗邀同赋因次其韵》。经纬星宿，中国的占星
术，二十八星宿为经，七政四余十一曜为纬，经纬交织而天象显。
庸庸，融洽。

④天孙亲织云锦，一笑下河西：出自詹克爱《失调名·其一》。

⑤宝月：即仲殊，俗姓张，安州（今属湖北）人。北宋僧人、词人。

⑥"遥想天孙离别后"几句：出自仲殊《失调名·其三》。机杼，指
织机。杼，织梭。

【译文】

《史记·天官书》："织女，是天帝的孙女。"陈师道《七夕》诗写道：
"上界纷纷足官府，也容何鼓过天孙。"陈与义有诗写道："天女之孙擅天
巧，经纬星宿超庸庸。"武夷山人詹克爱有词写道："天孙亲织云锦，一笑
下河西。"仲殊有词写道："遥想天孙离别后，一宵欢会，暂停机杼。"

天真女

《续齐谐记》："织女，天之真女也。"

【译文】

《续齐谐记》："织女，是天上的真女。"

出河西

焦林《天斗记》①："天河之西，有星煌煌②，与参俱出，
谓之牵牛；天河之东，有星微微③，在氐之下④，是曰织女。"
杜甫诗云："牵牛出河西，织女出河东⑤。"张天觉《七夕歌》
云⑥："河东美人天帝子，机杼年年劳玉指⑦。织成云雾紫绡

衣,辛苦无欢容不理。帝怜独居无与娱,河西嫁得牵牛夫⑧。贪欢不归天帝怒,谪归却踏来时路。但令一岁一相逢,七月七日桥边渡。"

【注释】

①焦林《天斗记》:不详待考。

②煌煌:明亮辉耀,光彩夺目。

③微微:微微发亮。

④氐:星官名。亦称"氏""天根"。二十八宿之一。

⑤牵牛出河西,织女出河东:出自杜甫《牛郎织女》。

⑥张天觉:即张商英(1043—1121),字天觉,号无尽居士,蜀州新津(今四川成都)人。北宋文学家、书法家,著有《神正典》《三才定位图》等。

⑦机杼:指织布机。杼,织布梭子。

⑧牵牛夫:指牛郎。

【译文】

焦林《天斗记》:"银河的西边,有光彩夺目的星星,与参宿一同出现,称为牵牛;银河的东边,有微微发亮的星星,在氐宿下方,称为织女。"杜甫有诗写道:"牵牛出河西,织女出河东。"张商英《七夕歌》写道:"河东美人天帝子,机杼年年劳玉指。织成云雾紫绡衣,辛苦无欢容不理。帝怜独居无与娱,河西嫁得牵牛夫。贪欢不归天帝怒,谪归却踏来时路。但令一岁一相逢,七月七日桥边渡。"

向正东

《夏小正》:"七月,初昏①,织女正东向。"沈休文《七夕》诗云^②:"牵牛西北回,织女东南顾。"欧阳公《七夕》词云:"河汉无言西北盻,星娥有恨东南远。"

【注释】

①初昏:黄昏。

②沈休文:即沈约(441—513),字休文,吴兴武康(今浙江德清)人。南朝梁文学家、史学家。

【译文】

《夏小正》:"七月,黄昏时,织女星正朝东。"沈约《七夕》诗写道:"牵牛西北回,织女东南顾。"欧阳修《七夕》词写道:"河汉无言西北盻,星娥有恨东南远。"

主瓜果

《纬书》^①:"何鼓星主关梁^②,织女星主瓜果。"《晋·天文志》云:"织女三星,天女也。主果蓏、丝帛、珍宝^③。王者至孝,神祇咸喜^④,则织女星俱明。"

【注释】

①《纬书》:汉代依托儒家经义宣扬符箓瑞应占验之书。相对于经书,故称。

②关梁:关口和桥梁。泛指水陆交通必经之处。

③果蓏(luǒ):瓜果的总称。

④神祇:指天神和地神。泛指神明。

【译文】

《纬书》:"何鼓星主管关隘桥梁,织女星主管瓜果。"《晋书·天文志》记载:"织女三颗星,是天上的天女,主管瓜果、丝帛、珍宝之事。如果君王非常孝顺,神明都很高兴,则织女星都明亮。"

为牺牲

《史记·天官书》:"牵牛为牺牲。其北何鼓。何鼓大星,上将;左右,左右将。婺女①,其北织女。"

【注释】

①婺女:即女宿,二十八宿之一。有星四颗。

【译文】

《史记·天官书》:"牛宿掌管供祭祀所用的牺牲。牛宿之北有一颗星叫何鼓。何鼓星中的大星,象征上将;其左右各有一颗星,分别象征左、右将领。其东是婺女星,往北越过银河是织女星。"

借聘钱

《荆楚岁时记》:"尝见道书云①:'牵牛娶织女,取天帝二万钱下礼②,久而不还,被驱在营室③。'"言虽不经④,有足为怪。刘子仪《七夕》诗云:"天帝聘钱还得否⑤,晋人求富是虚词⑥。"

【注释】

①道书:道家或佛家的典籍。

②下礼:指向女家送聘礼。

③营室:星宿名。二十八宿之一,即室宿。有今飞马座二星。

④不经：没有根据。

⑤天帝聘钱：《荆楚岁时记》："《日纬书》曰：'牵牛星，荆州呼为河鼓，主关梁，织女星主瓜果。'尝见道书云：'牵牛娶织女，取天帝钱二万备礼，久而不还，被驱在营室'是也。言虽不经，有是为怪也。"

⑥晋人求富：周处《风土记》："七月初七日，其夜洒扫于庭，露施几筵，设酒脯时果，散香粉于筵上，以祈河鼓织女，言此二星神当会。守夜者咸怀私愿，或云见天汉中有奕奕正白气，有光耀五色，以此为征应。见者便拜而愿乞富乞寿，无子乞子，唯得乞一，不得兼求。三年乃得言之，颇有受其祚者。"案：周处，西晋时人，故云晋人。虚词：浮夸不实之言。

【译文】

《荆楚岁时记》："曾经看到典籍记载：'牵牛迎娶织女，向天帝借钱二万以聘织女，因久不归还，被驱逐到营室宿的位置。'"话虽没有根据，却也足够让人觉得有趣。刘筠《七夕》诗写道："天帝聘钱还得否，晋人求富是虚词。"

驾香车

李商隐《七夕》诗云："已驾七香车。"陈后山《七夕》诗云："径须微洗七香车。"

【译文】

李商隐《七夕》诗写道："已驾七香车。"陈师道《七夕》诗写道："径须微洗七香车。"

洒泪雨

《岁时杂记》:"七月六日有雨,谓之洗车雨;七日雨,则云洒泪雨。"张子野《七夕》词云:"洗车昏雨过,缺月云中堕①。"仲殊词云:"疏雨洗云轺,望极银河影里②。"杜牧之有《七夕戏作》云③:"云阶月地一相过④,未抵经年别恨多。最恨明朝洗车雨⑤,不教回脚渡天河⑥。"张天觉歌云:"空将泪作雨滂沱,泪痕有尽愁无竭⑦。"詹克爱词云:"空将别泪,洒作人间雨⑧。"黄山谷词云:"暂时别泪,作人间晓雨⑨。"

【注释】

①缺月:不圆之月。唐杜甫《宿凿石浦》诗:"缺月殊未生,青灯死分 翳。"王洙注:"缺,残也。"

②疏雨洗云轺(yáo),望极银河影里:出自仲殊《失调名·其四》。 云轺,云车。传说神仙以云为车。

③杜牧之:即杜牧,字牧之。

④云阶月地:以云为阶,以月为地。比喻天上仙境。相过:相互交往。

⑤明朝:明天。

⑥回脚:拔脚而回。

⑦空将泪作雨滂沱,泪痕有尽愁无竭:出自张商英佚句。滂沱,大雨 貌。泪痕,眼泪留下的痕迹。

⑧空将别泪,洒作人间雨:出自詹克爱《失调名·其二》。别泪,伤 别之泪。

⑨暂时别泪,作人间晓雨:出自黄庭坚《鹊桥仙·其二·席上赋七 夕》,原词为"一年尊酒暂时同,别泪作、人间晓雨"。

【译文】

《岁时杂记》："七月六日下雨，称为洗车雨；七日下雨，则称为洒泪雨。"张先《七夕》词写道："洗车昏雨过，缺月云中堕。"仲殊有词写道："疏雨洗云轺，望极银河影里。"杜牧有《七夕戏作》写道："云阶月地一相过，未抵经年别恨多。最恨明朝洗车雨，不教回脚渡天河。"张商英有歌写道："空将泪作雨滂沱，泪痕有尽愁无竭。"詹克爱有词写道："空将别泪，洒作人间雨。"黄庭坚有词写道："暂时别泪，作人间晓雨。"

渡天河

《齐谐记》①："七月七日，织女渡河。"隋江总《七夕》诗云②："婉娈期今夜③，飘飖度浅流④。"王湮《七夕》诗云⑤："天河横欲晓，凤驾俨应飞⑥。"

【注释】

①《齐谐记》：或作《齐谐志》，南朝宋东阳无疑撰。该书为志怪小说集。书名取《庄子》"齐谐志怪"之义，所记皆神鬼怪异之事，间及因果报应之说。

②江总（519—594）：字总持，济阳考城（今河南兰考）人。南朝陈文学家。梁时，官至太常卿。入陈，官至尚书令，虽居执政之位，而不理政务，专与陈后主游宴宫中，时人称为"狎客"。明人辑有《江令君集》。

③婉娈：缠绵，缱绻。期：期待。

④飘飖（yáo）：指织女渡河时举止轻盈洒脱之状。浅流：指银河。

⑤王湮（yīn）：唐文学家。开元二十五年（737）登进士第，天宝初官右补阙。

⑥凤驾：仙人的车乘。俨：好像。

【译文】

《齐谐记》:"七月七日,织女渡银河。"隋朝江总《七夕》诗写道:"婉娈期今夜,飘飖度浅流。"王谊《七夕》诗写道:"天河横欲晓,凤驾俨应飞。"

复斜河

《异闻集》:"后周上柱国沈警①,奉使秦陇②,过张女郎庙③,酌水献花④。弹琴作《凤将雏》⑤,吟曰:'靡靡春风至,微微春露轻。可惜《关山月》,遂成无用明。'遇夜,俄见二女郎,具酒肴,歌咏极欢。小女郎曰润玉,因执警手曰:'昔从二妃游湘川⑥,见君于虞帝庙读《湘东王碑》。此时慊念颇切⑦,不谓今日有此佳会。'警亦记尝所经行,因相叙叹,不能已已⑧。小婢丽质,告夜分⑨,致词曰:'姮娥妒人⑩,不肯留照。织女无赖,已复斜河。'警遂与小女郎就寝⑪。"

【注释】

①后周(951—960):五代十国之一。汉乾祐三年(950)郭威在后汉隐帝刘承祐时起兵反叛,于次年(951)夺取皇位,定都东京开封府,建立后周。显德七年(960)禁军将领赵匡胤发动陈桥兵变,建立北宋,后周灭亡。上柱国:官名。起于战国。楚制,凡破军杀将者,官为上柱国,位极尊宠。北魏置柱国大将军,北周增置上柱国大将军,唐宋也以上柱国为武官勋爵中的最高级,柱国次之。历代沿用,清废。

②奉使:奉命出使。秦陇:秦岭和陇山的并称。指今陕西、甘肃之地。

③张女郎庙:即张女郎神庙。张女郎神,秦陇一带州县民间信仰的

雨水之神。

④酌水献花：舀来清水，献上鲜花。

⑤《凤将雏》：又名《殿前欢》《小凤孙儿》。北曲牌名，属双调。

⑥二妃：指传说中舜之妻娥皇、女英。死后成为湘水之神。湘川：即湘江。

⑦慊念颇切：非常想念。

⑧已已：已，休止。迭用以加重语气。

⑨夜分：夜半。

⑩姮娥：即嫦娥。

⑪就寝：上床睡觉。

【译文】

《异闻集》："后周的上柱国沈警，奉命出使秦陇，途中经过张女郎庙，他舀来清水，献上鲜花。弹琴作《凤将雏》，吟道：'靡靡春风至，微微春露轻。可惜关山月，遂成无用明。'到夜里，突然看见两位女郎，准备了酒菜，一起唱歌咏诗，极为欢畅。小女郎叫润玉，拉着沈警的手说：'我以前跟二妃游湘江，看见您在虞帝庙读《湘东王碑》。当时非常想念您，没想到今天能在此相会。'沈警也记得此事，因而相互述说叹息，不能停止。小婢女丽质，告诉他们说已经夜半，并说道：'姮娥妒人，不肯留照。织女无赖，已复斜河。'沈警就与小女郎一同就寝了。"

伺渡河

《容斋随笔》："苍梧王当七夕夜半①，令杨玉夫伺织女渡河②，曰：'见，当报我；不见，当杀汝。'钱希白《洞微志》载③，苏德奇为徐肇祀其先人④，曰：'当夜半可已。'盖俟鬼宿渡河之后⑤。翟公巽作《祭仪》十卷⑥，云：'或祭于昏，或祭于旦，皆非是，当以鬼宿渡河为候，而鬼宿渡河，常在中夜，必使人仰占以候之。'叶少蕴云⑦：'公巽博学多闻，援证皆有根据⑧，不肯碌碌同众⑨，所见必过人者。'予案天上经星终古不动⑩，鬼宿随天西行，春昏见于南，夏晨见于东，秋夜半见于东，冬昏见于东，安有所谓渡河及常在中夜之理⑪？织女昏晨与鬼宿正相反，其理则同。苍梧王荒悖小儿⑫，不足笑。钱、翟、叶三公，皆名儒硕学⑬，亦不深考如此。杜诗云：'牛女漫愁思，秋期犹渡河⑭。''牛女年年渡，何曾风浪生⑮。'梁刘孝仪诗云⑯：'欲待黄昏后，含娇渡浅河⑰。'唐人七夕诗皆有此说，自是牵俗遣词之过⑱。故杜老又有诗云：'牵牛出河西，织女处其东。万古永相望，七夕谁见同？神光竟难候，此事终朦胧⑲。'盖自洞晓其实⑳，非他人比也。"

【注释】

①苍梧王：即南朝宋后废帝刘昱（463—477），宋明帝刘彧长子。生性残暴，年少继位，以杀人为乐，穷凶极恶。元徽五年（477），中领军将军萧道成（即南齐高帝）、直阁将军王敬则密谋设计，于七夕夜将其杀死，谥封苍梧王。

②杨玉夫：刘昱贴身侍卫。《资治通鉴·宋纪·顺皇帝》："杨玉夫常得帝意，至是忽憎之，见辄切齿，曰：'明日当杀小子，取肝肺。'是夜，令玉夫伺织女度河，曰：'见当报我，不见将杀汝！'……是夕，王敬则出外，玉夫伺帝熟寝，与杨万年取帝防身刀刭之。"

③钱希白《洞微志》：北宋志怪小说，钱易撰。钱易，字希白。该书录唐末至宋初的各种奇异诡谲之事。

④徐肇：五代时吴国大臣徐温子。后历南唐而入宋，宋太宗初年以
　数术助江南转运使王延范谋不轨，被弃市。

⑤佚：底本作"侯"，据《容斋随笔》改。鬼宿渡河：指半夜间，午夜。
　河是井宿中的南北河星，在鬼宿旁边，要在半夜时分，才能看见鬼
　宿和井宿，故云。鬼宿，二十八宿之一，朱雀七宿的第二宿。有微
　弱的星四颗，皆属巨蟹座。鬼宿四星围形似柜，中有一星团，叫
　"积尸气"，也叫鬼星团。

⑥翟公巽：即翟汝文（1076—1141），字公巽，润州丹阳（今江苏丹
　阳）人。宋书画家、收藏家、医学家，另著有《盟真玉检》《净供普
　济仪》等。

⑦叶少蕴：即叶梦得（1077—1148），字少蕴，号石林居士，苏州吴县
　（今江苏苏州）人，寓居湖州乌程（今浙江吴兴）。南宋文学家、
　经学家、藏书家，著有《石林燕语》《避暑录话》《石林诗话》等。

⑧援证：引述古事来证明今事。援，引。

⑨碌碌：随众附和。

⑩经星：恒星。

⑪理：底本作"后"，据《容斋随笔》改。

⑫荒悖：荒谬。

⑬名儒硕学：有名的儒者和饱学之士。

⑭牛女漫愁思，秋期犹渡河：出自杜甫《一百五日夜对月》。

⑮牛女年年渡，何曾风浪生：出自杜甫《天河》。

⑯刘孝仪：即南朝梁刘潜（484—550），字孝仪，彭城（今江苏徐州）
　人。萧梁时官至都官尚书。

⑰欲待黄昏后，含娇渡浅河：出自刘孝仪《咏织女诗》，原诗为"欲待
　黄昏至，含娇渡浅河"。

⑱牵俗：迁就世俗。遣词：运用词语。

⑲"牵牛出河西"几句：出自杜甫《牵牛织女》。

⑳洞晓：透彻地知道，精通。

【译文】

《容斋随笔》："苍梧王在七月初七夜半，命令杨玉夫观察织女渡河，说：'看见，就告诉我；看不见，我就杀了你。'钱易《洞微志》记载，苏德奇为徐肇祭祀祖先，说：'到夜半就可以祭祀了。'大概是等鬼宿渡河之后。翟汝文作《祭仪》十卷，说：'有些人在黄昏祭祀，有些人在早晨祭祀，其实都不正确，应当以鬼宿渡河时为准，而鬼宿渡河，常在半夜，一定要派人仰面观察细心等待才行。'叶梦得说：'翟汝文学问渊博，引证都有根据，不肯随众附和，他的见解一定有过人之处。'我认为天上的恒星永远不动，鬼宿随天体向西运行，春天的黄昏出现在南方，夏天的早晨出现在东方，秋天的夜半出现在东方，冬天的黄昏出现在东方，哪里有所谓的渡河和常在半夜的道理？织女星早晚的方位与鬼宿正相反，道理也是一样。苍梧王是荒谬小儿，不值得一笑。钱易、翟汝文、叶梦得三公，都是有名的儒者和饱学之士，竟然也如此不深加考究。杜甫有诗写道：'牛女漫愁思，秋期犹渡河。''牛女年年渡，何曾风浪生。'南朝梁刘潜有诗写道：'欲待黄昏后，含娇渡浅河。'唐人的七夕诗都有这种说法，自然是迁就世俗遣词造句的过错。因此杜甫又有诗写道：'牵牛出河西，织女处其东。万古永相望，七夕谁见同？神光竟难候，此事终朦胧。'杜甫大概是透彻地了解了真实情况，不是其他人所能比得上的。"

架鹊桥

《风土记》："织女七夕当渡河，使鹊为桥。"《海录碎事》云："鹊，一名神女，七月填河成桥。"李白《七夕》诗云："寂然香灭后①，鹊散度桥空。"张天觉歌云："灵官召集役神鹊，直渡银河横作桥②。"又东坡《七夕》词云："喜鹊桥成催凤

驾。天为欢迟,乞去声。与新凉夜③。"又古诗云:"参差乌
鹊桥④。"又欧阳公词云:"鹊迎桥路接天津,映夹岸、星榆
点缀⑤。"

【注释】

①寂然:形容寂静的状态。

②灵官召集役神鹊,直渡银河横作桥:出自张商英佚句。灵官,仙
　官。役,役使。

③乞与:给予。

④参差乌鹊桥:出自杜甫《玉台观》,原诗为"石势参差乌鹊桥"。
　参差,很快,顷刻。

⑤鹊迎桥路接天津,映夹岸、星榆点缀:映夹岸,底本作"夹岸",据
　《欧阳文忠公集》补。出自欧阳修《鹊桥仙》。星榆,榆荚形似钱,
　色白成串,因以"星榆"形容繁星。

【译文】

《风土记》:"织女七月七日当渡河,使喜鹊搭成桥。"《海录碎事》说:
"鹊,又叫神女,七月群鹊衔接为桥以渡银河。"李白《七夕》诗写道:"寂
然香灭后,鹊散度桥空。"张商英歌写道:"灵官召集役神鹊,直渡银河横
作桥。"又有苏轼《七夕》词写道:"喜鹊桥成催凤驾。天为欢迟,乞去声。
与新凉夜。"又有古诗写道:"参差乌鹊桥。"又有欧阳修词写道:"鹊迎桥
路接天津,映夹岸、星榆点缀。"

填河乌

《淮南子》:"乌鹊填河成桥而渡织女。"庾肩吾《七夕》
诗云:"寄语雕陵鹊①,填河未可飞。"欧阳公词云:"乌鹊填

河仙浪浅。云軿早去声。在星桥畔②。"晏元献公《七夕》诗云:"云幕无波斗柄移③,鹊慵乌慢得桥迟。若教精卫填河汉④,一水还应有尽时。"方远庵《七夕》诗云⑤:"不复云軿去自留,却凭飞鹊集中流。"

【注释】

①雕陵鹊:寓言中的巨鹊。《庄子·山木》:"庄周游乎雕陵之樊,睹一异鹊自南方来者,翼广七尺,目大运寸。"

②乌鹊填河仙浪浅。云軿(píng)早在星桥畔:出自欧阳修《渔家傲·七夕》。云軿,神仙所乘之车。以云为之,故云。星桥,神话中的鹊桥。

③云幕:由云形成的帷幕。斗柄:北斗柄。指北斗的第五至第七星,即衡、开泰、摇光。北斗,第一至第四星象斗,第五至第七星象柄。

④精卫:古代神话中鸟名。《山海经·北山经》:"发鸠之山,其上多柘木。有鸟焉,其状如乌,文首、白喙、赤足,名曰精卫,其鸣自詨。是炎帝之少女名曰女娃,女娃游于东海,溺而不返,故为精卫,常衔西山之木石,以堙于东海。"河汉:指银河。

⑤方远庵:即方士繇。

【译文】

《淮南子》:"乌鹊衔接为桥以使织女渡银河。"庾肩吾《七夕》诗写道:"寄语雕陵鹊,填河未可飞。"欧阳修有词写道:"乌鹊填河仙浪浅,云軿早去声。在星桥畔。"晏殊《七夕》诗写道:"云幕无波斗柄移,鹊慵乌慢得桥迟。若教精卫填河汉,一水还应有尽时。"方士繇《七夕》诗写道:"不复云軿去自留,却凭飞鹊集中流。"

象夫妇

班固赋：“左牵牛兮右织女，似天汉之无涯①。”严有翼云②：“虽不言七月七日聚会，其意以为夫妇之象。天道深远③，所不敢言也。”

【注释】

①左牵牛兮右织女，似天汉之无涯：出自班固《西都赋》，原赋为“左牵牛而右织女，似云汉之无涯”。天汉，指银河。无涯，无穷尽，无边际。

②严有翼：建安（今福建建瓯）人。宋诗论家，著有《艺苑雌黄》。宣和六年（1124）进士，历南剑州、泉州通判。

③天道：指显示征兆的天象。

【译文】

班固《西都赋》：“左牵牛兮右织女，似天汉之无涯。”严有翼说：“虽不说七月七日聚会，但其用意是以牵牛织女象征夫妻。天象深远，所以不敢说。”

得会同①

曹植《九咏》：“乘回风兮浮汉渚②，目牵牛兮眺织女③。交有际兮会有期④，嗟吾子兮来不时。”注云：“牵牛为夫，织女为妇。牵牛、织女之星，各处河汉之旁，七月七日得一会同。”

【注释】

①会同：聚会，会见。

②回风：旋风。汉渚：银河。

③目：凝视。

④际：界线。

【译文】

曹植《九咏》写道："乘回风兮浮汉渚，目牵牛兮眺织女。交有际兮会有期，嗟吾子兮来不时。"注解说："牵牛为夫，织女为妇。牵牛、织女星，各在银河两侧，七月七日才能相会一次。"

会灵匹①

谢惠连《七夕咏牛女》诗云："云汉有灵匹②，弥年阙相从③。"注云："灵匹谓牛女匹耦也④。"刘子仪诗云："天媛贪忙会灵匹，几时留巧到人间⑤。"

【注释】

①灵匹：神仙匹偶。指牵牛、织女二星。

②云汉：银河。

③弥年：终年，经年。相从：跟随，在一起。

④匹耦（ǒu）：雌雄配对。多喻指婚配。

⑤天媛贪忙会灵匹，几时留巧到人间：出自刘筠佚句。天媛，天女、仙女。此指传说中的织女。

【译文】

谢惠连《七夕咏牛女》诗写道："云汉有灵匹，弥年阙相从。"注解说："灵匹就是牛郎、织女这对伴侣。"刘筠有诗写道："天媛贪忙会灵匹，几时留巧到人间。"

含淫思①

《文粹》玉川子诗云②:"痴牛与骙女骙,鱼开切,不肯勤农桑。徒劳含淫思,旦夕遥相望③。"东坡《七夕》词云:"缑山仙子④,高情云渺⑤,不学痴牛骙女。"

【注释】

①淫思:淫欲之念。

②《文粹》:即《唐文粹》。玉川子:即卢仝(约795—835),自号玉川子,范阳(今河北涿州)人。唐诗人、茶学家。

③"痴牛与骙(ái)女"几句:出自卢仝《月蚀诗》。痴牛与骙女,即痴情的牛郎,愚昧的织女。骙,痴呆,愚笨。比喻天真无知的少男少女。

④缑山仙子:指王子乔。汉刘向《列仙传·王子乔》:"王子乔者,周灵王太子晋也。好吹笙,作凤凰鸣。游伊洛之间,道士浮丘公接以上嵩高山。三十余年后,求之于山上,见桓良曰:'告我家,七月七日待我于缑氏山巅。'至时果乘白鹤驻山头,望之不得到,举手谢时人,数日而去。"缑山,在今河南偃师。

⑤高情云渺:性情高远飘逸。

【译文】

《唐文粹》卢仝有诗写道:"痴牛与骙女骙,鱼开切,不肯勤农桑。徒劳含淫思,旦夕遥相望。"苏轼《七夕》词写道:"缑山仙子,高情云渺,不学痴牛骙女。"

有近说

《艺苑雌黄》引《诗》云①:"睆彼牵牛②,不以服箱③",

"跂彼织女④,终日七襄⑤"。说者以为二星有名无实,即古诗所云"织女无机杼,牵牛不服轭"⑥,岂复能为夫妇岁一聚会乎? 按《史记》《尔雅》与《夏小正》之书,牵牛、织女皆据星也,亦无会合之文⑦,近代有此说耳。

【注释】

①《诗》:即《诗经》。古代第一部诗歌总集。收集了周朝初年到春
　秋中期的诗歌305篇。

②晥(huǎn):明亮。

③服箱:负载车箱。犹驾车。

④跂(qí):同"歧",分叉状。

⑤七襄:谓织女星白昼移位七次。《诗经·小雅·大东》:"跂彼织
　女,终日七襄,虽则七襄,不成报章。"郑玄笺:"襄,驾也。驾,谓
　更其肆也。从旦至莫七辰一移,因谓之七襄。"一说,"七襄,织文
　之数也。《诗》意谓望彼织女,终日织文至七襄之多,终不成报我
　之文章也"。

⑥轭(è):牛鞅,牛拉东西时架在脖子上的短粗曲木。

⑦会合:见面。

【译文】

《艺苑雌黄》引用《诗经》写道:"晥彼牵牛,不以服箱","跂彼织女,终日七襄"。说者认为二星有名无实,就是古诗所说"织女无机杼,牵牛不服轭",难道能成为夫妇一年聚会一次吗? 根据《史记》《尔雅》与《夏小正》的记载,牵牛、织女都是星名,并无它们相会的文字记载,近代有这种说法而已。

无稽考①

《学林新编》②："世传织女嫁牵牛，渡河相会。按《史记》《晋·天文志》云：'河鼓星，在织女、牵牛二星之间。'世俗因传渡河之说，媟渎上象③，无所根据。《淮南子》云：'乌鹊填河成桥，而渡织女。'《荆楚岁时记》云：'七夕，河汉间奕奕有光景④，以此为候，是牛、女相过。'其说皆怪诞⑤。七夕乞巧，见于周处《风土记》，乃后人编类成书，大抵初无稽考，不足信者多已⑥。"

【注释】

①稽考：检查考核。

②《学林新编》：即《学林》，十卷，王观国撰。《学林》书名，系取《汉书·叙传》"正文字惟学林"之语。该书是较为专门的学术笔记，以考辨文字的形体、音韵和字义为主。王观国，字彦宾，长沙（今属湖南）人。南宋文字学家。

③媟（xiè）渎：轻慢，不恭敬。上象：乾坤，天地。

④奕奕：亮光闪动。光景：情况。

⑤怪诞：离奇荒诞。

⑥不足信：不值得相信。

【译文】

《学林新编》："世上相传织女嫁牵牛，渡河相会。按《史记》《晋书·天文志》记载：'河鼓星，在织女、牵牛二星之间。'世俗因而相传渡河相会的说法，是对天象的亵渎，没有根据。《淮南子》记载：'乌鹊衔接为桥，以渡织女过银河。'《荆楚岁时记》记载：'七月七日晚，银河间有亮光闪动的情况，以此为征候，是牛郎、织女相会。'这些说法都离奇荒诞。七夕乞巧,见于周处《风土记》,是后人编纂成书的,大都没有考证,不可信的内容很多。"

出流俗①

晋傅玄拟《天问》②:"七月七日,牵牛、织女会于天河。"杜公瞻注云:"此出于流俗小书③,寻之经史,未有典据④。"如杜子美诗云:"牵牛处河西,织女出其东。万古永相望,七夕谁见同?神光竟难候,此事终朦胧。飒然精灵合,何必秋遂通⑤。"子美诗意,不取俗说。

【注释】

①流俗:平庸粗俗。

②傅玄(217—278):字休奕,北地泥阳(今陕西耀州)人。魏晋之际思想家、政治家。拟:模仿。《天问》:《楚辞》篇名。是对天的质问。

③小书:价值不大的书籍。

④典据:典实和根据。

⑤"牵牛处河西"几句:出自杜甫《牵牛织女》。飒然,迅疾、倏忽貌。

【译文】

晋傅玄拟《天问》:"七月七日夜晚,牵牛、织女在天河相会。"杜公瞻注解说:"这出自民间流传的小书,在典籍中查寻,没有典实和根据。"如杜甫有诗写道:"牵牛处河西,织女出其东。万古永相望,七夕谁见同?神光竟难候,此事终朦胧。飒然精灵合,何必秋遂通。"杜甫的诗意显然不采用世俗传说。

好诞妄①

《复雅歌词》:"七夕故事,大抵祖述张华《博物志》、吴均《续齐谐记》②。夫二星之在天③,为二十八舍④,自占星者观之⑤,此为经星⑥,有常次而不动⑦。诗人谓'皖彼牵牛,不以服箱'⑧,'跂彼织女,终日七襄。虽则七襄,不成报章'者⑨,以比为臣而不职也⑩。夫为臣不职,用人者之责也,此诗所以为刺也。凡小说好怪,诞妄不终,往往类此。天虽去人远矣,而垂象粲然⑪,可验而知,不可诬也。词章家者流⑫,务以文力相高⑬,徒欲飞英妙之声于尊俎间⑭,诗人之细也夫⑮。"

【注释】

①诞妄:荒诞虚妄。

②祖述:指在学术、思想或行为上继承并遵循前人的传统。

③二星:并非指具体两颗星,而是泛指二十八星宿中的星辰。

④二十八舍:即二十八星宿。

⑤占星者:以观察星象占卜吉凶为业的人。

⑥经星:指相对位置固定的恒星。

⑦常次:指星宿在天空中的固定排列次序。不动:并非绝对静止,而是相对于行星的移动,经星的相对位置长期稳定。

⑧皖(huǎn)彼牵牛,不以服箱:明亮的牵牛星,却无法用来拉车。皖,形容明亮、闪耀的状态,指牵牛星的光芒。服箱,拉车运输。服,指驾驭。箱,代指车辆。

⑨"跂(qí)彼织女"几句:那分叉排列的织女星,整日七次移转方位。虽然织女星频繁移动(象征忙碌),却始终无法织成完整的

布匹。跂，通"歧"。形容织女星分叉排列的形态，即天琴座的三颗星（织女一、二、三）组成等边三角形。七襄，指织女星在白昼的七个时辰（卯时至酉时）共移动七次位置（象征忙碌）。报章，指完整织成的布帛。报，指织布时梭子往复穿梭。章，指布匹的纹理。

⑩不职：不称职。

⑪垂象：显示征兆。古人迷信，把某些自然现象附会人事，认为是预示人间祸福吉凶的迹象。粲然：形容显著明白。

⑫词章家：指专精于诗词文章创作的文人群体。者流：这一类人。

⑬务：致力于。文力：指文采的雕琢与才力。相高：互相攀比争胜。

⑭徒欲：仅仅追求。飞英妙之声：指浮夸的华丽辞令。尊俎：代指宴饮场合。

⑮细：指格局狭小，流于琐碎。也夫：感叹词，加强批评语气。

【译文】

《复雅歌词》："现今流传的七夕故事，大多沿袭张华《博物志》和吴均《续齐谐记》中的记载。牛郎星和织女星在天上，属于二十八星宿，在占星者看来，二十八星宿是相对位置固定的恒星，这两颗星属于经星，位置很固定。诗人所写'睆彼牵牛，不以服箱'，'跂彼织女，终日七襄。虽则七襄，不成报章'诗，以此比喻臣子在其位而不称职。做臣子的不称职，主要是上位者用人的责任，这首诗歌的创作动机是讽刺。大多小说常热衷于描写怪异、荒诞之事，这类内容往往缺乏真实依据，难以自圆其说。尽管天道看似高远难测，但其通过天象、现象展现的规律是清晰可辨的，可被验证，不容歪曲否定。专精于诗词文章创作的这一类人，致力于文采的雕琢，用才力互相攀比争胜，仅仅追求在宴饮场合展示浮夸的华丽辞令，诗人的格局狭小也是如此。"

曝衣楼①

宋卜子扬《苑圃疏》②:"太液池西有汉武帝曝衣楼,常至七月七日,宫女出后衣登楼曝之。因赋《曝衣篇》③。"李贺《七夕》诗云:"鹊辞穿线月,花入曝衣楼。"蔡持正《七夕》词云:"骊山宫中看乞巧④,太液池边收曝衣。"方远庵《和刘正之七夕》诗云:"流连儿女意,香满曝衣楼。"

【注释】

①曝衣楼:皇宫中帝后七月七日晒衣之楼。

②卜子扬《苑圃疏》:宋朝宋敏求《长安志》卷三引作"宋卜子阳《园苑蔬》",《太平广记》卷三一引作"宋卜子扬《园苑蔬》",宁波蒲积中《岁时杂咏》卷二六引作"王子阳《园苑蔬》"。

③《曝衣篇》:即沈佺期《曝衣篇》。

④骊山:又名郦山。在今陕西临潼东南,因古骊戎居此得名。

【译文】

宋卜子扬《苑圃疏》:"太液池西边有汉武帝曝衣楼,经常在七月七日,宫女取出后妃衣物登楼晾晒。沈佺期因而赋《曝衣篇》。"李贺《七夕》诗写道:"鹊辞穿线月,花入曝衣楼。"蔡确《七夕》词写道:"骊山宫中看乞巧,太液池边收曝衣。"方士繇《和刘正之七夕》诗写道:"流连儿女意,香满曝衣楼。"

祀星楼

《天宝遗事》:"宫中七夕,以锦彩结成楼殿,高百丈,可容数十人,陈瓜果酒炙①,设坐具,以祀牛、女二星。嫔妃穿针乞巧,动清商之曲②,宴乐达旦。士民皆效之。"

【注释】

①酒炙:酒和肉。亦泛指菜肴。

②动:指演奏。清商之曲:古代五音中的商音音调凄清悲切,称为
"清商"。商声,古代五音之一。古谓其调凄清悲凉,故称。

【译文】

《开元天宝遗事》:"宫中在七月七日夜晚,用锦缎彩丝结成高大的宫
殿,高达百丈,可容纳数十人,陈列瓜果酒肉,设置了座位,以祭祀牵牛、
织女二星。嫔妃们穿针乞巧,演奏清商之曲,饮宴作乐通宵达旦。士人
百姓都争相仿效。"

穿针楼①

《舆地志》②:"齐武帝起层城观③,七月七日,宫人多登
之穿针,谓之穿针楼。"

【注释】

①穿针楼:楼名。坐落于今江苏南京。即南朝齐武帝所筑层城观。
因每年七夕,宫女登此穿七子针,故称。

②《舆地志》:三十卷,南朝陈顾野王撰。该书记载周、秦以来政区
沿革、山川道里、城邑、古迹、事件、风俗、物产等。顾野王(519—
581),字希冯,吴郡吴县(今江苏苏州)人。南朝陈诗文作家。另
著有《玉篇》《符瑞图》《通史要略》《国史纪传》等。

③齐武帝:即齐武帝萧赜(440—493),小名龙儿,字宣远,南兰陵
(今江苏常州)人。南朝齐第二任皇帝(482—493年在位)。层
城观:即穿针楼。

【译文】

《舆地志》:"齐武帝建立层城观,七月七日,宫人大多登观穿针乞巧,因而称为穿针楼。"

乞巧楼^①

《东京梦华录》:"七夕,京师贵家多结彩楼于庭,谓之乞巧楼。陈磨喝乐、花果、酒炙、笔砚、针线^②,或儿童裁诗^③,女郎呈巧^④,焚香列拜^⑤。妇人望月穿针,或以小蜘蛛安合子内^⑥,次日看之,蛛若结网圆正^⑦,谓之得巧。里巷与妓馆,往往列于门首,争以侈靡相尚^⑧。"杨朴《七夕》诗云^⑨:"年年乞与人间巧,不道人间巧已多^⑩。"罗隐《七夕》诗云^⑪:"月帐星河次第开^⑫,两情惟恐曙光催^⑬。时人不用穿针待,没得心情送巧来^⑭。"

【注释】

①乞巧楼:乞巧的彩楼。旧时风俗,农历七月七日夜或七月六日夜妇女在庭院向织女星乞求智巧,称为"乞巧"。

②磨喝乐:亦作"磨合罗""摩诃罗""摩侯罗"等,也称"北生"或"化生儿"。原为佛教八部众神之一的摩睺罗神,唐宋时借其名,制作为土木偶人,于七夕供养以祝祷生育男孩,因此成为七夕乞巧节送姻亲家的应时礼物。

③裁诗:作诗。

④呈巧:呈献精巧的物件。

⑤焚香:烧香。列拜:依次叩拜。

⑥合子:盒子。

⑦圆正：圆匀端正。

⑧侈靡：奢侈豪华。

⑨杨朴（921—1003）：字契元（一作玄或先），自号东里野民，新郑东里（今河南新郑）人。北宋布衣诗人。

⑩不道：岂不知道。

⑪罗隐（833—910）：本名横，字昭谏，号江东生，余杭新城（今浙江富阳）人。著有《谗书》《江东甲乙集》等。

⑫月帐：以月为帐。

⑬两情：指双方的感情、情意。

⑭没得：休得，不要。

【译文】

《东京梦华录》："七月初七夜晚，京城富贵之家大多在庭院中扎起彩楼，称为乞巧楼。陈列磨喝乐、花果、酒菜、笔砚、针线，有的由儿童作诗，有的由女郎呈献所制作的精巧物件，烧香依次叩拜，称为乞巧。这天晚上，妇女对着月亮穿针，有的把小蜘蛛装进盒子里，第二天打开观看，如果蛛网织得圆匀端正，称为得巧。街巷中的人家与妓院，往往将各种物品陈列在门口，争着比奢侈豪华。"杨朴《七夕》诗写道："年年乞与人间巧，不道人间巧已多。"罗隐《七夕》诗写道："月帐星河次第开，两情惟恐曙光催。时人不用穿针待，没得心情送巧来。"

乞巧棚①

《岁时杂记》："京师人七夕，以竹或木或麻糵编而为棚②，剪五色彩为层楼③。又为仙楼，刻牛、女像及仙从等于上，以乞巧。或只以一木，剪纸为仙桥，于其中为牛、女，仙从列两傍焉。"

【注释】

①乞巧棚：古代于乞巧节搭建的彩棚。

②麻藉（jiē）：麻秆。藉，同"秸"。

③层楼：高楼。

【译文】

《岁时杂记》："京城的人在七月初七夜晚，用竹子或木或麻秆搭建彩棚，剪裁五色丝绸搭为高楼。又制作仙楼，在仙楼上刻牵牛、织女以及仙人随从画像，用来乞巧。有的只用一根木头，剪纸为仙桥，在其中间刻画牵牛、织女的形象，仙人随从分列两旁。"

乞巧市

《岁时杂记》："东京潘楼前有乞巧市①，卖乞巧物。自七月初一日为始，车马喧阗②。七夕前两三日，车马相次雍遏③，不复得出，至夜方散。其次，丽景、保康、阊阖门外④，及睦亲、广亲宅前⑤，亦有乞巧市，然皆不及潘楼。"

【注释】

①潘楼：酒楼名。北宋东京（今河南开封）著名的大酒楼之一。位于宫城东南角楼十字街东之潘楼街路。

②车马喧阗（xuān tián）：形容车马众多、人声鼎沸的热闹场景。喧阗，喧闹嘈杂。

③相次：相继。雍遏：阻塞，阻止。

④丽景：即丽景门，北宋时期都城汴京城门。保康：即保康门。北宋汴京内城（旧城）南面的东侧城门，属内城十门之一。阊阖门：五代梁开平元年（907）改东京城（今河南开封）西面北门梁门为乾

象门,仍俗称梁门。后北宋太平兴国四年(979)又改名阊阖门。

⑤睦亲:即睦亲宅。又叫"南宫"。宋太祖、太宗诸王子孙后裔的住宅名。景祐二年(1035),在旧玉清昭应宫地基上修建。先设专官管勾宅事,熙宁三年(1070)以其事归大宗正司。广亲宅:又叫"北宅"。宋太祖第四子秦王赵德芳子孙后裔的住宅名。庆历七年(1047)扩建前宰相王钦若府第而成。先设专官管勾,熙宁三年(1070),以其事归大宗正司。

【译文】

《岁时杂记》:"东京潘楼前有乞巧市,卖乞巧相关的物品。从七月初一开始,车马聚集非常热闹。七夕前两三天,车马拥挤,道路阻塞,几乎无法通行,到深夜方才散去。其次,丽景、保康、阊阖门外,以及睦亲、广亲宅前,也有乞巧市,然而都不及潘楼热闹。"

乞巧果

《文昌杂录》:"唐岁时节物,七月七日,则有金针、织女台、乞巧果子。"

【译文】

《文昌杂录》:"唐代应节的物品,七月七日,则有金针、织女台、乞巧果子。"

乞巧厢①

《岁时杂记》:"京师人家,左厢以七月六日乞巧,右厢则以七夕乞巧。"

【注释】

①厢：宋代划分京城地区为若干厢，相当于今日的区。

【译文】

《岁时杂记》："京城的人家，左厢在七月六日乞巧，右厢就在七月七日乞巧。"

乞巧图

《画断》①："唐张萱②，京兆人。尝画贵公子、鞍马、屏帷、宫苑、子女等，名冠于时。又粉本画《贵公子夜游图》《七夕乞巧图》《望月图》③，皆以生绡④，幽闲多思⑤，意逾于象⑥，皆妙上品。"

【注释】

①《画断》：又名《画品断》，唐张怀瓘撰。该书为绘画品评著作。张怀瓘，海陵（今江苏泰州）人。唐书法家、书法理论家，另著有《书断》《评书药石论》等。

②张萱：京兆（今陕西西安）人。唐画家。玄宗开元十一年（723）任史馆画直。

③粉本：画稿。古人作画，先施粉上样，然后依样落笔，故称画稿为粉本。

④生绡：未漂煮过的丝织品。古时多用以作画，因亦以指画卷。

⑤幽闲：清静闲适。

⑥意逾于象：意境超越形象。

【译文】

《画断》："唐代张萱，京兆人。曾画贵公子、骑马、屏帷、宫苑、子女等题材,名噪一时。又有画稿《贵公子夜游图》《七夕乞巧图》《望月图》,这些画作都以生绡为材料,画面清静闲适,充满深思,意境超越了具体的形象,都是精妙的上等画作。"

羁色缕①

《西京杂记》:"戚夫人侍高祖②,七月七日,临百子池③,作于阗乐④。乐毕,以五色缕相羁,谓之相怜爱。"

【注释】

①羁:系。

②高祖:即汉高祖刘邦。

③百子池:汉代宫苑中的池沼,节日娱游活动之处。

④于阗(tián)乐:泛指西域少数民族的音乐。于阗,汉西域古国,在今新疆和田。

【译文】

《西京杂记》:"戚夫人侍奉汉高祖,七月七日,一起来到百子池边,演奏于阗乐曲。演奏完毕,用五色丝线相互系着,称为相怜爱。"

输石针①

《荆楚岁时记》:"七夕,妇人以彩缕穿七孔针,或以金银输石为针。"谢朓《七夕赋》云②:"缕条紧而贯中③,针鼻细而穿空④。"又古诗云:"针敧疑月暗,缕散恨风来⑤。"

【注释】

①输（tōu）石：黄铜。

②谢朓（464—499）：字玄晖，陈郡阳夏（今河南太康）人。南朝齐
　诗人，以山水诗著称，与谢灵运并称为"二谢"。

③缕条：线。

④针鼻：针尾穿线的孔。

⑤针敧（qī）疑月暗，缕散恨风来：出自萧纲《七夕穿针诗》。敧，同
　"攲"，歪斜。

【译文】

《荆楚岁时记》："七月初七夜晚，妇人用彩丝线穿七孔针，有的用金、
银、黄铜做成针。"谢朓《七夕赋》写道："缕条紧而贯中，针鼻细而穿空。"
又有古诗写道："针敧疑月暗，缕散恨风来。"

金细针

《唐六典》："中尚署：七月七日，进七孔金细针。"晏叔
源《七夕》词云①："楼上金针穿绣缕。谁管天边，隔岁分飞
苦。"又仲殊词云："玉线金针，千般声笑，月下人家②。"

【注释】

①晏叔源：即晏几道（1038—1110），字叔源，号小山，抚州临川（今
　江西抚州）人。宋词人，著有《小山词》。

②"玉线金针"几句：出自仲殊《失调名·其五》。

【译文】

《大唐六典》："中尚署：七月七日，进献七孔金细针。"晏几道《七夕》
词写道："楼上金针穿绣缕。谁管天边，隔岁分飞苦。"又有仲殊词写道：
"玉线金针，千般声笑，月下人家。"

双眼针

《提要录》:"梁朝汴京风俗①,七夕乞巧有双眼针。"刘孝威《七夕穿针》诗云:"缕乱恐风来,衫轻羞指现。故穿双眼针,时缝合欢扇②。"又有双针故事。刘遵《七夕》诗云③:"步月如有意,情来不自禁④。向光抽一缕,举袖弄双针。"张子野词云:"双针竞引双丝缕,家家尽道迎牛女。不见渡河时,空同乌鹊飞⑤。"

【注释】

①梁朝:即五代十国后梁(907—923)。唐天祐四年(907)四月,梁王朱晃(本名朱温,唐帝赐名朱全忠)受唐哀帝李柷禅让,称帝建国,国号大梁,定都开封(今河南开封)。

②合欢扇:即团扇。上有对称图案花纹,象征男女欢会之意。

③刘遵(?—535):字孝陵,彭城(今江苏徐州)人。南朝梁诗人。

④不自禁:谓抑制不住自己的情绪。

⑤"双针竞引双丝缕"几句:出自张先《菩萨蛮·七夕》。乌鹊,特指神话中七夕为牛郎、织女造桥使能相会的喜鹊。

【译文】

《提要录》:"后梁汴京风俗,七月七日夜晚乞巧时用双眼针。"刘孝威《七夕穿针》诗写道:"缕乱恐风来,衫轻羞指现。故穿双眼针,时缝合欢扇。"此外,又有双针的习俗典故。刘遵《七夕》诗写道:"步月如有意,情来不自禁。向光抽一缕,举袖弄双针。"张先有词写道:"双针竞引双丝缕,家家尽道迎牛女。不见渡河时,空同乌鹊飞。"

五孔针①

《提要录》:"七夕有玄针故事②,又有五孔针事,未详所自。"古诗云:"迎风披彩缕,向月贯玄针③。"石曼卿《七夕》词云:"一分素景④,千家新月,凉露楼台遍洗。宝奁深夜结蛛丝,纤五孔、金针不寐⑤。"

【注释】

①五孔针:指的是针的排列方式,五个排列为五孔,七个排列为七孔,九个排列为九孔。

②玄针:旧俗妇女于七月七日夜对月穿针乞巧所用之针。

③迎风披彩缕,向月贯玄针:出自宋孝武帝《七夕诗》。

④素景:秋季的景色。

⑤纤(rèn):穿,引。

【译文】

《提要录》:"七月七日夜晚有玄针故事,又有五孔针的习俗典故,不清楚由来。"有古诗写道:"迎风披彩缕,向月贯玄针。"石延年《七夕》词写道:"一分素景,千家新月,凉露楼台遍洗。宝奁深夜结蛛丝,纤五孔、金针不寐。"

七孔针

《西京杂记》:"汉彩女常以七月七日,穿七孔针于开襟楼①,俱以习之。"吕氏《岁时记》云:"今人月下穿针,实不可用,其状编如篦子为七孔②,特欲度线尔③。"陈简斋诗云:"七孔穿针可得过④。"

【注释】

①开襟楼：汉代宫廷楼阁名，在未央宫。

②篦（bì）子：中间有梁儿，两侧有密齿的用竹子制成的梳头用具。

③度：计算。

④七孔穿针可得过：出自陈与义《次韵家弟碧线泉》。

【译文】

《西京杂记》："汉朝的宫女常在七月七日，在开襟楼穿七孔针，大家对此事都已经习惯了。"吕希哲《岁时杂记》记载："如今人们在月下进行穿针活动时，这种针并非日常缝纫工具，针的形态类似梳头的篦子，密排七孔，只是用于穿线而已。"陈与义有诗写道："七孔穿针可得过。"

九孔针

《天宝遗事》："唐宫中七夕，嫔妃各执九孔针、五色线，向月穿之，过者为得巧。"古诗云："金刀细切同心鲙①，玉线争穿九孔针。"

【注释】

①金刀：刀的美称。同心鲙（kuài）：旧时七夕所制脍肉。柜传七夕牛郎织女相会，故名。

【译文】

《开元天宝遗事》："唐代宫中七月初七夜晚，嫔妃各自手执九孔针、五色线，对着月光穿针，穿过的称为得巧。"有古诗写道："金刀细切同心鲙，玉线争穿九孔针。"

磨喝乐

《东京梦华录》："七月七夕，京城潘楼街东、宋门外瓦子、州西梁门外瓦子、北门外、南朱雀门街及马行街内①，皆卖磨喝乐，乃小塑土偶耳。悉以雕木彩装栏座②，或用碧纱笼③，或饰以金珠牙翠④，有一对直数千钱者。本佛经云'摩睺罗'，俗讹呼为'磨喝乐'，南人目为'巧儿'。今行在中瓦子、后市街、众安桥卖磨喝乐⑤，最为旺盛。惟苏州极巧，为天下第一。进入内庭者，以金银为之。谑词云：'天上佳期⑥，九衢灯月交辉⑦。摩睺孩儿，斗巧争奇。戴短檐珠子帽，披小缕金衣⑧。嗔眉笑眼，百般地、敛手相宜⑨。转睛底、工夫不少，引得人爱后如痴。快输钱⑩，须要扑⑪，不问归迟。归来猛醒，争如我、活底孩儿。'"

【注释】

①瓦子：亦称"瓦""瓦市""瓦舍""瓦肆"。宋元时城市中的娱乐场所。马行街：北宋都城汴京贯穿内城东部的通衢，因临近马匹交易市场而得名。

②栏座：有围栏的底座。

③碧纱笼：绿色灯罩。

④金珠牙翠：黄金、珍珠、象牙、翠玉。

⑤行在：皇帝所在的地方，本指京都。后泛指皇帝所到之处。

⑥佳期：指男女约会的日期。

⑦九衢：纵横交叉的大道，繁华的街市。交辉：各种光辉相互照耀。

⑧缕金衣：即金缕衣。

⑨敛手：拱手。表示恭敬。

⑩输钱:赌博负钱。

⑪扑:赌。又叫"关扑""扑卖",是一种赌博游戏。宋元时用这种赌博游戏作买卖,相当盛行。

【译文】

《东京梦华录》:"七月初七夜晚,京城潘楼街东、宋门外瓦子、州城以西梁门外瓦子、北门外、南朱雀门外街及马行街内,都卖磨喝乐,就是小巧的泥塑土偶。全部都用雕花木料做成带有栏杆的底座,有的用绿色灯罩,有的用黄金、珍珠、象牙、翠玉加以装饰,有的一对磨喝乐可值数千钱。本来是佛经中的'摩㬋罗',世俗错误地将其称为'磨喝乐',南方人称为'巧儿'。如今京城的中瓦子、后市街、众安桥卖磨喝乐,生意最为兴盛。只有苏州制作的极为精巧,为天下第一。进献到宫中的磨喝乐,是用金银制作的。有谑词写道:'天上佳期,九衢灯月交辉。摩㬋孩儿,斗巧争奇。戴短檐珠子帽,披小缕金衣。嗔眉笑眼,百般地、敛手相宜。转晴底、工夫不少,引得人爱后如痴。快输钱,须要扑,不问归迟。归来猛醒,争如我、活底孩儿。'"

水上浮

《东京梦华录》:"禁中及贵家与士庶等,为时物追陪①。七夕以黄蜡铸为牛、女人物及凫雁、鸳鸯、鸂𪆟、鱼龟、莲荷之类②,彩绘金缕,谓之水上浮,以供牛、女。"

【注释】

①追陪:追随,伴随。

②黄蜡:应指蜂蜡,色黄,故称。明李时珍《本草纲目·虫一·蜜蜡》:"蜡乃蜜脾底也。取蜜后炼过,滤入水中,候凝取之,色黄者俗名黄蜡。"凫(fú)雁:鸭与鹅。鸳鸯:水鸟,比鸭小,栖息于池沼之

上,雄曰鸳,雌曰鸯。鸂鶒(xī chì):亦作"鸂鷘"。水鸟名。形大
于鸳鸯,而多紫色,好并游。俗称紫鸳鸯。

【译文】

《东京梦华录》:"宫禁中人以及富贵人家与士子、平民等,都制作应
时物品追随。七夕时用黄蜡浇铸为牛郎、织女的人物形象以及鸭鹅、鸳
鸯、鸂鶒、鱼龟、莲荷之类的造型,加以彩绘金饰,称为水上浮,用来供奉
牛郎、织女。"

生花盆

《岁时杂记》:"京师每前七夕十日,以水渍绿豆或豌豆①,
日一二回易水,芽渐长。至五六寸许,其苗能自立,则置小盆
中。至乞巧,可长尺许,谓之生花盆儿。亦可以为菹。"

【注释】

①渍:浸泡。豌豆:一年生藤本作物,羽状复叶,小叶卵形,开白色或
　淡紫色的花,果实有荚。嫩荚和种子供食用。

【译文】

《岁时杂记》:"京城的人家在七夕前十天,用水浸泡绿豆或豌豆,一天
换一两次水,芽渐渐长出。长至五六寸左右,幼苗能自立,就种植在小盆
中。到七夕,可长至一尺左右,人们称之为生花盆儿。也可以用来腌菜。"

种谷板①

《东京梦华录》:"七夕,都人以小板上傅土②,旋种粟③,
令其生苗,置小茅屋花木,作田舍家小小人物,皆村落态④,

谓之谷板。"

【注释】

①谷板：宋代七夕时民间流行的一种应时陈设，以谷寓丰收之意。

②傅土：铺上泥土。傅，涂，此处有涂抹、铺散之意。

③粟：谷子。

④村落：村庄。

【译文】

《东京梦华录》："七夕，京城的人又在小木板上铺上泥土，随即种上谷子，使其长出幼苗，又在小木板上放置小茅屋和各种花木，再制作农家小人等物件，都呈现出一派村庄的样子，称为谷板。"

明星酒[①]

唐《金门岁节》："七夕，造明星酒。"

【注释】

①明星酒：古代酒名。

【译文】

唐代《金门岁节》："七夕，制造明星酒。"

同心鲙

唐《金门岁节》："七夕，装同心鲙。"

【译文】

唐代《金门岁节》："七夕，制作同心鲙。"

制圆剂

《四民月令》："七月七日，作曲^①，合药丸及蜀漆圆^②，曝经书及衣裳^③，习俗然也。"老杜《七夕》诗云："曝衣遍天下，曳月扬微风。"

【注释】

①曲：泛指酒。

②蜀漆：落叶灌木常山的苗。根供药用。

③经书：指《易经》《书经》《诗经》《周礼》《仪礼》《礼记》《春秋》《论语》《孝经》等儒家典籍。

【译文】

《四民月令》："七月七日，制作酒，配制药丸以及蜀漆丸，晾晒经书以及衣裳，习俗如此。"杜甫《七夕》诗写道："曝衣遍天下，曳月扬微风。"

赐筵会^①

《会要》："皇朝故事，以七月七日为晒书节，三省六部以下^②，各赐缗钱开筵燕^③，为晒书会。"

【注释】

①筵会：宴会。

②三省六部：中国古代封建社会一套组织严密的中央官制。它始于隋朝五省六曹制，确立于隋朝，完善于唐代。三省指中书省、门下省、尚书省，六部指尚书省下属的吏部、户部、礼部、兵部、刑部、工部。每部各辖四司，共为二十四司。

③缗钱：用绳穿连成串的钱。

【译文】

《唐会要》："唐代先例，把七月七日定为晒书节，三省六部以下的官员，朝廷都会赏赐他们缗钱来开宴会，举行晒书会。"

进斫饼①

《唐六典》："膳部有节日食料，七月七日进斫饼。"

【注释】

①斫（zhuó）饼：一种蒸熟后切开的饼。

【译文】

《大唐六典》："膳部准备节日期间的饮食材料，七月七日这一天进献斫饼。"

造煎饼

《岁时杂记》："七夕，京师人家，亦有造煎饼供牛、女及食之者。"

【译文】

《岁时杂记》："七夕，京城也有人家制作煎饼供养牛郎、织女，以及自己食用。"

设汤饼①

《风土记》："魏人或问董勋云：'七月七日为良日②，饮食不同于古,何也?'勋云:'七月黍熟③,七日为阳数④,故以糜为珍⑤。'今北人唯设汤饼,无复有糜矣。"

【注释】

①汤饼:水煮的面食。《释名·释饮食》:"蒸饼、汤饼、蝎饼,金饼、索饼之属,皆随形而名之也。"

②良日:吉日。

③七月黍熟:七月,底本作"七日",据《太平御览》改。七月黍子成熟。

④阳数:奇数。《汉书·杜周传》:"礼壹娶九女,所以极阳数,广嗣重祖也。"颜师古注引张晏曰:"阳数一三五七九,九,数之极也。"

⑤糜:粥。

【译文】

《风土记》:"魏朝有人问董勋说:'七月七日为吉日,饮食不同于古人,为什么呢?'董勋说:'七月黍子成熟,七日为奇数,因此以粥为贵。'如今北方人只准备汤饼,不再有粥了。"

为果食①

《岁时杂记》:"京师人以糖面为果食,如僧食。但至七夕,有为人物之形者,以相饷遗。"

【注释】

①果食:以油面、糖蜜等制造的香脆可口的巧果,花样繁多。旧时属于七夕应节的食品。

【译文】

《岁时杂记》:"京城的人用糖面做成香脆可口的巧果,就像僧人吃的饭食。但到了七夕,会把果食做成人物的形状,用来相互赠送。"

制彩舫①

《提要录》:"世俗七夕,取五彩结为小楼、小舫,以乞巧。"东坡《七夕》词云:"人生何处不儿嬉②,看乞巧、朱楼彩舫③。"山谷词云:"朱楼彩舫,浮瓜沉李,报答风光有庆④。"

【注释】

①彩舫:彩船。

②儿嬉:犹儿戏。

③看乞巧:底本作"乞与",据《东坡乐府》改。

④"朱楼彩舫"几句:出自黄庭坚《鹊桥仙·席上赋七夕》。

【译文】

《提要录》:"世俗在七夕节时,用五彩绳做成小楼、小船,月来乞巧。"苏轼《七夕》词写道:"人生何处不儿嬉,看乞巧、朱楼彩舫。"黄庭坚有词写道:"朱楼彩舫,浮瓜沉李,报答风光有庆。"

祭机杼①

《唐·百官志》:"织染署②,每七月七日祭杼。"又《考工记》注云:"以织女星之祥,因祭机之杼,以求工巧。"

【注释】

①机杼:指织机。杼,织梭。

②织染署:官署名。唐承隋制,置织染署,属少府监。掌织纴组绶、

绫锦冠帻,并染锦罗绢布等。

【译文】

《新唐书·百官志》:"织染署,每年七月七日祭祀织梭。"又《考工记》注解说:"因为织女星被认为是祥兆,因而祭祀织梭,以求技艺高明。"

铺楝叶

《岁时杂记》:"京师人祭牛、女时,其案上先铺楝叶,乃设果馔等物。街市唱卖铺陈楝叶_{楝音练,苦楝叶也}①。"

【注释】

①唱卖:即商贩的吆喝叫卖行为。

【译文】

《岁时杂记》:"京城的人祭祀牛郎、织女时,在供案上先铺上楝叶,然后才摆设果品与菜肴等祭品。商贩在街市陈列楝树叶,并吆喝叫卖招揽生意楝读作练,就是苦楝叶。"

曝革裘①

《韦氏月录》②:"七月七日,晒曝革裘,无虫蛀。"

【注释】

①革裘:毛皮衣服。

②《韦氏月录》:《直斋书录解题》卷六:"《韦氏月录》,一卷,唐右领军卫兵曹韦行规撰。"

【译文】

《韦氏月录》:"七月七日,把毛皮衣服放在日光下曝晒,这样就不会被虫蛀。"

结万字①

唐《金门岁节》:"七夕乞巧,使蛛丝结万字。"

【注释】

①万字:佛教中的一种护符和标志,唐代规定读卍为万,民间亦应用
　广泛。

【译文】

唐代《金门岁节》:"七夕乞巧,使蜘蛛吐丝结成万字。"

卷二十七

七夕 中

【题解】

本卷《七夕中》篇，其条目均为七夕时俗节物，主要有七夕祭祀祈福"乞富贵""祈恩霈""去謇拙""丐聪明""益巧思"等；七夕食疗滋补"飧松柏""饵松实""服柏子""取菖蒲""煎苦瓠""蒸麻勃"等。"乘浮槎"，记七夕乘浮槎游天河事。"得机石"，记张骞乘槎经月所得揹机石事。"赐寿考"，记郭子仪七夕织女赐长寿富贵事。"留宝枕"，记织女下凡与郭翰偷情事。"授钗钿"，记唐玄宗李隆基与杨贵妃的爱情故事。"化土金"，记阳大明遇异人呵石成紫金事。"运水银"，记吕吉甫遇吕仙事。

乘浮槎①

张茂先《博物志》："旧说天河与海通。近世有人居海上者，每年八月见浮槎来，不失期，心窃异之。候其复来，乃赍一年粮乘之。十余日，犹见日月星风，自后茫然，亦不觉昼夜。忽至一处，有城郭，屋舍甚盛。遥望宫中，有妇人织。见一丈夫，牵牛渚次饮之②。惊问曰：'何由至此？'其人说与来意，并问：'此是何处？'答曰：'君至蜀郡③，访严君平④，则知矣。'不及登岸,复乘槎还家。径入蜀⑤,问君平。君平曰:'某年月日,有客星犯牛宿。'计其年月日,正是此人到天河也。"宗懔作《荆楚岁时记》乃引《博物志》,直谓张骞乘槎⑥,宗懔不知何据,赵璘《因话录》亦尝辨此事⑦。杜甫诗云:"乘槎断消息,无处问张骞⑧。"又"查上似张骞"⑨,似亦误也。东坡《七夕》词云:"乘槎归去,成都何在? 万里江涛荡漾。与君各赋一篇诗,留织女、鸳鸯机上⑩。"又诗云:"岂如乘槎天女侧,独倚云机看织纱⑪。"山谷词云:"待乘槎仙去。若逢海上白头翁,共一访、痴牛騃女⑫。"

【注释】

①浮槎(chá):木筏。

②渚:水边。

③蜀郡:古郡名。今四川成都。

④严君平:原姓庄,名遵,字君平。避汉明帝刘庄之讳,更"庄"为"严",称为严君平。蜀郡成都(今属四川)人。西汉末隐士,著有《老子注》和《老子指归》。

⑤径:直接。

⑥张骞乘槎:宋胡仔《苕溪渔隐丛话》前集卷十一引《荆楚岁时记》:"张华《博物志》云:汉武帝令张骞穷河源,乘槎经月而去。至一处,见城郭如官府,室内有一女织,又见一丈夫牵牛饮河,骞问云:'此是何处?'答曰:'可问严君平。'织女取搘机石与骞而还。后至蜀问君平,君平曰:'某年月日,客星犯牛斗。'所得搘机石,为东方朔所识。"张骞(前164—前114),字子文,汉中城固(今陕西城固)人。西汉外交家。

⑦辨:分析。

⑧乘槎断消息，无处问张骞：出自杜甫《有感五首·其一》，原诗为
　"乘槎断消息，远处觅张骞"。

⑨查上似张骞：出自杜甫《秋日夔府咏怀奉寄郑监李宾客一百韵》。
　查，同"槎"。

⑩鸳鸯机：织机的美称。

⑪岂如乘槎天女侧，独倚云机看织纱：出自杜甫《次韵正辅同游白
　水山》。云机，指织机。

⑫"待乘槎仙去"几句：出自黄庭坚《鹊桥仙·席上赋七夕》。白头
　翁。鸟名。身间青，脑上晕深团，老时头部毛变白，故名。

【译文】

　　张华《博物志》："相传天上的银河与地上的大海是相通的。近代有一个居住在海岛上的人，每年八月都看见木筏漂来，从来不误时限，他心里感到很奇怪。等到木筏再来，就携带一年的干粮乘坐木筏出海。十余天后，还能看见日月星，感受到风，自此以后就一片茫然，也分不出白天和黑夜。忽然到了一个地方，有座城市，房屋非常多。遥望宫殿中，有一位妇人在织布。看见一位男子，牵着牛在水边给牛饮水。牵牛男子惊奇地问道：'你怎么到这里来了？'这人详细说明了来意，并问：'这是什么地方？'牵牛男子回答说：'你到蜀郡去，拜访严君平，就知道了。'这人没有登岸，又乘着木筏回家了。直接到了蜀郡，去问严君平。严君平说：'某年某月某日，有一颗客星触犯了牵牛星。'算了一下年月日，正是这人到达银河的时候。"宗懔作《荆楚岁时记》就引用《博物志》，直接说是张骞乘坐木筏，宗懔不知依据是什么，赵璘《因话录》也曾分析这件事。杜甫有诗写道："乘槎断消息，无处问张骞。"又有"查上似张骞"，似乎也错了。苏轼《七夕》词写道："乘槎归去，成都何在？万里江涛荡漾。与君各赋一篇诗，留织女、鸳鸯机上。"又有诗写道："岂如乘槎天女侧，独倚云机看织纱。"黄庭坚有词写道："待乘槎仙去。若逢海上白头翁，共一访、痴牛骏女。"

得机石

　　《荆楚岁时记》："汉武帝令张骞使大夏①，寻河源②，乘槎经月而去。至一处，见城郭如官府，室内有一女织，又见一丈夫，牵牛饮河。骞问曰：'此是何处？'答曰：'可问严君平。'织女取搘机石与骞而还③。后至蜀问君平，君平曰：'某年月日，客星犯牛、女。'所得搘机石，为东朔所识④。"按《骞》本传及《大宛传》⑤，骞以郎应募⑥，使月氏⑦，为匈奴所留⑧，十余岁得还。骞身所至者，大宛、大月氏、大夏、康居⑨，而传闻其旁大国五六，具为天子言其地形所有，并无乘槎至天河之谓。而宗懔乃傅会以为武帝、张骞之事⑩，又益以搘机石之说。《艺苑雌黄》云："今成都严真观有一石，呼为支机石，相传云汉君平留之。予宝历中下第还家⑪，于京师道次⑫，逢官差递夫舁张骞槎⑬，先在东都禁中⑭，今准诏索有司取进，不知真何物也。"宋之问《明河篇》云："明河可望不可亲⑮，安得乘查一问津⑯。更将织女支机石，还访成都卖卜人。""查"与"槎"同，"支"与"搘"同。刘禹锡《七夕》诗云："机罢犹安石，桥成不碍查。"杜子美诗云："闻道寻源使，从天北路回。牵牛去几许，宛马至今来⑰。"又陈无己《七夕》诗云："早晚望夫能化石⑱，尽分人世作支机。"

【注释】

　　①大夏：古国名，地点不一。《楚辞·惜誓》："右大夏之遗风。"王逸注："大夏，外国名也，在西南。"

　　②河源：河流的源头。古代特指黄河的源头。

③搘（zhī）机石：即支机石。神话传说织女支撑织布机的石头。搘，古同"支"。

④东朔：即东方朔。

⑤《大宛传》：即《史记·大宛列传》。大宛，古国名。为西域三十六国之一，北通康居，南面和西南面与大月氏接，产汗血马。在今乌兹别克斯坦费尔干纳盆地。

⑥郎：郎官。应募：接受招募。

⑦月氏：亦作"月支"。古族名，曾于西域建月氏国。其族先游牧于敦煌、祁连间。

⑧留：扣留。

⑨康居：西域古国名。原游牧于乌孙以西、奄蔡以东。约在今中亚巴尔喀什湖和咸海之间。

⑩傅会：牵强附会。

⑪宝历：唐敬宗李湛年号（825—827）。下第：落第。

⑫道次：路旁。

⑬官差：官署的差役。递夫：驿站服役的人。舁（yú）：抬。

⑭东都：即东都洛阳。

⑮明河：天河，银河。

⑯问津：寻访或探求。

⑰"闻道寻源使"几句：出自杜甫《秦州杂诗二十首·其八》。寻源使，汉武帝派遣张骞等出使西域，寻黄河源头，后人称之为寻源使。从天，顺从天意。宛马，古代西域大宛所产的名马。《汉书·张骞传》："得乌孙马好，名曰'天马'。及得宛汗血马，益壮，更名乌孙马曰'西极马'，宛马曰'天马'云。"

⑱化石：比喻妇女对丈夫的坚贞和思念。《初学记》卷五引南朝宋刘义庆《幽明录》："武昌山上有望夫石，状若人立。古传云：'昔有贞妇，其夫从役，远赴国难，携弱子饯送北山，立望夫而化为立石，

因以为名焉。'"

【译文】

《荆楚岁时记》："汉武帝诏令张骞出使大夏，寻找黄河的源头，张骞乘木筏整整一月前往。到了一处地方，见到这里的城郭如同官府一样，室内有一女子在织机，又看见一位男子，牵牛在河边饮水。张骞问道：'这是什么地方？'那男子回答说：'可问严君平。'织女取搘机石交与张骞，张骞就回来了。后来到蜀郡问严君平，严君平说：'某年某月某日，一颗客星触犯牵牛星、织女星。'张骞所得搘机石，被东方朔认了出来。"按《汉书·张骞传》及《史记·大宛列传》，张骞以郎官的身份接受招募，出使月氏国，被匈奴扣留，十余年才回来。张骞亲身所到国家，有大宛、大月氏、大夏、康居，还听说了这些地方旁边的五六个大国，全都为天子说明当地的地形及物产，并没有乘木筏到天河之说。而宗懔却牵强附会为汉武帝、张骞之事，又增加搘机石的说法。《艺苑雌黄》记载："如今成都严真观有一块石头，称为支机石，相传是汉代严君平留下的。我宝历中落第回家，在京城路旁，碰到官差民夫共同用手抬张骞坐过的木筏，起先在东都皇宫，如今下诏命官吏取来进献，不知到底是什么物件。"宋之问《明河篇》写道："明河可望不可亲，安得乘查一问津。更将织女支机石，还访成都卖卜人。""查"与"槎"相同，"支"与"搘"相同。刘禹锡《七夕》诗写道："机罢犹安石，桥成不碍查。"杜甫有诗写道："闻道寻源使，从天北路回。牵牛去几许，宛马至今来。"又有陈师道《七夕》诗写道："早晚望夫能化石，尽分人世作支机。"

赐寿考[1]

《神仙感遇传》："郭子仪[2]，华州人也[3]。初从军沙塞间[4]，因入京催军食[5]，回至银州数十里[6]。日暮，忽风沙斗暗。行李不得[7]，随入道旁空屋中，藉地将宿[8]。既夜，忽见左右皆有赤光。仰视空中,忽见辎车绣幄中有美人^⑨,坐床垂足,自天而下,俯视子仪。子仪拜祝云:'今七月七日,必是织女降临,愿赐长寿富贵。'女笑曰:'大富贵,亦寿考。'言讫,冉冉升天^⑩,犹视子仪,良久而隐。子仪后立功贵盛,威望烜赫。大历初,镇河中^⑪,疾甚,三军忧惧^⑫。公谓御医及幕宾王延昌、孙宿、赵惠伯、严郢曰^⑬:'吾此疾,自知未便衰殒^⑭。'因话所遇之事,众皆称贺忻悦^⑮。其后拜太尉、尚书令、尚父^⑯,年至九十而薨。"

【注释】

①寿考:寿数,寿命。

②郭子仪(697—781):华州郑县(今陕西渭南)人。唐中兴名将、政治家、军事家。宝应元年(762),平定河中兵变有功,进封汾阳郡王,又称郭汾阳。谥"忠武"。

③华州:西魏废帝三年(554)改东雍州置,治郑县(今陕西华州西南)。隋大业初废。唐武德元年(618)复置,治郑县(今陕西华州)。

④沙塞:沙漠边塞。

⑤军食:军粮。

⑥银州:北周保定三年(563)置,治今陕西横山东。

⑦行李:唐时称官府导从人员。

⑧藉地:坐在地铺上。

⑨辎(zī)车:古代有帷盖的车子。既可载物,又可作卧车。绣幄:指装饰华丽的车子。

⑩冉冉:慢慢地。

⑪河中:唐方镇名。至德元载(756)置河中防御使,次年升为节度使,治蒲州(今山西永济蒲州),领蒲、晋、绛、隰、慈、虢、同七州。

⑫三军：古代指步、车、骑三军。《六韬·战车》："步贵知变动,车贵知地形,骑贵知别径、奇道,三军同名而异用。"忧惧：担忧恐惧。

⑬幕宾：幕僚宾客。

⑭殒：丧失生命。

⑮忻悦：高兴,欢喜。

⑯尚书令：官名。为尚书之长,俸千石,掌凡选署及奏下尚弓曹文书众事。尚父：指可尊尚的父辈。

【译文】

《神仙感遇传》："郭子仪,华州人。起初在沙漠边塞当兵驻防,后来因为到京城催军粮,返回时走到离银州十几里的地方。天色已晚,突然飞沙走石,天地昏暗。导从人员找不到,随即躲进道边一间空屋里,打了地铺准备住下。这天夜里,忽然看见左右都有红光。仰视空中,忽然看见一辆华丽的车子中有个美人,坐在床边,双脚下垂,自天上下来,低头看着郭子仪。郭子仪跪拜祝告说:'今天是七月七日,一定是天上的织女降临,请赐给我富贵和长寿吧。'仙女笑着说:'你能得到大富大贵,也能长寿。'说完,车子又慢慢地升上天空,那仙女一直看着郭子仪,很久才消失。郭子仪后来立下战功,官居高位,声名显赫。大历初年.郭子仪镇守河中时,得了重病,全军上下都担忧恐惧。郭子仪对御医以及幕僚王延昌、孙宿、赵惠伯、严郢等人说:'我虽然病很重,但我自己知道决不会死的。'于是他就说起在银州遇见织女的事,大家都高兴地向他祝贺。后来他被封为太尉、尚书令,被尊称为'尚父',直到九十岁才去世。"

乞富贵

《风土记》："七月七日,其夜洒扫庭除①,露施几筵②,设酒脯时果,散香粉于筵上,祈请何鼓、织女,言此二星当会。守夜者咸怀私愿③,或云见天汉中有奕奕白气④,或光耀五色⑤,以此为征应⑥,见者便拜而陈愿⑦,乞富乞寿,无子乞子,唯得乞一,不得兼求。三年后方得言之,颇有受祚者⑧。"欧阳永叔诗云:"奕奕天河光不断,有人正在长生殿⑨。"蔡持正《七夕》诗云:"焚香再拜穿华线,候得神光白气飞。"

【注释】

①洒扫庭除:打扫庭堂院落。

②几筵:犹几席。祭祀的席位或灵座。

③私愿:个人愿望。

④天汉:天河。奕奕:光明貌,亮光闪动貌。

⑤光耀五色:各种颜色光辉闪耀。

⑥征应:犹应验。

⑦陈愿:述说愿望。

⑧受祚(zuò):接受天地神明的降福。

⑨奕奕天河光不断,有人正在长生殿:出自欧阳修《渔家傲·其十五》。长生殿,华清宫殿名,即集灵台。唐白居易《长恨歌》:"七月七日长生殿,夜半无人私语时。"

【译文】

《风土记》:"七月七日,当夜打扫庭堂院落,在露天安放几席,摆设酒、干肉和应时水果,在几席上撒上香粉,祈请牵牛星、织女星,传说此二星今夜应当相会。守夜的人都心怀各自的愿望,有人说看见天河中亮光闪动有白色云气,有人说看见各种颜色光辉照耀,人们将其视为应验,看见的人便叩拜并述说愿望,乞求富贵乞求寿禄,无子的乞求生子,只得乞求一个,不得同时求多个。三年后才能说出自己当时许下的愿望,有很多接受天地神明降福的人。"欧阳修有诗写道："奕奕天河光不断，有人正在长生殿。"蔡确《七夕》诗写道："焚香再拜穿华线，候得神光白气飞。"

祈恩霈①

《天宝遗事》："明皇与妃子，每七夕往华清宫游宴②。时宫女陈瓜果酒馔，列于庭中，祈恩牛、女。又各捕蜘蛛闭小盒中③，至晓开视，以验得巧之多少。民间争效之。"杜子美诗云："蛛丝小人态，结缀瓜果中④。"

【注释】

①恩霈（pèi）：犹恩泽。

②华清宫：唐宫殿名。在今陕西临潼南骊山麓，其地有温泉。游宴：游乐宴饮。

③闭：关。

④蛛丝小人态，结缀瓜果中：出自杜甫《牛郎织女》。

【译文】

《开元天宝遗事》："唐明皇与妃子，每年七夕前往华清宫游乐宴饮。当时的宫女摆设瓜果酒食，陈列在庭院中，向牵牛、织女祈求恩泽。各人又捕捉蜘蛛关在小盒中，到天亮时打开看，以检验得其多少巧妙。民间争相仿效。"杜甫有诗写道："蛛丝小人态，结缀瓜果中。"

去蹇拙①

《柳柳州文集·乞巧文》云②："柳子夜归自外庭③，有设祠者④。饷饵馨香⑤,蔬果交罗⑥,且拜且祈。怪而问焉,女隶进曰⑦:'今兹秋孟七夕⑧,天女之孙将嫔于何鼓⑨。邀而祠者,幸而与之巧,驱去蹇拙,手目开利⑩,组纴缝制⑪,无滞于心焉⑫。'柳子曰:'吾亦有大拙,傥可因是以求去之。'乃再拜而进曰:'臣有大拙,智所不化,医所不攻,威不能迁,宽不能容。'"云云。

【注释】

①蹇(jiǎn)拙:迟钝,愚笨。

②《柳柳州文集》:即柳宗元的文集。

③外庭:庭院。

④祠:祭祀。

⑤饷(jiǎn):稠粥。饵:糕饼。馨香:祭品的香味。

⑥交罗:交错罗叠。

⑦女隶:泛称女婢。

⑧秋孟:即孟秋,秋季的第一个月(夏历七月)。

⑨天女之孙:指织女。嫔:嫁。此处指相会。何鼓:指牛郎星。

⑩手目开利:手脚利落,耳聪目明。

⑪组纴:编织,纺织。

⑫无滞:没有障碍,通行无阻。

【译文】

《柳柳州文集·乞巧文》记载:"柳宗元夜晚回来经过庭院,看到有摆设供品祭祀的人。稠粥和糕饼散播着香味,蔬菜和水果交错罗叠,祭祀的人一边叩拜一边祈祷。柳宗元感到奇怪而上前去问,女婢恭敬地说:'如今是孟秋七月七日夜晚,织女将与牵牛相会。邀请织女前来享受祭祀的人,希望织女能给予她智巧,以便去掉迟钝愚笨,使得自己手脚利落,耳聪目明,织布缝纫,无不通晓。'柳宗元说:'我也十分笨拙,也许可通过乞巧而去掉它。'于是拜了两拜并恭敬地说:'我特别笨拙,智慧不能改变它,良医不能治好它,威逼不能改变它,宽厚也不能容纳它。'"之类。

丐聪明

《岁时杂记》:"七夕,京师诸小儿,各置笔砚纸墨于牵牛位前,书曰'某乞聪明'。诸女子,致针线箱笥于织女位前①,书曰'某乞巧'。"

【注释】

①致:放置。箱笥(sì):藏放物件的器具。

【译文】

《岁时杂记》:"七夕,京城的小孩子,各自摆放笔砚纸墨在牵牛牌位前,书写'某乞聪明'。女子们放置针线箱笥在织女牌位前,书写'某乞巧'。"

益巧思

吴淑《秘阁闲谈》①:"蔡州丁氏精于女工②,每七夕,祷以酒果,忽见流星坠庭中。明日,于瓜上得金梭一枚③,自是巧思益进。"

【注释】

①吴淑《秘阁闲谈》:五卷,宋吴淑撰。该书记录作者在秘阁任职期间与同僚燕谈所及的遗闻杂事,故名。吴淑(947—1002),字正

仪,润州丹阳(今属江苏)人。宋文学家,另著有《说文五义》《江
淮异人录》等。

②蔡州:隋大业二年(606)改溱州置,治上蔡县(今河南汝南)。女
工:指女子所作纺织、刺绣、缝纫等事。

③金梭:金制的梭。亦为梭的美称。

【译文】

吴淑《秘阁闲谈》:"蔡州有个姓丁的女子精于女工,每到七夕,她会
用酒和水果进行祈祷,忽然看见一颗流星坠落在庭院中。第二天,在瓜上
发现了一枚金梭,从此她在女工方面的精巧构思和手艺更加长进了。"

留宝枕

《墨庄冗录》①:"太原郭翰,少有清标②,姿度秀美③,善
谈论,尚草隶。当暑,乘月卧庭中,时有微风,稍闻香气。翰
甚怪之,仰视空中,有人冉冉而下④,直至翰前,乃一少女
也。明艳绝代⑤,光彩溢目⑥。衣玄绡之衣⑦,曳霜罗之帔⑧,
戴翠翘凤凰之冠⑨,蹑琼文九章之履⑩。侍女二人,皆有殊
色。翰整衣巾,拜谒曰:'不意尊灵乃降⑪,愿垂德音⑫。'女
微笑曰:'吾天之织女,久无主对⑬,而佳期阻旷⑭,幽态盈
怀⑮。上帝赐命,许游人间。仰慕清风⑯,愿托神契⑰。'翰
曰:'非敢望也,乃所愿也!'女敕侍婢净扫室中,张霜雾丹
縠之帱⑱,施水晶玉华之簟⑲,转回风之扇,宛若清秋⑳。乃
携手升堂,解衣共寝。并同心龙脑之枕㉑,覆双缕鸳文之
衾㉒。腻体柔肌㉓,深情密态㉔,妍艳无匹㉕。欲晓辞去。

【注释】

①《墨庄冗录》:《遂初堂书目》:"张子贤《墨庄冗录》。"张子贤,即张邦基,高邮（今属江苏）人。宋藏书家,另著有《墨庄漫录》。

②清标:清高的品格。

③姿度秀美:仪表出众,风度优雅。

④冉冉:徐徐地,慢慢地。

⑤明艳绝代:明艳美丽,举世无双。

⑥光彩溢目:犹光彩夺目。

⑦衣玄绡之衣:穿着用深青色薄丝制成的外衣。衣,穿。玄,黑中泛红的深青色。绡,生丝织成的半透明薄纱。

⑧曳霜罗之帔（pèi）:披着如霜似雪的罗纱长披肩。帔,女子的披肩。

⑨戴翠翘凤凰之冠:戴镶嵌翠羽的凤凰形冠冕。翠翘,翠鸟尾羽制成的翘头饰物。凤凰之冠,凤形为基的冠冕。

⑩蹑琼文九章之履:琼,底本作"复",据《太平广记》改。尺踏饰有玉雕仙纹的礼履。琼文,玉雕纹饰,可能指履面嵌玉或织金纹样。九章,源自《周礼》九章纹制度,原为帝王服饰纹样（日、月、星辰等）,此处借指履面繁复的仙家纹饰。

⑪不意:没想到。尊灵:尊,底本作"真",据《太平广记》改。尊贵的神灵。

⑫愿垂德音:我愿恭敬地倾听您的教诲。垂,近,垂听。德音,高尚的话语。此指教诲。

⑬久无主对:长久没有固定配偶。

⑭阻旷:受阻而耽误。

⑮幽态盈怀:致使郁郁的情思充满了心怀。

⑯仰慕清风:我仰慕您那清秀的风采。

⑰愿托神契:甘愿将心神寄托给您,与您结合。契,结合。

⑱张霜雾丹縠（hú）之帱（chóu）:悬挂如霜似雾的红色薄纱帷帐。

1340

岁时广记

张，展开，铺设。霜雾，形容织物轻薄如霜雾，或颜色素白。丹縠，
红色绉纱。縠，一种有皱纹的丝织品。幬，帷帐，床帐。

⑲施水晶玉华之簟（diàn）：铺上水晶般清凉、玉石般华美的竹席。
施，铺设。水晶玉华，形容席子晶莹如玉，可能镶嵌水晶或玉片。
簟，竹席。

⑳宛若清秋：好像在凉爽的秋天一样。

㉑同心龙脑之枕：枕着以龙脑香制成的同心枕。同心，指枕头的形
状（如同心圆），象征夫妻同心。龙脑，即龙脑香，古代名贵香料，
取自龙脑树树脂，常用于制作香枕或熏香，具有清心安神之效。

㉒覆双缕鸳文之衾：盖着绣有鸳鸯纹饰的双股丝被。双缕，指用双
股丝线织就。鸳文，绣有鸳鸯图案的纹饰。衾，即被子。

㉓腻体柔肌：周身肌肤细腻润滑。

㉔深情密态：情深意切亲昵无比。

㉕妍艳无匹：艳丽无双。

【译文】

《墨庄冗录》："太原人郭翰，年轻便具有清高的品格，仪表出众，风
度优雅，极善言谈，擅长草书和隶书。时当盛暑，他乘着月色在庭院中躺
卧，偶尔有凉风吹拂，逐渐闻到奇异香气。郭翰感觉很奇怪，就仰视空
中，看见有人缓缓飘落，一直来到郭翰面前，是一个年轻女子。这女子
生得明艳美丽，举世无双，光彩夺目。她穿着用深青色薄丝制成的外衣，
披着如霜似雪的罗纱长披肩，戴镶嵌翠羽的凤凰形冠冕，足踏饰有玉雕
仙纹的礼履。随行两名侍女，都姿色超凡。郭翰整理衣冠，行礼参拜说：
'没想到尊贵的神灵竟会降临，我愿恭敬地倾听您的教诲。'女子微笑
说：'我是天上的织女，长久没有固定配偶，男女相会的佳期因受阻而耽
误，致使郁郁的情思充满了心怀。上帝赐予命令，准许我游乐人间。我
仰慕您那清秀的风采，甘愿将心神寄托给您，与您结合。'郭翰说：'我不
敢奢望，但这也是我的愿望！'织女命令侍婢净扫房间，悬挂如霜似雾的

红色薄纱帷帐,铺上水晶般清凉、玉石般华美的竹席,转动能带来清风的扇子,好像在凉爽的秋天一样。于是他们就手拉手走进内室,解衣共卧。枕着以龙脑香制成的同心枕,盖着绣有鸳鸯纹饰的双层丝被。女郎周身肌肤细腻润滑,情深意切亲昵,艳丽无双。天快亮了,女郎告辞离去。

　　"自后夜夜往来,情好转切①,翰戏之曰:'牵郎何在?那敢独行?'对曰:'阴阳变化,关渠何事②!且河汉隔绝,无可复之,纵使知之,不足为虑。'因相与谈论星辰躔度③,列宿分位④,翰遂洞晓之⑤。后将至七夕,忽尔不来,数夜方至。翰问曰:'牵郎相见,乐乎?'笑而对曰:'天上那比人间,正以期运当尔⑥,非有他故。况一年一度相会,争如今日夜夜相逢,君毋猜忌⑦。'又问曰:'卿来何迟?'曰:'人中五日⑧,彼一夕也。'经一年,忽一夜凄恻流涕,执翰手曰:'帝命有程⑨,便当永诀。'以七宝枕留赠曰⑩:'明年此日,当奉书音⑪。'翰报以玉环一双,腾空而去。

【注释】

①情好转切:情感愈发深切。

②关渠何事:关他什么事。渠,他。

③躔(chán)度:天体运行的轨迹与度数。古人把周天分为三百六十度,划为若干区域,辨别日月星辰的方位。

④列宿分位:二十八宿的方位划分体系。

⑤洞晓:透彻地知道,精通。

⑥期运:指天命或机缘。

⑦猜忌:猜疑忌妒。

⑧人中:人间。

⑨有程：有期限。

⑩七宝枕：用七种宝贝装饰的枕头。

⑪书音：书信。

【译文】

"自此以后织女夜夜都来，情感愈发深切，郭翰以调侃的口吻问织女：'你的牵牛郎在哪里？你怎么敢独自下凡？'织女回答说：'阴阳的变化，关他什么事！而且银河隔绝，他不可能知道。纵然他知道了这件事，也不值得为此忧虑。'因而与郭翰谈论天体运行的轨迹与度数，二十八宿的方位划分体系，郭翰于是完全了解了这些知识。后来将要到七月七日的晚上，织女忽然不再来了，过了几个晚上才来。郭翰问她说：'与牵牛郎相见，欢乐吗？'织女笑着回答说：'天界生活不比人间美好，相会是天命安排，并非出于私欲或其他理由。何况一年一度相会，怎么比得上如今夜夜相会，您不要猜疑忌妒。'郭翰又问道：'您来得怎么这么晚呢？'织女回答说：'人世中的五天，只是天上的一夜呀。'过了一年，忽然在一天夜里，织女脸色凄惨悲痛，涕泪交下，握住郭翰的手说：'上帝的命令有期限，现在就该永别了！'织女拿出一只七宝枕留下，作为赠礼给他，说：'明年的今天，当有信问候。'郭翰用一双玉环作为赠答，织女就腾空而飞回仙界。

"及期，遣侍女奉书函至，言词清丽①，情意重迭②。末有诗二首，其一云：'河汉虽云阔③，三秋尚有期。情人知有意，良会在何时④？'又曰：'朱阁临清汉⑤，琼宫缔紫房⑥。佳期情在此，只是断人肠。'翰亦谢以诗曰：'人世将天上，由来不可期。谁知一回顾，交作两相思。'又曰：'赠枕犹香泽⑦，啼衣尚泪痕。玉颜霄汉里⑧，空有往来魂。'是岁，太史奏织女星失度无光⑨。翰官至御史。"

【注释】

①清丽:清雅秀丽。

②情意重迭:情感深厚且反复表露。

③河汉:指银河。

④良会:美好的聚会。

⑤朱阁:红色的楼阁。

⑥琼宫:玉饰之宫。多指天宫或道院。紫房:指道家炼丹房。

⑦香泽:香气。

⑧霄汉:指天河。

⑨太史:职官名。编载史事兼掌天文历法。

【译文】

"到了约定时间,织女派侍女带着书信而来,信中言词清雅秀丽,情感深厚且反复表露。信的末尾有诗二首,其中一首诗写道:'河汉虽云阔,三秋尚有期。情人终有意,良会更何时?'又一首诗写道:'朱阁临清汉,琼宫缔紫房。佳期情在此,只是断人肠。'郭翰也用诗酬答,写道:'人世将天上,由来不可期。谁知一回顾,交作两相思。'另一首诗写道:'赠枕犹香泽,啼衣尚泪痕。玉颜霄汉里,空有往来魂。'这一年,太史奏报皇上说织女星偏离正常运行轨迹且光芒黯淡。郭翰后来官至御史。"

授钗钿①

陈鸿《长恨传》②:"唐玄宗在位,以声色自娱③。宫中万数,无悦目者④。驾幸华清宫⑤,上心油然⑥,恍若有遇。诏高力士潜搜外宫,得弘农杨元琰女于寿邸⑦。既笄矣⑧,鬓发腻理⑨,纤秾中度⑩,举止闲冶⑪。别疏汤泉⑫,诏赐澡莹⑬。既出水,体弱力微,若不任罗绮⑭,光彩焕发,转照动人。上不胜悦⑮。进见之日，奏《霓裳羽衣》以导之。定情之夕，授金钗钿合以固之⑯。

【注释】

①钗钿（diàn）：金钗和钿合。传说中唐玄宗与杨贵妃的定情信物。金钗，黄金打造的发饰，象征女性的尊贵身份。钿合，镶嵌珠宝的盒子，分为上下两半，可合为一体，象征忠贞不渝。

②陈鸿《长恨传》：又名《长恨歌传》，一卷，唐陈鸿撰。该书为唐传奇小说，系为白居易《长恨歌》所作之"传"。陈鸿，字大亮。唐文学家，与白居易友善。

③声色：淫靡的音乐与美色。

④悦目：愉悦眼目，使人感到欢喜。

⑤驾：特指帝王的车，借指帝王。幸：指封建帝王到某地去。

⑥油然：自然而然。

⑦弘农：西汉元鼎三年（前114）以旧函谷关地置，治今河南灵宝。杨元琰（686—729）：虢州阌乡（今河南灵宝）人。杨玉环生父。寿邸：寿王府。寿王，即李瑁（？—775），初名李清，陇西狄道（今甘肃秦安）人。唐玄宗李隆基第十八子，母为武惠妃。

⑧笄（jī）：指女子十五岁成年。

⑨鬒（zhěn）发腻理：头发乌黑浓密而有光泽，肌肤细腻光滑。鬒发，稠美的黑发。

⑩纤秾中度：身材匀称，肥瘦合宜。纤秾，纤细和丰腴。

⑪举止闲冶：仪态娴静。

⑫汤泉：温泉。

⑬莹：形容洁净光润的肌肤。

⑭不任：不堪，无法承受。罗绮：罗和绮。多借指丝绸衣裳。

⑮不胜：非常。

⑯固:加固。

【译文】

陈鸿《长恨传》:"唐玄宗在位时,沉迷于音乐与美色。宫中虽有女子数万人,但玄宗却没有一个喜欢的。唐玄宗驾临华清宫,内心油然而生一种奇妙感觉,仿佛预感到将在此处遇到命中注定的女子。唐玄宗下诏命高力士暗中在宫外搜寻,最终在寿王府邸找到了弘农杨元琰之女杨玉环。杨玉环已成年,头发乌黑浓密而有光泽,肌肤细腻光滑,身材匀称,肥瘦合宜,仪态娴静。于是唐玄宗专门为她开凿温泉浴,下诏赐她沐浴,令其肌肤洁净晶莹。杨玉环沐浴完毕,从水中起身,身体显得柔弱无力,连轻薄的丝绸衣物都难以承受,然而却容光焕发,肌肤晶莹如玉。唐玄宗非常高兴,在杨玉环正式觐见之日,宫廷奏响《霓裳羽衣曲》作为仪仗引导。在定情的那天晚上,玄宗赠送给她金钗与钿合,以稳固彼此的感情。

"明年,册为贵妃,半后服用①。冶容敏词②,婉娈万态③。与上行同辇,止同宫④,宴专席,寝专房。虽有三夫人、九嫔、二十七世妇、八十一御妻暨后宫才人⑤,乐府妓女,使天子无顾盼者⑥。民谣云:'生女勿悲酸,生男勿喜欢。'又云:'男不封侯女作妃,君看女却为门楣。'人心羡慕如此。天宝末,安禄山引兵向阙⑦,以讨杨妃为辞⑧。玄宗幸蜀,道次马嵬⑨,军徘徊不进。当时敢言者,请以贵妃塞天下之怒⑩。上知不免,反袂掩面⑪,使牵贵妃而去,就绝于尺组之下⑫。肃宗受禅⑬,大驾还都,尊玄宗为太上皇。每春花秋月,天颜不怡⑭。

【注释】

①半后服用：衣服用品待遇照皇后的标准减半。

②冶容：打扮妖媚。

③婉娈：柔顺缠绵。

④止：起居。

⑤三夫人：古代天子后宫分主六宫之官，三夫人之号，代有更易。九嫔：宫中女官。也是帝王的妃子。唐以昭仪、昭容、昭媛、修仪、修容、修媛、充仪、充容、充媛为九嫔。二十七世妇：又称世妇，按周朝礼法，为二十七位地位相当的中等嫔妃，位在九嫔之下，八十一御妻之上。八十一御妻：又称御妻。为八十一位地位相当的低等嫔妃，位在二十七世妇之下，为最低一级嫔妃品阶。才人：宫中女官的名称。

⑥顾盼（xì）：眷慕相视。

⑦阙：帝王居地的统称。此指京城。

⑧辞：此指借口。

⑨马嵬：在陕西兴平西二十五里。相传唐时安禄山作乱，玄宗奔蜀，次马嵬驿，命高力士赐杨贵妃死。

⑩塞：搪塞，应付。

⑪反袂：翻转衣袖。掩面：遮住面部。

⑫尺组：指白绫带。

⑬肃宗受禅：指唐肃宗李亨在灵武（今宁夏灵武）接受皇位。

⑭天颜：天子的容颜。不怡：郁郁不乐。

【译文】

　　"入宫第二年，杨玉环被册封为贵妃，衣服用品待遇照皇后的标准减半。杨贵妃打扮妖媚，言辞机敏，千娇百媚，姿态万千。她与皇上出行时同乘一辆车，日常起居在同一宫殿，吃饭时有专用宴席，睡觉时独占皇帝寝宫。皇上虽有三夫人、九嫔、二十七世妇、八十一御妻以及后宫的才人，乐府的无数歌女，但皇上却连看一眼的兴趣都没有。当时民间有歌谣说：'生女勿悲酸，生男勿喜欢。'又说：'男不封侯女作妃，君看女却为门楣。'杨家被人们羡慕到如此地步。天宝末年，安禄山带领叛兵向京城进发，以讨伐杨贵妃作为借口。唐玄宗逃亡四川，途经马嵬坡时，皇帝的禁卫军都停滞不前。当时敢直言进谏的朝臣，就请求处死杨贵妃以消除天下人的怨恨。皇上知道这事难以挽回，就翻转衣袖遮住面部，让人把贵妃拉走，杨贵妃最终被士兵用白绫缢死于马嵬驿。后来唐肃宗李亨在灵武即位，车驾返回长安，把玄宗尊为太上皇。每到春秋美景，玄宗就郁郁不乐。

　　"适有方士，《杨妃外传》云：'方士即杨通幽也①。'自蜀而来，知上皇心念杨妃，自言有李少君术②。上皇大喜，命致其神。方士竭术索之③，不至。又游神驭气④，旁求四虚⑤，极天涯⑥，跨蓬壶⑦，有洞户东向，署曰玉妃太真院。方士抽簪扣扉，有双鬟应门⑧，复入。俄有碧衣侍女继至，诘所从来⑨。方士称唐天子使者，且致其命。碧衣云：'玉妃方寝，请少待之。'顷间，碧衣延入，且曰：'玉妃出。'见一人冠金莲⑩，披紫绡，佩红玉，曳凤舄⑪，左右侍者七八人。揖方士，问皇帝安否，次问天宝十四年已还事⑫，言讫悯然⑬。指侍女取金钗钿合，各折其半，授使者曰：'为谢上皇，谨献是物⑭，寻旧好也。'方士受辞与信，将行，色有不足。玉妃因征其意，复前跪致辞：'乞当时一事，不闻于它人者，验于上皇。不然，恐钿合金钗，罹新垣平之诈也⑮。'玉妃茫然退立，若有所思，徐而言曰：'昔天宝十载，侍辇避暑骊山宫，秋七月，牵牛、织女相见之夕。秦人风俗，夜张锦绣⑯，陈饮食,树花爔香于庭[17],号为乞巧。宫掖间尤尚之[18]。时夜始半,休侍卫于东西厢,独侍上。上凭肩而立,因仰天感牛、女事,密相誓心,愿世世为夫妇。言毕,执手各呜咽。此独君王知之耳。'因自悲曰:'由此一念,又不复居此,当堕下界,且结后缘。或天或人,决再相见,好合如旧。'使者还奏,皇心嗟悼久之[19]。余见《国史》[20]。"

【注释】

①杨通幽:唐方士,幼年习得道术,能通幽冥、召鬼神。

②李少君:汉武帝时方士,以招魂术著称,相传曾为汉武帝招来宠妃李夫人的魂魄。

③竭:全。

④游神:古代方士迷信认为精神可以离开躯体出游。驭气:驾驭云气。

⑤四虚:四方,天地。

⑥天涯:天边。

⑦蓬壶:即蓬莱。古代传说中的海中仙山。

⑧双鬟:古代年轻女子的两个环形发髻。此指婢女。

⑨诘:询问。

⑩金莲:金制的莲花。

⑪曳:穿着。舄(xì):鞋。

⑫已还:以后。

⑬悯然:感伤的神情。

⑭谨献:敬献。

⑮罹:底本作"负",据《太平广记》改。遭受。新垣平(? —前163):西汉赵人。文帝十五年(前165)以望气见文帝,言长安东北有五采神气,宜立祠上帝,以合符应。文帝于是作渭阳五帝庙,

次年郊祀。又使博士诸生作《王制》，谋议巡狩封禅事。遂以此贵幸，官至上大夫。复使人献玉杯，刻曰"人主延寿"。文帝因以十七年为元年，令天下大酺。后有人上书告其所言皆诈。下吏治，被诛。

⑯锦绣：花纹色彩精美鲜艳的丝织品。

⑰燔香：焚香。

⑱宫掖：指皇宫。掖，掖庭，宫中的旁舍，嫔妃居住的地方。

⑲嗟悼：哀伤悲叹。

⑳国史：底本作"唐史"，据《太平广记》改。

【译文】

"当时有个方士，《杨妃外传》曰：'方士就是杨通幽。'从蜀地来长安，知道太上皇非常想念杨贵妃，就说自己有李少君那种招魂法术。太上皇一听非常高兴，让他去找贵妃的魂灵。方士便施展全部法术来找，但没有找到。方士于是又让自己的魂魄出游，腾驾云气，到四方广泛搜求，一直到天边，跨过蓬莱仙境，有个洞门朝东，门上写着'玉妃太真院'。方士拔下簪子敲门，有个扎着双鬟的侍女出来开门，侍女又进去通报。一会儿有个身穿绿衣的侍女出来，询问方士从什么地方来。方士自称是唐玄宗的使者，并且传达了玄宗的命令。绿衣侍女说：'玉妃正在睡觉，请稍等一会儿。'一会儿，绿衣侍女才引导方士进去，并且说：'玉妃出来了。'就看见一个人头戴着金色莲花冠，披紫色的绡衣，佩戴红色玉石，穿着凤头鞋，身边有七八名侍女随行。她向方士行了礼，问皇帝平安与否，然后又问了天宝十四年以后的事，说完神色悲伤。她用手示意绿衣侍女取来金钗钿盒，各拆下一半，交给使者说：'替我向太上皇道谢，我敬献这件东西，是为了找回过去的情意。'方士接受了她的嘱托和信物，准备启程返回人间复命，脸上露出意犹未尽的样子。玉妃察觉方士面色迟疑，主动询问他的想法，方士再次上前跪地陈词：'请说一件你们两人当时的私事，别人没有听到的，以便向太上皇证实。否则，恐怕钿盒金钗不容易取信,我难免会像新垣平一样落一个欺君之罪了。'玉妃茫然往后退却几步站立,好像在思考什么,慢慢地说道:'以前天宝十年时,我随侍玄宗到骊山华清宫避暑,那天正好是七月七日,是牛郎织女相会的晚上。按照秦地的风俗,要在那天晚上挂起华丽的锦绣,陈列饮食,在院子里插花焚香,把这称作乞巧。皇宫中尤其重视这件事。当时已到半夜,侍卫们在东西厢房中休息,我单独侍候皇上。皇上靠着我的肩站着,仰望天空感叹牛郎、织女的遭遇,即立下誓言,愿世世代代都做夫妻。说完后两人手拉手哭泣。这件事只有皇上知道。'玉妃因而又伤感地说:'由于当年这个愿望,我不能长居仙界,又要坠落人间,愿与唐玄宗再续前缘,无论转世为天人还是凡人,一定能重逢并恢复旧日恩爱。'使者返回朝廷复命,太上皇心里震惊,哀伤悲叹不已。我在《国史》中看到了这些记载。"

　　白居易作《长恨歌》云:"临别殷勤重寄词,词中有誓两心知。七月七日长生殿,夜半无人私语时。"后人又作《伊州曲》云①:"金鸡障下胡雏戏②。乐极祸来,渔阳兵起③。鸾舆幸蜀④,玉环缢死。马嵬坡下尘滓。夜对行宫皓月⑤,恨最恨、春风桃李⑥。洪都方士⑦,念君萦系⑧。妃子。蓬莱殿里,觅寻太真,宫中睡起。遥谢君意。泪流琼脸⑨,梨花带雨⑩,仿佛霓裳初试。寄钿合、共金钗,私言徒尔⑪。在天愿为、比翼同飞⑫。居地应为、连理双枝⑬。天长与地久,唯此恨无已。"

【注释】

①《伊州曲》:词牌名。词隐括唐白居易《长恨歌》诗意,咏李隆基杨玉环故事。

②金鸡障:画金鸡为饰的坐障。胡雏:对胡人的蔑称。亦特用为对唐安禄山的蔑称。

③渔阳:隋大业初改玄州置,治无终县(今天津蓟州)。郡在渔山之阳,故名。

④鸾舆:天子的乘舆。亦借指天子。

⑤行宫:古代京城以外供帝王出行时居住的宫室。皓月:犹明月。

⑥春风桃李:春天的和风里桃花李花盛开。也比喻老师对学生的谆谆教诲。

⑦洪都:江西旧南昌府的别称。因隋、唐、宋三代南昌曾为洪州治,又为东南都会而得名。

⑧萦系:牵挂。

⑨琼脸:形容美好的面容。

⑩梨花带雨:梨花上沾着雨点。原形容美女涕泪纵横的样子,后亦形容女子的娇艳。

⑪徒尔:徒然,枉然。

⑫比翼同飞:即比翼双飞。比喻夫妻情投意合,在事业上并肩前进。比翼,比翼鸟,传说此鸟一目一翼,雌雄合在一起才能飞。

⑬连理双枝:两树枝条相连。比喻恩爱的夫妇。

【译文】

白居易作《长恨歌》写道:"临别殷勤重寄词,词中有誓两心知。七月七日长生殿,夜半无人私语时。"后人又作《伊州曲》写道:"金鸡障下胡雏戏。乐极祸来,渔阳兵起。鸾舆幸蜀,玉环缢死。马嵬坡下尘滓。夜对行宫皓月,恨最恨、春风桃李。洪都方士,念君萦系。妃子。蓬莱殿里,觅寻太真,宫中睡起。遥谢君意。泪流琼脸,梨花带雨,仿佛霓裳初试。寄钿合、共金钗,私言徒尔。在天愿为、比翼同飞。居地应为、连理双枝。天长与地久,唯此恨无已。"

化土金

《夷坚乙志》：“《起居注》①：南安军南康县民阳大明②，葬父于黄公坑山下，结庐墓侧③。所养白鸡为狸捕去，藏之石穴。次夕，雷震，石粉碎，狸死焉，人以为孝感。值七夕，有道人至庐所见之，叹其纯孝④，指架上道服曰：‘以是与我，当有以奉报⑤。’大明与之，无靳色⑥。道人解腰间小瓢，贮衣其中，瓢口甚窄，而衣入无碍。俄取案间小黑石，抔摩之⑦，嘘呵即成紫金⑧。又变药末为圆剂，以授大明。大明谢曰：‘身居贫约⑨，且在父丧，不敢觊富寿也⑩。’道人益奇之，探瓢取道服还之，曰：‘聊试君耳。’题诗橡间曰：‘阳君真确士⑪，孝行动穹壤⑫。皇上怜其艰，七夕遣回往。逡巡药顽石⑬，遗子为馈享⑭。子既不我爱，吾亦不汝强。风埃难少留⑮，愿子志勿爽。会当首鼠记⑯，青云看反掌⑰。’遂别去。乡人闻者，竞观之。题处去地几丈许，始以淡墨书，既而墨色粲发⑱，字体飞动，皆疑其神仙云。时绍兴十三年也⑲。里胥以事闻于县⑳，县令李能一白郡守上诸朝。明年，诏赐帛十匹，令长吏以岁时存问之㉑。”

【注释】

①《起居注》：古代记录帝王的言行录。
②南安军：北宋淳化元年（990）分虔州置，治大庾县（今江西大余）。属江南西路。辖境相当今江西章水、上犹江流域。南康县：今属江西。
③结庐：构筑草庐。

④纯孝:至孝。

⑤奉报:报答。

⑥靳色:犹吝色。舍不得的神情。

⑦扪摩:抚摸。

⑧嘘呵:轻轻吹气。

⑨贫约:简朴。

⑩觊:希图。

⑪确士:坚贞之士。

⑫穹壤:指天地。《文选·沈约〈齐故安陆昭王碑文〉》:"思所以克播遗尘,散之穹壤。"张铣注:"言使遗尘之声,与天地同散。"

⑬逡巡:退避,退让。顽石:未经斧凿的石块,坚石。

⑭遗子:遗,底本作"遣",据《夷坚志》改。留给子孙。

⑮风埃:指世俗,纷乱的现实社会。

⑯首鼠:犹豫不决。

⑰反掌:犹言转瞬。喻时间之短暂。

⑱粲:鲜明,美好。

⑲绍兴十三年:1143年。绍兴,南宋高宗的年号(1131—1162)。

⑳里胥:指里长。《汉书·食货志上》:"春,将出民,里胥平旦坐于右塾,邻长坐于左塾,毕出然后归,夕亦如之。"颜师古注引孟康曰:"里胥,如今里吏也。"

㉑长吏:指州县长官的辅佐。存问:慰问,慰劳。多指尊对卑,上对下。

【译文】

《夷坚乙志》:"《起居注》:南安军南康县村民阳大明,把父亲安葬在黄公坑山下,在墓旁构筑草庐以守墓。他所饲养的白鸡都被狐狸捕去,藏在石洞中。第二天傍晚,雷电把石头震得粉碎,狐狸也死了,人们认为是他的孝行感动了上天。那天正好是七夕节,有道人来到草庐看到这个景象,叹息阳大明极为孝顺,指着架上的道服说:'把这个给我,我一定会有所报答。'大明把道服给他，脸上没有一点舍不得的神情。道人解下腰间的小瓢，把道服放进里面，小瓢的口很窄，然而道服进去没有任何阻碍。一会儿道人又拿案子上一块小黑石头抚摸，轻轻吹气就变成了紫金。又把药末变为药丸，交给大明。大明谢绝说：'我本身向来简朴，而且正在为父亲守丧，不敢希图富贵长寿。'道人越发觉得他与众不同，于是从瓢中取出道服还给他，说：'只是考验你一下而已。'于是在屋椽间题诗写道：'阳君真确士，孝行动穹壤。皇上怜其艰，七夕遣回往。遂巡药顽石，遗子为馈享。子既不我爱，吾亦不汝强。风埃难少留，愿子志勿爽。会当首鼠记，青云看反掌。'写完就走了。乡人听说这事，都争着来观看。题诗的地方距离地面有好几丈，一开始用淡墨书写，不一会黑色更加鲜明，字体也飞动起来，人们都怀疑那个道人是神仙。当时是绍兴十三年。里长把这件事上报给县里，县令李能又告诉了郡守，郡守上报了朝廷。第二年，皇帝下诏赏赐帛布十四，命令长吏每年按时节到阳大明家慰劳。"

运水银

《提要录》："元丰六年①，吕吉甫守单州②，闻天庆观七月七日有异人过焉，索笔书二诗，其一云：'野人本是天台客③，石桥南畔有住宅。父子生来只两口，多好歌坐不好拍。'其二云：'四海孤游一野人，两壶霜雪足精神④。坎离二物全收得⑤，龙虎丹行运水银⑥。'时吕守之婿余中在傍，释之曰：'天台客，宾也；石桥，洞也；两口，吕字也；歌而不拍，乃吟诗也。吟此诗者，其吕洞宾乎⑦？后篇乃是诗题耳。'"

【注释】

①元丰六年:1083年。元丰,宋神宗赵顼年号(1078—1085)。

②吕吉甫:即吕惠卿(1032—1111),字吉甫,号恩祖,泉州晋江(今福建泉州)人。北宋文学家,著有《东都事略》《庄子解》等。单州:今山东单县。

③野人:吕洞宾自称。意谓云游四方,无拘无束。

④霜雪:此指酒。

⑤坎离:指水火。坎指八卦中坎卦,其象为水;离指离卦,其象为火。

⑥龙虎:道教内丹功夫。以龙属木,木生火,故以龙为火;以虎属金,金生水,故以虎为水。谓水火为龙虎。龙虎交媾,便可炼成内丹。

⑦吕洞宾:号纯阳子,道教丹鼎派祖师,民间传说中"八仙"之一。

【译文】

《提要录》:"元丰六年,吕惠卿为单州知州,听闻天庆观七月七日有神人经过,要来笔书写了两首诗,其中一首写道:'野人本是天台客,石桥南畔有住宅。父子生来只两口,多好歌坐不好拍。'其中第二首诗写道:'四海孤游一野人,两壶霜雪足精神。坎离二物全收得,龙虎丹行运水银。'当时吕惠卿的女婿余中在旁边,解释说:'天台客,就是宾;石桥,就是洞;两口,就是吕字;歌而不拍,就是吟诗。吟咏这首诗的人,大概是吕洞宾吧? 后篇就是诗的题目而已。'"

飧松柏

孙真人《枕中记》①:"采松柏法:尝以三月、四月采新生松叶,可长三四寸,并花蕊取,阴干细捣为末。其柏叶,取深山谷中,采当年新生,可长三二寸者,阴干细捣为末。用白蜜和丸如小豆大。常以月一、十五日,日未出时,烧香东向,手持药八十一丸,以酒下。服一年,延一十年命。服二年,延二十年命。欲得长肌肉,加大麻、巨胜②。欲心力壮健者③,加茯苓、人参④。此药除百病,益元气,滋五脏六腑,清明耳目,强壮不衰老,延年益寿,神验。用七月七日露水丸之,更佳。服时乃咒曰:'神仙真药,体合自然。服药入腹,天地齐年。'咒讫服药,断诸杂肉,五辛切忌慎之。"

【注释】

①孙真人《枕中记》:一卷,孙思邈撰。

②大麻:草本植物,雌雄异株。种子叫"麻仁",可入药。巨胜:黑胡麻的别名。《神农本草经》卷一:"胡麻……一名巨胜。"

③壮健:强壮。

④茯苓:别名云苓、白茯苓。寄生在松树根上的一种块状菌,皮黑色,有皱纹,内部白色或粉红色,包含松根的叫茯神,都可入药。

【译文】

孙思邈《枕中记》:"采松柏的方法:在三四月采新生的松叶,长度在三四寸左右,和花蕊一起采取,阴干捣为细末。采柏叶要去深山谷中,采当年新生的,长度在二三寸,阴干捣为细末。用白蜜调制为小豆大小的药丸。常常在每月一日或十五日,太阳还未出来时,面朝东方烧香,手持八十一粒药丸,用酒服下。服用一年,延长十年寿命。服用二年,延长二十年寿命。如果想长肌肉,就在药丸中添加大麻、巨胜。要想心力强壮,则添加茯苓、人参。这种药可除百病,增益元气,滋养五脏六腑,聪耳明目,使人身体强壮而不衰老,延年益寿,具有神奇的效验。如果用七月七日的露水制成药丸,效果更好。服用时要念咒语:'神仙真药,体合自然。服药入腹,天地齐年。'念完咒语再服药,服药期间,禁食各种杂肉以及五辛。"

饵松实

　　《林氏传信方》："七月七日,取松实,过时即落,难收。去木皮,捣如膏。每服如鸡子大,日三服,能绝谷[①],久服升仙。渴即饮水,勿食他物。服及百日,身轻;三百日,日行五百里。又法:捣为膏,酒调下三钱。亦可以炼了松脂同服之。"刘向《列仙传》:"偓佺者[②],槐山采药父也[③]。好食松实,形体生毛,长数寸。"屈原《九歌·山鬼》章云:"饮石泉兮餐松柏。"

【注释】

①绝谷:不食五谷。

②偓佺:传说中的仙人名。《史记·司马相如列传》:"偓佺之伦暴于南荣。"司马贞《索隐》引韦昭曰:"古仙人,姓偓。"

③槐山:古山名。《山海经·中山经》有"槐山":"(朝歌之山)又东五百里曰槐山,谷多金锡。"据《山东通志》,槐山在登州府蓬莱县西北一百一十里处。父:古代对老年男子的尊称。

【译文】

　　《林氏传信方》:"七月七日,采摘松子,过了这个时期就会落地,很难再收。去掉果壳,捣成膏状。每次服用鸡蛋大小的一块,每天服用三次,能不食五谷,长期服用可以升仙。口渴就饮水,不要吃其他食物。服用百天以后,身体轻健;服用三百天以后,可日行五百里。还有一种方法:捣成膏状,用酒调服三钱。也可以炼了松脂一同服用。"刘向《列仙传》:"偓佺,是槐山上采药的老头。喜欢吃松子,他身上长毛,毛长数寸。"屈原《九歌·山鬼》一章写道:"饮石泉兮餐松柏。"

服柏子

《千金方》："七月七日，采柏子，治服方寸匕，日三四。又云，一服三。今久服，亦辟谷，令人不老。"张华《博物志》云："荒乱不得食，细切柏叶，水送下，随人能否，以不饥为度。此叶苦，不可嚼也。"老杜诗云："翠柏苦犹食，晨霞高可餐①。"

【注释】

①翠柏苦犹食，晨霞高可餐：出自杜甫《空囊》。晨霞，朝霞。

【译文】

《千金方》："七月七日，采柏子，治病时服用一方寸匕，每天服用三四次。又有一种说法是，一次服用三盒。如果长久服用，也能不食五谷，使人长生不老。"张华《博物志》记载："年荒世乱得不到食物吃，把柏叶细切，用水送下，随人能否咽下，以不感到饥饿为标准。柏叶苦，不能嚼。"杜甫有诗写道："翠柏苦犹食，晨霞高可餐。"

取菖蒲

《千金方》："七月七日，取菖蒲酒服三方寸匕，饮酒不醉，好事者服而验之。不可犯铁，若犯铁，令人吐逆①。治人好忘，久服聪明益智。"

【注释】

①吐逆：谓呕吐而气逆。

【译文】

《千金方》："七月七日，取菖蒲酒服用三方寸匕，饮酒不醉，有好事的人服用后验证了这一点。不能接触铁器，如接触铁器，使人呕吐而气逆。还能治疗人容易健忘的问题，长期服用使人耳聪目明、增益智慧。'

折荷叶

《太清诸草木方》^①：“七月七日，采莲花七分；八月八日，采莲根八分；九月九日，采莲实九分^②。阴干捣筛，治服方寸匕，令人不老。”

【注释】

①《太清诸草木方》：《旧唐书·经籍志》：“《太清诸草木方集要》，三卷，陶弘景撰。”

②莲实：莲子。

【译文】

《太清诸草木方》：“七月七日，采莲花七分；八月八日，采莲根八分；九月九日，采莲子九分。阴干捣为细末过筛，治病时服用一方寸匕，使人长生不老。”

和桃花

《韦氏月录》：“七月七日，取乌鸡血，和三月三日桃花末，涂面及遍身，三二日肌白如玉。此是太平公主法，曾试有验。”

【译文】

《韦氏月录》：“七月七日，取乌鸡的血，与三月三日摘下的桃花末和在一起，涂抹脸及全身，三两天肌肤就会白如玉。这是太平公主的方法，曾经试验过很有效果。"

晒槐汁

《图经本草》："按《尔雅》，槐有数种，叶大而黑者名櫰槐，昼合夜开者名守宫槐，叶细而青绿者但谓之槐。其功用不言有别。四月、五月开花，六月、七月结实。治五痔①。"七月七日，采嫩实捣取汁，铜器盛之，日煎令可作丸，大如鼠屎，内窍中，三易乃愈。补绝伤、火疮、妇人乳瘕、子藏急痛②。《千金方》："铜器盛，置高门上，曝二十已上日，却煎令成膏，作丸如前法。"又云："神方主痔。"

【注释】

①五痔：五种痔疮。唐孙思邈《千金要方·五痔》："夫五痔者，一曰牡痔，二曰牝痔，三曰脉痔，四曰肠痔，五曰血痔。"

②绝伤：筋骨、肌肉等受到损伤。火疮：即灼伤。乳瘕：即乳核。以乳中结块为早期特征的多种乳病之总称。子藏：即子脏，子宫。

【译文】

《图经本草》："据《尔雅》记载，槐有好几种，叶子又大又黑的叫櫰槐，叶子白天合闭夜晚张开的叫守宫槐，叶子细小而又青绿的只称作槐。它们的功用没说有什么区别。四月、五月开花，六月、七月结果实。可以治疗五种痔疮。"七月七日，采集嫩果捣碎取汁，用铜器盛好，每日煎熬将其制作成丸，大小如老鼠屎，放置于体腔病灶中，连续三次就能痊愈。补筋骨、肌肉等受到损伤、疗灼疮、治妇人乳中结块、子宫急痛。《千金方》："用铜器盛放，放置在高大的门上，晒二十天以上，用水煎成膏状，按前面的方法制作成丸。"又说："这是主治痔疮的神方。"

煎苦瓠①

《千金方》："七月七日,生苦瓠中白,绞取汁一合,以醋一升,古文钱七个浸之,微火煎减半,以沫内眦中②,大治眼暗③。"

【注释】

①苦瓠(hù):即苦匏(páo)。瓜类。味苦如胆,不可食,故名。《诗经·邶风·匏有苦叶》:"匏有苦叶,济有深涉。"毛传:"匏谓之瓠,瓠叶苦,不可食也。"

②内眦(zì):即内眼角,亦即上下眼睑在鼻侧连结部。眦角上下睑弦各有一泪窍(泪小点)。内眦是足太阳膀胱经的起点,有睛明穴。《素问·风论》:"风气与阳明入胃,循脉而上至目内眦。"

③眼暗:视力模糊,看不清楚。

【译文】

《千金方》:"七月七日,取生苦瓠中的白瓠,绞取汁液一盒,用醋一升,放入七枚古文钱浸泡,用微火煎熬至减半,每天用浮沫点入内眼角中,能治疗视力模糊,看不清楚。"

摘瓜蒂

《本草》:"瓜蒂,苦寒,有毒,主大水①,身面四肢浮肿,下水杀蛊毒②。食诸果病在胸膈腹中③,皆吐下之。生嵩高平泽④。七月七日采,阴干。陶隐居云:'瓜蒂,多用早青瓜蒂,此云七月采,便是甜瓜蒂也。'"

【注释】

①大水：病证名。指因肺脾肾三脏功能失调，或卒感外邪所致的重
　症水肿。

②下水：此指肚子和肠子。蛊毒：害人的毒虫。

③胸膈腹：胸腹。

④嵩高：即嵩山。平泽：平湖，沼泽。

【译文】

《证类本草》："瓜蒂，味苦，性寒，有毒，主治重症水肿，全身四肢浮
肿，可以杀死肚子中害人的毒虫。如果因为食用水果导致胸腹中有疾
病，都可以用它来催吐和泻下。生长在嵩山的平湖沼泽中。七月七日采
收，阴干。陶弘景说：'瓜蒂，多用早成熟的青色瓜蒂，这里说七月采收，
便是甜瓜蒂。'"

剪瓜叶

　　《淮南子》："七月七日午时，剪生瓜叶七枚，直入北堂
中①，向南立，以拭面靥②，即当灭矣③。"

【注释】

①北堂：古代居室东房的后部。为主妇居处的地方。

②拭：擦，抹。面靥（yè）：古代妇女面部的妆饰。

③灭：消失。

【译文】

《淮南子》："七月七日午时，剪生瓜叶七枚，径直进入北堂中，向南站
立，用瓜叶擦拭面部的妆饰，妆饰马上消失了。"

拾麻花①

《外台秘要》："治瘰疬②：七月七日，拾麻花。五月五日，收艾叶。二件作炷③，于疬上灸百壮④。"

【注释】

①麻花：又叫麻勃。大麻所开的花。

②瘰疬（luǒ lì）：病证名。民间俗称"老鼠瘰""老鼠疮"。生于颈部的一种感染性外科疾病。在颈部皮肉间可扪及大小不等的核块，互相串连，其中小者称瘰，大者称疬，统称瘰疬，俗称疬子颈。

【译文】

《外台秘要》："治疗瘰疬：七月七日，拾取麻花。五月五日，收取艾叶。把麻花和艾叶做成艾炷，在疬处用艾火烧灼一百炷。"

蒸麻勃

《千金方》："七月七日，用麻勃一斗，真人参二两，末之，蒸令气遍。夜欲卧，酒服一刀圭①，尽知四方之事。"《本草》云："麻蕡，一名麻勃，此麻花上勃勃者②。七月七日采，良。"

【注释】

①刀圭：中药量药的器具。形如刀，尾端尖锐，中间下洼。

②勃勃：旺盛。

【译文】

《千金方》："七月七日，用麻勃一斗，真人参二两，共同研为细末，蒸透。夜里临睡时，用酒调服一刀圭，能知晓天下的事。"《证类本草》记载：

"麻蕡,又名麻勃,麻花上生长旺盛的部分。七月七日采集,品质最好。"

种天草

《图经本草》:"景天草,生太山谷①,今南北皆有之。人家多种于中庭②,或以盆植于屋上,云以辟火,故又谓之慎火草。春生苗,似马齿而大③,作层而上,茎脆。夏中开红紫花,秋后枯死。"《神农本草》云:"景天草,一名慎火,一名戒火,一名救火。七月七日采,阴干。"

【注释】

①太山:即泰山。

②中庭:庭院。

③马齿:即马齿苋。

【译文】

《图经本草》:"景天草,生长在泰山山谷中,如今南北方都有。人们常将它种植在庭院中,有的人将它种在盆中置于屋上,说能辟火,因此又称为慎火草。春季生苗,叶子与马齿苋很像但更大,有许多层,茎极脆弱。夏季开红紫花,秋后枯死。"《神农本草》记载:"景天草,又名慎火、戒火、救火。七月七日采摘,阴干。"

干蓝草①

《千金方》:"解诸药毒散:七月七日,取蓝,阴干,捣筛②,和水服方寸匕,日三服。中毒者,秦燕毛二枚,烧灰③,和水二升服之,差。"

【注释】

①蓝草:性平,味辛,功能解暑化湿,主治暑湿内阻、头昏胸痞、呕吐、口中黏腻等症。

②捣筛:底本作"捣",据《备急千金要方》补。

③秦燕毛二枚,烧灰:底本作"春燕毛二枚",据《备急千金要方》改。秦燕,燕之由古秦地南来,故名。

【译文】

《千金方》:"解诸药毒散:七月七日,采集蓝草,阴干,捣筛为末,和水服一方寸匕,每天服用三次。中毒的人,取秦燕毛二枚,烧成灰,和水二升送服,即可病愈。"

吞小豆

《韦氏月录》:"《河图记》①:七月七日,取赤小豆,男吞一七,女吞二七,令人毕岁无病②。"

【注释】

①《河图记》:书名。不详待考。河图,儒家关于《周易》卦形来源的传说。《尚书·顾命》:"大玉、夷玉、天球、河图,在东序。"孔传:"伏牺王天下,龙马出河,遂则其文以画八卦,谓之'河图'。"

②毕岁:全年,一年。

【译文】

《韦氏月录》:"《河图记》:七月七日,取红小豆,男子吞服七粒,女子吞服十四粒,能使人全年无病。"

食海藻

《本草》：“海藻，一名落首，一名薄①。七月七日采，曝干。生深海中及新罗②。海人取藻，正在深海底，以绳系腰没水下，得则旋系绳上。”孟诜云：“海藻起男子阴气③，常食消男癀④。北人不宜食。”

【注释】

①薄（tán）：海藻。

②新罗：朝鲜古国名。初称徐罗伐，后称斯罗、斯卢或鸡林。唐五代时居于今朝鲜半岛南部。最盛时，辖境包括半岛大部分地区。后唐末年，其国被灭。

③起：治愈。

④癀（tuí）：阴病。

【译文】

《证类本草》：“海藻，又名落首，又名薄。七月七日采集，晒干。海藻生长在深海中以及新罗一带。沿海的人采集海藻，海藻生长在深海底，采集者用绳系住腰部潜入水下，采到后就立刻将其系在绳子上。”孟诜说：“海藻可治愈男子阴气，经常食用可消除男子阴病。北方人不宜食用。”

收公寄

《本草》云：“丁公寄，味甘，主金疮痛，延年。一名丁父，生石间，蔓延木上，细叶，大枝，赤茎，实大如磧①，黄，有汁。七月七日采。”按陈藏器云：“丁公寄，即丁公藤也。”

【注释】

①碛（qì）：浅水中的沙石。

【译文】

《证类本草》记载："丁公寄，味甘，主治金疮痛，可延年益寿。又名丁父，生长在石间，缠绕树木生长，叶细，枝大，茎红，果实大如碛石，黄色，有汁。七月七日采。"按陈藏器说："丁公寄，就是丁公藤。"

涂守宫

《淮南子万毕术》："七月七日，采守宫，阴干，为末，井花水和，涂女身，有文章似丹砂。涂之不去者不淫，去者有奸。"

【译文】

《淮南子万毕术》："七月七日，采集守宫，阴干，研为末，用井花水调和，涂抹在女子身上，会出现像丹砂一样的花纹。涂抹后花纹不消褪的，说明该女子不淫乱；花纹褪去的，就认为该女子有奸情。"

带蛛网

《千金方》："七月七日，取蛛网一枚，着衣领中，勿令人知，则永不忘也。"又《日华子》云："蛛网，七夕朝取食之，令人巧，去健忘①。"

【注释】

①健忘：容易忘事。

【译文】

《千金方》："七月七日，取蛛网一枚，放在衣领中，不要让人知道，就永远不会忘事。"又有《日华子诸家本草》记载:"蛛网,七夕早上取来吃掉,使人心灵手巧,去除容易忘事的毛病。"

采蜂房

《本草》:"露蜂房,有毒,主惊痫。一名蜂肠,一名百穿,一名蜂敷,生山谷。七月七日采,阴干。"又《图经》云:"古今方书治牙齿伤多用之^①,七月七日采。"

【注释】

①方书:医书。

【译文】

《证类本草》:"露蜂房,有毒,主治惊痫。又名蜂肠、百穿、蜂敷,生长在山谷中。七月七日采集,阴干。"又有《图经》记载:"古今医书中治疗牙齿损伤多会用到蜂房,七月七日采集。"

捉萤火

《本草》:"萤火,无毒,主明目,小儿火疮。一名夜光,七月七日取,阴干。"《药性论》云:"萤火亦可单用,治青盲^①。"

【注释】

①青盲:底本作"盲眼",据《证类本草》改。眼科病证名。俗称青光眼。症状为视力逐渐减退,渐至失明,但眼的外观没有异常,亦无明显不适感。

【译文】

《证类本草》:"萤火虫,无毒,主治眼睛明亮,小儿灼伤。又名夜光,七月七日收取，阴干。"《药性论》记载："萤火虫也可单用，主治青光眼。"

捕丹戬^①

《本草》云："丹戬，味辛，主心腹积血。一名飞龙，生蜀郡。如鼠妇，青股赤头。七月七日捕采。"又云："七月七日采黄虫，疗寒热。生地上，味苦，赤头长足，有角，群居。"

【注释】

①丹戬（jiǎn）：虫名。

【译文】

《证类本草》："丹戬，味辛，主治心腹积血。又名飞龙，生长在蜀郡。形状如同鼠妇，青腿红头。七月七日捕采。"又记载："七月七日采集黄虫，治疗寒热之症。黄虫生长在地上，味苦，红头长腿，有角，喜欢群居。"

烧赤布

《淮南子万毕术》："赤布在户，妇人留连。"注云："取妇人月事布^①，七月七日烧灰置楣上，即不复去。勿令妇人知之。"

【注释】

①月事布：即月经布。

【译文】

《淮南子万毕术》："赤布在户，妇人留连。"注解说："取妇人的月经布，七月七日烧成灰，放置在门楣上，能使妇人不离开。不要让妇人知道这件事。"

卷二十八

七夕 下

【题解】

本卷《七夕下》篇,本条目均为七夕时俗节物,主要有七夕晒衣、晒书"晒腹书""曝布裈";七夕节日卜筮"占谷价"。"食仙桃""请仙药",记汉武帝求西王母仙桃事。"乘白鹤",记王子乔得道后骑鹤升天事。"跨赤龙",记陶安公乘龙成仙事。"驾羽车",记王远乘羽车升仙事。"谒岳庙",记李湜与华山三夫人结缘事。"授宝玉",记天帝派真如女尼赐予皇帝宝玉事。"写符经",记骊山姥授李筌《黄帝阴符经》事。"获铜镜",记陈仲躬与铜镜仙子事。"得金缶",记进士李员于堂北垣下得一金缶事。"询前程",记孙九鼎在拜访同乡段浚仪途中偶遇已故姐夫张诜事,张诜请他喝酒并预测他三十岁后考中状元事。"变牛妇",记谢七妻因不孝公婆而变牛事。"市药物",记益州药市七月七日开张事。"感旧念",记杨爱爱与金陵少年张逞私奔事。"生圣子""诞皇后",记汉武帝、窦皇后于七夕所生事。属于七夕典故的,则有"赏神童""伤贤妇"。属于道家七夕之事,则有"宜导引"。属于七夕占卜活动的,则有"占谷价"。

食仙桃

《汉武帝内传》①:"帝好神仙之道。元封元年正月甲子②,登嵩山,起道宫,斋居祷祠③,以求神应。至四月戊辰,帝方御承华殿④,时东方朔及董仲君在侧⑤。忽有一女子来,语帝曰:'闻子轻四海之禄⑥,访道求生⑦,屡祷山川,似可教者。从今日始清斋⑧,不交人事⑨,七月七日,王母当暂至也⑩。'言讫,女子忽不见。帝问东方朔:'何人?'朔曰:'乃西王母紫兰宫女⑪,常传命往来人间。'帝于是登真台,斋戒存道。至七月七日,洒扫宫掖,燔百和之香⑫,然九光之灯⑬,躬监香果⑭,为天官之馔。帝乃盛服至于阶下,敕内外谧寂⑮,以候仙官。二更之后,忽见西南如白云起,郁郁趋陛⑯。须臾,王母乘云辇而降⑰。帝问寒暄毕⑱,王母目设天厨,以仙桃饲帝,复召上元夫人与帝同宴⑲,因授以《五岳真形图》及《灵光经》⑳,夫人亦以'六甲灵飞'十二事授帝㉑。至明,王母与夫人同乘而去。"

【注释】

①《汉武帝内传》:又名《汉武内传》《汉孝武内传》《汉武帝传》,一卷,旧题东汉班固撰。该书围绕汉武帝一生,记述神仙怪异之事,其内容与《汉武故事》《洞冥记》《十洲记》有密切联系。

②元封元年:前110年。元封,汉武帝刘彻年号(前110—前105)。

③斋居:斋戒别居。祷祠:向神求福及得福而后报赛以祭。《周礼·春官·丧祝》:"掌胜国邑之社稷之祝号,以祭祀祷祠焉。"贾公彦疏:"祷祠,谓国有故祈请,求福曰祷,得福报赛曰祠。"

④承华殿：汉宫殿名。底本作"宴殿"，据《太平广记》改。

⑤董仲君：汉时人。晋葛洪《神仙传》卷七："临淮人。少行气炼形。
年百余岁不老。尝见诬系狱，佯死，臭烂生虫。狱家举出而后复
生。尸解而去。"

⑥四海之禄：此指帝王基业。

⑦访道求生：寻访道术以求长生。

⑧清斋：谓素食，长斋。

⑨人事：男女间情欲之事。

⑩王母：即西王母。古代神话中的女神，住在昆仑山的瑶池，她园子
里的蟠桃，人吃了能长生不老。

⑪紫兰宫：神话中的西王母宫殿名。

⑫百和之香：即百和香。古代一种用多种香料配制而成的香。

⑬九光之灯：即九微灯。指宫廷或官宦家之灯。

⑭躬：亲自。

⑮谧（mì）寂：寂静。

⑯郁郁：烟气升腾貌。

⑰云辇：相传神仙以云为车。降：降临。

⑱寒暄：谓问候起居寒暖。

⑲上元夫人：道家女仙，地位仅次于西王母，总统真籍。

⑳《五岳真形图》：道教符书。五岳，指东岳泰山、南岳衡山、西岳华
山、北岳恒山、中岳嵩山。道教认为，五岳的山形系按天神旨意安
排的，五岳真形图，是仙人模仿五岳的山脉、地形、走势而造的符
图。古时求仙修道者多佩之，认为这是符书中最高级者，佩之能
辟一切妖怪祸害，并能得长生之道。《灵光经》：道家经籍。

㉑六甲灵飞：又称"五帝六甲灵飞术"。指道教的存思及符箓之法。
据称用之可获长生不老、驱役鬼神的功效。

【译文】

《汉武帝内传》:"汉武帝特别喜爱神仙修炼的道术。元封元年正月初一,汉武帝登上嵩山,兴建了一座道观,斋戒别居,祭祀神灵,以求得到神灵的感应。到四月戊辰那天,武帝驾临承华殿,当时东方朔、董仲君在左右陪侍。忽然有一女子前来,对武帝说:'听说你不看重帝王的基业,一心寻访道术以求长生,多次到三山五岳去祈祷神灵,像你这样似乎值得传授真道。从今天起你要吃素食,不要有男女情欲之事,到七月七日,王母会暂时降临。'说完,女子就突然消失了。武帝问东方朔:'这是什么人?'东方朔说:'她就是西王母紫兰宫里的宫女,常为西王母往来人间传达使命。'于是武帝就登上真台,诚心斋戒,寻道长生。到了七月七日,武帝下令把宫廷内外清扫一新,燃起百和香,点燃九微灯,武帝亲自摆上香果,作为接待天宫神仙的食品。武帝穿上华丽的礼服恭敬地站在宫廷的玉阶下,并下令宫廷内外保持安静,以恭候仙官的降临。到晚上二更时分,忽然看见西南天空涌起阵阵白云,翻卷着直奔玉阶前。一会儿,西王母乘云车降落到了殿前。武帝和王母寒暄过后,王母亲自摆出天宫的食品,拿仙桃给武帝吃,又召上元夫人与武帝一同宴饮,于是授予武帝《五岳真形图》及《灵光经》,上元夫人也把'六甲灵飞'十二件授予武帝。到天亮,王母与上元夫人一同乘云车而去。"

请仙药

《汉武帝故事》①:"七月七日,上御承华殿斋,正中,忽有青鸟从西来,集殿前②。上问东方朔:'何鸟也?'朔曰:'此西王母欲降,以化陛下③。'上乃施帷帐,烧贝末香④,香乃兜率国所献⑤,涂宫门,香闻百里。是夕漏七刻⑥,西方隐隐若雷声⑦。有顷,王母乘云车而至,玉女驭⑧,母戴七胜,青气如云。上拜请不死之药，母曰：'帝滞情不尽⑨，欲心尚多，不死之药，未可致也⑩。'东方朔于朱雀牖中窃视⑪，母曰：'此儿好作罪过⑫，久被斥逐⑬。然原心无恶⑭，寻当得还⑮。'母出桃七枚，自啖二枚⑯，以五枚与帝。帝留核欲种，母曰：'此桃三千年一结子，非下土所种之物⑰。'"

【注释】

①《汉武帝故事》：又作《汉孝武故事》《汉武故事》，一卷，旧题东汉班固撰。该书为轶事小说集。记武帝生于猗兰殿、死葬茂陵一生轶闻轶事，其中包括武帝幼时和即位后内官后妃们的故事。

②集：引申为停留。

③化：教育感化。

④贝末香：香名。

⑤兜率国：古国名。

⑥漏七刻：古代以漏壶盛水，滴水以计时，计时器上分刻一百度，是为一昼夜。七刻，当值傍晚时间。

⑦隐隐：象声词。形容车声。

⑧驭：驾车的人。

⑨滞情：积聚于胸中的感情。不尽：未完。

⑩致：获得。

⑪牖（yǒu）：窗户。窃视：偷看。

⑫罪过：过失。

⑬斥逐：驱逐。

⑭原心：本心，原意。无恶：不坏。

⑮寻：不久。

⑯啖：吃。

⑰下土：指人间。

【译文】

《汉武帝故事》："七月七日，汉武帝在承华殿斋戒，正午时分，忽然有一只青鸟从西边飞来，停留在承华殿前。武帝问东方朔：'这是什么鸟？'东方朔说：'这是西王母要降临了，以教育感化陛下。'武帝于是设置帷帐，焚贝末香，贝末香是兜率国所进献，将其涂抹在宫门上，香气能传到百里之外。这天晚上漏刻到了七刻的时候，西方隐隐传来如雷声一样的声音。过了一会儿，王母乘云车而至，玉女驾车，王母头戴七件玉制的首饰，秀发浓密如云。武帝请求赐予不死之药，王母说：'你尘世俗情未断，还有许多贪欲之心，不死之药，还不能给你。'东方朔在雕有朱雀的窗户中偷看，王母说：'这个小儿好犯过失，早就被驱逐了。但本心不坏，不久应当回归。'王母拿出七个仙桃，自己吃了两个，给武帝五个。武帝留下桃核想要栽种，王母说：'这种桃树三千年才结一次果子，不是人间土地所能种植的。'"

乘白鹤

《总仙记》①："王子乔者②，周灵王太子晋也③，好吹笙，一云吹箫。作凤凰鸣。游伊洛间④，遇道士浮丘公⑤，接子乔上嵩高山⑥，四十余年。后于山中见桓良⑦，曰：'告我家，七月七日，待我于缑氏山头。'至是，果乘白鹤驻山头，望之不得到，举手谢时人。数日而去。时有童谣曰：'王子乔，好神仙，七月七日上宾天⑧。白虎摇瑟凤吹笙，乘云鼓气吸日精⑨。吸日精，长不归，秋山冷露沾君衣。'"李太白《凤笙歌》云："仙人十五爱吹笙，学得昆丘彩凤鸣⑩。始闻炼气餐金液⑪，复道朝天赴玉京⑫。玉京迢迢几千里⑬，凤笙去去无穷已^⑭。绿云紫气向函关^⑮，访道因寻缑氏山。莫学吹笙王子晋，一遇浮丘断不还^⑯。"司马温公《缑山引》云："王子吹笙去不还，当时旧物唯缑山。山深树老藏遗庙^⑰，春月秋花空自闲。"东坡《七夕》词云："缑山仙子，高情云渺，不学痴牛骏女。凤箫声断月明中，举手谢、时人欲去。"又诗云："萧然王郎子，来自缑山阴。云见浮丘伯，吹箫明月岑^⑱。"按《寰宇记》："缑山在明州^⑲，其地有祠在焉。"郑工部文宝《题缑山王子晋祠》一绝云^⑳："秋阴漠漠秋云轻，缑氏山头月正明。帝子西飞仙驭远^㉑，不知何处夜吹笙。"

【注释】

①《总仙记》：一百四十卷，宋乐史撰。

②王子乔：又名王晋，字子晋，又字子乔。周灵王的太子。幼年时好道术，喜吹笙作凤鸣声。尝游伊洛中，遇道人浮丘公接引至嵩山，修炼石精金光藏景录神之法。传说三十余年后，家人见王子乔在缑氏山，乘白鹤升天而去。道教中封其为"右弼真人"，统领桐柏山。

③周灵王（？—前545）：姬姓，名泄心，谥灵。东周第十一任天子（前571—前545年在位）。

④伊洛：伊水与洛水。两水汇流，多连称。亦指伊洛流域。伊水即今河南境内伊河，洛水即今陕西境内洛河。

⑤浮丘公：传说中的古仙人。

⑥嵩高山：即嵩山。

⑦桓良：王子乔友人。

⑧宾天：委婉语。谓帝王之死，亦泛指尊者之死。

⑨日精：太阳的精华。

⑩昆丘：即昆仑山。彩凤：即凤凰。

⑪炼气：道家指通过吐纳导引等以求长生的一种方法。金液：古代方士炼的一种丹液。谓服之可以成仙。

⑫复道：指水陆两路。朝天：朝见天帝。玉京：道家称天帝所居之处。

⑬迢迢：道路遥远貌。

⑭去去：谓远去。

⑮绿云：绿色的云彩。多形容缭绕仙人之瑞云。紫气：紫色云气。古代以为祥瑞之气。附会为帝王、圣贤等出现的预兆。函关：函谷关。

⑯浮丘：即浮丘公。

⑰遗庙：犹古庙。

⑱"萧然王郎子"几句：出自苏轼《张安道见示近诗》。萧然，潇洒。王郎子，指仙人王子乔。

⑲明州：今浙江宁波。

⑳郑工部文宝：即工部员外郎郑文宝（953—1013），字仲贤，一字伯玉，汀州宁化（今属福建）人。宋文学家，著有《江表志》《南唐近事》等。

㉑帝子：帝王之子。此指王子乔。仙驭：婉辞，古谓人死为驾鹤仙游，因称"仙驭"。

【译文】

《总仙记》："王子乔，就是周灵王的太子晋，王子乔喜欢吹笙，一说吹箫。奏出凤凰一样的鸣唱声。他经常出游于伊水、洛水一带，遇到道士浮丘公，带子乔登上了嵩高山学习道术，一去四十余年。后来在山中见到桓良，说：'请回去告诉我家人，七月七日，到缑氏山山顶等我。'到时候，王子乔果然乘白鹤停驻山头，人们远远望见却到不了他那里，王子乔举手向在场的人致谢。王子乔停留几天才离去。当时有童谣说：'王子乔，好神仙，七月七日上宾天。白虎摇瑟凤吹笙，乘云鼓气吸日精。吸日精，长不归，秋山冷露沾君衣。'"李太白《凤笙歌》写道："仙人十五爱吹笙,学得昆丘彩凤鸣。始闻炼气餐金液,复道朝天赴玉京。玉京迢迢几千里,凤笙去去无穷已。绿云紫气向函关,访道因寻缑氏山。莫学吹笙王子晋,一遇浮丘断不还。"司马光《缑山引》写道:"王子吹笙去不还,当时旧物唯缑山。山深树老藏遗庙,春月秋花空自闲。"苏轼《七夕》词写道:"缑山仙子,高情云渺,不学痴牛骏女。凤箫声断月明中,举手谢、时人欲去。"又有诗写道:"萧然王郎子,来自缑山阴。云见浮丘伯,吹箫明月岑。"按《太平寰宇记》:"缑山在明州,其地有祠堂。"工部员外郎郑文宝《题缑山王子晋祠》一绝写道:"秋阴漠漠秋云轻,缑氏山头月正明。帝子西飞仙驭远,不知何处夜吹笙。"

跨赤龙

《列仙传》:"陶安公者,乃六安铸冶师也①。数行火术②,一朝野火焰上,紫色冲天。安公伏冶下求哀③,须臾,有朱雀跃出冶上曰④:'安公安公,冶与天通。七月七日,迎汝以赤龙。'至日龙来,安公乘之,东南而上。邑中数万人预共送之,皆与辞诀⑤。"

【注释】

①六安:即六安国。西汉元狩二年(前121)分九江郡置,治所在六县(今安徽六安)。铸冶:冶炼与铸造。

②行火:用火。

③伏:跪倒。求哀:哀求。

④朱雀:传说中的南方神鸟,出现往往代表祥瑞。

⑤辞诀:诀别。

【译文】

《列仙传》:"陶安公,是六安的冶铸工匠。多次在冶炼炉生火,有一天火散开来,往上飘扬,只见紫色冲天。陶安公跪倒在冶炼炉下苦苦哀求,不一会儿,有只朱雀飞过来停在冶炼炉上说:'陶安公啊陶安公,冶炉炉火与天通。等待七月七日到,迎你升天有赤龙。'到了这天,果然有一条赤龙来了,陶安公骑着龙往东南飞上天去。城中几万人一起来相送,陶安公与大家一一诀别。"

驾羽车①

《王氏神仙传》:"王远,字方平,举孝廉②,除郎中③。学通五经④,尤明天文图谶⑤,逆知盛衰吉凶⑥。弃官入山修道,遇太上老君,赐七转灵符,为揔真仙人。汉桓帝连征不出⑦,但题宫门四百余字,皆说方来之事⑧。帝恶之,使削去,愈削而愈明。后东游括苍山⑨,过蔡经家⑩。蔡,小民耳⑪,而骨相当仙。语经曰:'汝气少肉多,当为尸解。'因授其法。后经没⑫,失尸十余年,忽还,语家曰:'七月七日,王君当来。其日可多作饮食,以供从官。'其日,经家备瓮器⑬,作饮食百余斛,罗布庭中。王君果来,乘羽车,驾五龙前来,麾节幡旗导从⑭,威仪奕奕⑮,金鼓箫管人马之声⑯,如大将军焉。须臾,引见经及经家兄弟。经父母私问经曰:'王君是何神人?复居何处?'经曰:'常在昆仑山,经来所到,则山海之神,皆来拜谒。'"

【注释】

①羽车：传说中神仙所乘之车。

②孝廉：汉时由郡国荐举孝廉，以选拔人才。

③郎中：官名。秦汉郎官之一，属郎中令。本宫廷侍从护卫之官，也备顾问差遣，文武兼任。东汉尚书台置郎中，多以文人为之，后成为三省的主要成员。

④五经：指儒家五种经典，即《诗经》《尚书》《易经》《礼记》《春秋》。

⑤图谶（chèn）：河图、符命等有关王者受命征验的书籍。

⑥逆知：预知，逆料。

⑦征：征召。

⑧方来：将来。

⑨括苍山：山名。在浙江东南部。

⑩蔡经：道教神话中神仙王远的弟子，平民出身，于东汉时经王远度化而成仙。

⑪小民：平民百姓。

⑫没：通"殁"。死。

⑬瓮器：瓮类容器。

⑭麾节：旌旗与符节。幡旗：旗帜。

⑮威仪：指仪仗。

⑯金鼓：四金和六鼓。四金指镎、镯、铙、铎。六鼓指雷鼓、灵鼓、路鼓、鼖鼓、鼗鼓、晋鼓。金鼓用以节声乐，和军旅，正田役。亦泛指金属制乐器和鼓。箫管：排箫和大管。泛指管乐器。

【译文】

《王氏神仙传》："王远，字方平，被举荐为孝廉，任过郎中。熟读五经，尤其精通天文、河图、符命的深奥理论，可以预知天下盛衰和吉凶祸福。后来他辞去官职进山修道，遇到太上老君，赐给他七转灵符，修成大道后被封为总真仙人。汉桓帝几次征召他进宫，他始终不出山，但他在

宫门上题了四百多字，说的都是未来的事。桓帝十分生气，派人把宫门
上的字用刀削去，字反而越削越清楚。后来王远东游括苍山，经过蔡经
家。蔡经，是个平民百姓，然而从骨相上看可以成仙。王远对蔡经说：
'你现在精气少而身子肥胖，只有从肉体中解脱出来才能成仙。'于是王
远就把解脱肉体的方术传授给蔡经。后来蔡经假死离世，尸体消失了十
多年，忽然又回到家中，对家里人说，'七月七日，王远要到咱家来。那天
要多多做些饭菜，好招待他的随从。'到了七月七日那天，蔡经家准备了
不少瓷类容器，做了好几百斛食物，摆放在院子里。王远果然来了，他乘
着有翠羽伞盖的车，车由五条龙拉着，车的前后都是手执旗幡旌节的侍
从，仪仗盛大，敲锣打鼓吹奏箫管的音乐声和人喊马嘶声，像大将军般十
分威风。过了一会儿，王远召见了蔡经以及蔡经兄弟。蔡经的父母私下
问蔡经：'王远是什么神仙？住在哪里？'蔡经说：'他经常住在昆仑山，
往来于各山，所到之处山海之神都会迎接拜见他。'"

谒岳庙①

《广异记》："赵郡李湜②，以开元中谒华岳庙，过三夫人
院。忽见神女悉是生人，邀入宝帐③，备极好洽④，三夫人迭
与结欢⑤，言终而出。临诀谓湜曰：'每年七月七日至十二
日，岳神当上计于天⑥，至时相迎，不宜辞让⑦。今者相见，
亦是其时，故得尽欢。'自尔七年，每遇其日，奄然气尽⑧。
家人守之，三日方悟。说云：'灵帐玭筵⑨，绮席罗荐⑩。摇
月扇以轻暑⑪，曳罗衣而纵香⑫。玉佩清冷⑬，香风斐亹⑭。
候湜之至，莫不笑开星靥⑮，花媚玉颜。叙离思则涕零⑯，论
新欢则情洽⑰。三夫人皆其有也。湜才伟于器，尤为所重，
各尽其欢情。及还家，莫不惆怅呜咽⑱，延景惜别。'湜既

悟，形体流浃^⑲，辄病旬日而后可。有术者见湜云：'君有邪气。'为书一符佩之。后虽相见，不得相近。三夫人，一姓王，一姓杜，骂云：'湜无行，带符何为！'小夫人姓萧，恩意特深，涕泣相顾，诫湜：'三年勿言之，非独损君，亦当损我。'湜问以官，答云：'合进士及第，终小县令。'皆如其言。"

【注释】

①岳庙：五岳之神的庙宇。此指祭祀西岳华山的祠庙华岳庙，又称西岳庙。

②赵郡：今河北邯郸。

③宝帐：华美的帐子。

④好洽：十分融洽。

⑤迭：轮流。结欢：交欢。

⑥上计：此指议事。

⑦辞让：推辞。

⑧奄然：忽然。

⑨玳筵：指玳瑁筵。谓豪华、珍贵的宴席。

⑩绮席：华美的筵席。罗荐：丝织席褥。

⑪月扇：团扇。形如满月，故称。

⑫罗衣：绮罗衣，丝质的衣服。

⑬清泠：形容声音清越。

⑭斐亹（fěi wěi）：文彩绚丽貌。《文选•孙绰〈游天台山赋〉》："彤云斐亹以翼棂，暾日炯晃于绮疏。"李善注："斐亹，文貌。"

⑮星靥（yè）：明媚的酒窝。

⑯离思：离别后的思绪。涕零：流泪，落泪。

⑰情洽：感情很融洽。

⑱惆怅:因失意而伤感。呜咽:低声哭泣。
⑲形体流浃:底本作"形体流决",据《太平广记》改。汗流全身。
　形容极度惊惧。

【译文】

《广异记》:"赵郡人李湜,他于开元年间去拜谒华岳庙,经过华岳三夫人院。忽然看见那几位神女都是鲜活的人,并把他邀请到宝帐里,尽情欢乐,十分融洽。三位夫人轮流与他交欢,结束之后才出来。临别对李湜说:'每年七月七日到十二日,华岳神都上天去议事,到时候我们在此迎候你,千万不要推辞。今天咱们相会,也是在华岳神上天去议事的日子,因此才能尽情欢乐。'从此一连七年,每逢华岳神上天议事之日临近时,李湜就会忽然气绝。家人守在身边,三天之后才能醒来,醒来之后他说:'那里有华丽的帷帐,精美的宴席,华丽的座席下铺着丝织席褥。三位夫人摇动着团扇以消暑气,拖曳着绮罗衣任香味四处飘散。她们身上的玉佩发出清越的声音,香气伴着文彩绚丽的服饰飘来。她们都在等我到来,我到了之后,她们脸上无不笑出明媚的酒窝,玉颜如花一般娇媚。谈到离别后的思绪她们都泪流满眶,说到新的欢乐则情意融洽。三位夫人都是有情之人。李湜是个强壮的伟男子,这一点尤其被她们看重,我与她们各尽欢情。等要回家时,三位夫人便惆怅哭泣,延长相聚时间,依依惜别。'李湜醒来之后,汗流全身,总是病个十来天才能好。有位法师见到李湜说:'你身上有邪气。'便为他画了一道符佩戴在身上。后来他虽然还能与三位夫人相见,却不能接近亲热。三位夫人,其中一位姓王,一位姓杜,她们骂道:'你没有善行而又品性恶劣,为什么要带符前来!'最小的夫人姓萧,对李湜的情意特别深厚,互相看着对方哭泣不止,她告诫李湜说:'你三年之内不要把此事说出去,说出去的话不仅对你有损害,也会对我们有损害。'李湜问自己能不能当官,她说:'你应该会进士及第,但最终只能当个小县令。'后来跟她说的完全一样。"

授宝玉

《唐宝记》①："开元中,有李氏者,弃俗为尼②,号曰真如。天宝元年七月七日,有五色云气自东方来,集户外。云中引手③,不见其形,以囊授真如曰:'汝宜宝之,慎勿言也。'后禄山乱作,真如流寓楚州④。肃宗即位元年,忽见二皂衣人引至一所,城阙壮丽⑤,侍卫严肃,引者谓之曰:'此化城也⑥。'城有复殿,一人碧衣宝冠,号为天帝。复有二十余人,衣冠亦如之,呼为诸天⑦。命真如进侧,既而诸天相谓曰:'下界丧乱日久⑧,当何以救之?'内一天曰:'莫若以神宝厌之。'又一天曰:'常用第三宝,今沴气方盛⑨,恐不足以胜之,须用第二宝。'天帝曰:'然。'遂命出宝以授真如,曰:'汝往令刺史崔侁进达于天子⑩。前所授汝小囊,有宝五段,人臣可得见之。今此八宝,惟王者可见。汝慎勿易也。'乃具以宝名及所用之法授之。

【注释】

①《唐宝记》:又名《楚宝传》《八宝记》《宝应录》,一卷,唐杜确撰。该书所记为天宝元年(742)天帝授真如尼五宝,肃宗之年(761)于楚州安宜县复授其八宝,建巳月真如诣京献宝,肃宗寝疾以赐代宗,代宗即位遂改元宝应之事。杜确(733—802),河南偃师(今属河南)人。唐文章家。

②弃俗:脱离世俗。

③引手:伸手。

④流寓:流落他乡居住。楚州:今江苏淮安楚州。

⑤城阙:都城,京城。壮丽:宏壮美丽。

⑥化城:一时幻化的城郭。佛教用以比喻小乘境界。

⑦诸天:佛教语。指护法众天神。佛经言欲界有六天,色界之四禅有十八天,无色界之四处有四天,其他尚有日天、月天、韦驮天等诸天神,总称之曰诸天。

⑧下界:人间。丧乱:指战乱、杀戮和灾祸。

⑨沴(lì)气:灾害不祥之气。

⑩崔侁(shēn):贝州武城(今山东武城)人。肃宗上元中,官楚州刺史,献定国宝玉十三枚,表称天帝授楚州尼真如以镇中国灾者。遂改元宝应。代宗大历中,官至工部侍郎。进达:举荐引进。

【译文】

《唐宝记》:"开元年间,有一个李姓女子,脱离世俗当了尼姑,法号真如。天宝元年七月七日,有一团五色云气从东方飘来,停留在户外。云雾中伸出一只手,却看不到人的身形,把一个锦囊交给真如说:'你好好珍藏它,千万不要告诉别人。'后来安禄山作乱,真如流落到楚州。肃宗即位元年,忽然看见两个穿黑衣服的人将真如领到一个处所,宫阙宏伟壮观,侍卫齐整严肃,领进来的人对真如说:'这里是化城。'城中有重叠的宫殿,有一人身穿碧衣,头戴宝冠,被称作天帝。又有二十多人,衣冠也差不多,被称为诸天。天帝与诸天命真如上前听命,然后诸天互相议论道:'人间长期处于战乱、杀戮和灾祸中,该怎么去拯救?'里面一个诸天说:'不如用神宝镇压邪恶之气。'又一个诸天说:'平常应该用第三件宝贝,如今灾害不祥之气正盛,第三件宝贝怕不能取胜,必须用第二件宝贝才能平乱。'天帝说:'对。'于是命令取出宝贝交给真如,说:'你回去让刺史崔侁把你举荐给天子。以前交给你的小囊,里边装有五件宝贝,臣子可以观看。现在给你的八件宝物,只有帝王可以观看,你千万不要弄错了。'于是就详细地将宝物的名称及用法传授给真如。

"翌日，真如以宝诣县，县以其事闻之于州，刺史崔侁遣从事卢恒讯之①。恒至，召真如，欲临以法，真如曰：'上帝有命，谁敢废堕②！'乃以囊中前授五宝示恒：其一曰元黄天符，形制如笏，黄玉也；其二曰玉鸡，毛文悉备；其三曰谷璧，遍璧有粟粒文；其四曰王母玉环二枚。恒曰：'玉信玉矣，安知宝乎？'真如乃移宝向日照之，其光皆射日，望之无尽。恒归，以状白侁。又具报节度崔圆③，圆征真如诣府，欲历视④，真如曰：'不可。'圆固强之，真如不得已，又出后段八宝示圆：其一曰如月珠，大若鸡卵，置之堂中，明如皎月；其二曰红靺，大如巨栗，烂若朱樱⑤，视之可应手而碎，触之则坚；其三曰琅玕珠，形制如环；其四曰玉印，大如半掌；其五曰皇后采桑钩二枚，细曲若箸⑥；其六曰雷公石二枚，形如斧，腻若青玉。八宝置之日中，则白气连天；措之阴室⑦，则神光如月⑧。其所厌胜之法⑨，真如秘之。圆欲录奏，真如曰：'天帝已命崔侁事为若何？'圆乃以事属侁，侁遂遣恒随真如上进⑩。肃宗视宝，召代宗曰：'汝自楚王为皇太子，今宝获于楚州，天祚汝也⑪，宜保爱之。'代宗拜受⑫，即日改元为'宝应'，号真如曰'宝和'。自后兵革渐偃⑬，年谷丰登，皆宝之瑞也。"

【注释】

①讯：问讯。

②废堕：废弃不举。

③节度崔圆（705—768）：字有裕，唐贝州武城（今山东武城）人。少孤贫，好读兵书。曾任剑南节度使。

④历：一个一个地。

⑤朱樱：樱桃之一种。成熟时呈深红色，故称。

⑥箸：筷子。

⑦措：安放。阴室：背阳之室，阴凉之室。

⑧神光：神异的灵光。

⑨厌胜：古代一种巫术，谓能以诅咒制胜，压服人或物。

⑩上进：谓进呈皇上。

⑪天祚：上天赐福。

⑫拜受：古代的一种礼仪。谓主人敬酒时，宾客出席于西阶上拜而接受所敬之酒。拜而受之。常用作接受人赠予或指教的敬词。

⑬兵革：指战争。偃：停止，停息。

【译文】

"第二天，真如拿着宝物到了县府，县令又将此事告知州里，刺史崔侁派从事卢恒去问讯此事。卢恒到了，召唤真如，要按法令惩办她，真如说：'上帝有命令，谁敢违背！'于是她就把锦囊中的五件宝贝展示给卢恒：第一件叫元黄天符，形如笏板，是黄玉制作而成；第二件叫玉鸡，羽毛和花纹全都齐备；第三件叫谷璧，璧上面有米粒状的花纹；第四件是两枚王母玉环。卢恒说：'这些玉都是真的，可怎么知道它们是宝贝呢？'真如便把宝贝对着太阳照射，宝光全都射向太阳，望不到尽头。卢恒回去，把情况告诉了崔侁。崔侁又详细上报节度使崔圆，崔圆又征召真如到府中，要逐一观看宝贝，真如说：'不行。'崔圆非看不可，真如没有办法，又拿出后面那八件宝物给崔圆：第一件叫如月珠，有鸡蛋大小，放在屋里，如同明月；第二件叫红鞓，像一个大栗子那么大，同红色樱桃那样又红又软，看上去随手就能弄碎，触摸一下才知道特别坚硬；第三件叫琅玕珠，其形状像个圆环；第四件叫玉印，有半只手掌大小；第五件是两枚皇后采桑钩，细曲如同筷子；第六件是两枚雷公石，形状像斧子，细腻光滑酷似青玉。把这八件宝物放在日光下，只见白色云气与天空相连；把它们安放到阴凉之室,则有神异的灵光如同月光。至于那些厌胜的办法,真如秘而不宣。崔圆要奏明天子,真如说:'天帝命崔侁去做此事,你为什么要做呢?'崔圆就把此事告知崔侁,崔侁派卢恒随真如一起将宝贝进呈皇上。唐肃宗看了宝贝后,急忙让人把代宗召来说:'你从楚王被立为皇太子,如今宝贝来自楚州,这是上天赐福于你,你应该珍爱这些宝贝。'代宗接受上天所赐,当天就改年号为'宝应',赐真如为'宝和大师'。从此以后战争渐渐平息,年年五谷丰登,这些都是宝贝带来的吉祥。"

写符经

《集仙录》①:"骊山姥,不知何代人也。李筌②,号达观子,好神仙之道,常历名山,博采方术③。至嵩山虎口岩石室中,得《黄帝阴符经》本④,缄之甚密⑤,题云:'大魏真君二年七月七日⑥,上清道士寇谦之藏诸名山⑦,用传同好。'其本糜烂⑧,筌抄读数千遍,竟不晓其义。

【注释】

① 《集仙录》:即《墉城集仙录》,六卷,唐杜光庭撰。该书记载女仙三十余人事迹。传说王母居于金墉城统领女仙,故名。

② 李筌(quán):号达观子,陇西(今属甘肃)人。唐道教学者,著有《太白阴经》《中台志》等。

③ 博采:广泛搜集采纳。

④ 《黄帝阴符经》:亦称《阴符经》,一卷,旧题黄帝撰。该书分三章:《神仙抱一演道章》,主要阐述天道与人事、政治的关系;《富国安民演法章》,主要阐述欲富国安民,就必须以自然天道为法则;《强兵战胜演术章》,主要阐述如何根据事物变化之理而灵活用兵。黄

帝,系传说中的远古帝王,其时尚无书契,故此书实为后人伪托。

⑤缄:封闭。

⑥大魏真君二年:441年。真君,即太平真君,北魏太武帝拓跋焘年号(440—451)。

⑦上清:道家所称的三清境之一。寇谦之(365—448):字辅真,上谷昌平(今属北京)人。北魏道士。神瑞二年(415)托言太上老君授予"天师"之位,后八年(423)又谓有老子玄孙李谱文授予箓图真经和劾召鬼神等法,并嘱其辅佐北方的"太平真君"。始光元年(424),经宰相崔浩的帮助,于魏都平城(今山西大同)建天师道场,称新天师道。太武帝曾亲至道场受道箓,自称"太平真君",改元为"太平真君元年"。

⑧糜烂:腐烂。

【译文】

《墉城集仙录》:"骊山姥,不知道是哪个朝代的人。李筌,号达观子,喜好神仙之道,他经常游历名山,广泛地搜集采药炼丹及养生之术。在嵩山虎口岩石室中,得到了一本《黄帝阴符经》,这书封固得很严密,上面题写:'大魏真君二年七月七日,道士寇谦之把它藏在名山,传给志同道合的人。'因书已腐烂,李筌将书抄下来并读了几千遍,但始终不明白书中的义理。

"后入秦,至骊山下,逢一老母,神状甚异。路旁见遗火烧树①,因自语曰:'火生于木,祸发必克②。'筌惊问曰:'此《黄帝阴符》上文,母何得而言之?'母曰:'吾受此符已三元六周甲子矣,三元一周,百八十年,六周一千八十年③。少年从何而知之?'筌遂具告得符之由。因请问玄义④,母曰:'阴符者,上清所秘,玄台所尊⑤。理国则太平,珪身则得道,非独机权制胜之用⑥,乃大道之要枢⑦,岂人间之常典耶⑧? 此书凡三百余言,一百言演道⑨,一百言演法,一百言演术。上有神仙抱一之道,中有富国安民之法,下有强兵战胜之术,皆自天机⑩,合乎神智⑪。观其精智,则黄庭八景不足以为玄⑫;察其至要⑬,则经传子史不足以为文⑭;较其巧智,则孙吴韩白不足以为奇⑮。一名《黄帝天机之书》,非奇人不可妄传,违者夺纪二十。每年七月七日,写一本藏之名山,可以加算⑯。出三尸⑰,下九虫⑱,秘而重之,当传同好耳。此书至人学之得其道⑲,贤人学之得其法,凡人学之得其殃,职分不同也⑳。'言讫,谓筌曰:'日已晡矣㉑,观子若有饥色,吾有麦饭㉒,相与为食。'袖中有一瓢,令筌于谷中取水,水既满,瓢忽沉泉中。旋至树下,失母所在。但于石上得麦饭数升,食之,因绝粒㉓。注《阴符经》,著《太白经》㉔。筌后官至节度,入山访道,不知其终。"

【注释】

①遗火:失火。

②克:克服。

③"三元六周甲子矣"几句:三元,指上元、中元、下元三个周期,每个元包含60年(即一甲子),三元合计180年。六周,即六个三元周期(6×180年),合计1080年。

④玄义:玄妙精深的义理。

⑤玄台:神话中天帝藏书之台。

⑥非独:不仅。机权:机智权谋。

⑦大道:成仙之道。要枢:关键要诀。

⑧常典：指旧时的典籍。

⑨演：阐述。

⑩天机：天之机密。犹天意。

⑪神智：精神智慧。

⑫八景：道教语。谓八采之景色。

⑬至要：事理或学问的要旨、要诀。

⑭经传：儒家典籍经与传的统称。传是阐释经文的著作。子：子部。古代图书四部分类法（经史子集）中的第三大类。专列诸子百家及艺术、谱录等书。史：史部。古代图书四部分类法（经史子集）中的第二大类。专列各种体裁历史著作。

⑮孙吴韩白：即古代四位著名军事家孙武、吴起、韩信、白起。

⑯加算：增加寿算。

⑰三尸：道家称在人体内作祟的神有三，叫"三尸"或"三尸神"，每于庚申日向天帝呈奏人的过恶。

⑱九虫：道教语。泛指在人身中作祟的种种尸虫。九，九脏。《云笈七签》卷八三："人身并有三尸九虫。人之生也，皆寄形于父母胞胎五谷精气，是以人腹中尽有尸虫，为人之大害……身中三尸九虫种类群多。"

⑲至人：道家指超凡脱俗，达到无我境界的人。

⑳职分：底本作"识分"，据《太平广记》改。犹职责。应尽的本分。

㉑晡：傍晚。

㉒麦饭：磨碎的麦煮成的饭。祭祀用的饭食。

㉓绝粒：犹辟谷。道家以摒除火食、不进五谷求得延年益寿的修养术。

㉔《太白经》：即《太白阴经》，又名《神机制敌太白阴经》，十卷，唐李筌撰。该书是唐代一部重要军事著作。因书中称"太白主兵，为大将军；阴主杀伐"，故名。

【译文】

"李筌后来到了秦地,走到骊山脚下,遇到一位老妇人,这位老妇人神情状态特别奇特。老妇人看到路旁有树着火了,于是自言自语地说:'火生于木,祸发必克。'李筌听到很吃惊,问道:'这是《黄帝阴符经》中的文字,老妇人怎么能说出它呢?'老妇人说:'我得到《阴符经》,已经三元六周甲子了,三元一周,共计一百八十年,六周共计一千零八十年了。年轻人,你是从哪里得知的呢?'李筌于是就详细地告诉老妇人得到《阴符经》的缘由。接着向她请教《阴符经》玄妙精深的义理,老妇人说:'所谓阴符,是上清秘密保存,玄台所尊崇的道经。用它治理国家就太平,治理自身就能得道,不仅仅用于机变权谋以制胜,乃是成仙之道的关键要诀,哪能是人间的一般典籍呢?这本书总共三百多字,一百字阐述道,一百字阐述法,一百字阐述术。上篇有神仙抱一之道,中篇有富国安民之法,下篇有强兵战胜之术。这些都来自天机,合乎精神智慧。观看它的精妙,黄庭八景就不以为玄奥;洞察它的要诀,经传子史就不足以称为文章;考较它的巧智,孙武、吴起、韩信、白起等都不足以称作奇人。这书又叫《黄帝天机之书》,不是奇人不可随便传授,违背它的人则被夺去二十年寿命。每年七月七日,写一本藏在名山石岩中,可以增加寿算。读此书能除去三尸虫,降服人身中作祟的种种尸虫,应保守秘密并珍重它,只应该传给志同道合的人。这本书超凡脱俗的人学它可以得其道,德才兼备的人学它可以得其法,平常人学它则会得到惩罚,这是因为人的职责不同。'说完,老妇人对李筌说:'天已经晚了,我看你好像饿了,我这有麦饭,一起吃饭吧!'又从袖子里拿出一个瓢,令李筌到山谷中去取水,瓢里的水满了以后,瓢就忽然沉到泉水中了。李筌回到树下时,老妇人已经不见了,只是在石头上留着几升麦饭,李筌吃了麦饭以后,从此辟谷修道。李筌注解《阴符经》,著述《太白阴经》。李筌后来官至节度使,入山寻访真人,不知道最终结局。

获铜镜

《博异志》:"金陵陈仲躬^①,于洛阳清化里假居^②。宅有古井,屡溺人^③。仲躬虽知,亦无所惧。月余,邻有取水女子,每来井上,则逾时不去,忽堕井溺死。仲躬异之,间窥于井^④。见水影中一女子,年状少丽,妆饰依时。仲躬凝睇之^⑤,则以红袂掩面微笑^⑥。仲躬叹曰:'斯乃溺人之由也。'不顾而退^⑦。

【注释】

①金陵:战国楚威王七年(前333)灭越后置,乃因金陵山得名。治今江苏南京。

②假居:租屋而居。

③溺人:落水淹死人。

④间:暗中。

⑤凝睇:专注地凝视。

⑥红袂:红色衣袖。

⑦不顾:不回头看。此指暂时未采取直接行动。

【译文】

《博异志》:"金陵人陈仲躬,在洛阳清化里租了一处宅院。宅院里有一口古井,经常淹死人。陈仲躬虽然知道这件事情,也不惧怕。一个多月后,邻家有一个提水的女子,每次来到院中井边,都停留很久不离去,忽然坠入井中淹死了。陈仲躬觉得有些可疑,暗中探头向井下窥望。忽然看见井水中有一个女子的形象,年少且容貌美丽,打扮得也很时尚。陈仲躬专注地凝视着她,她便用红色衣袖半遮住脸,微微一笑。陈仲躬叹息地说:'这就是井中淹死人的缘由吗!'他没有再看就退了回去。

　　"忽清旦，有人扣门，云：'敬元颖请谒。'仲躬命人，乃井中所见者，坐而讯之曰：'卿何以杀人？'元颖曰：'妾实非杀人者。汉朝绛侯居于此①，遂穿此井，即有毒龙居之，好食人血。自汉以来，杀三千七百人矣。妾乃国初方堕于井，遂为龙驱使，为妖诱人，供龙所食，情非本愿。近太一使者交替②，天下龙神，昨夜子时已朝太一矣，兼为河南旱被勘责③，三数日方回。君子诚能命匠淘井，则获脱难矣④。如脱难，愿终一生奉养。世间之事，无不致知。'言讫，便失所在。仲躬即命匠入井，戒之曰：'但见异物，即收之。'唯得古铜镜一枚，面阔七寸七分。仲躬令洗净，安置匣内，斯乃敬元颖者也。一更后，忽见元颖直造烛前，拜仲躬曰：'谢以生成之恩⑤。某本师旷所铸十二镜之一⑥，第七者也，元颖则七月七日午时铸者。贞观中，为许敬宗婢兰苕所堕⑦，遂为毒龙所役。幸遇君子，获重见人间。然明晨，望君子急移出此宅。'将辞去，仲躬遽留之⑧，问曰：'汝安得有红绿脂粉状乎？'对曰：'某变化无常，非可具述。'言讫，即无所见。仲躬从其言而徙之。

【注释】

①绛侯：指周勃。汉周勃以布衣从高祖定天下，赐爵列侯，剖符世世勿绝。食绛八千一百八十户，号绛侯。

②太一：传说中的天神。

③勘：勘察。责：差使。

④获：能够。

⑤生成：拯救。

⑥师旷：名旷，字子野，双目先天失明，自称盲臣，又称瞑臣，冀州南和（今河北南部）人。春秋时晋国乐师，善于辨音。

⑦许敬宗（592—672）：字延族，杭州新城（今浙江富阳）人。自贞观后，敬宗监修国史，先后参与或主持《晋书》《高祖实录》等书之编撰。

⑧遽：急忙。

【译文】

"忽然一天清晨，有人敲门，说：'敬元颖请求拜见相公。'陈仲躬让她进入屋内，发现正是之前在井中见到的女子，于是坐下质问道：'你为什么要害人呢？'敬元颖回答说：'我并非害人的元凶。自汉朝周勃居住在这里，就开凿了这口井，当时就有一条毒龙住在井中，好吸食人血。自汉朝以来，毒龙已害死三千七百多人了！我是国朝初年坠入井中的，于是就被这条毒龙驱使，通过妖术迷惑别人，供毒龙食用，所做之事不是出自我的本心。近来太一神的监察使者轮换，天下的龙神需在昨夜子时集体觐见太一神，因河南旱灾，毒龙被太一使者问责调查，需滞留三日后才能返回驻地。您如果能真的命工匠清理水井，我就能够脱离险难。如果脱离险难，我愿终生侍奉公子。世间的一切事物，我都知道。'说完，便不见了。陈仲躬便让工匠淘井，嘱咐说：'只要见到特殊的物件，就将它取上来。'只在井底拣得一面古铜镜，镜面宽七寸七分。陈仲躬命人将铜镜清洗干净，装入匣子中妥善保存，这面铜镜正是'敬元颖'的化身。当夜一更后，忽然看见敬元颖直接走到香烛前，拜见陈仲躬说：'感谢您的拯救之恩。我原本是师旷所铸的十二面铜镜中的第七面，在七月七日午时铸造的。贞观年间，许敬宗的婢女兰苕不小心将我坠入井中，因此被毒龙所驱役。我有幸遇到您这样正直的君子，才能重新回到人间。但请您务必在明日清晨前搬离这座宅院。'敬元颖准备告辞离开时，陈仲躬急忙挽留她，并问道：'你怎么会有女子般的红绿脂粉妆容呢？'敬元颖回答道：'我的形态变幻不定，无法具体说明。'说完后，敬元颖立刻消失不见。陈仲躬听从她的建议而迁移居所。

　　"后三日，古井顿崩，延及堂厢，一时陷地。仲躬后文战累胜①，居官。要事必知，皆镜之助也。镜背有二十八字，皆科斗书②，以今文推之，曰：'维晋新公二年七月七日午时③，于首阳山前白龙潭铸成此镜④，千年万世。'镜鼻四面题云：'夷则之镜⑤。'"

【注释】

①文战：指科举考试。

②科斗书：指蝌蚪文字。

③晋新公：指晋国某位君主或封君，但史籍中并无明确记载，或为虚构年号。唐代传奇常将器物年代托古以增神秘性。

④首阳山：即雷首山。在今山西永济蒲州南。

⑤夷则：十二律中阳律的第五律。古人将十二律与十二月相配，夷则配七月，因以为农历七月的别名。

【译文】

　　"三天后，古井突然崩塌，塌陷范围波及堂屋和厢房，整个宅院瞬间陷了下去。陈仲躬后来科举考试连续告捷，位居高官。重要的信息他都能提前知道，这些都是古铜镜的帮助。古铜镜的背面有二十八个字，都是蝌蚪文，用现代文推算，大意是：'维晋新公二年七月七日午时，于首阳山白龙潭铸成此镜，千年万世。'镜鼻四周题写道：'夷则之镜。'"

得金缶①

　　《宣室志》："河东人李员②，居长安。元和夏初③，一夕，忽闻室西隅有声④,纤远,不绝。俄而又闻有歌者,音韵泠泠然⑤。员往听之,其词曰:'色分蓝叶青,音比磬中鸣。七月初七日,吾当示汝形。'员心异之。明日,命僮仆穷索,了无所见。是夕,再闻如初。后至七月六日,夜雨甚,颓其堂之北垣⑥。明日,于颓处又闻其声。员惊而视,于垣下得一金缶,形制奇古,叩之,声韵极长。隐隐然如有篆文⑦,即命涤去尘藓⑧,读之,乃崔子玉座右铭也⑨。然竟不知为何代所制者。"

【注释】

①缶:古代一种大肚子小口儿的盛酒瓦器。

②河东:即河东郡。战国魏置。因地处黄河以东,故名。辖境相当今山西沁水以西、霍山以南地。

③元和:唐宪宗李纯年号(806—820)。

④隅(yú):角落。

⑤泠泠(líng):形容声音清脆、清越,如风声、水声或琴声。

⑥颓:崩塌。北垣:北墙。

⑦篆文:以篆体书写的文字。

⑧尘藓:泥土和苔藓。

⑨座右铭:指古人写出来放在座位右边的格言,用来警诫自己。崔子玉:即崔珏,字子玉。唐代贞观年间滏阳令、长子县令,其任内以平定虎患、公正断案著称。

【译文】

《宣室志》:"河东郡人李员,居住在长安。元和年间初夏,一天晚上,李员忽然听见屋内西边角落有声音,声音细微又遥远,持续不断。一会儿又有人唱歌,歌声极其清脆。李员上前去听,其歌词写道:'色分蓝叶青,音比磬中鸣。七月初七日,吾当示汝形。'李员心里感到奇怪。第二天，命仆人彻底搜寻，什么都没发现。这天晚上，李员又听见跟原来一样的声音。后来到了七月六日，夜晚雨很大，李员家厅堂北墙倒塌了。第二天，在北墙倒塌的地方又听到跟原来一样的声音。李员吃惊地去查看，在北墙下发现了一件金缶，形状奇特古怪，用手敲打它，它的音韵特别悠长。缶上隐约有篆体书写的文字，李员立即令人洗去它上面的泥土和苔藓，经阅读，原来是崔珏的座右铭。然而始终不知它是哪个朝代制造的。"

询前程

《夷坚甲志》："孙九鼎^①，字国镇，忻州人^②。政和癸巳^③，居太学^④。七夕日，出访乡人段浚仪于竹栅巷，沿汴北岸而行。忽有金紫人^⑤，骑从甚都^⑥，呼之于稠人中^⑦，遽下马曰：'国镇，久别安乐否？'细视之，乃姊夫张戕也，指街北一酒肆曰^⑧：'可见邀于此，少从容。'孙曰：'公富人也，岂可令穷措大置酒^⑨？'曰：'我钱不中使。'遂坐肆中，饮啖自如^⑩。少顷，孙方悟其死，问之曰：'公死已久矣，何为在此？我见之，得无不利乎？'曰：'不然，君福甚壮。'乃说死时及孙送葬之事，无不知者，且曰：'去年中秋过家，见嫂姊辈饮酒自若，并不相顾。我愤恨，倾酒壶击小女以出。'孙曰：'公今在何地？'曰：'见为皇城司注禄判官^⑪。'孙喜，即询前程。曰：'未也。此事每十年一下，尚未见姓名，恐多在三十岁以后，官职亦不卑下。'孙曰：'公平生酒色甚多，犯妇人无月无之，焉得至此？'曰：'此吾之迹也。凡事当察其心，苟心不昧，亦何所不可？'语未毕，有从者入报曰：'交直矣^⑫。'

天，命仆人彻底搜寻，什么都没发现。这天晚上，李员又听见跟原来一样的声音。后来到了七月六日，夜晚雨很大，李员家厅堂北墙倒塌了。第二天，在北墙倒塌的地方又听到跟原来一样的声音。李员吃惊地去查看，在北墙下发现了一件金缶，形状奇特古怪，用手敲打它，它的音韵特别悠长。缶上隐约有篆体书写的文字，李员立即令人洗去它上面的泥土和苔藓，经阅读，原来是崔珏的座右铭。然而始终不知它是哪个朝代制造的。"

询前程

《夷坚甲志》："孙九鼎[1]，字国镇，忻州人[2]。政和癸巳[3]，居太学[4]。七夕日，出访乡人段浚仪于竹栅巷，沿汴北岸而行。忽有金紫人[5]，骑从甚都[6]，呼之于稠人中[7]，遽下马曰：'国镇，久别安乐否？'细视之，乃姊夫张戕也，指街北一酒肆曰[8]：'可见邀于此，少从容。'孙曰：'公富人也，岂可令穷措大置酒[9]？'曰：'我钱不中使。'遂坐肆中，饮啖自如[10]。少顷，孙方悟其死，问之曰：'公死已久矣，何为在此？我见之，得无不利乎？'曰：'不然，君福甚壮。'乃说死时及孙送葬之事，无不知者，且曰：'去年中秋过家，见嫂姊辈饮酒自若，并不相顾。我愤恨，倾酒壶击小女以出。'孙曰：'公今在何地？'曰：'见为皇城司注禄判官[11]。'孙喜，即询前程。曰：'未也。此事每十年一下，尚未见姓名，恐多在三十岁以后，官职亦不卑下。'孙曰：'公平生酒色甚多，犯妇人无月无之，焉得至此？'曰：'此吾之迹也。凡事当察其心，苟心不昧，亦何所不可？'语未毕，有从者入报曰：'交直矣[12]。'

张乃起,偕行,指行人曰:'此我辈也,第世人不识之耳!'

【注释】

①孙九鼎:字国镇,定襄(今属山西)人。金太宗天会六年(1128)
　进士。兄弟三人,俱有时名,同榜登科。

②忻州:隋开皇十八年(598)置,以州北忻口为名。治秀容县(今
　山西忻州)。

③政和癸巳:即政和三年(1113)。政和,宋徽宗年号(1111—1118)。

④太学:古代的最高学府。始于西周,汉以后是传授儒家经典、培养
　统治人才的场所。

⑤金紫:金鱼袋及紫衣。唐宋的官服和佩饰。因亦用以指代贵官。

⑥骑从:随从。

⑦稠人:众人。

⑧酒肆:酒馆。

⑨穷措大:穷而迂腐的读书人。

⑩饮啖:吃喝。

⑪见:同"现"。

⑫交直:交班。

【译文】

《夷坚甲志》:"孙九鼎,字国镇,忻州人。政和三年,孙九鼎在太学读书。七夕这天,到竹栅巷拜访同乡段浚仪,他沿着汴河北岸行走。忽然有个身穿金紫色官服的人,随从队伍华贵整齐,在众人中呼叫他的名字,那人急忙下马说:'国镇,很久不见,是否平安顺遂?'仔细一看,原来是姐夫张犹,张犹指着街北的一家酒馆:'你可邀请我在这里喝酒,这样说话比较从容。'孙九鼎说:'您是有钱人,怎么可以让我穷书生请酒?'张犹说:'我的钱在这里用不了。'于是两人就在酒馆坐下,吃喝毫无拘束。一会儿,孙九鼎才想起张犹已经死了,就问他:'你已经去世很久了,

为什么在这里？我看见你，不会有灾厄吗？'张轼说：'不会这样，你的福运非常深厚。'于是就说起自己死亡时的细节及孙九鼎参与送葬的情形，没有不知道的，并且说：'去年中秋节时我回到家中，看到家中姊妹们自顾自地饮酒作乐，完全没人理会我。我愤怒之下，将酒壶砸向小女儿后离开去。'孙九鼎说：'您现在什么地方？'张轼说：'现在任皇城司注禄判官。'孙九鼎听到大喜，马上询问自己的前程。张轼说：'还没到时候呢。阴司每十年调整一次禄位，目前名册上尚无你的记录，功名大概率在三十岁后到来，且未来官职品级较高。'孙九鼎说：'你一生贪恋酒色，几乎每月都有侵犯妇人，怎么会在阴间任判官呢？'张轼说：'这是我过去的经历。凡行事都要审视内心动机，只要内心保持清明正直，那做什么事又有何不可呢？'话没说完，有随从进来禀报说：'交班了。'张轼于是起身和孙九鼎一起走了，他指着行人说：'这些都是我们阴间的人，只是阳间的人不认识而已！'

　　"至丽春门下，与孙别曰：'公自此归，切不得回顾，顾即死矣。公今已为阴气所侵，来日当暴下①，慎毋吃他药，服平胃散足矣②。'既别，孙始惧甚。到竹栅巷见段君，段讶其面色不佳，沃之以酒③。至暮，归学。明日，大泻三十余行，服平胃散而愈。后连蹇无成④，在金国十余年，始状元及第，为秘书少监⑤。"

【注释】

①来日：第二天。暴下：暴泻，剧烈的腹泻。

②平胃散：中医方剂名。为祛湿剂，具有燥湿运脾，行气和胃之功效。

③沃：喝，饮。

④连蹇（jiǎn）：引申指遭遇坎坷。《汉书·扬雄传》"孟轲虽连蹇，犹

为万乘师。"颜师古注引张晏曰："连蹇，难也，言值世之屯难也。"

⑤秘书少监：官名。北宋前期为四品寄禄官，神宗元丰改制后，置一员，从五品，为秘书省次官。佐秘书监掌古今经籍图书、国史实录、天文历数之事。

【译文】

"到了丽春门，张挺与孙九鼎告别说：'你从这里回去，千万不要回头看，否则会立即死亡。您今天已被阴气侵袭，明日将突发腹泻，切勿随意服用其他药物，只需服用平胃散即可痊愈。'分别后，孙九鼎才开始惧怕。到了竹栅巷见到段浚仪，段浚仪看他面色很差感到惊讶，于是让他饮酒以驱邪。到傍晚，孙九鼎才回到太学。第二天，孙九鼎大泻三十多次，服用平胃散而后痊愈。后来孙九鼎遭遇坎坷，一事无成，流落全国十多年，才考中状元，官为秘书少监。"

变牛妇

《夷坚丙志》："信州玉山县塘南七里店民谢七妻，不孝于姑①。每饭以麦，又不得饱，而自食则白秔饭②。绍兴三十年七月七日③，妇与夫皆出，独留姑守舍。有游僧过门，从姑乞食。笑曰：'我自不曾得饱，安得有余？'僧指盆中秔饭曰：'以此施我。'姑摇手曰：'白饭是七嫂者，我不敢动，归来必遭辱骂。'僧坚求不已，终不敢与。俄而归来，僧径就求饭。妇大怒，且毁叱之④。僧哀求愈切，妇咄曰⑤：'脱尔身上袈裟来，乃可换。'僧即脱以授之。妇反复细视，戏披于身。僧忽不见，袈裟变为牛皮，牢不可脱，胸间先生毛一片，渐遍四体头面，稍稍成牛。其夫走报妇家，父遽至，则俨然全牛矣。"

【注释】

①姑：旧时妻称夫的母亲。

②白秔（jīng）饭：白米饭。秔，同"粳"。一种粘性较小的稻类。

③绍兴三十年：1160年。绍兴，南宋高宗的年号（1131—1162）。

④毁叱：大声责骂。

⑤咄：呵斥。

【译文】

《夷坚丙志》："信州玉山县塘南七里店村民谢七的妻子，不孝敬婆婆。每次吃饭只给粗麦饭，又不让吃饱，而她自己却吃白米饭。绍兴三十年七月七日，妇人与她丈夫一起外出，唯独留下婆婆看门。有位云游的僧人路过门口，向婆婆乞讨食物。婆婆笑着说：'我自己都不曾吃饱，如何能有剩余的饭呢？'僧人指着盆中的白米饭说：'把白米饭施舍给我。'婆婆摇摇手说：'白米饭是我家七嫂的，我不敢动，回来肯定会遭受辱骂。'僧人一再坚持请求，婆婆最终不敢给他。一会儿七嫂回来了，僧人就直接向七嫂要饭吃。七嫂大怒，并且大声责骂他。僧人哀求越来越急切，七嫂呵斥说：'把你身上的袈裟脱下来，才能换。'僧人立即脱下袈裟交付给七嫂。七嫂反复仔细查看，开玩笑地披在身上。僧人忽然不见了，袈裟也变成牛皮，牢牢粘在身上脱不下来，七嫂先是胸部长出一片牛毛，慢慢遍布四肢、面部，慢慢变成了牛。她的丈夫跑到七嫂娘家报告，七嫂的父亲赶紧来到，而七嫂已完全变成一头牛了。"

生圣子

《汉武帝故事》："景帝尝梦高祖谓己曰：'王美人生子①，可名为彘②。'王氏梦日入怀，以乙酉年七月七日生武帝于猗兰殿③。"杜甫诗云："猗兰奕叶光④。"注云："奕叶，犹累世也。"

【注释】

①王美人：即王娡（zhì，？—前126），槐里（今陕西兴平）人。汉景帝第二任皇后，汉武帝生母。

②彘（zhì）：古称猪为彘。

③乙酉年：即汉景帝前元元年（前156）。猗兰殿：汉殿名。相传汉武帝诞生前，父景帝梦赤彘从云中而下，入崇兰阁，因改阁名为猗兰殿。后武帝生于此殿。

④猗兰奕叶光：出自杜甫《冬日洛城北谒玄元皇帝庙》。

【译文】

《汉武帝故事》："景帝曾梦见汉高祖对自己说：'王美人生的儿子，可起名叫彘。'王美人梦见太阳进入肚里而怀孕，于景帝前元元年七月七日在猗兰殿生下武帝。"杜甫有诗写道："猗兰奕叶光。"注解说："奕叶，就是累世的意思。"

诞皇后

《西汉·后妃传》："窦皇后①，观津人也②。少小头秃，不为家人所齿。时遇七夕夜，皆看织女，独不许后出。忽有神光照室，为后之瑞。"

【注释】

①窦皇后（？—前135）：名猗房，信都观津（今河北武邑东南）人。汉文帝皇后。

②观津：西汉置，治今河北武邑东南观津。始属清河郡，后改属信都国。

【译文】

《汉书·后妃传》："窦皇后，是观津人。窦皇后小时候头发稀少，家里人都鄙视她。七月七日夜晚，人人都看织女星，唯独不许她出去看。忽有神异的灵光照进她的卧室，这就是她将来做皇后的征兆。"

赏神童

《闽川名士传》①："林杰②，字智周，幼而聪明秀异，言发成文。年六岁，请举童子③。时父肃为闽府大将④，性乐善，尤好聚书。当时名公，多与之交，及有是子，益大其门。廉使崔侍郎于亟与迁职⑤，乡人荣之。杰五岁，从父谒唐中丞扶⑥，唐命子弟延入学院。时会七夕，堂前乞巧，因试之乞巧诗，杰援笔曰：'七夕今宵看碧霄⑦，牵牛织女渡河桥。家家乞巧望秋月，穿尽红丝几万条⑧。'唐公曰：'真神童也！'"

【注释】

①《闽川名士传》：一卷，黄璞撰。该书是记唐中宗神龙以后福建文人事迹，始于薛令之，凡五十四人，为研究唐代福建文化之重要著作。黄璞（837—920），字绍山，一字德温，号雾居子，侯官（今福建闽侯）人，后迁莆田（今属福建）。唐文学家，另著有《雾居子》等。

②林杰（834—850）：字智周，侯官（今福建闽侯）人。幼而秀异，五岁口占诗，六岁援笔立成。又精于琴棋草隶，不烦师授。

③童子：即童子科。科举考试中为儿童、少年设立的科目。

④闽府：即闽州都督府。

⑤廉使：古代观察使的通称。崔侍郎于：即侍郎崔于，字潘之，唐贝州武城（今山东武城）人。武宗会昌中，历司勋员外郎、库部郎中。宣宗大中三年（849），官至福建观察使。亟：迅速。迁职：犹升职。

⑥唐中丞扶：即中丞唐扶（？—839），字云翔，并州晋阳（今山西太

原）人。开成元年（836）五月出为福建观察使。

⑦碧霄：青天。

⑧红丝：五代王仁裕《开元天宝遗事·牵红丝娶妇》："郭元振少时，
美风姿，有才艺。宰相张嘉贞欲纳为婿。元振曰：'知公门下有女
五人，未知孰陋，事不以仓卒，更待忖之。'张曰：'吾女各有姿色，
即不知谁是匹偶，以子风骨奇秀，非常人也。吾欲令五女各持一
丝，幔前使子取便牵之，得者为婿。'元振欣然从命。遂牵一红丝
线，得第三女，大有姿色。后果然随夫贵达也。"又传说月下老人
以赤绳系夫妻之足，虽仇家异域，此绳一系，终不可避。后因以
"红丝"为婚姻或媒妁的代称。

【译文】

《闽川名士传》："林杰，字智周，他从小就聪明伶俐，不同凡响，出口
成章。他六岁时，被举荐童子科。当时他父亲林肃是闽州都督府的大
将，生性喜欢做善事，尤其喜欢藏书。当时的社会名流，大多都与他结
交，等到林肃有了儿子，更加光耀门庭。侍郎崔于作为观察使迅速为林
肃晋升官职，家乡人都引以为荣。这时林杰五岁，跟着父亲去拜访中丞
唐扶，唐扶命令将他以子弟的身份送入学院读书。正好赶上七月初七，
妇女们在堂前穿针乞巧，唐扶于是用写乞巧诗考他，林杰执笔写道：'七
夕今宵看碧霄，牵牛织女渡河桥。家家乞巧望秋月，穿尽红丝几万条。'
唐扶说：'真是神童啊！'"

伤贤妇

《蕙亩拾英》①："资阳士人妻崔氏②，其夫坐事被窜远
地③。后因七夕，作诗以寄之曰：'月钩辉影透珠帏④，雅称
人间七夕期。织女牵牛犹会遇，始知天与梦相遗。'"

【注释】

①《蕙亩拾英》：即《蕙亩拾英集》。不详待考。

②资阳：北周武成二年（560）于资中县故城置，为资州资阳郡治，治今四川资阳。

③坐事：因事获罪。

④月钩：旧历月头或月尾时的蛾眉月。其状似钩，故称。

【译文】

《蕙亩拾英集》："资阳一个士人的妻子崔氏，她的丈夫因事获罪被迫逃窜到远方。后来在七夕节的时候，作诗寄予丈夫，诗中写道：'月钩辉影透珠帏，雅称人间七夕期。织女牵牛犹会遇，始知天与梦相遗。'"

晒腹书

《世说》曰："晋郝隆七月七日见邻人皆曝衣物①，隆乃曝腹于庭中。人问之，答曰：'我晒腹中书耳。'"杜子美《七夕》诗云："腹中书籍幽时晒，《肘后医方》静处看②。"

【注释】

①郝隆：字佐治，东晋汲郡（今河南卫辉）人。曾任征西大将军桓温蛮参军。

②《肘后医方》：即《肘后方》，八卷，晋葛洪撰。该书为古代中医方剂著作。意谓卷帙不多，可以悬于肘后。后因借以泛指随身携带的丹方。

【译文】

《世说新语》："晋郝隆七月七日看见邻人都晒衣物，郝隆就在庭中晒腹部。人们问他，他回答说：'我晒腹中的书罢了。'"杜甫《七夕》诗写道："腹中书籍幽时晒，《肘后医方》静处看。"

曝布裈①

《竹林七贤论》：“阮咸②，字仲容，与叔父籍居道南③，诸阮居道北。北阮富，南阮贫。七月七日，法当曝衣，北阮庭中烂然，莫非绨锦④。咸时方总角⑤，乃以长竿标大布犊鼻裈⑥，曝于庭中。或怪之，答曰：‘未能免俗，聊复尔尔⑦。’”东坡《七夕》诗云：“不用长竿矫绣衣，南园北第两参差⑧。”

【注释】

①裈（kūn）：又作“裩”。满裆裤。

②阮咸：字仲容，陈留尉氏（今属河南）人。系阮籍之侄，与阮籍并称“大小阮”，与嵇康、阮籍、山涛、向秀、刘伶、王戎并称“竹林七贤”。阮咸善弹琵琶，精通音律，著有《律议》。

③叔父籍：即阮咸叔父阮籍（210—263），字嗣宗，陈留尉氏（今属河南）人。三国魏诗人、散文家、玄学家。博览群籍，任性不羁。

④绨（tí）锦：古代一种粗厚光滑、彩色而有花纹的丝织品。

⑤总角：古代未成年的人把头发扎成髻，借指幼年。

⑥犊鼻裈：短裤，一说围裙。形如犊鼻，故名。

⑦聊复尔尔：即聊复尔耳。姑且如此而已。聊，姑且。尔，如此。耳，而已，罢了。

⑧南园：泛指园圃。此喻指南阮贫。北第：靠近北阙的宅第。《汉书·夏侯婴传》：“孝惠帝及高后德婴之脱孝惠、鲁元于下邑间也，乃赐婴北第第一，曰‘近我’，以尊异之。”颜师古注：“北第者，近北阙之第，婴最第一也。故张衡《西京赋》云：‘北阙甲第，当道直启。’”此喻指北阮富。参差：不一致，矛盾。

【译文】

《竹林七贤论》:"阮咸,字仲容,与叔父阮籍住在路南,其他阮姓都住路北。路北的阮姓家里都很富有,路南阮姓都很贫穷。七月七日,按照习俗应该晒衣服,道北阮姓庭院里光彩灿烂,没有一个不是华丽的丝织品。阮咸当时还是儿童,就用长竹竿挂了一个粗布短裤晒在庭院中。有人感到奇怪,他答道:'我也不能免俗,姑且如此而已。'"苏轼《七夕》诗写道:"不用长竿矫绣衣,南园北第两参差。"

宜导引①

《正一旨要》:"道家每岁有五腊②,七月七日乃道德腊日。其日,玉帝校定生人骨髓枯盛、学业文籍、名宦隆替③,可以谢罪请益神煞、超度先亡及导引摄理、舒展筋骨④,不可伐树破石、食啖酸醎、乘骑临险⑤。"

【注释】

①导引:导气引体。古医家、道家的养生术。实为呼吸和躯体运动相结合的体育疗法。

②五腊:道教以正月一日为"天腊",五月五日为"地腊",七月七日为"道德腊",十月一日为"民岁腊",十二月八日为"王侯腊"。谓五腊日为五帝会聚之日,在此日斋戒行醮,可得福免祸。

③隆替:兴衰。

④请益:请教。先亡:亡灵。摄理:调理。

⑤食啖:饭食清淡。乘骑:骑马。

【译文】

《正一法文修真旨要》:"道家每年有五腊日,七月七日为道德腊日。

这一天,玉皇大帝校定考证众人的躯体盛衰、学业文籍、名声和官职的升降,可以谢罪、请教神煞之事、超度亡灵及导气引体进行调理、舒展筋骨,不可以砍伐树木损坏石头、吃过于酸咸的食物、骑马或乘车到危险的地方。”

市药物

《杨文公谈苑》:“益州有药市,期以七月七日^①,四远皆集^②。其药物名品甚众。凡三日而罢,好事者多市取之^③。淳化中^④,有右正言崔迈^⑤,任陕路转运使^⑥。迈苦病,集有柏枕^⑦,乃令赍万钱^⑧,市药百余品,各少取置枕中,同环钻穴^⑨,以彻其气。卧数月,得癫病^⑩,眉须尽落,投江水死。说者以为药力熏蒸^⑪,发骨节间成疾。”

【注释】

①期:预订的时间。

②四远:四方边远之地。

③好事者:对某事特别感兴趣的人。这里指来赶集买药的人。

④淳化:宋太宗赵光义年号(990—994)。

⑤右正言:宋中书省右正言省称,为谏官之一。崔迈:《太宗皇帝实录》卷三十一:“崔迈为陕府西路转运使。”寇准有诗《邺中和崔迈著作》。

⑥陕路转运使:即陕府西路转运使。转运使,主管财赋、仓储、运输事务的官职。唐置。宋成为职官,掌地方财赋,兼理边防、治安、监察,成为府州之上的高级地方行政长官。

⑦柏枕:底本作“拍枕”,据《皇朝事实类苑》改。

⑧赍(jī)：携带。

⑨周环：四周。

⑩癞病：即麻风病。因生癣疮而毛发脱落的病。

⑪熏蒸：用烟、蒸气或毒气熏气、味升腾或散发。

【译文】

《杨文公谈苑》："益州有个药市，每年在七月七日开市，各地的人都来赶集。药市上的药物名目品类很多。药市总共持续三天，来赶集买药的人多在药市购取药物。淳化年间，有中书省右正言崔迈，升任陕府西路转运使。崔迈被病折磨，听说集市上有卖柏枕的，于是使人携带万钱，买了一百多种药，各种药都少量取一些放在枕中，并在枕头周围钻孔，来透散药物的气味。崔迈卧病在床几个月后，得了癞病，毛发都脱落了，最后投江而死。有人说是因用药物熏气、升腾，散发在骨节间而引发了疾病。"

感旧念

《丽情集》："爱爱杨氏，本钱塘倡家女①。年十五，尚垂鬟②。性喜歌舞，初学胡琴数曲③，遂能缘其声以通他调。七月七日，泛舟西湖采荷香，为金陵少年张逞所调④，遂相携潜遁⑤。旅于京师二年⑥，逞为父捕去，不及与爱爱别。后传逞已死，爱爱亦感疾而亡⑦。其小婢锦儿，常出其故绣手藉香囊、缬履等示人⑧，皆郁然如新⑨。"

【注释】

①倡家女：指从事歌舞的女艺人。

②垂鬟：古时未成年女孩的发式。此指爱爱尚未梳栊，犹为处子。

③胡琴:古乐器名。古代泛称来自北方和西北各族的拨弦乐器,有
　时指琵琶,有时指忽雷等。

④调:调戏。此指引诱。

⑤潜遁:潜逃。此指私奔。

⑥旅:旅居。

⑦感疾:患病。

⑧手籍:同"手籍"。新手做事。缬(xié)履:绣花丝鞋。

⑨郁然:美好。

【译文】

《丽情集》:"杨爱爱,原本是钱塘从事歌舞的女艺人。十五岁的时候,头发尚未梳栊。生性喜欢歌舞,起初学习数曲胡琴,就能凭借这些曲子的声调而学会其他的声调。七月七日,她在西湖乘船游玩采摘荷花,为金陵少年张逞所引诱,于是两人相约私奔。客居京城两年,张逞被他父亲找到带回家,来不及与爱爱告别。后来传闻张逞已死,因此爱爱也患病而亡。爱爱的小婢锦儿,经常拿出爱爱以前亲手制作的香囊、绣花丝鞋等让人看,都美好如新。"

占谷价

《百忌历》:"七日,大雨,籴倍贵①;小雨,大贵。"

【注释】

①籴(dí):买进粮食。

【译文】

《百忌历》:"七月七日,下大雨,粮食价格成倍提高;下小雨,粮食价格大涨。"

卷二十九

中元 上

【题解】

本卷《中元上》篇。中元，即农历七月十五，是儒、释、道合流的节日。道教以七月十五日为中元地官的生日，是地官"赦罪之辰"，故称中元节。按佛教传说，释迦牟尼的弟子目连尊者的母亲为人刻毒，死后堕入地狱饿鬼道，受倒悬之苦。目连十分孝顺，见母亲与饿鬼争食，殊为不忍，便向佛求问救法，佛让他与众僧在七月十五日这一天，用盆盛百味五果供十方大德佛，用钵盛水饭泼给众饿鬼，以解除死者厄难。故佛教称七月十五为盂兰盆会。道教、佛教在这一天都要举行宗教活动，超度亡灵，追荐死者。一般人家在这一天都要祭祖，与清明习俗相似。卷首一段总叙文字概说中元之义。其条目均为中元时俗节物，主要有道家中元习俗"作大献""召真圣""讲道经""诵仙书""说妙法""拜表章""祈福寿"等；佛家中元习俗"设神位""行禅定""礼空王""供寺院""进兰盆""解结夏""周法岁"等。

吕原明《岁时杂记》曰："道家以七月十五日为中元节，作斋醮之会。"《道经》云①："中元日，大宜崇福②。"与佛家解夏同日③。

【注释】

①《道经》:道教经典。不详待考。

②崇福:积善求福。

③解夏:佛教语。谓僧尼一夏九旬安居期满而散去。佛教僊尼自农
历四月十五日起静居寺院九十日,不出门行动。

【译文】

吕希哲《岁时杂记》记载:"道家把七月十五日定为中元节,在这一
天请僧道设斋坛,祈祷神佛。"《道经》记载:"中元这一天,非常适宜积善
求福。"与佛家解夏为同一天。

朝圣祖

《嘉泰事类·仪制令》:"诸州立圣祖庙,三元节,州长
吏率在城官朝谒。"

【译文】

《嘉泰条法事类·仪制令》:"诏令各州设立圣祖庙,三元节时,州长
吏率领在城的官员前往参拜。"

设神位

《唐书·王缙传》①:"七月望日②,内道场造设盂兰盆③,
缀饰镠琲④,所费百万。又设高祖以下七圣神位,备幡节、龙
伞、衣冠之制⑤,各以帝号识其幡。自禁城内外,分诣诸道佛
祠,铙吹鼓舞⑥,奔走相属⑦。是日立仗⑧,百官班光顺门奉
迎导从⑨,岁以为常。"

【注释】

①《唐书·王缙传》:《新唐书》中王缙的传记。王缙(? —781),字夏卿,祖籍太原祁县(今山西太原),其父迁居蒲州(今山西永济)。唐文学家、书法家。

②望日:农历每月十五或十六日。

③内道场:皇宫中举行佛事的道场。因在宫内,故称。盂兰盆:指农历七月十五日用于超度亡人的供器。

④缀饰:点缀装饰。镠(liú):纯美的黄金。琲(bèi):珠子。

⑤幡节:幡旌麾节。

⑥铙吹:即铙歌。军中乐歌。为鼓吹乐的一部。鼓舞:古时常用以祭神。

⑦相属:相继。

⑧立仗:排列仪仗。

⑨光顺门:宫门名。唐长安大明宫含象殿西有南北街,街北之门为光顺门。奉迎:恭迎,接待。

【译文】

《新唐书·王缙传》:"七月十五日,宫中道场制作、摆设盂兰盆,用黄金和珠子点缀装饰,所花费超过百万钱。又设唐高祖李渊以下七位皇帝的神位,幡节、龙伞、衣冠都齐备,分别在幡上书写帝号。从皇宫内,分道前往佛祠,一路上击铙打鼓,载歌载舞,往来不断。这天还设立仪仗,百官按班次在光顺门恭迎皇帝的前导和随从,年年都是如此。"

作大献

《道经》:"七月十五日中元日,地官校阅①,搜选人间,分别善恶。诸天圣众②,普诣宫中,简定劫数③,人鬼簿录④,饿鬼囚徒⑤,一时俱集,以其日作元都大斋献⑥。于玉京山⑦,采诸花果异物,幡幢宝盖⑧,精膳饮食⑨,献诸圣众。道士于其日夜讲诵《老子经》⑩,十方大圣高咏《灵篇》⑪,囚徒饿鬼,一切饱满⑫,免于众苦,悉还人中⑬。若非如斯,难可拔赎。"

【注释】

①校阅:查核。

②诸天圣众:即天界的众神。

③简定:核定。劫数:佛教指注定的灾难。

④簿录:此指登记入册。

⑤饿鬼:佛教语。六道之一。佛经谓人生前做了坏事,死后要堕入饿鬼道,常受饥渴之苦。

⑥元都:即玄都。道教传说中神仙所居之地。

⑦玉京山:道家传说的天上仙阙,泛指天上仙境。晋葛洪《枕中书》:"真书曰:元始天王,在天中心之上,名曰玉京山。山上宫殿,并金玉饰之。真记曰:玄都玉京七宝山,周回九万里,在大罗天之上。城上七宝宫,宫内七宝台。"

⑧幡幢:佛教道场用来装饰的长形旗帜。宝盖:佛道或帝王仪仗等的伞盖。

⑨膳:备置食物。

⑩《老子经》:《隋书·经籍志》:"《老子道德经》二卷,周柱下史李耳撰,汉文帝时,河上公注。梁有战国时河上丈人注《老子经》二卷。"

⑪十方大圣:即"十方天尊",又称"十方救苦天尊""十方灵宝救苦天尊"等,是元始天尊的化身。十方救苦天尊,即东方玉宝皇上天尊、南方玄真万福天尊、西方太妙至极天尊、北方玄上玉宸天

尊、东北方度仙上圣天尊、东南方好生度命天尊、西南方太灵虚皇
天尊、西北方无量太华天尊、上方玉虚明皇天尊、下方真皇洞神天
尊。《灵篇》：即河图、洛书，古代传说中的神书。

⑫饱满：吃饱。

⑬人中：人间。

【译文】

《道经》："七月十五日中元日，地官到人间搜寻查核，以分辨善恶。
天界的众神，也都要去宫中，审定劫数，查阅人间和鬼界的簿册记录，那
些饿鬼囚徒，在这一天也都聚集起来，在这天举行元都大斋献。从玉京
山采摘各种花果和珍奇异物，装饰幡幢宝盖，精心备办斋饭，献给这些圣
灵。道士在这一天日夜诵读《老子经》，十方大圣高声诵读灵篇，那些囚
徒饿鬼，都能吃饱饭，免受各种苦痛，能得到超度回归人间。如果不是这
样，就难以得到超度，脱离苦难。"

行禅定①

《盂兰盆经》②："目连见亡母在饿鬼中③，以钵盛饭，往
饷其母④。食未入口，化成火炭，遂不得食。目连大叫，驰还
白佛。佛言：'汝母罪重，非汝一人奈何，当须十方众僧威神
之力⑤。至七月十五日，当为七代父母、见在父母⑥，厄难中
者，具百味五果，以着盆中，供养十方大德⑦。'佛敕众僧，皆
为施主咒愿七代父母，行禅定意⑧，然后受食。是时目连母
得脱一切饿鬼之苦，目连白佛：'凡弟子孝顺者，亦应奉盂兰
盆，可否？'佛言："'大善！'故后代人因此广为华饰，以至刻
木、割竹、饴蜡、剪彩、镂缯⑨，模花果之形，极工妙之巧。"窦
氏《音训》云⑩："天竺所谓盂兰盆者，乃解倒悬之器⑪。言

目连救母饥厄，如解倒悬，故谓之盂兰盆。今人遂饰食味于盆中^⑫，亦误矣。"

【注释】

①禅定：佛教用语。禅那与定的合称。禅那是指修行者高度的集中精神，努力对某对象或主题去思维。定是指心住在一对象的境界之内。禅那是过程，定是结果。禅定依修习的层次可分为"四禅"和"八定"。

②《盂兰盆经》：即《佛说盂兰盆经》，一卷，西晋竺法护译。该书为佛教经典。"盂兰盆"是梵文Ullambana的音译，原意为"救倒悬"。

③目连：亦名"摩诃目犍连""大目犍连""大目乾连""目犍连"，亦译"摩诃目犍罗夜那"，意译为"采菽氏"。释迦牟尼十大弟子之一。据《佛本行集经》《增一阿含经》等载，为古印度摩揭陀国王舍城外拘律陀村人，属婆罗门种姓。自幼与舍利弗交好，一起投入外道修行，因闻听阿说示转述释迦牟尼的缘起理论而一起皈依佛教。据说他精进修习，神通极大，被称为"神通第一"。

④饷：送食物。

⑤十方：佛教用语。佛教以东、西、南、北、东南、西南、东北、西北、上、下为十方。泛指各处、各界。

⑥见在：尚在，现在。

⑦大德：佛家对年长德高僧人或佛、菩萨的敬称。

⑧行禅：佛教语。谓打坐静修。定意：指在修行中保持稳定的意念，不被外界干扰。

⑨割竹：刻竹。饴蜡：做糖果，胶蜡烛。

⑩窦氏《音训》：即窦苹《唐书音训》，四卷，宋窦苹撰。窦苹，字叔野，汶上（今属山东）人。官宣义郎。另著有《酒谱》。

⑪解倒悬：即"盂兰盆"的原意。"盂兰"，倒悬的意思，倒悬形容苦

厄之状,盆是指盛供品的器皿。佛教认为此具可解救已逝的父母、亡亲的倒悬之苦。

⑫食味:品尝滋味,吃食物。

【译文】

《盂兰盆经》:"目连看到他已故的母亲处在饿鬼群中,立即盛了一钵饭,去送给他母亲吃。饭没有入口,就变成了火炭,这样目连的母亲没能吃到。目连大声喊叫,跑回来禀告佛主。佛主说:'你母亲的罪重,不是你一个人能对付得了的,需要十方众僧神威的力量。到七月十五那天,你应当为正在地狱受苦的七代父母以及尚在世的父母中遭遇厄难的人,备办各种美味和五果,放在盆盂中,用供品祭祀十方大德高僧。'佛主告诫众僧,都要为施主的七代父母诵咒祈福,进入禅定,然后去接受食物。这时目连的母亲就解脱了饿鬼的一切痛苦,目连禀告佛主说:'凡佛家弟子中孝顺父母的人,也应当设盂兰盆会供养,可以吗?'佛主说:'太好啦!'因此后人在盂兰盆会大肆美化装饰,甚至于雕木、刻竹、做糖果、胶蜡烛、剪彩绸,都模仿花和叶子的形状,穷尽美妙的技巧。"窦苹《唐书音训》记载:"天竺所说的盂兰盆,就是解救倒悬之苦的器具。说目连救母脱离饥饿困厄,如解倒悬,因此称为盂兰盆。如今的人就把食物放在盆中美化装饰,也错了。"

召真圣

《道藏经》:"七月十五日,乃太上老君同元始天尊会集福世界信行国土①,元寿观中大会说法②,召十方天帝、神仙、真圣之日。"

【注释】

①元始天尊:道教供奉的最高天神。谓生于太元之先,所以叫"元

始"。福世界信行国土：可能指道教理想中的神圣国度,象征普
济众生、集福之地。

②元寿观：观名。不详待考。

【译文】

《道藏经》："七月十五日,是太上老君同元始天尊会集福世界信行国
土,在元寿观中大会宣讲教义,召集十方天帝、神仙、真圣的日子。"

礼空王①

韩愈《直谏表》："近闻陛下七月十五日幸安国寺礼空
王②,以为崇福施信,示天下仁心。"

【注释】

①礼空王：对佛进行顶礼膜拜,意为敬佛、信佛。空王,佛教语。佛
的尊称。佛说世界一切皆空,故称。

②安国寺：又名大安国寺。位于唐长安城长乐坊东部。原为睿宗在
藩旧宅,景云元年(710),立为寺,以其本封安国相王之号,名为
大安国寺。

【译文】

韩愈《直谏表》："近来听闻陛下七月十五日到安国寺拜佛,以为这
样做是积善求福广施信义,向天下展示仁爱之心。"

讲道经

《明皇实录》："三元日,宜令崇元学士讲《道德》《南
华》等经①,群公咸就观礼焉②。"

【注释】

①崇元学士：即崇玄博士。唐玄宗天宝元年（742）置，隶崇玄学，掌教导玄学学生。天宝二年（743）改名为学士。《南华》：即《南华经》，又名《庄子》。

②群公：诸侯及朝臣。观礼：观看庆典。

【译文】

《明皇实录》："三元日，宣令崇元学士宣讲《道德经》《南华经》等经，诸侯及朝臣全都就近观看庆典。"

诵仙书

《修行记》："七月中元乃大庆之月，长斋诵《度人经》，则福上世，身得神仙。"按《度人经》云："七月长斋①，诵咏是经，身得神仙，诸天书名，黄箓白简②，削死上生③。"

【注释】

①长斋：谓佛教徒长期坚持过午不食。后多指长期素食。

②黄箓白简：记录仙人的名册，以黄金为书，白玉为简。

③削死上生：削死籍，上生籍。

【译文】

《修行记》："七月中元节是一个盛大喜庆的月份，全月吃长斋并诵读《度人经》，就可保佑上世祖先，自己也能修身得道成为神仙。"按《度人经》记载："七月全月吃长斋，诵读吟咏《度人经》，能让自身成为神仙，天上众仙可在黄箓白简上书写修炼者的姓名，削除死籍，获得永生。"

说妙法

《真武经》^①："尔时元始天尊于龙汉元年七月十五日^②，于八景天宫上元之殿^③，安祥五云之坐，与三十六天帝、斗极真人、无量飞天大神^④，玉童玉女侍卫左右，一时同会，振动法音^⑤，天乐自响^⑥，大众忻然^⑦，咸听天尊说无上至真妙法。"

【注释】

①《真武经》：即《元始天尊说北方真武妙经》，一卷。

②尔时：那时。龙汉：道教五劫之一，道教鼻祖元始天尊年号之一。《隋书·经籍志四》："道经者，云有元始天尊，生于太元之先，禀自然之气，冲虚凝远，莫知其极。所以说天地沦坏，劫数终尽，略与佛经同。以为天尊之体，常存不灭。每至天地初开，或在玉京之上，或在穷桑之野，授以秘道，谓道教谓元始天尊年号之一。又为五劫之开劫度人。然其开劫，非一度矣，故有延康、赤明、龙汉、开皇，是其年号。其间相去经四十一亿万载。"

③八景天宫：道教三十六天中的神圣天界，象征至高无上的道境。不同经典中，八景天宫可能对应玉清圣境或上清真境。上元之殿：可能指上元节对应的天宫殿堂，或泛称天宫核心法坛，用于天尊说法传道。

④三十六天帝：道教天神，因道教三十六天的内涵不同，故称"三十六天帝"。斗极真人：道教天神。无量飞天大神：道教天神。

⑤法音：诵经奏乐声。

⑥天乐：天上的仙乐。

⑦忻然：欢喜，高兴。

【译文】

《元始天尊说北方真武妙经》:"那时元始天尊于龙汉元年七月十五日,在八景天宫上元大殿内,安详地坐在五色瑞云之上,与三十六天帝、斗极真人、无量飞天大神等,在玉童玉女、侍卫的呼拥下,一同聚会。随着诵经奏乐声,天上的仙乐自然地响起,众神欢喜,全都听元始天尊说无上至真妙法。"

供寺院

《荆楚岁时记》:"七月十五日,僧尼道俗,悉营盆供诸寺院。按《盂兰盆经》云:'有七叶功德①,并幡花歌鼓果食迎送②。'盖由此。"

【注释】

①七叶功德:指通过盂兰盆法会为七世父母积累功德的行为。佛教认为,供养僧众可超度累世父母脱离恶道之苦,尤其强调对"七代父母"的救赎。七叶,指七世祖先的延续性功德。

②歌鼓:指法会中的音乐、诵经等仪式,通过梵呗与法器演奏营造神圣氛围,增强功德回向之力。

【译文】

《荆楚岁时记》:"七月十五日,僧人、尼姑、道教信徒与普通百姓,所有人准备盂兰盆供品供奉寺院僧众。按语:《盂兰盆经》说:'通过为七世父母积累功德,以幡幢、鲜花、音乐、果食等庄严供品,在盂兰盆节迎请并供养佛僧,以此功德超度亡灵、祈福现世。'盂兰盆节的仪式起源于此。"

进兰盆

《唐六典》："中尚署①：七月十五日进盂兰盆。"

【注释】

①中尚署：官署名。唐代少府监置，武则天垂拱元年（685）改中尚方署为之，掌官内杂作，供郊祀圭璧及天子器玩、后妃服饰雕文错彩与百官鱼袋等，有金银作坊院；置令一员、丞二或四员，另有监作、典事等。

【译文】

《大唐六典》："中尚署：七月十五日进献盂兰盆。"

拜表章

《正一旨要》："七月十五日中元，九地灵官神仙兵马无殃数众①，名山洞府神仙兵马②，同下人间，校戒罪福，大宜拜表上章，祈恩谢过③。"

【注释】

①九地灵官：道教的护法天神。主要负责具体执行地府纠察、罪福考核等。无殃数众：指无数的仙众。

②名山洞府：即三十六洞天。指的是道家称神仙居住人间的三十六处名山洞府。

③祈恩谢过：一是祈求神灵赐福消灾，二是忏悔自身罪过以获宽宥。

【译文】

《正一法文修真旨要》："七月十五日中元节，九地灵官及无数神仙兵马，名山及各大小山洞的神仙兵马，同时降临人间，审查众生的善恶功过,决定赦免或惩戒,这一天适宜书写疏文焚烧上达天庭向神明禀告,忏悔自身罪过以获宽宥。"

解结夏①

《正法眼藏》:"真净和尚解夏示众云②:'有问话者么?'乃以拂子击禅床云③:'天地造化④,有阴有阳,有生有杀;日月照临,有明有暗,有隐有显;江河流注⑤,有高有下,有壅有决⑥;明王治化⑦,有君有臣,有礼有乐,有赏有罚;佛法住世⑧,有顿有渐⑨,有权有实⑩,有结有解。'乃喝云:'结也四月十五,十方法界⑪,是圣是凡,若草若木。'以拂子左边敲云:'从这里一时结。'举拂子云:'总在拂子头上,还见么?'乃喝云:'解也七月十五,十方法界,若草若木,乃圣乃凡。'以拂子右边敲云:'从这里一时解。'举拂子云:'总在拂子头上,还见么?'乃喝云:'祇如四月十五日已前,七月十五日已后,且道是解是结?'举拂子云:'总在拂子头上,还见么?'"

【注释】

①解结夏:即解夏和结夏,佛教语。结夏,佛教僧尼自农历四月十五日起静居寺院九十日,不出门行动。解夏,谓僧尼一夏九十日安居期满而散去。

②真净和尚:即真净克文(1025—1102),俗姓郑,号云庵,陕府阌乡(今河南灵宝)人。北宋禅宗临济宗黄龙派僧人。黄龙慧南弟子,慧南去世后,于洞山开堂说法,弘扬黄龙派宗旨。后迁隆兴(今江西南昌)宝峰。赐号"真净",故世称"宝峰克文"或"真净克文"。著有《云庵克文禅师语录》。

③拂子：即拂尘。古代用以掸拭尘埃和驱赶蚊蝇的器具。

④造化：创造演化。

⑤流注：奔流。

⑥壅（yōng）：堵塞。

⑦明王治化：贤明的君王治理教化。

⑧住世：谓身居现实世界。

⑨有顿有渐：顿渐，佛教语。顿悟、渐悟或顿教、渐教的并称。

⑩有权有实：权实，佛教语。谓佛法之二教，权教为小乘说法，取权宜义，法理明浅；实教为大乘说法，显示真要，法理高深。

⑪十方法界：即地狱法界、饿鬼法界、畜生法界、阿修罗法界、人法界、天法界、声闻法界、缘觉法界、菩萨法界、佛法界。

【译文】

《正法眼藏》："真净克文和尚在解夏时开示众人说：'还有人问话吗？'于是他就用拂尘击打禅床说道：'天地的创造演化，总是有阴也有阳，有生也有死；日月照耀万物，总是有明也有暗，有隐没也有显现；江河奔流，总是有高也有低，有堵塞也有决口；贤明的君王治理教化，总是有君王也有臣子，有礼仪也有音乐，有奖赏也有处罚；佛法出现于世，总是有顿悟也有渐悟，有权教也有实教，有结夏也有解夏。'于是大喝一声说：'结夏是在四月十五日，十方法界，不论是圣是凡，是草是木。'用拂尘在左边敲敲说：'从这里一齐结。'又举拂尘说道：'都在拂尘头上，你们看见了吗？'于是大喝一声说：'解夏是在七月十五日，十方法界，不论是草是木，是圣是凡。'用拂尘在右边敲敲说：'从这里一齐解。'又举拂尘说道：'都在拂尘头上，你们看见了吗？'于是大喝一声说：'那么在四月十五日以前，七月十五日以后，你们说是解夏还是结夏呢？'又举拂尘说道：'都在拂尘头上，你们看见了吗？'"

周法岁①

《荆楚岁时记》:"四月十五日,乃法王禁足之辰②,释子护生之日③,僧尼以此日就禅刹结夏④,又谓之结制。盖长养之节,在外行恐伤草木虫类,故九十日安居。至七月十五日解夏,又谓之解制。《经》云⑤:'四月十五日坐树下,至七月十五日为一岁,又曰法岁。'"又《圆觉经》云⑥:"若经首夏,三月安居。"山谷诗云:"忽忆头陀云外客,闭门作夏与僧过⑦。"韦苏州诗云:"安居同僧夏,清夜讽道言⑧。"大慧禅师结夏上堂语云:"一年一度结,只是这个事。何须更多说,蹋着称槌硬似铁。"

【注释】

①法岁:佛教语。出家受戒后的僧人,每年夏天安居三月。安居毕,即增加一年的"法岁"。因以"法岁"称僧人出家的年资。

②法王:佛教对释迦牟尼的尊称。禁足:禁止外出。

③释子:僧徒。

④禅刹:佛寺。

⑤《经》:即《大藏经》。

⑥《圆觉经》:全称《大方广圆觉修多罗了义经》,亦称《圆觉修多罗了义经》,一卷,唐佛陀多罗译。

⑦忽忆头陀云外客,闭门作夏与僧过:出自黄庭坚《僧景宗相访寄法王航禅师》。头陀,原意为抖擞浣洗烦恼。佛教僧侣所修的苦行。后世也用以指行脚乞食的僧人。

⑧安居同僧夏,清夜讽道言:出自韦应物《起度律师同居东斋院》。安居,佛教语。又称坐夏或坐腊。僧徒每年在雨季三个月内不外

出，静心坐禅修学。僧夏，指僧尼受戒后的年数。夏，夏腊。清夜，清静的夜晚。道言，道教或佛教的学说、经典。

【译文】

《荆楚岁时记》："四月十五日，是释迦牟尼禁止外出的日子，僧徒保护生灵的日子，僧人、尼姑在这一天去佛寺结夏，又称为结制。大概是万物生长的季节，在外行走恐怕伤害草木虫类，因此在寺内安居九十日。到七月十五日解夏，又称为解制。《大藏经》记载：'四月十五日坐树下，至七月十五日为一岁，又叫法岁。'"又有《圆觉经》记载："若经首夏，三月安居。"黄庭坚有诗写道："忽忆头陀云外客，闭门作夏与僧过。"韦应物有诗写道："安居同僧夏，清夜讽道言。"大慧禅师结夏时上法堂、登法座为僧众说法说道："一年一度结，只是这个事。何须更多说，蹋着秤锤硬似铁。"

请茶会①

《岁时杂记》："解夏受岁②，事见诸经，不可备举。近世唯禅家解结二会最盛，礼信毕集③，施物丰夥④。解结斋毕，长少番次召诸僧茶会⑤，诸寮互会茶十余日乃毕⑥。"

【注释】

①茶会：饮茶聚会。

②受岁：指僧人通过结夏安居后增加一岁法腊（戒腊），即修行资历。

③礼信：礼仪与信义。

④夥（huǒ）：众多，盛多。

⑤番：轮流。

⑥寮（liáo）：小屋。

【译文】

《岁时杂记》："解夏受岁，此事见于各种经书记载，不能够详细列举。

近世只有佛家解夏、结夏两个斋会最为盛重,礼仪与信义全都齐备,给予的物品非常丰富。解夏、结夏斋会完毕,寺院会按照长幼顺序轮流召集僧人一起饮茶聚会,每个僧房的僧人也会互相邀请,茶会持续十多天才结束。"

祈福寿

《龙城录》^①:"金山双溪北有仙洞^②,中有三十二室,凡三十六里。石刻上以松炬照之^③,云'刘严,字仲卿,汉射声校尉^④。当恭显之际^⑤,极谏被贬,隐迹于此^⑥,莫知所终',道士萧至立所记也。俗传仲卿每至中元日来降洞中,州人以祈福寿。"

【注释】

①《龙城录》:又称《河东先生龙城录》,旧题唐柳宗元撰。该书所记隋末至中唐帝王将相、文人学士、艺人方士的轶事。龙城,今广西柳州。

②金山:即金华山,又名长山。在今浙江金华北。

③松炬:即松明火把。

④射声校尉:官名。汉武帝置,为北军八校尉之一,俸二千石,掌待诏射声士。所谓待诏射声士,须诏而射。此士皆善射者,能于冥冥中闻声而射中,故名。

⑤恭显:指西汉元帝时期的宦官弘恭、石显,二人权倾朝野,结党营私,导致朝政腐败。

⑥隐迹:隐居。

【译文】

《龙城录》："金华山双溪北有仙人居住的山洞,洞中有三十二个房间,共三十六里。石上刻有文字,用松明火把照射,看到石上写道'刘严,字仲卿,汉朝射声校尉。当宦官弘恭、石显专权之际,因竭力死谏而被贬,于是隐居在此,最终不知所终',道士萧至立所记载。民间传说刘仲卿每到中元节会降临洞中,当地人会来祈求幸福长寿。"

托母胎

《后汉书》："佛以癸丑七月十五日,托生于净土国摩耶夫人腹中[①],至周庄王十年甲寅四月八日生[②]。"

【注释】

①托生:投胎。摩耶夫人:释迦牟尼之母。

②周庄王(? —前682):东周国王,名佗,前696—前682年在位。

【译文】

《后汉书》："佛在癸丑七月十五日,投胎于净土国摩耶夫人腹中,至周庄王十年甲寅四月八日降生。"

化云龙

《宣室志》："故唐安太守卢元裕[①],尝以中元日设幡幢像,置盂兰盆于其间。俄闻缶中有唧唧之声[②],元裕视之,见一小龙,才寸许,蜿蜒可爱。以水沃之,忽长数尺。须臾,有白云自缶中起,其龙随云而去。"

【注释】

①唐安:唐天宝元年（742）改蜀州为唐安郡,治晋原县（今四川崇州）。卢元裕:即卢正己（692—770）,本名元裕,赐改正己,字子宽,唐幽州范阳（今河北涿州）人。

②唧唧:鸟鸣、虫吟声。

【译文】

《宣室志》:"从前唐安太守卢元裕,曾经在中元节这天设置幡幢和佛像,又把盂兰盆放在其间。突然间听到盆中有'唧唧'的声音,卢元裕过去一看,见盆里有一条小龙,才一寸来长,身体弯曲,非常可爱。于是就用水浇它,忽然就长到几尺长了。一会儿,有白云从盆中升起,那龙也随着白云而飞去。"

念真诠①

《报应记》②:"张政,邛州人③。唐开成三年七月十五日暴亡④,三日唯心上暖。初见四人来捉,行半日,至大江,阔甚,约深三尺许,细看尽是脓血,便小声念《金刚经》,使者色变。入城,见胡僧,长八尺余,骂使者:'何得乱捉平人⑤!'尽皆惊拜。及领见王,僧与王对坐曰:'张政是某本宗弟子,被妄领来⑥。'王判放去,见使者皆着大枷⑦。僧自领政出城,谓之曰:'汝识我否？我是须菩提⑧。'乃知是持经之力,再三礼拜。僧曰:'弟子合眼。'僧以杖一击,不觉失声,乃活。"

【注释】

①真诠:犹真谛。

②《报应记》：即《金刚经报应记》，三卷，唐卢求撰。

③邛州：南朝梁置，治所在蒲阳县（今四川邛崃东南）。隋大业二年
　（606）废。唐武德元年（618）复置，显庆三年（658）移治临邛县
　（今四川邛崃）。

④开成三年：838年。开成，唐文宗年号（836—840）。暴亡：暴病
　死亡。

⑤平人：无罪之人，良民。

⑥妄：胡乱。

⑦大枷：一种特制的重而大的枷具。《旧唐书·刑法志》："（来俊臣）
　所作大枷，凡有十号：一曰定百脉，二曰喘不得，三曰突地吼，四曰
　着即承，五曰失魂胆，六曰实同反，七曰反是实，八曰死猪愁，九曰
　求即死，十曰求破家。"

⑧须菩提：释迦牟尼佛的十大弟子之一。又名"空生"，古印度拘萨
　罗国舍卫城人，婆罗门种姓，以善解空义著称。

【译文】

《报应记》："张政，是邛州人。唐开成三年七月十五日暴病死亡，
三天后心口上仍温热。他最初看见四个人前来捉他，走了半天，到了一
条大江边，江面很宽，大约三尺深，仔细一看都是脓血，便小声念《金刚
经》，使者都变了脸色。进城后，看见一个胡僧，高八尺多，骂使者说：'为
什么乱抓无罪之人！'使者都惊慌下拜。等领他去见阎王，胡僧与阎王
对坐，说：'张政是我本家的弟子，被误抓来的。'阎王便判决放他回去，
看见捉他的四个使者都带上重而大的枷具。胡僧亲自领着张政出城，对
张政说：'你认识我吗？我是须菩提。'张政这才知道是手持经书诵读的
力量，再三拜谢胡僧。胡僧说：'弟子闭上眼睛。'胡僧用杖击打了他一
下，他不自觉地叫出声来，于是又苏醒过来了。"

归旧姬

《丽情集》:"进士赵嘏①,家于浙西②,有姬纤丽③,嘏甚惑之④。泊预计偕⑤,将携西上⑥,为母氏阻而不行,且留鹤林寺⑦。值中元斋会,居人仕女⑧,竞游赏之。赵姬亦往,浙帅窥之⑨,乃强致去⑩,因为掩有⑪。嘏知之,亦无奈何。明年登第⑫,乃以一绝箴之曰⑬:'寂寞堂前日又曛⑭,阳台去作不归云⑮。当时闻说沙咤利⑯,今日青娥属使君⑰。'浙帅得诗不自安⑱,乃遣归⑲。"

【注释】

①赵嘏(gǔ,约806—852),字承祐,楚州山阳(今江苏淮安)人。大中年间曾任渭南县尉,世称"赵渭南"。与诗人杜牧友善,其《早秋》诗之"残星数点雁横塞,长笛一声人倚楼"句,尤为杜牧所激赏,称其为"赵倚楼"。唐文学家。著有《渭南集》。

②浙西:即浙江西道。唐方镇名。初期辖境包括今江苏、浙江、安徽、江西四省各一部分;贞元后确定为润、苏、常、杭、湖、睦六州,相当今江苏长江以南、茅山以东及浙江新安江以北地区。

③纤丽:纤细秀美。

④惑:迷恋。

⑤泊(jì):到,及。计偕:《史记·儒林列传序》:"郡国县道邑有好文学、敬长上、肃政教、顺乡里、出入不悖所闻者,令相长丞上属所二千石,二千石谨察可者,当与计偕,诣太常,得受业如弟子。"司马贞索隐:"计,计吏也。偕,俱也。谓令与计吏俱诣太常也。"后遂用"计偕"称举人赴京会试。

⑥西上:向西去。我国地势西高东低,故称上。此指赴京会试。

⑦鹤林寺：旧名"竹林寺"。晋大兴四年（321）创建。位于今江苏镇江黄鹤山下。

⑧居人：家居的人。

⑨浙帅：浙江西道安抚使。帅，安抚使别称。

⑩强致：以强力得到。

⑪掩有：拥有，占有。

⑫登第：科举应试中选。因榜上题名有甲乙次第，故名。

⑬箴：劝告，规诫。

⑭曛（xūn）：暮。

⑮阳台：战国楚宋玉《高唐赋》序："昔者先王尝游高唐，怠而昼寝，梦见一妇人，曰：'妾巫山之女也，为高唐之客，闻君游高唐，愿荐枕席。'王因幸之。去而辞曰：'妾在巫山之阳，高丘之岨，旦为朝云，暮为行雨，朝朝暮暮，阳台之下。'"后遂以"阳台"指男女欢会之所。不归云：指为他人所夺的爱人。

⑯沙吒利：唐许尧佐《柳氏传》载有唐代蕃将沙吒利恃势劫占韩翊美姬柳氏的故事。后人因以"沙吒利"指霸占他人妻室或强娶民妇的权贵。

⑰青娥：指美丽的少女。此喻指爱姬。使君：此喻指浙帅。

⑱不自安：指人心不安。

⑲遣归：谓遣送回到原来的地方。

【译文】

《丽情集》："进士赵嘏，家住在浙江西道，有爱姬纤细秀美，赵嘏非常迷恋她。等举人赴京会试时，赵嘏准备带爱姬前往，被母亲阻挠而未能成行，暂且留在鹤林寺。正值中元节佛寺里面举行斋会，居民和仕女们争着去游览观赏。赵嘏的爱姬也去了，浙帅瞥见了她，就吩咐手下兵士把她强行拉走，占为己有。赵嘏知道此事，也没有办法。第二年赵嘏科举中第，就写了一首规诫的诗：'寂寞堂前日又曛，阳台去作不归云。当时闻说沙咤利,今日青娥属使君。'浙帅得知这首诗后感到不安,于是就把赵嘏的爱姬送了回去。"

感仙叟

《续玄怪录》①:"杜子春者,周、隋间人②。少落魄③,纵酒浪游④,资生荡尽⑤。方冬,衣破腹空,徒行长安。日暮未食,饥寒之色可掬⑥,仰天长吁⑦。俄有老人前,问曰:'君子何叹?'子春言其心,老人袖出一缗曰⑧:'给子今夕。明日午时,俟子于西市波斯邸⑨。'及时⑩,子春往,老人与钱百万,不告姓名而去。子春既富,荡心复炽⑪。二年而尽。去马而驴,去驴而徒,复无计⑫,自叹于市门。发声而老人至,握其手曰:'吾将复济子,几缗方可⑬?明日午时,来前期处。'子春忍愧而往⑭,得钱一千万钱。既入手,纵适如故⑮,不四年间,贫过昔日。复遇老人于故处,子春负愧,掩面而走。老人牵裾问之⑯,因与钱三千万,曰:'此而不痊,则子贫在膏肓矣⑰。'子春曰:'感叟深惠,唯叟所使⑱。'老人曰:'来岁中元日,见我于老君祠双桧下⑲。'

【注释】

①《续玄怪录》:四卷,李复言撰。该书为唐代传奇小说集,因续牛僧孺《玄怪录》而得名。所记唐代奇闻异事,以元和事居多,受当时佛教和道教影响,多因果报应、轮回转世之事。李复言,陇西(今属甘肃)人。大和间为大理卿李谅宾客。唐小说家。

②周:北朝之一。557年宇文觉灭西魏后建立。建都长安(今陕西

西安),国号周,史称北周。581年为隋所灭。

③落魄:生活困顿、不得志。

④纵酒:沉溺饮酒。浪游:四处游荡。

⑤资生:此指家产。

⑥饥寒之色可掬:饥寒之色明显可见。可掬,指神情明显可见。

⑦长吁:长叹。

⑧缗(mín):用于成串的铜钱,每串一千文。

⑨波斯邸:波斯商人开设的邸店,以善识珠宝著名。

⑩及时:到时候。

⑪荡心复炽:放荡享乐的心态重新变得强烈。

⑫无计:没有办法。

⑬几缗方可:底本作"几缗",据《太平广记》补。

⑭忍愧:忍住羞愧。犹言厚着脸皮。

⑮纵适如故:放浪的心情又恢复到原来的样子。

⑯牵裾:牵拉着衣襟。

⑰此而不痊,则子贫在膏肓矣:若耗费这些钱财仍无法改善贫困,你的贫穷将如病入膏肓般无药可救。痊,病愈,这里指不再乱花钱。

⑱唯叟所使:我只听您老人家的使唤。

⑲老君:太上老君,道教对老子的尊称。

【译文】

《续玄怪录》:"杜子春,是北周、隋朝之间的人。少年时生活困顿、不得志,沉溺饮酒,四处游荡,家产耗尽。正当冬季,他衣衫破烂腹中无食,独自在长安城游荡。天快黑了,还没吃饭,饥寒之色显而易见,不由得仰天长叹。不一会儿有位老人来到他面前,问道:'您为什么叹息?'杜子春就向老人倾诉自己的内心,老人从袖子里掏出一串钱说:'供你今晚用。明天午时,我在西街波斯商人开设的邸店等你。'到了约定的时间,杜子春如期前往,老人果然给了他百万钱,没有告诉他自己的姓名就走了。杜子春获得财富后,放荡享乐的心思重新变得强烈。两年的时间就把老人给他的钱挥霍精光。只好把马换成驴,后来驴也没有了只好步行,又没有办法,又在市门仰天长叹。杜子春因贫困在街头叹息时,老人闻声而来,握住他的手询问:'我将再次帮助你,你说需要多少钱? 明天午时,你还到从前我约见你的地方去。'第二天杜子春厚着脸皮去了,老人这次给了他一千万。钱既到了手,杜子春又恢复了放荡享乐的心态,不到四年时间,他比以前更加贫困。杜子春再次在原来的地方遇到了之前资助过他的老人,杜子春感到羞愧,捂着脸就要逃离。老人却拉着他的衣襟问他,于是又给了他三千万,说:'若耗费这些钱财仍无法改善贫困的处境,你的贫穷将如病入膏肓般无药可救。'杜子春说:'感谢您老人家对我的恩惠,我只听您老人家的使唤。'老人说:'明年七月十五中元节时,你在老君庙前那两棵桧树下等我。'

　　"子春及期而往,老人方啸于桧阴①,遂相与同登华山云台峰②。室屋严洁③,堂中有药炉,紫焰光发,玉女环立左右,龙虎分据前后。日已将暮,老人黄冠绛帔④,持丹三丸,酒一卮⑤,遗子春。食讫,戒曰:'慎勿言语,万苦皆非真实,一念吾言,安心无惧。'老人适去⑥,而千乘万骑,呵声震天。有一人称大将军,拔剑直入堂中,叱问姓名,催斩争射之声如雷,子春不对。俄猛虎、毒龙、狻猊、蝮蛇⑦,争欲搏噬⑧,子春神色不动。既而风雨雷电,水深丈余,瞬息波及坐下,子春端坐不顾⑨。将军复引牛头狱卒⑩,置大镬汤⑪,当心叉置镬中,又不应。因执其妻于前,鞭棰流血⑫,斫煮烧射,寸寸剉之⑬,妻号哭曰:'得君一言,即全性命。'子春竟不言。将军曰:'此贼妖术已成。'敕左右斩之,领魂魄见阎王,曰:

'此乃云台峰妖民，押付狱中。'于是镕铜、铁杖、碓捣、硙磨、火坑、镬汤、刀山、剑树之苦⑭，无不备尝。然心念老人之言，似亦可忍，竟不呻吟。王曰：'此人阴贼⑮，令作女人，配生王县丞家。'容色绝代而口哑⑯，亲戚侮之，终不对。进士卢珪，慕其容而娶之，恩情甚笃。生一男，聪慧无敌。抱儿与言，终无辞。卢大怒曰：'为妻所鄙，安用其子！'乃持两足，以头扑于石上，血溅数步。子春爱生于心，不觉失声云：'噫！'噫声未息，身坐故处，老人亦在前，已五更矣⑰。

【注释】

①啸：长啸。啸，撮口发出长而清脆的声音，古人常以此练气健身或抒发感情。

②华山云台峰：即今陕西华阴南华山之北峰。

③严洁：庄严整洁。

④黄冠绛帔：头戴黄色冠帽，身穿深红色道袍。

⑤卮（zhī）：古代盛酒的器皿。

⑥适去：底本作"适云"，据《太平广记》改。

⑦狻猊（suān ní）：即狮子。

⑧搏噬（shì）：搏击吞噬。

⑨端坐：端正静坐。

⑩牛头狱卒：鬼卒名。佛经故事里的怪物，牛头，人手，牛蹄，持铁叉。

⑪大镬汤：盛满开水的大锅。

⑫鞭棰：鞭子。

⑬剉（cuò）：斩剁。

⑭镕铜、铁杖、碓捣、硙（wèi）磨、火坑、镬汤、刀山、剑树：均为地狱中的酷刑。镕铜，指熔化的铜汁，用于浇灌罪人。铁杖，铁制的棍

棒,用于击打或穿刺受刑者肉体。碓捣,用石臼和杵反复舂捣,将
受刑者身体碾碎。硙磨,将人放入磨盘反复研磨成粉末。火坑,
焚烧罪人的深坑。镬汤,大锅中沸腾的热水或油,用于烹煮罪人。
刀山,布满锋利刀刃的山峰,需赤足攀爬,血肉模糊。剑树,由利
剑构成的树林,枝叶皆为刀刃,风吹叶落即斩断肢体。

⑮阴贼:阴险毒辣。

⑯哑:不能说话。

⑰五更:即天将明。

【译文】

"杜子春按期来到了老君庙前,发现老人正在两棵桧树的树荫下长
啸,于是两人一同登上华山的云台峰。只见那里的房屋庄严整洁,正堂
中有一个炼丹炉,炉内发出紫色光焰,有玉女环绕炉子左右侍立,炉子前
后有青龙、白虎看守着。太阳将落山,老人头戴黄色冠帽,身穿深红色道
袍,手拿三粒丸药,一杯酒,交给杜子春让他赶快服下。服完后,老人告
诫杜子春说:'你千万不要说话,这里所有的苦难都是虚幻的,只要心中
牢记我的话,就能保持安宁、无所畏惧。'老人刚走,杜子春就听见外面
车马众多,呵斥之声震天动地。有一个人自称大将军,举着宝剑直入堂
中,大声呵斥杜子春问他的姓名,士兵催促斩杀、射杀他的声音如同打
雷,杜子春不应答。突然出现猛虎、毒龙、狻猊、毒蛇等凶物,争相扑咬攻
击,杜子春仍不动声色。不久狂风暴雨、雷电交加,洪水迅速涨至一丈多
深,一眨眼的工夫蔓延到座位附近,但杜子春依然端正静坐、不为所动。
接着那位大将军又领一群牛头人身的鬼卒出现,放置装满沸水的大锅,
鬼卒用长叉对准心脏位置,威胁将其投入沸水中,杜子春保持沉默。因
而鬼怪将他妻子抓捕到行刑者面前,用鞭子打到鲜血淋漓,用刀砍,用箭
射,用火烧,用水煮,将他妻子一寸一寸地剁碎,他妻子向杜子春号哭道:
'您说一句话,我就能活命了。'杜子春始终不说话。大将军说:'这个家
伙妖术已成。'于是命令左右把杜子春斩了,然后把他的魂魄带着去见

阎王,阎王说:'这是云台峰的妖民,把他打入地狱里。'于是杜子春受尽了镕铜、铁杖、碓捣、硇磨、火坑、镬汤、刀山、剑树之苦。然而由于他心里牢记老人的叮嘱,似乎也可以忍受,竟然也不呻吟。阎王说:'这个家伙阴险毒恶,让他投胎去做女人,于是让杜子春投胎转世王县丞家。'转眼间杜子春长成了一个容貌绝代的女子,但就是不说话,亲戚对她百般调戏侮辱,杜子春总是一声不吭。进士卢珪,因爱慕女子的美貌而娶她为妻,婚后感情深厚。两人生了一个男孩,聪明绝顶,无人匹敌。卢珪抱着孩子和她说话,她始终不吭声。卢珪大怒说:'大丈夫被妻子鄙视,还要她的儿子做什么!'说着就抓起男孩的双脚扔了出去,用头撞击石头,导致鲜血飞溅数步远。杜子春爱子心切,不自觉地发出了声音:'噫!'噫声还没落,发现他自己又坐在云台峰的那间道观中,老人也在面前,已是五更时分。

　　"见紫焰穿屋,大火四合,屋室俱焚。老人叹曰:'误予如是。子之心,喜怒哀惧恶欲皆能忘也,所未臻者①,爱而已。使子无噫声,吾之药成,子亦上仙矣。嗟乎!吾药可重炼,而子之身犹容世界。'指路使归,叹恨而去②。"

【注释】

①臻:达到。这里指忘掉。

②叹恨:叹息悔恨。

【译文】

　　"突然看见紫色的火焰蹿上了屋顶,火焰向四周蔓延,房屋彻底被烧。老人叹息说:'你的失误导致炼丹失败。在你的心里,喜、怒、哀、惧、恶、欲都能忘掉,还没有忘掉的,只有爱而已。假如你没有发出噫声,我的仙丹就能炼成,你也就能成为上仙了。唉!我的仙丹可以重新炼制,而你的肉身仍属于世俗世界。'说完给他指了路让他回去,杜子春叹息悔恨而回。

遇神妪

《传奇》:"贞元中,有崔炜者,居南海。时中元日,番禺人多陈设珍异于佛庙①,炜往观之。见丐妪因蹶覆人酒瓮②,当垆者殴之③,炜脱衣代偿其直④。异日⑤,妪来告炜曰:'谢子脱难。吾善灸,今有少艾奉子,不独愈苦⑥,兼获美艳⑦。'炜后游海光寺⑧,遇僧赘生于耳⑨,试出灸之,一炷而愈。僧感之,谓曰:'贫道无以奉酬,此山下有任翁者,亦有此疾,君能疗之,当获厚报,请为书导之。'炜至,亦一炷而愈。翁以十千谢炜,因留之数日。炜素善丝竹⑩,闻堂前弹胡琴,诘家童,知为翁之爱女。因请琴弹之,女潜听有意焉⑪。

【注释】

①番禺:即今广东广州。

②丐妪:乞讨的老妇人。蹶:跌倒。

③当垆者:卖酒的人。当垆,指卖酒。垆,放酒坛的土墩。垆,底本作"炉",据《太平广记》改。

④直:古同"值"。

⑤异日:隔了一天。

⑥不独:不但,不仅。

⑦美艳:美丽鲜艳。此指美好际遇。

⑧海光寺:在今广东广州,相传有铁佛在海中有夜光,因建寺以奉之。

⑨赘:赘瘤,肉瘤。

⑩丝竹：弦乐器与竹管乐器之总称。此泛指音乐。

⑪潜听：偷听。有意：特指男女间有爱恋的情意。

【译文】

《传奇》："贞元年间，有一个叫崔炜的人，住在南海郡。当时正是七月十五日中元节，番禺人大多都在佛寺里陈设奇珍异宝，崔炜于是前去观看。他看到一位乞讨的老妇人因跌倒打翻了人家的酒缸，卖酒的人殴打老妇人，崔炜脱下衣服作价来替老妇人还了钱。隔了一天，老妇人来告诉崔炜说：'感谢你让我脱离困境。我擅长用艾灸治疗疾病，现在将少量艾蒿赠予您，艾蒿不仅能治病，还能助您获得美好的际遇。'崔炜后来到海光寺游览，遇见一位老和尚耳朵上长了一个肉瘤，崔炜就拿出艾蒿来试着给他灸治，只用一炷艾蒿就治好了。老和尚非常感激，对崔炜说：'贫僧没有什么酬谢你，这山下有一个任翁，也有这种病，你要能给他治好，一定能有厚报，请让我写封信给你引荐一下。'崔炜到了任翁家，也只用一炷艾蒿就治好了。任翁拿出十千钱酬谢崔炜，还留崔炜住了几天。崔炜向来精通音乐，听到厅堂前有人弹奏胡琴，就向家童询问琴声来源，家童说是任翁的女儿所奏。于是崔炜请求弹琴演奏，女子暗中倾听后对他产生了情意。

"翁家事鬼曰独脚神①，每三岁必杀一人祭之。时求人未获，翁遽负惠，欲中夜杀炜为飨②。女潜出告之，炜恐，携艾破户急遁。俄失足坠巨穴中，及晓，视穴中，有白蛇盘屈，长数丈，吻亦有赘③。炜欲疗之，以无烛不遂。忽有遥火飘入④，炜因出艾炙之，赘应手坠地。蛇乃吐珠径寸，意若酬炜，炜不受，但以归计祷之。蛇乃咽其珠，蜿蜒将有所适⑤，炜遂跨蛇而去。行可数里，抵一石门。炜谓已达人世，入户，但见一室空阔，中有帐帷、器玩、琴瑟之属。炜取琴弹之,俄有小青衣出,笑曰:'玉京子送崔郎至矣^⑥。'遂却走入。须臾,有四女皆垂鬟髻而出^⑦,谓炜曰:'崔子何得擅入皇帝玄宫^⑧?'炜舍琴,问曰:'皇帝何在?'女曰:'暂赴祝融宴尔^⑨。'女命炜就榻再弹,酌醴传觞^⑩。炜乃叩求归计,女曰:'幸且暂驻。少顷,羊城使者当来^⑪,可以随往。然皇帝已配田夫人,令奉箕帚,夫人即齐王之女^⑫,便可相见。'遂命侍女召夫人,夫人辞以未奉帝诏,不至。

【注释】

①独脚神:底本作"独神",据《太平广记》改。

②飨:祭献。

③吻:嘴唇。

④遥:底本作"延",据《太平广记》改。

⑤蜿蜒:蛇类向前爬行的曲折样子。

⑥玉京子:蛇的别名。

⑦鬟髻（huán jì）:古代妇女的环形发髻。

⑧玄宫:帝王的坟墓。

⑨暂:刚刚。

⑩酌醴（zhuó lǐ）:酌酒。传觞:宴饮中传递酒杯劝酒。

⑪羊城使者:唐代广州刺史的雅称。羊城,广州的别名。昔高固为楚相,有五羊衔谷聚于楚廷,故广州厅事于梁上画五羊像,称其城为"羊城"。

⑫齐王:即田横,秦末狄县（今山东高青东南）人。战国时齐国贵族。自立齐王,后军败,不愿低首称臣,于途中自杀。刘邦以王礼葬之,其宾客闻其死讯,皆自杀。

【译文】

任翁家供奉名为独脚神的邪神,每隔三年必须杀活人祭祀。在未能找到献祭之人的情况下,任翁突然背弃恩义,计划在深夜杀死崔炜作为祭献。任翁的女儿暗中将杀身之祸告诉崔炜,崔炜非常害怕,带着艾蒿打破窗户急忙逃走。崔炜突然间失足掉进一个巨大的洞穴中,到天亮时,看见洞穴中有一条身长数丈的白蛇盘屈在那里,那蛇的嘴唇上也长了一个肉瘤。崔炜想要为它灸治,因为没有烛火未能如愿。忽然有远处的火光飘入洞穴,崔炜便取出艾蒿点燃施灸,蛇身上的赘疣应手脱落。白蛇于是吐出一寸大小的宝珠,似要酬谢崔炜,但崔炜未接受,只向蛇祈求帮助自己返回人间。蛇于是重新吞下宝珠,向前曲折爬行好像要到什么地方去,崔炜于是跨到蛇身上随它而去。在幽暗洞穴中穿行数十里,最终抵达石门。崔炜以为自己回到了人间,就走进门去,他只看到一间很空阔的房屋,房屋内有帷帐、器玩、琴瑟之类的东西。崔炜取琴弹奏,一会儿有一位小婢女走出来,笑着说:‘玉京子已经把崔郎送来了。’于是她就跑了回去。一会儿,四位梳着环形发髻的女子走出,对崔炜说:‘崔公子怎能擅自来到皇帝的坟墓呢?’崔炜放下琴,问道:‘皇帝在哪?’女子回答说:‘暂时参加祝融的宴会去了。’女子命令崔炜在床榻上继续弹奏,让众人斟满甜酒,互相传递酒杯。崔炜就叩头请求回家的办法,女子说:‘希望你暂住几天。一会儿会有羊城使者到来,你可以跟着他返回人间。然而皇帝已将田夫人许配给您,命她以妻子身份侍奉您,夫人就是齐王田横的女儿,现在即可安排两人相见完婚。’于是就让侍女召田夫人前来,田夫人说没有得到皇帝的诏令,不能前来。

“逡巡有日影入坐[①],炜举首,见一穴隐隐然睹人间天汉。俄有一白羊自空冉冉而下,背有一丈夫,执大笔,兼封一青竹简,上有篆字。女酌醴饮使者曰:‘崔子欲归番禺,愿为挈往。’使者许诺[②]。女曰:‘皇帝有敕,令与君阳燧珠[③],

有胡人具十万缗易之。'遂取珠,授炜。炜曰:'炜不曾谒帝,何贶遗如是④?'女曰:'帝感君先人之惠,故尔⑤。'乃命侍女书于羊城使者笔管上,云:'千岁荒台隳路隅⑥,一章太守重椒涂⑦。因君拂拭意何极⑧,报尔佳人与明珠。'女复谓炜曰:'中元日,须竢于广州蒲涧寺⑨,吾辈当送田夫人至。'炜告别,欲蹑羊背⑩,女曰:'知有鲍姑艾⑪,可留少许。'炜留艾而去。瞬息出穴,遂失使者与羊所在。炜至舍,已三年。乃抵波斯邸鬻珠,有老胡人见之曰:'此我大食国阳燧珠也。昔南越王赵佗⑫,使异人盗归番禺,千载矣。君必入彼墓中来,不然,安得斯宝也。'炜以实告,胡人具十万缗易之。

【注释】

①逡巡:顷刻,极短时间。

②许诺:同意,应允。

③阳燧珠:作者因阳燧之名而设想出来的一种宝珠。阳燧,是古人用来在太阳下取火的铜镜。

④贶(kuàng)遗:赠予。

⑤故尔:故意如此。

⑥隳(huī):毁坏。

⑦椒涂:用椒泥涂壁。此指修葺。

⑧拂拭:修饰。

⑨竢(sì):同"俟"。等待。蒲涧寺:北宋淳化元年(990)建,在今广东广州北白云山麓。

⑩蹑:登,跨。

⑪鲍姑:传为晋南海太守鲍靓之女,葛洪之妻。医术精湛,尤擅灸术。行医于南海,以其灸术之高,岭南人尊为"鲍仙姑",称其行

　　灸所用的艾为"鲍姑艾"。

⑫南越王赵佗（？—前137）：真定（今河北正定）人。秦时为南海
　　郡龙川县令，后为南海尉。秦亡后，立即发兵吞并桂林、象郡，自
　　立为南越武王。高祖十一年（前196），刘邦派陆贾出使南越，劝
　　赵佗向汉朝廷称臣。赵佗从之，受封为南越王。

【译文】

　　"顷刻间有日光投射到座位中来，崔炜抬头望去，发现洞穴顶部有一
个若隐若现的孔洞，透过它能看到人间的银河。一会儿出现一只白羊从
空中缓缓降落，白羊背上驮着一位男子，手持大笔，使者同时携带一封用
青竹简密封的文书，文字为篆书。女子一边给使者斟酒说：'崔公子要回
番禺县，请你将他带回去。'使者应允。女子说：'皇帝有诏令，让我们将
国宝阳燧珠赠予你，之后会有胡人带着十万贯钱来购买它。'于是取珠交
给崔炜。崔炜说：'我不曾拜见过皇帝，为什么要赠我如此贵重的礼物？'
女子说：'皇帝感念你先人的恩惠，故意如此。'女子于是让一位侍女在
羊城使者的笔管上，写道：'千岁荒台隳路隅，一章太守重椒涂。因君拂
拭意何极，报尔佳人与明珠。'女子又对崔炜说：'七月十五日中元节，你
要在广州蒲涧寺等待，我们将把田夫人送去。'崔炜告别，他刚想要跨到
羊背上，女子说：'知道你有鲍姑的艾蒿，可以留下一点。'崔炜留下一些
艾蒿就离开了。瞬息之间就出了洞穴，使者和羊也就不见了。崔炜回到
以前的家中，已经离家三年了。于是崔炜来到波斯人的邸店卖那颗珍
珠，有一位老胡人见到这颗珍珠说：'这是我大食国的国宝阳燧珠。昔日
在南越王赵佗坟墓里，有能人异士潜入他的墓穴盗取宝物带回番禺，到
现在已有一千年。你肯定进入过南越王赵佗的墓中，不然怎么能得到这
一宝贝。'崔炜就如实地告诉了他，老胡人用十万缗钱把珍珠买了去。

　　"后有事于广州城隍庙，忽见神像有类使者，入睹神
笔，上有细字，乃女所题。是知羊城即广州城，而庙有五羊

焉。及登越王台①，睹先人诗云：'越井岗头松柏老②，越王
台上生秋草。古墓多年无子孙，野牛践踏成官道。'乃询其
主者，主者曰：'徐大夫绅感崔侍御诗③，故有此粉饰尔④。'
后将及中元，炜遂于蒲涧僧室竢之。夜半，果四女送田夫人
至。炜遂与夫人归家，诘夫人曰：'既是齐王女，何以远配南
越⑤？'夫人曰：'某遭越王虏为嫔御⑥，王崩⑦，因以为殉。'
又问昔四女，曰：'俱当时为殉者。'又问鲍姑，曰：'鲍靓
女⑧，葛洪妻也，多行灸道于南海。'又问：'呼蛇为玉京子，
何也？'曰：'安期生长跨斯龙而朝玉京⑨，故号之也。'炜后
挈室访道⑩，不知所适。"

【注释】

①越王台：亦作粤王台。西汉时南越王赵佗所建，故名。因赵佗为
　南越武王，故又名武王台。位于今广东广州越秀山。

②越井岗：即越秀山。《南海古迹记》："越井冈在南海南，一曰赵佗
　井，一曰鲍姑井。"

③徐大夫绅：指唐代广州刺史徐绅，历史记载他曾接替赵昌任安南
　都护。崔侍御：即唐监察御史崔向，以诗文闻名。其子崔炜在传
　奇故事中因机缘进入南越王赵佗墓，得赠宝珠。

④粉饰：粉刷。

⑤南越：古代百越之地，即今两广及越南北部。汉高祖刘邦曾立赵
　佗为南越王，据有今两广之地。

⑥嫔御：古代帝王、诸侯的侍妾与宫女。

⑦崩：旧指帝王死亡。

⑧鲍靓：一作鲍玄，字太玄，晋东海（治今山东郯城北）人。历官南
　阳中部都尉、南海太守。学兼内外，明天文、经术、纬候、河洛之

术。相传尝见仙人阴长生，得受道诀。葛洪等曾师事之，为洪之妻父。

⑨安期生：道教仙人。相传为琅邪（今山东临沂）人。常年卖药于东海边，人呼"千岁翁"。秦始皇东巡时与其会见，赐金璧万数。曾留书秦始皇："后千岁求我于蓬莱山下。"后始皇遣徐福、卢生等数百人入海求之，遇风浪而还。

⑩挈：领着。

【译文】

　　"后来他有事来到广州城隍庙，忽然发现有一个神像很像羊城使者，又看那神笔，神笔上有小字，原来是侍女所题。这才知道羊城就是广州城，而庙里有五只羊。崔炜又登上越王的殿台，看到先人写的诗：'越井冈头松柏老，越王台上生秋草。古墓多年无子孙，野人踏践成宫道。'于是又询问主管此事的人，主管的人说：'徐绅大夫因被崔侍御的诗文触动，因而重新粉饰了台殿。'后来要到七月十五了，崔炜就在蒲涧寺的僧室里等待。半夜的时候，果然四位女子送田夫人来了。崔炜和田夫人回到家里，询问田夫人说：'你既然是齐王的女儿，为什么要嫁给南越人？'夫人说：'我因国家灭亡被越王俘虏成为嫔妃，越王去世后，被迫为其殉葬。'崔炜又问道那四位女子，夫人说：'都是当时殉葬的人。'崔炜又问鲍姑，夫人说：'鲍靓的女儿，就是葛洪的妻子，她在南海经常灸治病人。'崔炜又问：'为什么称蛇为玉京子？'夫人说：'安期生曾长期骑跨一条名为斯龙的蛇，前往玉京朝拜，所以叫它玉京子。'崔炜后来领着妻室访道求仙，不知所终。"

卷三十

中元 下

【题解】

本卷《中元下》篇，本条目均为中元时俗节物，主要中元节祭祀"献先祖""祭父母""拜新坟"等；中元节日宜忌之事"罢观灯""禁采鱼"等；中元食疗滋补"收萍草"；中元佛家之事"取佛土"等。"感诈鬼"，记人死复生事。"除蟒妖"，记南中选修炼高深的道士上升成仙事。"见故夫"，记承信郎王祖德去世仍贪恋世间事。"会鬼妃"，记下第进士颜濬与前朝后妃鬼魂的幽会事。

献先祖

皇朝《东京梦华录》："中元节先数日，京都市井卖冥器①，靴鞋、幞头、帽子、金犀假带、五彩衣服，以纸糊架子，盘街出卖。潘楼并州东、西瓦子，亦如七夕，要闹处亦卖果食、种生、花果之类②，及印卖《尊胜经》《目连经》③。又以竹竿斫成三脚，高三五尺，上织灯窝之状④，谓之盂兰盆，挂搭冥钱、衣服，在上焚之，以献先祖。"

【注释】

①冥器：祭鬼神用的纸器。

②要闹：指繁华热闹之地。种生：古代七夕时的一种风俗。宋孟元老《东京梦华录·七夕》："又以绿豆、小豆、小麦于磁器内以水浸之，生芽数寸，以红蓝彩缕束之，谓之'种生'。皆于街心彩幕帐设出络货卖。"

③《尊胜经》：全称《佛顶尊胜陀罗尼经》，一卷，唐佛陀波利译。本经之缘起，乃善住天子于命终之后，将受七度畜生恶道之苦，帝释天悯其业因，遂诣佛所，乞求救济，佛乃为之宣说尊胜陀罗尼及持诵之功德等。《目连经》：全称《鬼问目连经》，一卷，东汉安世高译。本经述说诸饿鬼问恶报业因于目连，目连乃一一答之。

④灯窝：灯碗。

【译文】

本朝《东京梦华录》："中元节前几天，京城街市上售卖各种冥器，靴鞋、幞头、帽子、金玉犀牛假带、各种颜色的衣服，商贩用纸糊成架子，绕着大街售卖。潘楼以及并州城东、西的瓦子，也和七夕节一样热闹的地方也有卖果食、种生、花果之类的东西，还有卖印好的《尊胜经》和《目连经》。人们又将竹竿砍削成三只脚的形状，高约三五尺，上端编成灯碗的形状，称为盂兰盆，挂搭冥钱、衣服，在上面焚烧，以祭献先祖。"

祭父母

《岁时杂记》："律院多依经教作盂兰盆斋①，人家大率即享祭父母祖先②，用瓜果、楝叶、生花、花盆、米食，略与七夕祭牛、女同。又取麻谷长本者③，维之几案四角④。又以竹一本，分为四五足，中置竹圈，谓之盂兰盆，画目连尊者之像

插其上⑤。祭毕,加纸币焚之。"魏国公韩琦《家祭式》云⑥:
"近俗七月十五日有盂兰盆斋者,盖出释氏之教,孝子之心,
不忍违众而忘亲⑦,今定为斋享⑧。"

【注释】

①律院:僧徒讲解戒律的房舍。泛指寺院。

②享祭:祭祀。

③本:量词。用于植物。株,棵。

④维:连接。

⑤目连尊者:释迦牟尼十大弟子之一。据说他精进修习,神通极大,
　被称为"神通第一"。

⑥魏国公韩琦(1008—1075):字稚圭,号赣叟,谥"忠献",相州安
　阳(今河南安阳)人。天圣五年(1027)进士,神宗时被封为魏
　国公。宋政治家、文学家,著有《二府忠议》《谏垣存稿》《陕西奏
　议》《河北奏议》《安阳集》等。

⑦违众:违反常规。亲:父母。

⑧斋享:斋戒供奉。

【译文】

《岁时杂记》:"寺院大多依照经文教义作盂兰盆斋,普通人家大多
也在这一天祭祀父母祖先。用瓜果、楝叶、鲜花、花盆、米食等供品,大致
与七夕祭祀牵牛、织女相同。又选取一株较长的麻谷,连接几案的四角。
再用一棵竹子,劈分为四五个支撑的脚,中间放置竹圈,称为盂兰盆,把
目连尊者的画像插在上面。祭祀完毕,加上纸钱焚烧。"魏国公韩琦《家
祭式》记载:"近世习俗七月十五日举办盂兰盆斋,大概出自佛教教义。
有孝心的人不忍违反常规而忘记父母,如今定为斋享。"

拜新坟

《东京梦华录》："京师城外有新坟者，即往拜扫。禁中亦出车马，诣道者院谒坟①。本院官给祠部十道②，设大会，焚钱山，祭军阵亡殁③，设孤魂道场④。"

【注释】

①谒坟：拜谒坟墓。

①本院：指道者院。祠部：即祠部牒。祠部所颁发的度牒。

③亡殁：死亡。

④孤魂：孤独无依的魂灵。

【译文】

《东京梦华录》："京城外有新坟的人家，就在这一天前往拜奠祭扫。宫中也派出车马，前往道者院拜谒坟墓。道者院由官府发给祠部度牒十道，举办盛大法会，焚烧纸钱叠成的钱山，祭奠军中阵亡的将士，设置超度孤独无依的魂灵的道场。"

设素食

钱状元《家世范》①："近世以七月十五日为烧衣节，盖本浮屠之说②，不足依据。然佛老宫祠③，所在有之④，亦祖考平生游息更衣之地⑤，因设素食于此烧之，理亦可行。"

【注释】

①钱状元《家世范》：同钱状元《世范》。

②浮屠：指佛家。

③佛老:佛教和道教。因为佛教由释迦牟尼佛创立,而道教尊老子
　　为教主,所以用佛老来代表佛教和道教。

④所在:处处,到处。

⑤祖考:犹祖先。游息更衣:游玩和休憩。也指日常生活。

【译文】

　　钱状元《家世范》:"近世把七月十五日当作烧衣节,大概源自佛家的说法,不能作为依据。然而佛家、道家的宫观寺院,处处都有,也是祖先日常生活的地方,因而摆设素食在此焚烧,情理上也说得通。"

告秋成①

　　《东京梦华录》:"中元前一日,即卖楝叶,享祀时铺衬桌面②。又卖麻谷窠儿③,亦系在桌子脚上,乃告祖先秋成之意。十五日,供养祖先素食。才明,即卖穄米饭④,巡门叫卖⑤,亦告成之意也。穄米乃黄稷米也,或谓之黄乌儿饭,以供佛祭亲。"

【注释】

①秋成:指秋天农作物的收成。

②铺衬:铺垫衬托。

③麻谷窠(kē)儿:指用麻、谷草编成的窠状之物,

④穄(jì)米饭:用穄米做的饭。穄米,去壳后的穄子。穄子,跟黍子
　　相似,而子实不粘,也叫"糜子"。

⑤巡门:沿门,挨家挨户。

【译文】

《东京梦华录》:"中元节的前一天,城中就开始卖楝树叶,祭祀祖先

时用这种叶铺在桌面上作为衬垫。又有卖麻谷窠儿的,也是用来系在桌子脚上,这是用来祭告祖先秋天农作物丰收的意思。七月十五日,在祖先灵前奉祀素食。天才刚亮,就有卖稼米饭的,挨家挨户地叫卖,也有报告祖先农作物丰收的意思。稼米,就是黄稷米,有人称为黄鸟儿饭,用来祭祀佛主和亲人。"

论时务

　　《开元遗事》:"明皇在便殿①,甚思姚元崇论时务②。七月十五日,苦雨不止③,泥泞盈尺④,上令侍御者抬步辇召学士来⑤。时元崇为翰长⑥,中外荣之。自古急贤待士帝王如此者,未之有也。"

【注释】

①便殿:正殿以外的别殿,古时帝王休息消闲之处。

②姚元崇:即姚崇。玄宗时任宰相。

③苦雨:连绵不停的雨。

④泥泞:淤积的烂泥。

⑤步辇:秦以后将帝王、皇后所乘之辇(车)去轮为舆,改由人抬,称步辇。

⑥翰长:对翰林前辈的敬称。

【译文】

　　《开元天宝遗事》:"唐明皇在便殿休息,突然很想和姚崇议论时政。这天是七月十五日,雨一直下个不停,道路上淤积的烂泥足足有一尺深,明皇下令侍从们用步辇将姚崇抬到皇宫。当时姚崇为翰林学士,朝廷内外都认为这是极大的荣誉。自古以来像唐明皇这样求贤若渴、厚待人才的帝王,还不曾有过。"

休假务

《嘉泰事类·假宁格》:"三元各假三日,前后各一日。"又《假宁令》云:"诸假皆休务,三元前后日准此①。"又《军防格》云:"中元节,诸军住教一日。"

【注释】

①准此:犹言按照这样(办理)。

【译文】

《嘉泰条法事类·假宁格》:"三元节各放假三天,节前后各一天。"又有《假宁令》记载:"放假都停止公务,三元节前后按照这样办理。"又有《军防格》记载:"中元节,各军停止训练一天。"

罢观灯

《岁时杂记》:"开宝元年①,诏中元张灯三夜,唯正门不设灯。上御宽仁楼②。太平兴国四年,诏下元依中元例,张灯三夜。淳化元年,诏罢中元、下元观灯。"

【注释】

①开宝元年:968年。开宝,宋太祖赵匡胤年号(968—976)。

②宽仁楼:即东华门。宫城东门名。宋孟元老《东京梦华录·大内》:"殿前东西大街,东出东华门,西出西华门。"

【译文】

《岁时杂记》:"开宝元年,下诏中元节张挂灯笼三夜,只有正门不张挂灯笼。皇帝驾临宽仁楼观灯。太平兴国四年,下诏下元节依照中元节条例，张挂灯笼三夜。淳化元年，下诏取消中元节、下元节观灯。"

禁采鱼

《唐·百官志》："河渠令^①：三元日，非官祠不采鱼。"三元者，上元、中元、下元也。

【注释】

①河渠：即河渠署，官署名。隋炀帝大业三年（607）始置，隶都水监。唐代沿置，掌河渠、陂池、堤堰、鱼醢之事，凡沟渠开塞，渔捕时禁，皆由其主管。

【译文】

《新唐书·百官志》："河渠署有令：三元日，不是祭祀就不让捕鱼。"所谓三元，就是上元、中元、下元。

收萍草

《本草》："水萍，无毒，以沐浴，生毛发，久服轻身。一名水花，一名水白，一名水苏。"《琐碎录》云："七月十五日，取赤萍，用筲箕盛晒干^①，为末。遇冬雪寒，水调三钱服，又用汉椒末擦身上^②，则热。"高供奉《采萍时日歌》云^③："不在山，不在岸，采我之时七月半。选甚瘫风与缓风^④，些小微风都不算。豆淋酒内下三丸^⑤，铁幞头上也出汗^⑥。"

【注释】

①筲箕（shāo jī）：淘米或盛米、盛饭用的竹器。

②汉椒：即蜀椒。产于蜀中，气味辛辣，可作香料。

③高供奉：不详待考。供奉，职官名。唐初设侍御史内供奉、殿中侍
　　御史内供奉；唐玄宗时有翰林供奉，专备应制。

④瘫风：谓瘫痪。缓风：即瘫缓。其四肢不举，筋脉关节无力，不可
　　收摄者，谓之瘫。其四肢虽能举动，而肢节缓弱，凭物不能运用
　　者，谓之缓。

⑤豆淋酒：古酒名。明代李时珍《本草纲目》卷二五《酒·附诸酒
　　方》：“豆淋酒破血去风，治男子中风口喎、阴毒腹痛及小便尿血，
　　妇人产后一切中风诸病。用黑豆炒焦，以酒淋之，温饮。”

⑥铁幞头：铁制的盔帽。

【译文】

《证类本草》：“水萍，无毒，洗浴时加上它，可以生毛发，长期服用能
使身体轻盈。又叫水花、水白、水苏。”《琐碎录》记载：“七月十五日，采
红色萍草，用筲箕盛放晒干，研为细末。遇到冬天下雪严寒，用水调服三
钱，再用蜀椒末擦身上，就浑身暖和。”高供奉《采萍时日歌》写道：“不
在山，不在岸，采我之时七月半。选甚瘫风与缓风，嘗小微风都不算。豆
淋酒内下三丸，铁幞头上也出汗。”

拾圣柰①

《洽闻记》②：“河州凤林关有灵岩寺③，每七月十五日，
溪穴流出圣柰，大如盏。岁以为常。”

【注释】

①柰（nài）：古书上指一种类似花红的果子。

②《洽闻记》：底本作“洽闻录”，据《太平广记》改。三卷，唐郑常
　　撰。该书记古今神异诡谲事，凡百五十六条。或题曰郑遂。郑常

③河州：十六国前凉置，治枹罕县（今甘肃临夏）。北魏改置枹罕
镇，太和十六年（492）复改州。辖境相当今甘、青两省洮河、大夏
河中下游，湟水下游及桑园峡、积石峡间黄河流域地。凤林关：在
今甘肃临夏东北黄河南岸。灵岩寺：即炳灵寺，又名龙兴寺。在
今甘肃永靖西南、黄河北岸的小积石山中。

【译文】

《洽闻录》："河州凤林关有一座灵岩寺，每年七月十五日，溪穴中流
出一些圣枣，像小杯子一样大。人们每年都习以为常了。"

取佛土

《四时纂要》："七月十五日，取佛座下土着脐中①，能
令人多智，厌火灾。"《博异志》："元和中，内侍刘希昂将遇
祸②。七月十五日日中③，忽有一红衣女人独行至门，曰：
'缘游看④，去家远，暂借后院盘旋⑤，可乎？'希昂令借之，敕
家人领过，姿质甚分明⑥。良久不见出，遂令人觇之⑦，已不
见。希昂不信，自往观之，无所有，唯有一火柴头在厕门前。
家属相谓曰：'此乃火灾欲起也，必须觅术士镇厌之。'当镇
厌之日，火从厨上发，烧半宅且尽。至冬，希昂忤宪宗⑧，遂
族诛⑨。"

【注释】

①脐：肚脐。
②内侍刘希昂：《新唐书》："贞元十四年，内侍刘希昂使南诏。"
③日中：正午。

④缘：因为。

⑤盘旋：逗留。此指休息一下。

⑥姿质：姿态容貌。分明：明亮。

⑦觇（chān）：暗中察看。

⑧忤：冒犯。宪宗：即唐宪宗李纯（778—820），唐代第十二位皇帝（805—820年在位）。

⑨族诛：因一人有罪而导致整个家族被诛灭。

【译文】

《四时纂要》："七月十五日，取佛像座台下的土放入肚脐中，能使人聪明，镇住火灾。"《博异志》："元和年间，内侍刘希昂将要遭遇灾祸。七月十五日正午，忽然有一个红衣女子独自来到门口，说：'因为游玩观赏，离家就远了，暂且借你家后院休息一下，可以吗？'刘希昂答应借给她，让家人带她过去，她的姿态容貌很出众。去了好久不见出来，于是希昂让家人暗中察看一下，人已不见了。刘希昂不信，亲自去看，什么也没有，只有一个火柴头在厕所门前。家人们议论说：'这是火灾的预兆，必须找有法术的人来治它。'正当作法的那天，大火从厨房上着起来，几乎烧光半个宅院。到冬天，刘希昂冒犯了宪宗皇帝，整个家族被诛灭。"

感诈鬼

《夷坚丁志》："抚州南门黄柏路居民詹六、詹七，以接鬻缣帛为生①。其季曰小哥②，尝赌博负钱，畏兄棰责③，径窜逸他处④，久而不返。母思之益切，而梦寐、占卜皆不祥⑤，真以为死矣。会中元盂兰斋前一夕，詹氏罗纸钱以待享⑥。薄暮⑦，若有幽叹于外者。母曰：'小哥真死矣，今来告我。'取一缗钱，祝曰：'果为吾儿，能掣此钱出⑧，则信可验，当求冥助于汝。'少焉，阴风肃肃^⑨，类有人探而出之者，母兄失声哭，亟呼僧诵经拔度^⑩，无复望其归矣。后数月，忽从外来。伯兄曰^⑪：'鬼也！'取刀将逐之，仲遽抱之曰^⑫：'未可！'稍前谛视^⑬，问其死生。弟曰：'本惧杖而窜，故诣宜黄受佣^⑭，未尝死也。'乃知前事为鬼所诈云。"

【注释】

①接鬻（yù）：贩卖。缣帛：此指丝绸。

②季：古时兄弟排行，以伯、仲、叔、季作次序，季是最小的。

③棰责：用鞭子责打。

④径：直接。窜逸：逃窜。

⑤梦寐：梦中。此指做梦。

⑥罗：张罗。享：祭享。

⑦薄暮：傍晚。

⑧掣（chè）：抽。

⑨肃肃：状声词。形容风声。

⑩拔度：超度。

⑪伯兄：大哥。

⑫仲：在弟兄排行里代表第二。

⑬谛视：仔细地看。

⑭宜黄：今属江西。佣：雇工。

【译文】

《夷坚丁志》："抚州南门外黄柏路有一户居民，名叫詹六、詹七，以贩卖丝绸为生。他们还有个小弟名叫小哥，曾经因赌博拖欠人家钱，怕被哥哥用鞭子责打，直接逃窜到其他地方，好久不回来。他的母亲对他的思念越来越急切，而且做梦和占卜算卦都不吉利，便认为小哥已经死了。

等到中元节举行盂兰法会的前一天傍晚,詹家张罗了一些纸钱准备祭祀。傍晚,好像有幽幽的叹息声从门外传来。他母亲说:'小哥真死了,今天来告诉我。'取了一挂纸钱对天祝祷说:'你如果果真是我儿子,就把这挂纸钱抽到屋外,我就相信,会设法超度你。'过了一会儿,一阵阴风发出肃肃的声音,好像有人伸手把钱带到屋外一样。他的母亲和哥哥都失声痛哭,立即招呼僧人诵经超度小哥,不再指望小哥回来了。几个月后,小哥忽然从外面回来。大哥说:'是鬼!'拿刀要将小哥驱逐出去,二哥立即抱住大哥说:'不要这样!'他走向前去仔细查看,问小哥是死是活。小哥说:'我本来害怕哥哥责打跑出去,因而到宜黄给人家当雇工,未曾死去。'这时詹家才知道以前的事都是受野鬼诈骗。"

除蟒妖

《玉堂闲话》:"南中有选仙场①,在峭崖之下②。其绝顶有洞穴③,相传为神仙之窟宅也④,每年以中元日,拔一人上升。学道者筑坛于下,至时,则远近冠帔咸萃于斯⑤。备科仪⑥,设醮斋,焚香祝祷,七日而后,众推一人道德最高者⑦,严洁至诚,端简立于坛上⑧,余皆惨然诀别而退⑨,退即遥顶礼瞻望之⑩。于时有五色祥云,徐自洞门而下,至于坛场。其道高者,冠衣不动,合双掌,蹑祥云而上升,观者靡不涕泗健羡⑪,望洞门而作礼。如是者不可枚数矣。有道高合选者,忽来中表间一比丘⑫,自武都山相与话别⑬。比丘怀雄黄一斤许⑭,赠之曰:'道中唯重此药,请密置于腰腹之间,慎勿遗失之。'道高者甚喜,遂怀而升坛。至时,果蹑云而上。后旬余,比丘从崖傍攀缘造其洞,见一大蟒蛇腐烂其间,前后上升者骸骨山积于巨穴之间。盖五色云者，蟒毒气，常呼吸此无知道士充其腹。哀哉！"

【注释】

①南中：指南方。三国以后指今四川南部及云南、贵州两省地区，因在蜀汉以南，故名。

②峭崖：峭壁。

③绝顶：山的最高峰。

④窟宅：指神怪的居处。

⑤冠帔：借指道士。

⑥科仪：道教术语，指道教道场法事。科，可解做动作。

⑦道德：僧道修行的功夫、法术。

⑧端简：端庄持重。

⑨惨然：忧戚哀伤的样子。诀别：告别。

⑩顶礼：朝拜。

⑪涕泗：涕泪俱下，哭泣。健羡：非常仰慕，非常羡慕。

⑫中表：指与祖父、父亲的姐妹的子女的亲戚关系，或与祖母、母亲的兄弟姐妹的子女的亲戚关系。比丘：佛家指年满二十岁、受过具足戒的男性出家人。

⑬武都山：即古紫岩山。在今四川绵竹西北。

⑭雄黄：矿物名。也称鸡冠石。橘黄色，有光泽。可制造烟火、染料等。中医用作解毒杀虫药。

【译文】

《玉堂闲话》："南方有个选仙场，场子在一个峭壁之下。峭壁的顶端有个洞穴，相传是神仙的居处，每年的中元日，就选一个人得道成仙。学道的人在峭壁下建筑祭祀的坛场，到时候，远近的道士们全都集中在这里。准备好道场法式，设好斋坛，烧香祷告，七天以后，大家推选出一个修行功夫、法术最高的人，严肃洁净且极其虔诚，端庄持重站在坛上，其余的人都悲痛地与他告别之后退下去，远远地朝拜仰望着他。这时有五色祥云，慢慢地从洞门飘下来，飘到坛场。那个修行高的人，衣冠不动，双手合掌，踩着五色祥云而上升，观看的人无不涕泪俱下又非常羡慕，朝着洞口行礼。像这样的人不能一一列举。有个道行高的人该入选飞升，忽然有个和尚，是他的表亲，从武都山前来和他告别。和尚从怀里拿出一斤多雄黄，赠送给他说：'修道的人最重视这个药，请你秘密地放在腰腹之间，千万不要丢失了它。'道行高的人很高兴，就带好雄黄而登坛。到了时间，果然踩着祥云升了上去。十多天以后，和尚从山岩的边上攀缘而上进入洞中，看见一条大蟒蛇在洞里已经腐烂，前前后后飞升到洞里的人的那些骸骨像小山一样堆积在大洞穴之间。原来五色祥云，是大蟒的毒气，常用来吸取这些无知的道士填充肚子。可悲啊！"

见故夫

《夷坚乙志》："成都人承信郎王祖德①，绍兴三十一年来临安，得监邛州作院②。既之官矣，闻虞并甫以兵部尚书宣谕陕西③，即求四川制置司檄④，以禀议为名⑤，往秦州上谒⑥。未及用，以岁六月客死于秦⑦。虞公遣卒护其柩⑧，且先以讯报其家⑨。王氏即日发丧哭，设位于堂，既而柩至。蜀人风俗重中元节，率以前两日祀，先列荤馔以供，及节日则诣佛寺为盂兰盆斋。唯王氏以有服⑩，但用望日就凡筵办祭。正行礼未竟，一卒抱胡床从外入⑪，汗流彻体，曰：'作院受性太急⑫，自秦州兼程归⑬，凡四昼夜抵此，将至矣。'

【注释】

①承信郎：武阶名。属小使臣八阶列。北宋政和二年（1112），由三
　班借职改。

②作院：宋州、府都作院省称，为制造兵器机构。

③虞并甫：即虞允文（1110—1174），字彬甫，隆州仁寿（今属四川）
　人。南宋宰相。兵部尚书：官名。兵部最高长官，负责全国军事。
　宣谕：宣布命令，晓谕。

④制置司：制置三司条例司省称。神宗主持变法时，于熙宁二年
　（1069）首设。

⑤禀议：下属就上官提出的议案发表意见或建议。

⑥秦州：晋泰始五年（269）分雍、凉、梁三州置，治冀县（今甘肃甘谷
　东）。太康七年（286）移治上邽县（今甘肃天水）。上谒：求见。

⑦客死：死于他乡异国。

⑧柩：灵柩。死者已经入殓的棺材。

⑨讯报：谓文书信函。

⑩有服：谓居丧。《史记·魏其武安侯列传》："吾欲与仲孺过魏其
　侯，会仲孺有服。"司马贞索隐："服谓期功之服也。

⑪胡床：又称交床。一种可以折叠的轻便坐具。

⑫受性：生性，禀性。

⑬兼程：加倍赶路。

【译文】

《夷坚乙志》："成都人王祖德任承信郎，绍兴三十一年来到临安，被
任命为邛州作院的监官。既到任后，听说虞允文以兵部尚书出任陕西宣
抚使，立即请求四川制置司写了公文，以下属就上官提出的议案发表意
见为名，前往秦州求见虞允文。还没等到被任用，就在当年六月客死在
秦州。虞允文派遣士卒护送王祖德的灵柩回家，并且先让人写信通报给
家里。王家当日就开始办丧事，在厅堂中间设置灵位，不久灵柩也到了。

蜀地人的风俗非常重视中元节,大概在节前两天祭祀祖先,陈列丰盛的
荤菜上供,到中元节这一天就到寺院举办盂兰盆斋。只有王家因为在居
丧期间,只能在十五日置办几桌酒席在家里祭祀。正准备行礼时,一个
士卒抱着一把胡床从外面进来,浑身是汗,说:'王作院性子太急,从秦州
日夜加倍赶路,共用四昼夜来到这里,马上到了。'

"俄而六人舁一轿至^①,亦皆有悴色。轿中人径升于
堂,据东榻坐^②,乃祖德也。呼其妻语曰:'欲归甚久,为虞
尚书苦留,近方得脱,行役不胜倦^③。传闻人以我为死,欲坏
我生计,尔当已信之。'妻曰:'向接虞公书,报君殁于秦^④,
灵辀前日已至^⑤,何为尔?'始笑曰:'汝勿怖,吾实死矣。吾
闻家中议卖宅,宅乃祖业也,安得货^⑥?吾所宝黄筌、郭熙山
水^⑦,李成《寒林》^⑧,凡十轴,闻已持出议价^⑨。吾下世几何
时^⑩,未至穷乏^⑪,何忍遽如是?吾思家甚切,无由可归,今
日以中元节冥府给假^⑫,故得暂来,然亦不能久。'又呼所爱
婢子^⑬,恩意周尽^⑭。是时一家如痴,不能辨生死。忽青烟从
地起^⑮,跬步不相识^⑯,烟止,寂无所见。"

【注释】

①舁(yú):抬,扛。

②东榻:指厅堂东侧的主位,古代以东为尊,此方位象征身份地位。

③行役:因兵役或公务等事而出行。

④殁(mò):死。

⑤灵辀(ér):灵车或载灵柩的车。

⑥货:卖。

⑦宝：珍藏。黄筌（约903—965）：字要叔，成都（今属四川）人。五代宋初画家。郭熙（1023—约1085）：字淳夫，河阳温县（今属河南）人。北宋画家、理论家，著有《林泉高致》。

⑧李成（919—967）：字咸熙，祖籍京兆长安（今陕西西安）。《寒林》：即《寒林图》。

⑨议价：讲价钱。

⑩下世：去世。

⑪穷乏：穷困。

⑫冥府：迷信谓阴间地府，死者神魂所在之处。

⑬婢子：古代称妾为"婢子"。《礼记·檀弓下》："使吾二婢子夹我。"汉郑玄注："婢子，妾也。"

⑭恩意：情意。

⑮青烟：指鬼魅所化成的烟气。

⑯跬（kuǐ）步：本指半步，跨一脚。此形容极近的距离。

【译文】

"不久，有六个人抬着一顶轿子来到，所有人都面容憔悴。轿中人下轿后直接走进厅堂，坐在厅堂东侧的主位，正是王祖德。他把妻子叫过来说：'我很久之前就想回来了，因为虞尚书苦苦相留，最近才脱身回来，一路跋涉非常疲倦。听人传闻说我已经死了，想要破坏我的生计，你大概已经相信了。'妻子说：'先前接到虞相公的书信，通报说您已在秦州病故，灵柩前天已经到了，究竟是不是您呢？'王祖德才笑着说：'你不要害怕，我确实已经死了。我听说家里商量要卖掉宅子，这座宅子是祖先留下的产业，怎么能卖呢？我生前所珍藏的黄筌、郭熙山水画，李成的《寒林图》，共十轴，听说已经拿出去讲价钱了。我去世没多长时间，家里还没穷困到这个地步，怎么忍心干这种事情？我非常想家，但没有理由回来，今天中元节阴司放假，因此暂时回来看看，但也不能待很久。'又唤来平常喜爱的小妾，表达了十分深厚的情意。这时一家人像傻了一样,不能辨别王祖德是生是死。突然从地面升起青色烟雾,半步内什么也看不清楚,烟雾消散后,一切归于寂静,空无一人。"

会鬼妃

　　《传奇》:"会昌中①,进士颜濬下第②,游广陵③,遂之建业④,赁舟抵白沙⑤。同载有青衣⑥,年二十许。濬问姓氏,对曰:'幼芳姓赵氏,亦往建业。'每舣舟⑦,濬即买酒同饮,多说陈、隋间事⑧。濬或谐谑⑨,即敛衽正色⑩。及抵白沙,各迁舟航⑪。青衣谢曰:'数日承君深顾,自嫌陋拙⑫,不足奉欢笑。然亦有一事,可以奉酬。中元必游瓦官阁⑬,此时当为君类会一神仙中人。况君风仪才调⑭,亦甚相称,约至时,某候于彼。'言讫,各登舟而去。

【注释】

①会昌:唐武宗李炎年号(841—846)。

②下第:科举时代考试不中者曰下第,又称落第。

③广陵:西汉元狩二年(前121)置,治广陵县(今江苏扬州)。

④建业:东汉建安十七年(212)孙权以秣陵县改名,治今江苏南京。

⑤赁舟:租船。白沙:即唐代扬子县白沙洲,在今江苏仪征南。

⑥青衣:青色的衣服。多为古代低阶文官或卑贱者所穿的衣服。

⑦舣(yǐ)舟:停船靠岸。

⑧陈:朝代名。南朝之一。557年陈霸先灭萧梁后建立。建都建康(今江苏南京)。589年为隋所灭。

⑨谐谑:开玩笑。

⑩敛衽:整理衣襟,表示恭敬。正色:谓神色庄重,态度严肃。

⑪舟航：船只。

⑫陋拙：指身份低微、才貌平庸。

⑬瓦官阁：即瓦棺寺，又名升元阁，故址在今江苏南京中华门内西南隅花露冈之南，为梁代所建，高二十五丈。

⑭风仪：风度仪容。才调：才华格调。

【译文】

《传奇》："会昌年间，进士颜濬科举落榜，去广陵游玩，于是又到了建业，租了条小船到白沙游玩。同船有个婢女，年龄二十多岁。颜濬问她姓名，女子回答说：'我叫赵幼芳，也去建业。'每当停船靠岸，颜濬就购买酒水跟她一同宴饮，她说的都是前代陈朝、隋朝的事。当颜濬偶尔开玩笑时，赵幼芳立即整理衣襟，端正仪态，神情转为严肃。到白沙后，各自搭船而行。那青衣女子上前对颜濬致谢：'这几天来承蒙您的殷勤关照，我身份低微、才貌平庸，不足以令您开怀欢笑。然而有一件事，可以略表酬谢。中元节那天您一定要去游瓦官阁，那时我会介绍你去见一个神仙般的人物。何况您的风度仪容、才华格调，与那人非常相配。到了约定的时间，我定会在那里等候您。'说完，各自登船而去。

"濬志其言①，中元日，决游瓦官阁，士女阗咽②，及登阁，果有美人，从二女仆，皆双鬟而有媚态。美人倚栏悲叹，濬注视不已。美人亦讶之，乃曰：'幼芳之言不谬耳。'使双鬟传语曰：'西廊有阇梨院③，请君至彼。'濬喜而往，果见同舟青衣出而微笑，濬遂并与美人叙寒暄。僧进茶果④。少顷，而谓濬曰：'今日幸接言笑，妾家在青溪⑤，颇多松月，室无他人，今夕必相过。某前往，可与幼芳后来。'濬然之，遂乘轩而去⑥。

【注释】

①志：记着。

②阗（tián）咽：堵塞，拥挤。

③阇梨院：高僧修行或居住的僧院。阇梨，梵语"阿阇梨"的省称。意谓高僧。亦泛指僧。

④茶果：指茶饮与果品（或茶点），既包含茶叶冲泡的饮品，也可能搭配干果、水果、糕点等。

⑤青溪：古水名。指三国吴在建业城东南所凿东渠。发源于今江苏南京钟山西南，流经南京市区入秦淮河，曲折达十余里，亦名九曲青溪。年久湮废，今仅存入秦淮河的一段。

⑥乘轩：原指乘坐大夫的车辆。后指乘车。

【译文】

"颜濬记着她的话，中元节那天，决意去游览瓦官阁，看见男男女女人潮拥挤、喧闹嘈杂，刚登上楼阁，果然见到一位美人，身后跟随着两名侍女，她们都梳着双鬟发髻，姿态妩媚动人。那美人倚靠栏杆独自叹息，神态哀伤，颜濬停下来一直注视着她，难以离开。那美人看见他也很惊讶，颜濬说：'幼芳的话果然不错。'美人派婢女传话给颜濬说：'西廊有阇梨院，请你到那里去。'颜濬高兴地前往，果然见到同船的那位青衣女子出来微笑示意，于是他随即与美人相互问候。僧人进献茶果。一会儿美人对颜濬说：'今天有幸与您交谈欢笑，我家住在清溪，颇多松间明月，家里没有别人，希望您今夜务必到访。我先去了，你和幼芳可随后来。'颜濬同意了对方的提议，于是乘坐车辆离开了。

"及夜，幼芳引濬前行，可数里方至。有女童数辈，秉烛迎入内室环坐，继邀孔家娘子曰：'今夕偶有佳宾相访，幸同倾觞①。'少顷而至，濬因起白曰：'不审夫人复何姓第②？'答曰：'某即陈朝张贵妃，彼即孔贵嫔，居世谬当后主眷顾③,不幸国亡,为杨广所杀。幼芳乃隋宫御女也。'因话前朝故事,孔贵嫔曰:'往事休论,不如命酒延欢④。'遂呼双鬟持乐器,洽饮久之。贵妃咏诗一章曰:'秋草荒台响夜虫,白杨凋尽减悲风。彩笺曾擘欺江总⑤,绮阁尘消玉树空⑥。'孔贵嫔曰:'宝阁排空称望仙,五云高艳拥朝天⑦。青溪犹有当时月,应照琼花绽绮筵⑧。'幼芳曰:'皓魄初圆恨翠娥⑨,繁华秾艳竟如何。南朝唯有长江水,依旧行人作逝波。'濬亦和曰:'箫管清吟怨丽华⑩,秋江寒月绮窗斜⑪。惭非后主题笺客,得见临春阁上花⑫。'

【注释】

①觞:尽觞。谓畅饮。

②不审:不知。姓第:姓氏行第。姓下加排行以代姓名。

③后主:即南朝陈后主陈叔宝。眷顾:垂爱。

④命酒:命人置酒,饮酒。

⑤江总(519—594):字总持,济阳考城(今河南兰考)人。梁时,官至太常卿。入陈,官至尚书令,虽居执政之位,而不理政务,专与陈后主游宴宫中,时人称为"狎客"。南朝陈文学家。明人辑有《江令君集》。

⑥绮阁:华丽的楼阁。

⑦五云:五色瑞云。

⑧琼花:一种珍贵的花。叶柔而莹泽,花色微黄而有香。宋淳熙以后,多为聚八仙(八仙花)接木移植。绮筵:华丽丰盛的筵席。

⑨皓魄:月的别称。翠娥:指美女。

⑩箫管:排箫和大管。泛指管乐器。清吟:清美的吟哦,清雅地吟诵。

⑪寒月:清冷的月亮。亦指清寒的月光。

⑫临春阁：阁名。南朝陈后主时建。《陈书·皇后传·张贵妃》："至
　德二年，乃于光照殿前起临春、结绮、望仙三阁。阁高数丈，并数
　十间，其窗牖、壁带、悬楣、栏槛之类，并以沉檀香木为之，又饰以
　金玉，间以珠翠，外施珠帘，内有宝床、宝帐，其服玩之属，瑰奇珍
　丽，近古所未有。"

【译文】

　　"到了夜晚时分，幼芳带领颜濬向前行进，大约走了几里地才到达。
有一群侍女，手持蜡烛引导客人进入内室，大家围坐在一起，随后又邀请
孔家娘子说：'今晚偶有佳宾来访，希望能一同畅饮。'一会儿那人来了，
颜濬于是起身说：'不知夫人的姓氏行第？'美人回答说：'我就是陈朝的
张贵妃，她是孔贵嫔，在世时错被陈后主垂爱，不幸陈朝灭亡了，我们被
杨广杀害。幼芳是隋朝的宫女。'因而谈到前朝的故事，孔贵嫔说：'不
要谈论往事了，不如饮酒一起欢乐。'于是命婢女手持乐器演奏助兴，宾
主尽欢，意犹未尽。张贵妃咏诗一首：'秋草荒台响夜虫，白杨凋尽减悲
风。彩笺曾擘欺江总，绮阁尘清玉树空。'孔贵妃吟诵道：'宝阁排空称
望仙，五云高艳拥朝天。清溪犹有当时月，应照琼花绽绮筵。'幼芳吟诵
道：'皓魄初圆恨翠娥，繁花秾艳竟如何。两朝唯有长江水，依旧行人作
逝波。'颜濬也和诗一首：'萧管清吟怨丽华，秋江寒月绮窗斜。惭非后
主题笺客，得见临春阁上花。'

　　"顷之，闻鸡鸣，孔贵嫔等谢酒辞去，濬与贵妃就寝①。
欲曙而起，贵妃赠以辟尘犀簪一枚，曰：'异日睹物思人，昨
宵客多，未尽欢情，别日更卜一会②。'呜咽而别。濬翌旦懵
然③，若有所失。信宿后④，更寻曩日地⑤，则近青溪松桂丘
墟⑥，询之于人，乃陈朝宫人墓也，惊恻而返⑦。回过广陵，
访炀帝旧陵，果有宫人赵幼芳墓，因以酒奠之。"

【注释】

①就寝：上床睡觉。

②更卜：重新占卜。

③翌旦：第二天早晨。

④信宿：连宿两夜。《诗经·豳风·九罭》："公归不复，于女信宿。"毛传："再宿曰信；宿，犹处也。"

⑤曩（nǎng）日：往日，以前。

⑥丘墟：陵墓，坟墓。

⑦惊恻：震惊悲痛。

【译文】

"片刻后，听到鸡鸣声，孔贵嫔等辞别宴席离去，颜濬与张贵妃一起就寝。天亮时将起身，张贵妃送给他一枚辟尘犀簪，说：'希望你日后看到此物时能想起我，前夜因宾客众多，未能尽兴叙旧，改天重新占卜相会。'说完后洒泪而别。颜濬第二天早晨迷迷糊糊，好像失掉什么东西似的。连续两夜后，颜濬再次探寻从前相聚的地方，青溪附近发现松树和桧树环绕的坟墓，向人打听，竟是陈朝的宫人墓，颜濬震惊悲痛而返。回来经过广陵，寻访到隋炀帝的旧陵，果然有宫人赵幼芳的墓，于是洒酒祭奠她。"

赛离舍

《燕北杂记》："七月十三日夜，戎主离行宫①，向西三十里卓帐宿②，先于彼处造酒食。至十四日，应随从诸军，并随部落，动番乐设宴③。至暮，戎主却归行宫，谓之迎节。十五日，动汉乐大宴。十六日早，却往西方，令随行军兵大噭三声④，谓之送节。番呼此节为赛离舍，汉人译云：'赛离是月，舍是好，谓月好也。'"

【注释】

①行宫：古代京城以外供帝王出行时居住的宫室。《文选·左思〈吴都赋〉》："乌闻梁岷有陟方之馆，行宫之基欤？"刘逵注："天子行所立，名曰行宫。"

②卓：竖立，建立。

③番乐：少数民族的音乐。

④嗷（jiào）：古同"叫"。

【译文】

《燕北杂记》："七月十三日夜晚，契丹首领离开行宫，率随从向西行进三十里搭建帐篷驻扎，提前在驻扎地准备了酒宴食物。到十四日，随契丹首领出行的军队，契丹各部落代表，摆设盛大宴席演奏番乐。到夜晚，契丹首领返回行宫，这一仪式称为迎节。十五日，摆设盛大宴席，演奏汉乐。十六日早晨，契丹首领率部向西移动，令随行士兵列阵发出三次战吼，称为送节。番人称呼此节为赛离舍，汉人翻译：'赛离是月，舍是好，称为月好。'"

卷三十一

中秋 上

【题解】

本卷《中秋上》篇，中秋，即农历八月十五，又称祭月节、习光诞、月夕、秋节、仲秋节、拜月节、月娘节、月亮节、团圆节等。中秋节源自天象崇拜，由上古时代秋夕祭月演变而来。自魏晋以来，即有"中秋赏月"之俗，至隋唐尤盛。卷首一段总叙文字概说中秋之义。其条目均为中秋时俗节物，主要中秋诗文典故"端正月""同阴晴""遇阴晦""置赏会""备文宴""赏云海""分秋光""讽水利""作寿诗""进新诨""应制曲""著绝唱""歌绝句"等；中秋农桑耕种"种罂粟"；中秋节日卜筮"求卜筮""占乔麦""珠贵贱""免多少"等。

　　方是闲居士《中秋玩月记》云①："中秋玩月，古今所同者也。虽古今所同，然故实所始骚人雅士②，不多见于载籍③，后世未尝无遗恨焉④。惟唐四门助教欧阳公⑤，贞元十二年与邵楚苌、林蕴、陈诩客长安邸中⑥，修厥玩事⑦，赋诗叙景⑧，曲尽其妙⑨。且谓月之为玩，冬则繁霜太寒⑩，夏则蒸云蔽月⑪，云蔽月，霜侵人，蔽与侵，俱害乎玩⑫。秋之于时，后夏先冬，八月于秋，季始孟终⑬，十五于夜，又月之中。

稽诸天道^⑭,则寒暑均^⑮,取于月数,则蟾兔圆^⑯。埃壒不流^⑰,太空悠悠^⑱,芳菲徘徊^⑲,搏华上浮^⑳,升东林,入西楼,肌骨与之疏凉^㉑,神魂与之清冷^㉒,斯古人所以为玩也夫^㉓!"

【注释】

①方是闲居士:即刘学箕,字习之,自号种春子,又号是闲居士,建宁崇安(今福建武夷山)人。南宋文学家,著有《方是闲居士小稿》。玩月:赏月。

②故实:出处,典故。骚人雅士:指诗人、作家等风雅的文人。

③载籍:指书籍、典籍。

④遗恨:遗憾。

⑤四门助教:学官名。北齐始置,二十人,协助四门博士教授四门学生。隋初沿置,五人,从九品,开皇十三年(593)罢。唐代复置,三至六人,从八品上,职掌如故。欧阳公:即欧阳詹(757—802),字行周,泉州晋江(今福建晋江)人。贞元八年(792)登进士第。曾任国子监四门助教。唐诗文家。

⑥邵楚苌:字待伦,闽县(今福建闽侯)人。贞元十二年(796),与欧阳詹、林蕴俱在长安。十五年(799)登进士第,官校书郎。唐诗人。林蕴:字复梦,泉州莆田(今属福建)人。贞元四年(788)明经及第,元和十年(815),出为邵州刺史。唐文学家,著有《林邵州遗集》。陈诩:一作翊,字载物,福州闽县(今福建闽侯)人。贞元九年(793)在泉州,与欧阳詹等过往唱酬。十三年(797)进士,官终户部郎中、知制诰。唐文学家,著有《陈诩集》。邸:旅馆。

⑦修厥玩事:参与中秋赏月盛会。

⑧赋诗叙景:对着景物吟诗作赋。

⑨曲尽其妙:把其中微妙之处委婉细致地充分表达出来。曲,委婉,细致。尽,全部表达。

⑩繁霜太寒：浓霜天气太冷。

⑪蒸云蔽月：云气升腾遮住月亮。

⑫害：妨碍。

⑬季：指秋九月。孟：指秋七月。

⑭稽：考察。天道：指四季变化的自然规律。

⑮寒暑均：不冷不热。

⑯蟾兔：蟾蜍与玉兔。旧说两物为月中之精，因作月的代称。

⑰埃壒（āi ài）：犹尘土。

⑱太空：广漠的天空。

⑲芳菲：香花芳草。

⑳搏华：疑指月。

㉑肌骨：犹胸臆。常指内心深处。疏凉：微凉。

㉒神魂：灵魂，心神。清冷：指人的风神俊秀或心地清洁。

㉓也夫：语气助词。表感叹。

【译文】

刘学箕《中秋玩月记》记载："中秋赏月，古今都有这样的习俗。虽然古今都有这样的习俗，然而赏月的习俗却始自风雅的文人，大多不见于典籍，后世之人对此未尝不感到遗憾。只有唐代四门助教欧阳詹，贞元十二年与邵楚苌、林蕴、陈诩在长安旅馆，参与中秋赏月盛会，对着景色吟诗作赋，把其中微妙之处委婉细致地充分表达出来。又称赏月为玩月，冬季浓霜天气太冷，夏季云气升腾遮住月亮，云气遮住月亮，浓霜侵蚀人体，云气遮蔽与浓霜侵人，都妨碍赏月。秋季在夏季和冬季之中，八月在秋季之中，十五又在八月之中。考察四季变化的自然规律，此时不冷不热，遵循月亮的运行周期，八月十五是月亮最圆的时候。况且尘土不飞扬，广漠的天空辽阔无际，香花芳草徘徊，月亮从东边的树林升起，照进西楼，内心深处感到微凉，灵魂感到清洁，这就是古人喜好赏月的原因！"

科举年①

　　《会要》②："太祖乾德四年③,始开科举,诏诸州以八月十五日试乡举④。"又《琐碎录》云:"科举年,中秋必有月。四川以八月十五日省试⑤。"

【注释】

①科举:隋唐以来封建王朝分科目考试选拔文武官吏后备人员的制度。

②《会要》:即宋代《会要》。宋代本朝《会要》的编修,受到官府的高度重视。宋代前期由崇文院三馆官员编纂本朝史事,后期于秘书省设立会要所,与国史实录院并列,以宰臣提举,专掌《会要》的撰修。宋修《会要》的规模堪称空前绝后,自天圣八年(1030)至淳祐二年(1242)的213年中,共修《会要》11种,3000余卷。

③太祖:宋太祖赵匡胤。乾德四年:966年。乾德,宋太祖赵匡胤年号(963—968)。

④乡举:又称"乡试""乡贡",宋代科举考试方式之一。由各地州、府每三年一次考试本地举子。由州、府判官试进士科,州录事参军、府司录参军试诸科举人,按一定的解额录取合格举人。分甲、乙二等。乡试第一名称"解元"。合格举人解送京师参加省试。

⑤省试:又称"礼部试""南省试""春试",宋代科举考试方式之一。宋循唐制,由尚书省礼部掌管贡举政令。北宋初或一二年举行一次。英宗治平四年(1067)以后改为三年一次。应试人为诸路州、府、军解试通过的举人,及太学转运司类试所发解额。试前一年秋季,举人向贡院交纳试纸,加盖官印。次年春季正月或二三月开考。由朝廷临时差知贡官四五人主考。考试内容,进士以试诗赋、策、论为主,诸科以帖书、对墨义为主。连考三场。然后由点检试卷官、参详官等评定等第。省试合格举人,由贡院放榜,然

后奏名朝廷参加殿试。通常,省试前后须历时两个多月。省试第一名称"省元"。

【译文】

《会要》:"宋太祖乾德四年,朝廷开科取士,诏令各州在八月十五日进行乡试。"又有《琐碎录》记载:"科举年,中秋夜晚必定有月亮。四川在八月十五日进行会试。"

端正月①

《玉麈佳话》②:"前辈名中秋月为端正月。昌黎月诗云:'三秋端正月,今夜出东溟③。'又前辈诗云:'去年中秋端正月,照我衣襟万条血④。'又唐人中秋诗云:'端正月临端正树,韵香人在韵香楼⑤。'端正树,韵香楼,皆明皇故事。"

【注释】

①端正月:指农历八月十五夜的月亮。是夜月最圆,故称。

②《玉麈佳话》:书名。不详待考。

③三秋端正月,今夜出东溟:出自韩愈《和崔舍人咏月二十韵》。三秋,指秋季。七月称孟秋,八月称仲秋,九月称季秋,合称三秋。东溟,东海。

④去年中秋端正月,照我衣襟万条血:出自陈与义《中秋不见月》。衣襟,古代指交领或衣下掩裳际处。

⑤端正月临端正树,韵香人在韵香楼:出自唐无名氏《中秋诗》。端正树,原为马嵬驿附近的一棵石楠树。天宝十五载(756),安史之乱中杨贵妃被赐死马嵬驿后,唐玄宗西逃至扶风道一寺庙,见石楠树开白色团花,因其形态整齐端庄,联想到华清宫中与杨妃

共处的"端正楼",遂赐名"端正树",寄托哀思。韵香楼,位于骊山华清宫,为杨贵妃日常梳洗居所,内有莲花汤(玄宗用)、芙蓉汤(杨妃用)两处温泉池。

【译文】

《玉麈佳话》:"前辈们把中秋月称为端正月。韩愈的咏月诗写道:'三秋端正月,今夜出东溟。'又有前辈的诗写道:'去年中秋端正月,照我衣襟万条血。'又有唐人的中秋诗写道:'端正月临端正树,韵香人在韵香楼。'端正树,韵香楼,都是唐明皇的典故。"

同阴晴

《使燕录》①:"中秋天色②,阴晴与夷狄同。"又东坡云:"故人史生为余言,尝见海贾云③:'中秋之月,虽相去万里,他日会合相问,阴晴无不同者。'"公集中有《中秋》诗云:"尝闻此宵月,万里同阴晴。"

【注释】

①《使燕录》:一卷,余嵘撰。该书为作者出使金国,南归后撰写,记金朝、蒙古情状尤详。余嵘(1162—1237),字景瞻,衢州龙游(今浙江衢州东北)人。淳熙十四年(1187)进士,端平元年(1234),除华文阁学士、沿海制置使兼知庆元府,进封信安郡开国侯。

②天色:天气。

③海贾:海商。

【译文】

《使燕录》:"中秋节的天气,无论在中原还是少数民族地区,阴晴都是相同的。"又有苏轼说:"老友史生告诉我,曾听海商说:'中秋时的月亮,即使相隔万里,日后人们见面后询问的话,阴晴没有什么不同。'"苏轼文集中有《中秋》诗写道:"尝闻此宵月,万里同阴晴。"

遇阴晦

　　《石林诗话》^①:"晏元献公守南都^②,王君玉时在馆阁较勘^③,公特请于朝,以为府签判^④。宾主相得^⑤,日以赋诗饮酒为乐,佳时胜日,未尝辄废^⑥。尝遇中秋阴晦,公厨夙为备^⑦,公适无命^⑧,既至夜,君玉密使人伺公,曰:'已寝矣。'君玉亟为诗以入,曰:'只在浮云最深处,试凭弦管一吹开^⑨。'公枕上得诗,大喜,即索衣起,径召客治具大合乐^⑩。至夜分^⑪,果月出,遂饮乐达旦。"

【注释】

①《石林诗话》:三卷,南宋叶梦得撰。该书杂记唐宋诗坛人事,品评诗作,间有议论。

②晏元献公:即晏殊。南都:即江宁府。今江苏南京。

③王君玉:即王琪,字君玉,华阳(今四川成都)人。王珪从兄。少聪慧,幼时已能为歌诗。晏殊守南都,署为府签判,宾主相得甚欢。馆阁较勘:宋代校订宫中藏书的官名。

④签判:宋签书判官厅公事省称。州、府、军、监,都设有签书判官厅公事。

⑤相得:相互投合,比喻相处得很好。

⑥辄废:轻易废除。

⑦公厨:官家的厨房。夙:素有。

⑧适:恰好。

⑨弦管：歌吹弹唱。

⑩治具：备办酒食，设宴。大合乐：指诸乐合奏。

⑪夜分：夜半。

【译文】

《石林诗话》："晏殊任江宁府留守时，王琪当时为馆阁校勘，晏殊特意请示朝廷，将王琪召来做府签判。两人相互投合，每天以诗酒为乐，良辰佳日，更是不会错过聚会的机会。曾经碰上中秋节天气阴沉，官家的厨房素有准备，晏公恰好无事，既到深夜，王琪暗中派人探望晏公的情况，那人说：'晏公已睡了。'王琪急忙写了一首诗让人送进去，说道：'只在浮云最深处，试凭弦管一吹开。'晏公在床上看到这首诗，大喜，立即穿衣起床，直接召集客人设宴诸乐合奏。到夜半，月亮果然出来了，于是通宵饮酒作乐。"

置赏会

《隋唐嘉话》①："李愬隐首阳山②，中秋夕，与友人携酒望月。愬曰：'若无明月，岂不愁杀人也③。'"杜子美诗云："若无青嶂月，愁杀白头人④。"

【注释】

①《隋唐嘉话》：底本作《随唐佳话》，据《直斋书录解题》改。

②李愬（shuò，773—821）：字元直，谥武，洮州临潭（今属甘肃）人。唐朝名将。首阳山：又称首山。在河南偃师西北，接孟津界。邙山主峰之一。日出先照，故名。

③愁杀：谓使人极为忧愁。杀，表示程度深。

④若无青嶂月，愁杀白头人：出自杜甫《月三首·其一》。青嶂月，照耀青翠山峦的月亮。

【译文】

《隋唐嘉话》:"李懋隐居首阳山,中秋晚上,与友人携带酒食去赏月。李懋说:'如果没有明月,岂不使人极为忧愁。'"杜甫有诗写道:"若无青嶂月,愁杀白头人。"

备文宴①

《天宝遗事》:"苏颋与李乂对掌纶诰②,八月十五夜,于禁中直宿诸学士玩月③,备文酒之宴④。时长天无云⑤,月色如昼,苏曰:'清光可爱,何用灯烛?'遂命撤去。"

【注释】

①文宴:赋诗论文的宴会。

②苏颋(tǐng,670—727):字廷硕,京兆武功(今陕西武功)人。睿宗时,袭父爵许国公,世称苏许公。苏颋以工文称,朝廷制诰,多出其手,乔皇典丽,与燕国公张说并称"燕许大手笔"。李乂(yì,657—716):字尚真,赵州房子(今河北临城)人。宋文学家,著有《李乂集》。对掌:共同掌管。纶诰:指皇帝的诏令文告。

③直宿:值夜。《周礼·天官·宫正》"次舍之众寡"郑玄注:"次,诸吏直宿。"

④文酒:谓饮酒赋诗。

⑤长天:辽阔的天空。

【译文】

《开元天宝遗事》:"苏颋与李乂共同掌管皇帝的诏令文告起草之事,八月十五日夜晚,在宫中值夜的诸位学士一起赏月,还准备了诗文酒宴。当时辽阔的天空没有一丝云彩,月光把黑夜照耀得如同白天,苏颋说:'月光皎洁明亮令人喜爱,哪里用得着灯烛呢?'于是命令撤去灯烛。"

结彩楼

《东京梦华录》："中秋节前,京城诸酒店重新结络门面彩楼,花头画竿①,醉仙锦斾②。中秋日皆卖新酒,市人争饮,至午、未间③,家家无酒,拽下望子④。是时,螯蟹新出⑤,石榴、榅勃、梨、栗、芓萄、枨橘⑥,皆新上市。"

【注释】

①花头画竿:顶端装饰有花样形的彩绘旗杆。

②醉仙锦斾(pèi):画有醉仙的酒旗。醉仙,指李白。锦斾,亦称"酒望""酒旗"等。

③至午、未间:约相当于下午一两点的时候。

④望子:指酒旗。古代酒店的招牌标志。用布缀于竿顶,悬在店门前,以招徕客人。

⑤螯(áo)蟹:指螃蟹。

⑥榅勃:即榅桲。果实秋季成熟,黄色,梨形,有香气,味甘酸,可以吃,又供药用。芓萄:即葡萄。枨(chéng)橘:指橙橘类的果品。

【译文】

《东京梦华录》："中秋节前,京城各家酒店重新结扎门前的彩楼,顶端装饰有花样形的彩绘旗杆上,高挂着画有醉仙的酒旗。中秋节这一天,酒店都卖新酿的酒,京城的人都争相进店饮酒,到午时和未时之间,家家无酒可卖,于是拽下酒旗,停止营业。此时,螃蟹已经上市,石榴、榅勃、梨、栗子、葡萄、橙橘类的果品,都新鲜上市。"

饰台榭

《东京梦华录》："中秋夜,市肆、贵家结饰台榭①,民间争占酒楼玩月,<u>丝竹鼎沸</u>②。近内庭居民,夜深遥闻笙竽之声③,宛在云外。闾里儿童④,连宵嬉聚,夜市骈阗⑤,至于通晓⑥。"

【注释】

①市肆:市中店铺。

②丝竹:弦乐器与竹管乐器之总称。亦泛指音乐。鼎沸:形容喧闹、嘈杂。

③笙竽:笙和竽。因形制相类,故常联用。竽亦笙属乐器,有三一六簧。

④闾里:里巷。

⑤骈阗(pián tián):聚集。

⑥通晓:整夜,通宵。

【译文】

《东京梦华录》:"中秋节晚上,市中店铺和富贵人家都装饰楼台水榭,百姓则争着抢占酒楼的座席赏月,处处丝竹乐声鼎沸。靠近皇宫的居民,深夜里还能远远听到宫中传来的笙竽之声,宛如云外传来的仙乐。里巷的儿童,通宵达旦地嬉闹玩耍,夜市热闹异常,一直持续到天亮。"

观江涛

《文选·枚乘〈七发〉》①:"客曰:'将以八月之望,与诸侯并往观涛于广陵之曲江②。'"詹克爱《中秋即事》云:"前年中秋秋月高,钱塘江上观风涛。"

【注释】

①枚乘《七发》:辞赋名篇,汉枚乘作。《文选·枚乘〈七发〉》李善题解:"《七发》者,说七事以起发太子也,犹《楚词·七谏》之流。"

枚乘(? —前140),字叔,淮阴(今属江苏)人。汉辞赋家。

②诸侯:喻指掌握军政大权的地方长官。曲江:即今江苏扬州南的一段长江。

【译文】

《文选·枚乘〈七发〉》:"客人说:'我们将在八月十五日,与诸侯一同前往广陵的曲江观看江潮。'"詹克爱《中秋即事》写道:"前年中秋秋月高,钱塘江上观风涛。"

泛夜舫

《晋书》:"袁宏孤贫①,运租自业②。谢尚时镇牛渚③,八月十五夜,乘月与左右微服泛江④。会宏在舫中讽咏解闷⑤,即其咏史之作。尚迎升舟与谈,达旦不寐,自此名誉日茂⑥。"

【注释】

①袁宏(328—376):字彦伯,小字虎,阳夏(今河南太康)人。东晋文学家、史学家,著有《后汉纪》。孤贫:孤苦贫寒。

②运租自业:载运租谷养活自己。

③谢尚(308—357):字仁祖,陈郡阳夏(今河南太康)人。东晋文学家。牛渚:即今安徽马鞍山西南采石矶。

④微服:为隐藏身份,避人注目而改换常服。古代多指帝王将相或其他有身份的人而言。

⑤讽咏:讽诵吟咏。

⑥茂:大,盛大。

【译文】

《晋书》:"袁宏年轻时孤苦贫寒,被人雇佣载运租谷养活自己。谢尚当时镇守牛渚,八月十五夜晚,趁着月色与侍从微服在长江上乘船游玩。

恰好袁宏在船中咏诗消解愁闷,吟诵的就是他的咏史诗。谢尚就把袁宏迎上船与他谈论,通宵达旦不睡觉,从此袁宏的名声日益显扬。"

赏云海

《本事词》:"李丞相伯纪退居三山①,寓居东报国寺②,门下多文士从游。中秋夜讌③,座上命何大圭赋《水调歌头》④,云:'今夕出佳月,银汉泻高寒⑤。风缠云卷,转觉天陛玉楼宽⑥。疑是金华仙子⑦,又喜经年药就⑧,倾出玉团团。收拾江河影,都向镜中蟠⑨。　　横霜笛⑩,吹明影,到中天⑪。要令四海瞻望⑫,千古此轮安。何岁何年无月,唯有谪仙著语⑬,高绝不能攀。我欲唤空起,云海路漫漫。'后有赏月亭,名云海。"

【注释】

①李丞相伯纪:底本作"李丞相纪",据《宋史》补。即丞相李纲（1083—1140）,字伯纪,号梁溪,谥忠定,邵武（今属福建）人。宋文学家,著有《梁溪集》。退居:引退闲居。三山:福州的别称。福州城中西有闽山,东有九仙山,北有越王山,故福州又称三山。

②寓居:寄居。报国寺:寺院名。在今福建福州城东。

③讌:同"宴"。

④何大圭:字晋之,广德（今属安徽）人。宋文学家。

⑤高寒:指月光,月亮。

⑥天陛:月宫天阶。

⑦金华仙子:指月宫仙女。

⑧经年药就:月中玉兔捣药经年不成。

⑨镜中：月中。蟠：屈曲而伏。

⑩霜笛：霜天笛声，凄怨的笛声。

⑪中天：高空中，当空。

⑫四海：犹言天下。瞻望：仰望，仰慕。

⑬谪仙：借指被谪降的官吏。著语：说出的话。

【译文】

《本事词》："丞相李纲引退闲居福州，寄居在城东的报国寺，门下有很多文人跟他交游。中秋节夜间宴饮，李纲命何大圭写《水调歌头》，词写道：'今夕出佳月，银汉泻高寒。风缠云卷，转觉天陛玉楼宽。疑是金华仙子，又喜经年药就，倾出玉团团。收拾江河影，都向镜中蟠。　　横霜笛，吹明影，到中天。要令四海瞻望，千古此轮安。何岁何年无月，唯有谪仙著语，高绝不能攀。我欲唤空起，云海路漫漫。'后来有赏月亭，名字叫云海亭。"

讽水利

《乌台诗话》："熙宁六年①，任杭州通判②。因八月十五观潮③，作诗五首，写在本州安济亭④。前三首并无讥讽，至第四首云：'吴儿生长狎涛渊⑤，冒利忘生不自怜。东海若知明主意，应教斥卤变桑田⑥。'盖言弄潮之人贪官中利物⑦，致其间有溺而死者，故朝廷禁断⑧。轼谓主上好兴水利⑨，不知利少害多，言'东海若知明主意，应教斥卤变桑田'，言此事之必不可成，讥讽朝廷水利之难成也。"

【注释】

①熙宁六年：1073年。

②通判：官名。在州府的长官下掌管粮运、家田、水利和诉讼等事项，对州府的长官有监察的责任。

③观潮：观赏涨潮。特指观赏钱塘江的大潮。每年以农历八月十八日为最盛。

④安济亭：《乾道临安志》："在钱塘旧治南，到县二十里。"

⑤吴儿：吴地少年。狎：戏弄。涛渊：指有澜涛的深水。

⑥斥卤：盐碱地。桑田：种植桑树与农作物的田地。

⑦弄潮：在潮水里游水作戏。以钱塘弄潮最著名。又南宋临安风俗，八月观潮，少年百十为群，执旗泅水上，称弄潮之戏。

⑧禁断：禁止，阻止。

⑨主上：臣下对君主的称呼。

【译文】

《乌台诗话》："熙宁六年，苏轼任杭州通判。因八月十五观赏钱塘江的大潮，作诗五首，题写在本州安济亭上。前三首并没有讥讽的意思，到第四首写道：'吴儿生长狎涛渊，冒利忘生不自怜。东海若知明主意，应教斥卤变桑田。'大概说弄潮的人贪图官府中的钱财，以致其间有淹死的人，因而朝廷禁止弄潮。苏轼说皇帝好兴修水利，不知道祸害超过利益，诗中'东海若知明主意，应教斥卤变桑田'，就是说此事必不可成，讥讽朝廷兴修水利难以成功。"

分秋光

《古乐府》有《嫦娥怨》之曲，注云："汉人因中秋无月，而度此曲①。所谓嫦娥者②，盖指言月中姮娥也③。"罗隐《中秋不见月》诗云："风帘淅淅漏银霙④，一半秋光比夕分。天为素娥嫦怨苦⑤，故教西北起浮云⑥。"又前辈尝有中秋词云:"唤起嬬娥,撩云拨雾。驾出一轮玉⑦。"后人传写之讹,遂以"嬬娥"为"姮娥",殊失从来作者之本意也⑧。

【注释】

①度:谱写。

②嬬娥:指嫦娥。

③姮娥:指嫦娥。《淮南子·览冥训》:"羿请不死之药于西王母,姮娥窃以奔月。"高诱注:"姮娥,羿妻。羿请不死之药于西王母,未及服之,姮娥盗食之,得仙,奔入月中,为月精也。"姮,本作"恒",俗作"姮"。汉代因避文帝刘恒讳,改称常娥,通作嫦娥。

④风帘:指遮蔽门窗的帘子。渐渐:象声词。雨声。

⑤素娥:嫦娥的别称。亦用作月的代称。《文选·谢庄〈月赋〉》:"引玄兔于帝台,集素娥于后庭。"李周翰注:"常娥窃药奔月,因以为名。月色白,故云素娥。"

⑥浮云:飘动的云。

⑦"唤起嬬娥"几句:出自韩驹《念奴娇·月》。一轮,特指月亮。

⑧从来:原来。

【译文】

《古乐府》有《嬬娥怨》之曲,注解说:"汉人因中秋无月,而谱写此曲。所说的嬬娥,则指月中的姮娥。"罗隐《中秋不见月》诗写道:"风帘渐渐漏银雯,一半秋光此夕分。天为素娥嬬怨苦,故教西北起浮云。"又有前辈的中秋词写道:"唤起嬬娥,撩云拨雾。驾出一轮玉。"因后人传抄错误,于是就把"嬬娥"变成"姮娥",大大失去原来作者的本意。

作春阴

《王氏诗话》①:"吕申公在扬州日②,因中秋,令秦少游预作口号③，有'照海旌幢秋色里，沸天鼓吹月明中'之句④。是夜却微阴，公笑云：'使不着也。'少游遂别作一篇，乘联云：'自是我公多惠爱，却回秋色作春阴。'真所谓翻云手也⑤。"

【注释】

①《王氏诗话》：即《王直方诗话》。

②吕申公：即吕公著（1018—1089），字晦叔，卒赠太师、申国公，谥正献，寿州（今安徽寿县）人。宋文学家，著有《五州录》《吕申公掌记》《吕正献集》《吕氏孝经要语》《葵亭集》等。

③口号：古代的一种诗歌体裁。

④旌幢：旗帜。鼓吹：即鼓吹乐。古代的一种器乐合奏曲。用鼓、钲、箫、笳等乐器合奏。源于我国古代民族北狄。汉初达军用之，以壮声威，后渐用于朝廷。

⑤翻云手：即"翻手为云"。形容人反复无常或惯于玩弄权术。这里指秦观作诗时文思敏捷、化用巧妙。

【译文】

《王直方诗话》："吕公著在扬州时，因为中秋节，令秦观预先作口号诗，诗中有'照海旌幢秋色里，沸天鼓吹月明中'的句子。中秋夜空中有稀薄的阴云，吕公著笑着说：'用不着了。'秦观于是另写作一篇，乘联写道：'自是我公多惠爱，却回秋色作春阴。'秦观真是所说的翻云手。"

得佳联

《漫叟诗话》①："南唐金轮寺有僧曰明光者②，先一年中秋玩月，得诗一联云：'团团离海角，渐渐出云衢③。'竟思下联不就。次年中秋，再得一联云：'此夜一轮满，清光何处无④.'遂不胜其喜,径登寺楼鸣钟⑤。时有善听声者闻之,此钟发声通畅,若非诗人得句,即是禅僧悟道⑥,验之果然。好事者有诗云:'为思银汉中秋月,误击金轮半夜钟。'"

【注释】

①《漫叟诗话》:宋人诗话,作者不详。原书已佚,今天只能看到它的佚文。郭绍虞辑《宋诗话辑佚》录其佚文六十一条。

②南唐:五代十国之一。937年李昇代吴称帝,建都金陵(今江苏南京),国号唐,史称南唐。975年为北宋所灭。金轮寺:寺院名。不详待考。

③云衢(qú):云中的道路。

④清光:清亮的光辉。多指月光之类。

⑤鸣钟:击钟。

⑥悟道:领悟佛理。

【译文】

《漫叟诗话》:"南唐金轮寺有一位叫明光的僧人,前一年中秋赏月时,作诗一联:'团团离海角,渐渐出云衢。'而后苦思下联不成。第二年中秋赏月,再作一联:'此夜一轮满,清光何处无。'僧人于是不胜欢喜,径直登上寺楼击钟庆贺。当时有善于听声的人听到钟声,认为钟发声通畅,如果不是诗人得佳句,就是僧人领会佛理,检验后果真如此。好事的人有诗写道:'为思银汉中秋月,误击金轮半夜钟。'"

作寿诗

《隐居诗话》:"李文定公迪八月十五日生①,杜默作《中秋月》诗以寿公②。凡数百言,皆以月祝文定,其警句有云:

'蟾吐辉光育万重③，我公蟠屈为心胸④。老桂根株撼不折，我公得此为清节。孤轮辗空周复圆⑤，我公得此为机权⑥。余光烛物无洪细⑦，我公得此为经济。'终篇大率如此，虽造语儇浅⑧，亦豪爽⑨。"

【注释】

①李文定公迪：即李迪（971—1047），字复古，谥文定，赵郡赞皇（今河北赞皇）人。北宋宰相、诗人。

②杜默：字师雄，和州历阳（今安徽和县）人，一说濮州（今山东鄄城北）人。师事石介，介赠以《三豪诗》，以为默豪于歌，而与石延年、欧阳修并称。为诗狂怪，且多不合律，后人称为"杜撰"。

③辉光：光辉，光彩。

④蟠屈：抑郁纠结。心胸：内心。

⑤孤轮：指月亮。

⑥机权：机智权谋。

⑦洪细：大小。

⑧造语：说话或作文时选用词句。儇（xuān）浅：轻巧浅薄。

⑨豪爽：犹言豪放爽直。

【译文】

《隐居诗话》："李迪八月十五日生日，杜默作《中秋月》诗为李迪祝寿。诗共数百句，都以月为题祝福李迪，其中有这样精妙的句子：'蟾吐辉光育万重，我公蟠屈为心胸。老桂根株撼不折，我公得此为清节。孤轮辗空周复圆，我公得此为机权。余光烛物无洪细，我公得此为经济。'全篇大致都是这样，虽然文章用词轻巧浅薄，但也豪放爽直。"

进新词

《复雅歌辞》："'明月几时有？把酒问青天①。不知天上宫阙②，今夕是何年。我欲乘风归去③，又恐琼楼玉宇④，高处不胜寒⑤。起舞弄清影⑥，何似在人间！　转朱阁，低绮户⑦，照孤眠。不应有恨，何事长向别时圆？人有悲欢离合，月有阴晴圆缺，此事古难全。但愿人长久，千里共婵娟⑧。'是词乃东坡居士以丙辰中秋⑨，欢饮达旦，大醉，作《水调歌头》，兼怀子由⑩，时丙辰熙宁九年也⑪。元丰七年⑫，都下传唱此词⑬，神宗问内侍外面新行小词，内侍录此进呈。读至'又恐琼楼玉宇，高处不胜寒'，上曰：'苏轼终是爱君。'乃命量移汝州⑭。"

【注释】

①把酒：手执酒杯。

②天上宫阙：指月宫。

③乘风：驾着风，凭借风力。

④琼楼玉宇：指神话中月宫里的亭台楼阁。

⑤不胜寒：寒冷使人忍受不住。

⑥弄清影：同月亮照出的自己的影子一起嬉戏。

⑦绮户：镂刻花纹图案的门窗。

⑧婵娟：指月亮。

⑨丙辰：1076年。

⑩子由：苏轼的弟弟苏辙，字子由。

⑪熙宁九年：1076年。熙宁，宋神宗的年号（1068—1077）。

⑫元丰七年：1084年。元丰，宋神宗的年号（1078—1085）。

⑬都下:京城。

⑭量移:多指官吏因罪远谪,遇赦酌情调迁近处任职。汝州:今属河南。

【译文】

《复雅歌辞》:"'明月几时有? 把酒问青天。不知天上宫阙,今夕是何年。我欲乘风归去,又恐琼楼玉宇,高处不胜寒。起舞弄清影,何似在人间！ 转朱阁,低绮户,照孤眠。不应有恨,何事长向别时圆? 人有悲欢离合,月有阴晴圆缺,此事古难全。但愿人长久,千里共婵娟。'这首词是苏轼在丙辰中秋,欢乐宴饮直到天亮,喝得大醉时,创作的《水调歌头》,同时怀念弟弟子由,当时是熙宁九年。元丰七年,京城传唱这首词,神宗问内侍外面新进流行的小词,内侍把这首词抄录进呈神宗。读到'又恐琼楼玉宇,高处不胜寒'时,神宗说:'苏轼终归是心系君主。'于是下令将苏轼调迁汝州。"

应制曲

《复雅歌词》:"宣和间①,万俟雅言中秋应制②,作《明月照高楼慢》,云:'平分素商③。四垂翠幕④,斜界银汉。颢气通建章⑤。正烟澄练色,露洗水光。明映波融太液,影随帘挂披香。楼观壮丽,附霁云、耀绀碧相望⑥。 宫妆⑦。三千从赭黄⑧。万年世代,一部笙簧⑨。夜宴花漏长⑩。乍莺歌断续⑪,燕舞回翔⑫。玉座频燃绛蜡⑬,素娥重按《霓裳》⑭。还是共唱御制词,送御觞⑮。'"

【注释】

①宣和:宋徽宗的年号(1119—1125)。

②万俟雅言:即万俟咏,字雅言,号大梁词隐,大梁(今河南开封)

人。宋哲宗元祐间,以诗赋闻名。著有《大声集》。

③素商:即秋季。古以商音配秋,故名之。

④翠幕:翠色的帷幕。

⑤颢气:清新洁白盛大之气。《文选·班固〈西都赋〉》:"轶埃壒之混浊,鲜颢气之清英。"张铣注:"鲜,洁也;颢,白也。言过埃尘之上以承洁白清英之露。"建章:汉代长安宫殿名。《三辅黄图·汉宫》:"武帝太初元年,柏梁殿灾。粤巫勇之曰:'粤俗,有火灾即复大起屋,以厌胜之。'帝于是作建章宫,度为千门万户。宫在未央宫西,长安城外。"

⑥霁云:雨后的云彩。绀(gàn)碧:天青色,深青透红色。

⑦宫妆:宫中女子的妆束。

⑧三千:极言宫女之多。赭黄:土黄色。古代皇帝袍服以此色染之。此指皇帝。

⑨笙簧:指笙的乐音。

⑩花漏:即莲花漏。古代的一种计时器。唐李肇《唐国史补》卷中:"初,惠远以山中不知更漏,乃取铜叶制器,状如莲花,置盆水之上,底孔漏水,半之则沉。每昼夜十二沉,为行道之节,虽冬夏短长,云阴月黑,亦无差也。"

⑪莺歌:谓莺啼婉转似歌。

⑫燕舞:筵席中的舞蹈。

⑬玉座:皇帝的座位。绛蜡:红烛。

⑭《霓裳》:即《霓裳羽衣曲》。

⑮御觞:指饮酒。

【译文】

《复雅歌词》:"宣和年间,万俟咏中秋应制,作《明月照高楼慢》,写道:'平分素商。四垂翠幕,斜界银汉。颢气通建章。正烟澄练色,露洗水光。明映波融太液,影随帘挂披香。楼观壮丽,附霁云、耀绀碧相望。　　宫妆。三千从赭黄。万年世代，一部笙簧。夜宴花漏长。乍莺歌断续，燕舞回翔。玉座频燃绛蜡，素娥重按《霓裳》。还是共唱御制词，送御觞。'"

著绝唱①

《雅言杂载》②："廖凝③，字熙绩，善吟讽④，有学行⑤，隐居南山三年⑥。江南受伪官为彭泽令⑦，迁连州刺史⑧。与升州李建勋为诗友⑨，相善⑩。有诗集行于世，咏《中秋月》诗最为绝唱：'九十日秋色，今宵已十分。孤光吞列宿⑪，四面绝微云。众木排疏影⑫，寒流叠细纹⑬。遥遥望丹桂⑭，心绪正纷纷。'"

【注释】

①绝唱：指诗文创作上的最高造诣。

②《雅言杂载》：原书卷次不详，北宋张靓撰。该书收载唐五代至北宋中期的诗人事迹及杂事，以五代至宋初之事为多。张靓，北宋人。

③廖凝：原名匡凝，避宋讳改，字熙绩，虔州赣县（今江西赣州）人。五代南唐诗人。著有《廖凝诗集》。

④吟讽：作诗。

⑤学行：学问和品行。

⑥南山：即南岳衡山，又名寿岳、南山，位于湖南衡阳。

⑦江南：南唐建都金陵（今江苏南京），后亦称南唐及其统治下的地区为江南。伪官：中原政权对割据政权的贬称，南唐作为五代十国之一，其官职在当时被视为"僭伪"，故用此表述。伪，非法，非正统。

⑧连州:隋开皇十年(590)置,因黄连岭为名。治桂阳县(今广东连
　　州)。大业三年(607)改为熙平郡,唐武德四年(621)复为连州。

⑨升州:唐乾元元年(758)改江宁郡置,治所在上元县(今江苏南
　　京)。李建勋(约873—952):字致尧,谥靖,广陵(今江苏扬州)
　　人。五代南唐诗人。

⑩相善:彼此交好。

⑪孤光:指月光。列宿:众星宿。特指二十八宿。

⑫疏影:疏朗的影子。

⑬寒流:清冷的小河或小溪。

⑭丹桂:传说月中有桂树,因以"丹桂"为月亮的代称。

【译文】

《雅言杂载》:"廖凝,字熙绩,擅长作诗,有学问和品行,隐居衡山三
年。南唐伪政权曾任命他为彭泽县令,后调任连州刺史。与升州李建勋
为诗友,彼此交好。有诗集刊行于世,咏《中秋月》诗最能代表他诗文创
作上的最高造诣:'九十日秋色,今宵已十分。孤光吞列宿,四面绝微云。
众木排疏影,寒流叠细纹。遥遥望丹桂,心绪正纷纷。'"

歌绝句

《王直方诗话》:"东坡作彭门守时①,过齐州李公择②。
中秋,席上作一绝云:'暮云收尽溢清寒,银汉无声转玉
盘③。此宵此景不长好,明月明年何处看。'其后山谷在黔
南④,令以《小秦王》歌之⑤。"

【注释】

①彭门:彭城县或彭城郡的别称。治所即今江苏徐州。因本大彭氏
　　国,秦置彭城县,汉以后置彭城郡得名。

②齐州：北魏皇兴三年（469年）改冀州置，治历城县（今山东济
　　南）。隋大业初改为齐郡。唐武德元年（618）又改为齐州。辖
　　境约当今山东济南、章丘、济阳、禹城、齐河、临邑等地。李公择：
　　即李常（1027—1090），字公择，建昌（今江西永修）人。宋文学
　　家、藏书家。

③玉盘：喻圆月。

④黔南：即黔州。北周建德三年（574）改奉州置。隋开皇十三年（593）
　　治彭水县（今重庆彭水）。大业三年（607）改为黔安郡。唐武德元
　　年（618）复为黔州。天宝元年（742）改为黔中郡，乾元元年（758）
　　复为黔州。

⑤《小秦王》：唐教坊曲，此为小型之《秦王破阵乐》，七言四句，二十
　　八字三平韵。首句以平起，第三句仄起，格调与《阳关曲》（《渭城
　　曲》）不同。

【译文】

《王直方诗话》："苏轼作彭城太守时，去拜访齐州太守李常。正值
中秋节，苏轼在席上作一绝句：'暮云收尽溢清寒，银汉无声转玉盘。此
宵此景不长好，明月明年何处看。'此后黄庭坚在黔州，让人用《小秦王》
的曲调歌唱。"

述幽意①

《古今词话》："'月到中秋偏莹②。乍团圆、早欺我孤
影③。穿帘共透幕，来寻趁④。钩起窗儿，里面故把、灯儿扑
烬。　　看尽古今歌咏。状玉盘、又拟金饼⑤。谁花言巧
语、胡厮脛⑥。我只道、尔是照人孤眠⑦，恼杀人，曰都名业
镜⑧。'野人曰⑨：'此词极有才调⑩，巧于游戏也。但不知在

地狱对着业镜,有甚情缀词⑪。'予以谓野人所谓'在地狱对着业镜',然业镜不必在地狱中也。凡人对镜有不称意,必扑镜而叹曰'业镜'也。中秋夜月,照人孤眠,称为业镜,以状景写意及于此也⑫。野人之言,其责太过耳⑬。"

【注释】

①幽意:幽深的思绪。

②莹:光洁而透明。

③孤影:孤单的影子。

④寻趁:寻找,寻觅。

⑤金饼:比喻月亮。

⑥胡厮胫:乱作声,胡说八道。

⑦只道:只说,只认为。

⑧业镜:佛教地狱中照摄众生善恶业的镜子,能如实映现生前行为。

⑨野人:疑即唐殷潜之,自称野人。以《题筹笔驿》诗著称。与杜牧友善,杜牧有《和野人殷潜之题筹笔驿十四韵》诗。

⑩才调:才气。

⑪情缀词:指亡魂试图用情感化的言辞掩饰罪业。情,指情感或情状。缀词,指修饰的言辞。

⑫状景写意:即是对自然或社会之景进行描绘,从而抒发作者的思想感情。

⑬责:指责。太过:过分。

【译文】

《古今词话》:"'月到中秋偏莹。乍团圆、早欺我孤影。穿帘共透幕,来寻趁。钩起窗儿,里面故把、灯儿扑烬。　看尽古今歌咏。状玉盘、又拟金饼。谁花言巧语、胡厮胫。我只道、尔是照人孤眠,恼杀人,旧都名业镜。'野人说:'这首词的写作展现出极高的才华与风度,在结构或表达上巧妙灵动，带有游戏笔墨的趣味性。当亡魂在地狱面对业镜时，还能用什么样的言辞来修饰自己的罪业？'我认为野人所说'亡魂在地狱面对业镜时'，然而业镜并非仅存在地狱中。世间凡人照镜子时若感到不满，往往会拍打镜子并感叹'这简直是业镜啊'！中秋夜的明月，映照孤独不眠之人，被称为照见众生善恶的'业镜'，通过这样的景象描写抵达深层意境。野人所说的话，指责有些过分了。"

遇知音

　　《古今词话》："嘉祐间，京师殿试①，有一南商控细鞍骢马于右掖门②，俟状元献之③。日未曛④，唱名第一人乃许将也⑤，姿状奇秀⑥，观者若堵。自缀《临江仙》曰：'圣主临轩亲策试⑦，集英佳气葱葱⑧。鸣鞘声震未央宫⑨。卷帘龙影动⑩，挥翰御烟浓⑪。　　上第归来何事好⑫，迎人花面争红。蓝袍香散六街风⑬。一鞭春色里⑭，骄损玉花骢⑮。'后帅成都，值中秋府会，官妓献词送酒，仍别歌《临江仙》曰：'不比寻常三五夜⑯，万家齐望清辉⑰。烂银盘透碧琉璃⑱。莫辞终夕看，动是隔年期。　　试问嫦娥还记否？玉人曾折高枝。明年此夜再圆时。阆开东府宴⑲，身在凤凰池⑳。'许问谁作词，妓白以西州士人郑无党词㉑。后召相见，欲荐其才于廊庙㉒。无党辞以无意进取㉓，惟投牒理逋欠数千缗㉔。无党为人不羁㉕，长于词。盖知许公《临江仙》最喜歌者，投其所好也㉖。"

【注释】

①京师殿试:又称"廷试"。科举制度中皇帝于殿廷上对会试取录的贡士亲发策问的考试。源于汉代皇帝亲自策诏贤良文学之士,始于唐武则天时策试贡士于洛城殿。

②南商:南方商人。控:骑。骢马:青白色的马。

③俟(sì):等待。状元:科举考试中,殿试考取一甲(第一等)第一名的人。

④日未曛:还没到傍晚。曛,黄昏,傍晚。

⑤唱名:科举时代殿试后,皇帝呼名召见登第进士,叫唱名。

⑥姿状:形貌。

⑦圣主:指宋仁宗赵祯。策试:古代科举考试时,以经义、政事设题试士,使之对答,称为"策试",一作"策问"。

⑧集英:即集英殿。葱葱:形容草木青翠茂盛或气象旺盛。

⑨鸣鞘:谓挥动鞭梢使发声。未央宫:汉代皇宫名。代指宋都皇宫。

⑩龙影:此指皇帝的身影。

⑪挥翰:犹挥毫。

⑫上第:考试成绩中的第一等。作者于仁宗嘉祐八年(1063)参加科举考试,被取为进士第一名,故云。

⑬蓝袍:旧时八品、九品小官所穿的服装。六街:北宋汴京的六条中心大街。泛指京城大街。

⑭一鞭:形容骑马出行。

⑮玉花骢:青白色的马,今名菊花青马。这里是泛指宝马。

⑯三五夜:农历十五日夜晚。

⑰清辉:清光。此指月的光辉。

⑱烂银盘:喻指月亮。碧琉璃:碧绿色的琉璃。亦喻指碧绿色的光莹透明之物。

⑲东府:唐宋时指丞相府。

⑳凤凰池：禁苑中池沼。魏晋南北朝时设中书省于禁苑，掌管机要，接近皇帝，故称中书省为"凤凰池"。

㉑西州：指今四川盆地。《后汉书·廉范传》："范父遭丧乱，客死于蜀汉，范遂流寓西州。西州平，归乡里。"李贤注：西州"谓巴蜀也"。郑无党：西州士人。为人豪放不羁，长于词。哲宗元祐元年（1086）许将帅成都，欲荐其才于廊庙，无党辞以无意进取。

㉒廊庙：殿下屋和太庙。指朝廷。

㉓进取：求取，追求。

㉔投牒：呈递文辞。逋欠：拖欠的赋税钱粮。

㉕不羁：不受约束，率性而为。

㉖投其所好：迎合别人的喜好。

【译文】

《古今词话》："嘉祐年间，朝廷举行殿试，有一个南方商人骑着细鞍青白色的马在右掖门，等待献给状元。还没到傍晚，唱名公布的状元是许将，许将形貌非常清秀，观看的人围成一堵墙。许将自作《临江仙》写道：'圣主临轩亲策试，集英佳气葱葱。鸣鞭声震未央宫。卷帘龙影动，挥翰御烟浓。　　上第归来何事好，迎人花面争红。蓝袍香散六街风。一鞭春色里，骄损玉花骢。'许将后来镇守成都，遇上中秋节府上宴会，官妓献上祝辞并奉酒，还唱了《临江仙》：'不比寻常三五夜，万家齐望清辉。烂银盘透碧琉璃。莫辞终夕看，动是隔年期。　　试问嫦娥还记否，玉人曾折高枝。明年此夜再圆时。阊开东府宴，身在凤凰池。'许将问是谁作的词，官妓禀告是西州士人郑无党所作。许将后来召郑无党相见，想向朝廷举荐郑无党。郑无党以不打算追求功名为由请辞，只是呈递文辞请求清理拖欠的赋税钱粮几千贯。郑无党为人不受约束，率性而为，擅长作词。大概知道许将最喜歌唱《临江仙》，为了迎合他的喜好所作。"

写所怀

《古今词话》:"东坡在黄州,中秋夜,对月作《西江月》词曰①:'世事一场大梦②,人生几度新凉③?夜来风叶已鸣廊④。看取眉头鬓上⑤。　　酒浅常愁客少,月明多被云妨⑥。中秋谁与共孤光,把盏凄凉北望⑦。'坡以谗言谪居黄州⑧,郁郁不得志⑨,凡赋诗缀词,必写所怀。然一日不负朝廷,其怀君之心,末句可见矣。"

【注释】

①《西江月》:又名《步虚词》《江月令》《白苹香》等。词牌名。本唐教坊曲名。相传因唐李白《苏台览古》诗句"只今唯有西江月,曾照吴王宫里人"得名。

②大梦:常来形容人生虚幻无常。

③新凉:即秋凉。秋季天气凉爽。亦指秋凉季节。

④风叶:风吹树叶发出的声音。鸣廊:底本作"鸣琅",据《东坡乐府》改。即风吹树叶发出的声音已在廊庑间响起。

⑤眉头鬓上:指眉头上的愁思,鬓上的白发。

⑥妨:遮掩,遮蔽。

⑦把盏:端着酒杯。

⑧谗言:说坏话毁谤人。亦指坏话,挑拨离间的话。谪居:谓古代官吏被贬官降职到边远外地居住。

⑨郁郁:心情愁闷。得志:谓实现其志愿。

【译文】

《古今词话》:"苏轼在黄州,中秋夜,对着月亮作《西江月》词写道:'世事一场大梦,人生几度新凉?夜来风叶已鸣廊。看取眉头鬓上。　　酒浅常愁客少,月明多被云妨。中秋谁与共孤光,把盏凄凉北望。'苏轼因人挑拨离间而被贬到黄州,心情愁闷,不能实现抱负,凡是吟诗赋词,必写心中所想。然而苏轼一天也没有辜负过朝廷,他思念君主的心情,在这首词的最后一句可以看得到。"

识旧事

《玉局文》^①:"予十八年前中秋,与子由观月彭城,作一诗,以《阳关》歌之^②。今复歌此,宿于赣上^③,方南迁岭表^④,独歌此曲,聊复书之^⑤,以识一时之事。虽未觉有今夕之悲,但悬知为他日之喜也^⑥。'行歌野哭两相悲^⑦,远火低星渐向微。病眼不眠非守岁^⑧,乡音无伴苦思归。重衾脚冷知霜重^⑨,新沐头轻感发稀^⑩。多谢残灯不厌客^⑪,孤舟一夜许相依^⑫。'"

【注释】

①《玉局文》:苏轼撰。

②《阳关》:即《阳关曲》。

③赣上:即赣州。南宋绍兴二十三年(1153)以虔州改名,治赣县(今江西赣州)。

④南迁:被贬谪、流放到南方。岭表:五岭以外的地方。指岭南。在今广东一带。

⑤聊复:姑且。

⑥悬知:料想,预知。

⑦行歌:边行走边歌唱。借以发抒自己的感情,表示自己的意向、意愿等。野哭:在野外哭泣。

⑧病眼：谓老眼昏花。守岁：农历除夕一夜不睡，送旧迎新。

⑨重衾：两层被子。《文选·张华〈杂诗〉》："重衾无暖气，挟纩如怀冰。"吕延济注："衾，被也。"

⑩新沐：刚洗头发。

⑪残灯：将熄的灯。

⑫孤舟：孤独的船。

【译文】

《玉局文》："我在十八年前的中秋节，与苏辙在彭城观赏月色，写了一首诗，用《阳关曲》的曲调来吟唱。今天又唱起这首曲，我在赣州住宿，正要被贬谪到岭南，我独自一人唱起这首曲，姑且把这些写出来，记录当下发生的事情。虽然没有感觉到今晚的悲凉，却料想这可能是他日的乐事。这首诗写道：'行歌野哭两相悲，远火低星渐向微。病眼不眠非守岁，乡音无伴苦思归。重衾脚冷知霜重，新沐头轻感发稀。多谢残灯不厌客，孤舟一夜许相依。'"

借妓歌

《古今词话》："柳耆卿与孙相何为布衣交①，孙知杭州，门禁甚严②。耆卿欲见之不得③，作《望海潮》之词，往谒名妓楚楚，曰：'欲见孙相，恨无门路。若因府会，愿借朱唇，歌于孙相公之前。若问谁为此词，但说柳七④。'中秋府会，楚楚宛转歌之⑤，孙即日迎耆卿预坐⑥。词曰：'东南形胜⑦，三吴都会⑧，钱塘自古繁华。烟柳画桥⑨，风帘翠幕⑩，参差十万人家⑪。云树绕堤沙⑫，怒涛卷雪屋⑬，天堑无涯⑭。市列珠玑⑮，户盈罗绮竞豪奢⑯。　　重湖叠巘清佳⑰。有三秋桂子，十里荷花。羌管弄晴⑱，菱歌泛夜⑲，嬉嬉钓叟莲娃⑳。

千骑拥高牙㉑。乘醉听箫鼓，吟赏烟霞㉒。异日图将好景㉓，归去凤池夸㉔。'"

【注释】

①孙相何：即孙何（961—1004），字汉公，蔡州汝阳（今河南汝南）人。宋文学家，著有《两晋名臣赞》《春秋意》《尊儒教议》等。布衣交：谓不拘身份地位高低的朋友。因布衣一般为平民所服，亦指贫贱之交。《战国策·齐策三》："卫君与文（孟尝君田文）布衣交，请具车马皮币，愿君以此从卫君游。"鲍彪注："言交于未贵时。"

②门禁甚严：指门前警卫戒备很严密。

③欲：底本作"却"，据《古今词话》改。

④柳七：柳永排行第七，故称。

⑤宛转：形容声音抑扬动听。

⑥即日：立刻，即刻。预坐：参加座席，入座。

⑦形胜：谓山川壮美。

⑧三吴：指吴兴、吴郡、会稽。北魏郦道元《水经注·渐水》："永建中，阳羡周嘉上书，以县（会稽）远，赴会至难，求得分置，遂以浙江西为吴，以东为会稽。汉高帝十二年，一吴也，后分为三，世号'三吴'。吴兴、吴郡、会稽其一焉。"

⑨烟柳：烟雾笼罩的柳林。画桥：雕饰华丽的桥梁。

⑩风帘：指遮蔽门窗的帘子。翠幕：翠色的帷幕。

⑪参差：差不多，几乎。

⑫云树：高耸入云的树木。堤沙：底本作"沙堤"，据《群英草堂诗余》改。西湖有白堤、苏堤和小新堤，因堤多为泥沙堆积而成，故云。

⑬怒涛：汹涌的波涛。

⑭天堑：天然的壕沟。此指钱塘江。

⑮市列：市场中的店铺。《汉书·食货志下》："县官当衣租食税而

已,今弘羊令吏坐市列贩物求利。"颜师古注:"市列,谓列肆。"珠
玑:珠宝,珠玉。

⑯罗绮:罗和绮。多借指丝绸衣裳。竞:底本缺,据《群英草堂诗
余》补。

⑰重湖:两湖相接。因为白堤、苏堤将西湖分为里湖和外湖,故称。
叠巘(yǎn):重叠的山峰。清佳:美好。

⑱羌管:即羌笛。弄晴:指禽鸟在初晴时鸣啭、戏耍。

⑲菱歌:采菱之歌。

⑳嬉嬉:喜笑貌。

㉑千骑:形容人马很多。一人一马称为一骑。高牙:大纛,牙旗。
《文选·潘岳〈关中诗〉》:"桓桓梁征,高牙乃建。"李善注:"牙,
牙旗也。兵书曰:牙旗,将军之旗。"李周翰注:"牙,大旗也。"

㉒吟赏:吟咏欣赏。烟霞:泛指山水、山林。

㉓图将:画出。

㉔凤池:即凤凰池。禁中池沼,中书省所在地,故用来喻指宰相。

【译文】

《古今词话》:"柳永与孙何为贫贱之交,孙何时任杭州知州,门前警
卫戒备很严密。柳永想见孙何却见不到,于是作《望海潮》这首词,前往
拜谒名妓楚楚,说:'想见孙相公,遗憾没有门路。如果趁着府中聚会,
希望借用您的歌喉,在孙相公面前歌唱这首词。如果孙相公问是谁作的
词,只管说是柳七。'在中秋节的宴会上,楚楚抑扬动听地歌唱了《望海
潮》,孙何当即就迎接柳永入座。词写道:'东南形胜,三吴都会,钱塘自
古繁华。烟柳画桥,风帘翠幕,参差十万人家。云树绕堤沙,怒涛卷霜
屋,天堑无涯。市列珠玑,户盈罗绮竞豪奢。　　重湖叠巘清佳。有三
秋桂子,十里荷花。羌管弄晴,菱歌泛夜,嬉嬉钓叟莲娃。千骑拥高牙。
乘醉听箫鼓,吟赏烟霞。异日图将好景,归去凤池夸。'"

拾桂子

　　《南部新书》:"杭州灵隐山多桂,寺僧云月中种也[①]。至今中秋夜,往往子坠,寺僧亦尝拾得。"《汉武洞冥记》云:"有远飞鸡[②],朝往夕还,常衔桂实归南土[③],所以北方无。"今江东诸处,每四五月后,多于衢路间得之[④]。大如狸豆[⑤],破之辛香[⑥],古老相传是月中下也。《本草》云:"取月桂子,碎傅耳后月蚀耳疮[⑦]。"白乐天题灵隐诗云:"山寺月中寻桂子[⑧]。"宋之问《游灵隐寺行吟》云:"桂子月中落,天香云外飘。"又云:"唐垂拱中,天台桂子落,十余日方止。"东坡《八月十七夜》诗云:"天台桂子为谁香。"白乐天诗云:"天台桂子落纷纷[⑨]。"苏子美《中秋对月》诗云[⑩]:"风应落桂子,露恐滴金波[⑪]。"

【注释】

①月中:月亮里。亦指月宫。

②远飞鸡:传说中的神鸡。晚上返回人家,早晨飞往四海。常衔桂树果实归南山。桂实有时落地生出七八尺高之枝,众仙采回剁碎酿造桂醪酒,尝一滴遍体金色。异人陆通就曾饮过。祝鸡公擅长养鸡,曾将一枚远飞鸡卵孵出幼雏,称为翻明鸡。长成后大小如鹊,紫色,翅下生眼,因此又名目羽鸡。

③南土:南方。

④衢路:道路。

⑤狸豆:又名猎沙、黎豆、虎豆。因有斑点如狸纹,故称。晋崔豹《古今注·草木》:"狸豆,一名狸沙,一名猎沙。叶似葛而实大如李核,可啖食也。"

⑥辛香：香辣。

⑦月蚀耳疮：病证名。又名月蚀、月蚀疳疮、小儿月蚀耳疮等。指耳
上生疮，时发时止，或月盈则剧，月亏则轻者。常见于小儿。

⑧山寺月中寻桂子：出自白居易《忆江南·其二》。

⑨天台桂子落纷纷：出自白居易《寄韬光禅师》，原诗为"天香桂子
落纷纷"。

⑩苏子美：即苏舜钦（1008—1048），字子美，梓州铜山（今四川中江
东南）人，生于开封（今属河南）。宋文学家，著有《苏学士集》。

⑪金波：谓月光。《汉书·礼乐志》："月穆穆以金波，日华耀以宣
明。"颜师古注："言月光穆穆，若金之波流也。"

【译文】

《南部新书》："杭州灵隐山多桂花树，寺里的僧人说是月宫种下的品
种。至今到中秋夜，往往会有桂子坠落，寺中僧人也曾经拾到过。"《汉
武洞冥记》记载："有一种远飞鸡，早上飞出去晚上飞回来，常常口含桂
子回到南方，所以北方没有桂子。"如今江东各地，每到四五月后，往往
能在道路间拾得。桂子大小如狸豆，破开后味道香辣，老人们世代相传
这是从月宫中落下来的。《证类本草》记载："采取月桂子，研磨后涂抹
在耳朵后面，可治疗月蚀耳疮。"白居易题灵隐诗写道："山寺月中寻桂
子。"宋之问《游灵隐寺行吟》诗写道："桂子月中落，天香云外飘。"又
说："唐垂拱年间，天台山桂子掉落，十多天才停止。"苏轼《八月十七夜》
诗写道："天台桂子为谁香。"白居易有诗写道："天台桂子落纷纷。"苏舜
钦《中秋对月》诗写道："风应落桂子，露恐滴金波。"

视金蟆

《酉阳杂俎》："长庆中①，有人于中秋夜，见月光下属于
林间如匹练②，就视之，一金背虾蟆，疑月中者。"陈简斋诗

云："明年强健更相约，会见林间金背蟆③。"

【注释】

①长庆：唐穆宗李恒年号（821—824）。

②匹练：一匹白布。

③明年强健更相约，会见林间金背蟆：出自陈与义《中秋不见月》。

【译文】

《酉阳杂俎》："长庆年间，有人在中秋夜，看见一道月光直射冰中，就像一匹白布，就近一看，是一只金背蛤蟆，怀疑是月宫的蟾蜍。"陈与义有诗写道："明年强健更相约，会见林间金背蟆。"

筑高台

《天宝遗事》："明皇尝八月十五夜，与贵妃临太液池，凭栏望月，不尽帝意，遂敕左右：'于池西岸别筑高台，吾与妃子来年望月。'后经禄山之兵，不复置焉，惟有基址而已○。"

【注释】

①基址：建筑物的底部。指地基。

【译文】

《开元天宝遗事》："唐明皇曾在八月十五夜，与杨贵妃来到太液池，倚靠栏杆赏月，但是唐明皇仍未满足，于是下令侍从：'在太液池西岸另外建造高的楼台，我与妃子明年赏月。'后来经历了安禄山的叛乱，于是不再建造高台，只有个地基而已。"

求卜筮

《翰府名谈》:"何龙图中立初登第^①,闻西川郭从周精卜筮^②,乃以缣素求一占^③,郭以诗赠公云:'三字来时月正圆^④,一麾从此出秦关^⑤。钱塘春色浓如酒^⑥,贪醉花间卧不还。'公后八月十五日改知制诰^⑦,因言边事^⑧,出知秦州^⑨,移知杭州,乃捐馆舍^⑩,多合。郭君卜筮之明如此。"

【注释】

①何龙图中立:中立,底本作"中正",据《新编分门古今类事》改。即龙图阁直学士何中立(1004—1057),字公南,许州长社(今河南许昌)人。景祐元年(1034)进士。历殿中丞、知制诰等,除龙图阁直学士、知秦州。言者以为非治边之才,改知许州,徙陈州,又徙杭州,病死。

②西川郭从周:仁宗时西川(今四川成都)人。卜者。

③缣素:白色的绢帛。

④三字:知制诰的别称。宋洪迈《容斋四笔·官称别名》:"唐人好以它名标榜官称……'知制诰'为'三字'。"月正圆:指八月十五日。

⑤一麾:一面旌麾。旧时作为出为外任的代称。秦关:指秦地关塞。

⑥钱塘:秦置,治今浙江杭州。属会稽郡。

⑦知制诰:官名。掌起草皇帝的诏、诰之事,原为中书舍人之职。

⑧边事:边防事务。

⑨秦州:今甘肃天水。

⑩捐馆舍:抛弃馆舍。死亡的婉辞。

【译文】

《翰府名谈》:"龙图阁直学士何中立刚登科,听说西川人郭从周精

通占卜,于是用白色的绢帛求他占一卦,郭从周写了一首诗送给何中立:
'三字来时月正圆,一麾从此出秦关。钱塘春色浓如酒,贪醉花间卧不
还。'何中立后来在八月十五日改任知制诰,因谈及边防事务,被贬出京
任秦州知州,后改为杭州知州,在任上去世,这些经历与郭从周的诗大多
吻合。郭从周占卜是如此高明。"

食东壁

　　《邺侯传》:"八月望夜,月食东壁①,李泌曰:'吾当亡
矣! 东壁,图书之府也。且谶云:"大臣有文章者当之②。"
今吾为相,又兼集贤之职③。开元中,张燕公罢相为集贤学
士④,将薨而日食东壁⑤,况吾正为之乎?'未几,果不起⑥。"

【注释】

　　①月食:亦作"月蚀"。月望日,地球运行到太阳与月球之间,月球
　　　　因受地球所阻,照射不到太阳光,月面变黑的天文现象。太阳光
　　　　全部被地球挡住时,就发生月全食;部分被挡住时,就发生月偏
　　　　食。东壁:即壁宿。《晋书·天文志上》:"东壁二星,主文章,天下
　　　　图书之秘府也。"因以也称皇宫藏书之所。

　　②文章:才学。

　　③集贤之职:集贤殿大学士。

　　④张燕公:即张说,封燕国公,故称。罢相:罢免宰相。

　　⑤日食:亦作"日蚀"。由月球遮掩太阳光射向地球而引起的现象。
　　　　月球运行到地球和太阳的中间并成一线时,太阳的光被月亮挡
　　　　住,地球表面上某些地区短时间内看不到太阳,这种现象叫日食。
　　　　太阳全部被月球遮住时叫日全食;部分被遮住时叫日偏食;中央

部分被遮住时叫日环食。

⑥不起：病不能愈。此指去世。

【译文】

《邺侯传》："八月十五夜，在东壁星处出现月食，李泌说：'我应当丧命了！东壁，是皇宫珍藏图书的秘府。并且谶语说："有才学的大臣会应了此事。"如今我为宰相，又兼集贤殿大学士之职。开元年间，张说罢免宰相为集贤殿大学士，将死时而东壁星处出现日食，我又怎能避免呢？'不久，他果然去世了。"

种罂粟①

《博闻录》："常言重九日种罂粟②，一云中秋夜种，则罂大子满。种讫，以竹帚扫之，花乃千叶③。两手重叠撒种，则开重台花④。"

【注释】

①罂粟（yīng sù）：二年生草本植物，花红色、粉红色、白色，可供观赏，果实球形，可入药。

②重九：节日名。古以九为阳数之极。九月九日故称"重九"或"重阳"。

③千叶：形容花瓣重迭繁多。

④重台花：花有复瓣，称为"重台"。

【译文】

《博闻录》："常言说九月九日栽种罂粟，又说在中秋夜晚栽种，则罂粟大，子粒饱满。栽种完，用竹帚清扫，罂粟就会花瓣重叠繁多。两手重叠撒种，罂粟就开重台花。"

占乔麦

《琐碎录》:"中秋无月,则兔不孕^①,蚌不胎^②,乔麦不实。盖缘兔蚌望月而孕胎,乔麦得月而实。"

【注释】

①不孕:无法怀胎。

②蚌:软体动物。用鳃呼吸,有两扇坚硬的石灰质的壳。生活在淡水中。肉可食,壳可制装饰品或供药用。有的蚌,壳内能产珍珠。

【译文】

《琐碎录》:"中秋夜没有月亮的话,则兔子无法怀胎,蚌不能怀珠,荞麦不结种子。大概是缘于兔和蚌望月而孕胎,乔麦得到月光的照耀而结种子。"

珠贵贱

《岁时杂记》:"珠之贵贱,视中秋月之明暗。明则珠多,暗则珠少。"又东坡曰:"尝见海商云:'中秋有月,则是岁珠多而圆,常以此候之。'"

【译文】

《岁时杂记》:"珍珠的贵贱,要看中秋月的明暗。月明则珠多,月暗则珠少。"又有苏轼说:"曾见从事海上贸易的人说:'中秋夜有月,则这年珍珠多而圆润,常以此来预测。'"

兔多少

《岁时杂记》:"世传中秋月圆则兔多,阴则兔少。"

【译文】

《岁时杂记》:"世传中秋夜月圆则兔多,阴天则兔少。"

卷三十二

中秋 中

【题解】

本卷《中秋中》篇，其条目均为中秋时俗节物。"登银桥"，记罗公远拄杖化为银桥请玄宗登月事。"奏玉笛"，记玄宗与叶法善经潞州城上空以玉笛奏曲事。"游广寒"，记八月望夜玄宗与叶法善游广寒宫事。"升清虚"，记上皇与申天师、道士洪都客同游月宫事。"进龙丹"，记明皇与叶静能同游月宫获火龙丹事。"登天柱"，记九华道士赵知微雨夕登天柱峰玩月事。"架箸梯"，记周生箸梯取月事。"入桃源"，记陈纯游桃源，遇桃源三夫人事。"过武昌"，记饶廷直在武昌黄鹤楼遇异人授秘诀事。"会嵩岳"，记田璈、邓韶二人因中秋玩月，得以参与嵩山上的群仙之会，并主持了上清神女和玉京仙郎的婚礼事。

登银桥①

《唐逸史》②："罗公远③，本鄂州人也④。开元中，中秋望夜，侍玄宗于宫中玩月。公远奏曰：'陛下莫要至月中看否？'乃取拄杖，向空掷之，化为大桥，其色如银。请玄宗同登，约行数十里，精光夺目，寒气侵人，遂至大城阙。远曰：

'此月宫也。'见仙女数百,皆素练宽衣⑤,舞于广庭⑥。玄宗问曰:'此何曲也?'曰:'《霓裳羽衣曲》也。'玄宗密记其声调,遂回。却顾其桥,随步而灭。旦召伶官⑦,依其声作《霓裳羽衣之曲》。"刘禹锡诗云:"三乡陌上望仙山,归作《霓裳羽衣曲》⑧。"

【注释】

①银桥:传说中仙杖变化而成的大桥。桥可通月宫。

②《唐逸史》:即卢肇《逸史》。

③罗公远:一作罗思远,鄂州(今湖北武汉)人。玄宗时道士。

④鄂州:今湖北武汉。

⑤素练:白绢。

⑥广庭:广大的庭院。

⑦伶官:乐官。

⑧三乡陌上望仙山,归作《霓裳羽衣曲》:出自刘禹锡《三乡驿楼伏睹玄宗望女几山诗小臣斐然有感》。三乡,即三乡驿。唐代驿站。在今河南宜阳西北三乡。

【译文】

《唐逸史》:"罗公远,本是鄂州人。开元年间,八月十五的晚上,侍奉唐玄宗在宫中赏月。罗公远奏道:'陛下不想到月宫看看吗?'于是就拿起手杖,向空中扔去,手杖变成大桥,桥为银色。罗公远请玄宗一块登上大桥,大约走了几十里,感到精光耀眼,寒气侵人,就来到一个大宫殿。罗公远说:'这就是月宫。'看见几百位仙女,都穿白绢做成的宽大衣服,在广大的庭院中跳舞。玄宗问道:'这是什么乐曲?'罗公远说:'是《霓裳羽衣曲》。'玄宗暗中记下那乐曲的声调,于是就回来了。回头看那桥,随着脚步而消逝。玄宗天亮时召来乐官,按照他记下来的声调谱成《霓裳羽衣曲》。"刘禹锡有诗写道:"三乡陌上望仙山,归作《霓裳羽衣曲》。"

奏玉笛

《集异记》:"玄宗尝八月望夜,与叶法善同游月宫,聆月中奏乐。上问曲名,曰:'《紫云曲》也①。'玄宗素晓音律,默记其声。归传其音,名曰《霓裳羽衣》。自月宫还、过潞州城上②,俯视城郭悄然③,而月色如昼。法善因请上以玉笛奏曲。时玉笛在寝殿中,法善命人取之,旋顷而至。曲奏既竟,复以金钱投城中而还。旬余,潞州奏:'八月望夜,有天乐临城。'兼获金钱以进。"

【注释】

①《紫云曲》:乐曲名。

②潞州:北周宣政元年(578)分并州上党郡置,治襄垣县(今山西襄垣北)。大业初废。唐武德中复置,治上党县(今山西长治)。

③城郭:指城市。

【译文】

《集异记》:"唐玄宗曾在八月十五夜,与叶法善一同游览月宫,聆听月宫中演奏的乐曲。唐玄宗问曲名,回答:'是《紫云曲》。'玄宗一向通晓音律,暗中记下乐曲的声调。回来按照他记下来的声调谱成曲,名叫《霓裳羽衣曲》。从月宫返回时,经过潞州城上空,俯视城市一片寂静,然而月光把黑夜照耀得如同白天。叶法善于是请玄宗用玉笛演奏乐曲。当时玉笛在皇宫寝殿中,叶法善命人去取,很快就返回来了。乐曲演奏完,玄宗又向城中投掷金币,然后返回宫中。过了十多天,潞州来人上奏:'八月十五夜,有天乐来到城市上空。'并且将获得的金币一同进献给朝廷。"

游广寒①

《开元传信记》②:"八月望夜,明皇、太真、叶法静游广寒宫③。少瞑④,已见龙楼、雉堞、金阙、玉扉⑤,冷气逼人。后两川奏⑥:'八月十五夜,有天乐过。'"

【注释】

①广寒:即广寒宫。

②《开元传信记》:一卷,唐郑綮撰。该书记开元、天宝传闻之事,故曰"传信"。郑綮(? —899),字蕴武,荥阳(今属河南)人。唐文学家。

③叶法静:唐玄宗道士。

④少瞑:稍稍闭上眼睛,形容时间短。

⑤龙楼:西汉时太子所居住的门楼上刻有铜龙,故称太子的宫殿为"龙楼"。此指城楼。雉堞(dié):城上短墙。金阙:道家谓天上有黄金阙,为仙人或天帝所居。扉(fēi):门扇。

⑥两川:唐方镇名。即唐剑南东川节度使、剑南西川节度使的合称。

【译文】

《开元传信记》:"八月十五夜,唐明皇、杨贵妃、叶法静同游广寒宫。稍微闭了会儿眼睛,就看见龙楼、雉堞、金阙、玉扉,冷气逼人。后来两川来人上奏:'八月十五夜,天上的音乐经过上空。'"

升清虚①

《异人录》②:"开元六年,上皇与申天师、道士洪都客③,中秋夜同游月宫。过一大门,在玉光中见一大宫府④,榜曰广寒清虚之府。守门兵卫甚严,止其不得进入。天师引上皇跃身起,烟雾中下视,玉城嵯峨⑤,若万里琉璃之田⑥。寻步向前⑦,翠色冷光相射⑧,见素娥十余人⑨,皓衣⑩,乘白鸾,笑舞于广庭大桂树下,乐音清丽。上皇归,编律成音,制为《羽衣之曲》⑪。"

【注释】

①清虚:清虚宫,即月宫。

②《异人录》:即《江淮异人录》,二卷,宋吴淑撰。该书所记人物,多为行侠仗义、神出鬼没的道士、侠客、术士,故事亦多诡异圣诞。

③上皇:太上皇。此指唐玄宗。申天师:即申元之。相传乃魏时人,活跃于唐开元年间,时人称之"申天师"。游名山,博采方术,得内修度世之道。开元中,召入上都开元观,与唐明皇共游月宫。洪都客:即鸿都客。白居易《长恨歌》中的神话人物,能够驭气排空,升天入地。杨贵妃死后,唐明皇曾令其寻访杨贵妃的魂魄。后多用为悼亡的典故。

④宫府:皇宫宫府。此指广寒宫。

⑤玉城:玉砌的城。嵯峨:形容山势高峻。

⑥万里琉璃之田:形容辽阔又闪烁发光的景色。

⑦寻:继续。

⑧冷光:月光。

⑨素娥:指月宫仙女。

⑩皓衣:鲜明洁白的衣服。

⑪《羽衣之曲》:即《霓裳羽衣曲》。

【译文】

《异人录》:"开元六年八月十五夜,唐玄宗与天师申元之、道士洪都客,同游月宫。过了一个大门,在玉光中看见一个大宫府,匾额上题着'广寒清虚之府'。守门防卫很严,拦阻不让进入。天师申元之拉着唐玄宗一下子跳起来,在烟雾中从高处往下看,玉砌的城山势高峻,万里晶莹似琉璃之田。继续向前走,绿色的月光照在身上,看见十几位月宫仙女,身穿洁白的衣服,乘坐白色的鸾鸟,在广寒宫的大桂树下欢笑歌舞,音乐清雅秀丽。唐玄宗回来后,编排音调,谱成《霓裳羽衣曲》。"

进龙丹

《明皇杂录》:"八月十五夜,叶静能邀明皇游月宫①。将行,请上衣裘而往②,及至月中,寒凛特异③,上不能禁④。静能出火龙丹一粒以进,上服之乃至。"东坡《中秋》词云:"不知天上宫阙,今夕是何年?我欲乘风归去,又恐琼楼玉宇,高处不胜寒。"若夫明皇游月宫事⑤,见于数书,如《龙城录》《高道传》、郑嵎《津阳门诗》注皆有之⑥,其说大同小异。

【注释】

①叶静能(?—710):唐道士,中宗时任尚衣奉御。神龙元年(705),以善符禁小术被宠信,墨敕为国子祭酒,出入宫掖。朝臣桓彦范等谏之,帝不从,又加金紫光禄大夫。景云元年(710),与宗楚客、武延秀等劝韦后效武则天革唐命称帝,事败被诛。

②裘:专指皮裘。

③特异:不同一般。

④禁:受得住。

⑤若夫:至于。

⑥《高道传》:十卷,贾善翔撰。该书为道士传记。贾善翔,字鸿举,

蓬州（今四川仪陇南）人。北宋道士，另著有《犹龙传》，编有《太上出家传度仪》。郑嵎：底本作"郑愚"，据《新唐书·艺文志》改。字宾光，一作宪先。唐诗人。《津阳门诗》：郑嵎撰。开成中，郑嵎寓居骊山石瓮寺，闻华清宫往事。大中三年（849）冬，复经此，闻旅舍主人言开元、天宝承平时故实，遂裁刻其所言，为《津阳门诗》七言一百韵，复以自注补叙述之不足，为唐诗著名叙事长篇，有较高史料价值。

【译文】

《明皇杂录》："八月十五夜，叶静能邀请唐明皇游月宫。出发前，叶静能请明皇穿上皮裘再前往，到了月宫，真是不同一般的严寒，明皇承受不住。叶静能拿出一粒火龙丹进献，明皇服用后才能继续游览。"苏轼《中秋》词写道："不知天上宫阙，今夕是何年？我欲乘风归去，又恐琼楼玉宇，高处不胜寒。"至于明皇游月宫的故事，很多书中都有记载，如《龙城录》《高道传》、郑嵎《津阳门诗》自注都有，说法都大同小异。

登天柱①

《三水小牍》："九华山道士赵知微②，乃皇甫元真之师③，自少有凌云之志④。入兹山，结庐于凤凰岭前⑤，讽诵道书⑥，炼志幽寂⑦，蕙兰为服，松柏为粮。越数十年，遂臻玄牝⑧。元真伸弟子之礼⑨，服勤执敬⑩。又十五年，至咸通辛卯岁⑪，知微以山中炼丹须得西土药⑫，乃与元真夐京师，寓于玉芝观之上清院⑬。有皇甫枚者，日与相从⑭，因询赵君事业⑮，元真曰：'自居师道，门人不见其惰容⑯。常云分杯结雾之术⑰，化竹钓鲻之方⑱，吾久得，固耻为耳。'去岁中秋，自朔霖霏⑲，至于望夕，元真谓同门生曰：'堪惜良宵⑳，而值苦雨。'语顷,赵君忽命侍童备果酒,召诸生谓曰:'能升天柱峰玩月否?'诸生虽唯应,而窃议以为浓云驶雨如斯㉑,果行,将有垫巾角、折屐齿之事㉒。少顷,赵君曳杖而出㉓,诸生景从㉔。既开扉,而长天廓清㉕,皓月如昼。扪萝援筱㉖,及峰之巅,举酒咏诗㉗,鼓瑟清啸㉘,以至寒蟾隐于远岑㉙,方归舍。就榻,而凄风飞雨宛然㉚,众乃服其奇致。"陈简斋《中秋不见月》诗云:"人间今乏赵知微,无复清游继天柱㉛。"

【注释】

①天柱:即天柱峰,又称司命峰、皖伯尖。安徽西南部天柱山主峰。因山体突起如柱,直插云天得名。

②九华山:古称陵阳山、九子山。在安徽青阳西南。有九十九峰,以天台、莲华、天柱、十王等九峰最为雄伟。《太平寰宇记》:"九华山在县南二十里。李白以有九峰如莲花削成,改为九华山。"赵知微:唐末九华山延华观道士。曾种桃树于岩下,花皆作碧色,因名碧桃岩。昭宗乾宁中屡召,不出。

③皇甫元真:九华山道士赵知微的弟子。

④凌云之志:形容宏伟远大的理想。凌云,直上云霄。

⑤结庐:构筑房舍。

⑥讽诵:诵读。

⑦炼志:磨炼心志。幽寂:清幽寂静。

⑧臻:达到。玄牝:底本作"元妙",据《太平广记》改。道家指孳生万物的本源,比喻道。《老子》:"玄牝之门,是谓天地之根。"苏辙解:"玄牝之门,言万物自是出也,天地自是生也。"

⑨伸:通"申",表明。

⑩服勤:谓服持职事勤劳。《礼记·檀弓上》:"事亲有隐而无犯,左

右就养无方,服勤至死,致丧三年。"孔颖达疏:"言服勤者,谓服持勤苦劳辱之事。"执敬:以礼相待。

⑪咸通辛卯:即咸通十二年(871)。咸通,唐懿宗李漼年号(860—874)。

⑫西土药:即胡药。

⑬玉芝观:道观名。位于唐长安城延福坊东南隅。本唐太宗之子越王贞宅。后乾封县权治于此。又为中宗女新都公主宅,施为新都寺。寺废,为郯王府。天宝二年(743),立为玉芝观。

⑭相从:跟随,在一起。

⑮事业:犹才能。此指道术。

⑯门人:弟子。惰容:委靡不振的神情。

⑰分杯结雾:不详待考。

⑱鲻(zī):鲻鱼,生活在海水和河水交界处。

⑲霪霪(yín):连绵之雨,久雨。

⑳堪惜:可惜。

㉑驶雨:急雨。如斯:如此。

㉒垫巾角:即折角巾。《后汉书·郭太传》:"郭太字林宗,……尝于陈、梁间行遇雨,巾一角垫,时人乃故折巾一角以为'林宗巾'。其见慕皆如此。"常作雨中外出的典故。折屐齿:《晋书·谢安传》:"玄等既破坚,有驿书至,安方对客围棋,看书既竟,便摄放床上,了无喜色,棋如故。客问之,徐答云:'小儿辈遂破贼。'既罢,还内,过户限,心甚喜,不觉屐齿之折,其矫情镇物如此。"指折断鞋跟。

㉓曳杖:拖着手杖。

㉔景从:紧相追随。

㉕廓清:明净,清澈。

㉖扪萝援筱:依靠葛藤,细竹攀援。扪,攀。筱,细竹。

㉗举酒：举起酒杯。

㉘鼓瑟：弹奏琴瑟。清啸：发出清越悠长的啸鸣。

㉙寒蟾：指月亮。传说月中有蟾，故称。远岑：远处的山。

㉚凄风飞雨：寒风骤雨。飞雨，骤雨。

㉛清游：清雅游赏。

【译文】

《三水小牍》："九华山道士赵知微，是皇甫元真的师父，他年轻时有宏伟远大的理想。进了九华山，在凤凰岭前面构筑房舍，整日诵读道家书籍，在清幽寂静的环境中磨炼心志，以蕙兰作衣服，以松柏作粮食。赵知微苦修数十年，于是达到了道家孳生万物本源的境界。元真表达了做弟子的心意，他在赵知微身边做事勤劳，以礼相待。又过了十五年，到咸通十二年，赵知微因为山里炼丹须用西土药，就与元真来到京城长安，住在玉芝观的上清院。有一个叫皇甫枚的人，天天与元真在一起，因而打听起赵知微的道术，元真说：'自从我跟师傅学道，弟子不曾看见他有委靡不振的神情。他常说起分杯结雾的法术，化竹钓鲻的方法，我早就掌握了，只是不屑玩儿而已。'去年中秋，从初一开始下连绵之雨，一直下到十五那天夜晚，元真对同门说：'可惜中秋这个美好的夜晚，偏偏遇上苦雨下个没完。'刚说完，赵知微忽然吩咐侍童准备果品与酒，召集门生说：'能登上天柱峰去赏月吗？'大家虽然都答应能，私下里却认为有如此浓厚的云并下着急雨，果真前往，将会有折角巾、折断鞋跟的事发生。不一会儿，赵知微便拖着手杖出来，大家都紧相追随。打开柴门，而天空清辽阔澈，明月高照亮如白昼。大家依靠葛藤、细竹攀援，终于登上天柱峰顶，大家举起酒杯吟诗，弹奏琴瑟发出清越悠长的啸鸣，以至月亮隐没在远处的山后，大家才返回山舍。等上床之后，而外面仿佛寒风骤雨交加，大家这才叹服是师父道术的神奇所致。"陈与义《中秋不见月》诗写道："人间今乏赵知微，无复清游继天柱。"

架箸梯^①

《宣室志》："唐太和中，有周生者，庐于洞庭山^②，时以道术济吴、楚^③，人多敬之。将抵洛、谷间^④，途次广陵佛舍^⑤。会有三四客偕来^⑥，时中秋夕，霁月澄莹^⑦，且吟且望，有说明皇帝游月宫事者，因相与叹曰：'吾辈尘人^⑧，固不得止其所矣。'周生笑曰：'某尝学于师，亦得焉。且能絜致之怀袂^⑨，子信乎？'咸恚其妄^⑩，或喜其奇。生曰：'吾不为则明妄矣。'因命虚一室^⑪，以箸数百，呼僮绳而架之，且告客曰：'我将梯此取月，闻呼可来观。'乃闭户久之，数客步于庭中伺焉。忽觉天地曛晦^⑫，仰视又无纤云^⑬。俄闻生呼曰：'某至矣。'因开其室，生曰：'月在某衣中矣。请客观焉。'以手举衣，出寸许，一室尽明，寒入肌骨。生曰：'子今信乎？'客再拜谢之，愿收其光。因又闭户，其外尚香晦^⑭。食顷，月在天如初。"陈简斋《中秋无月》诗云："却疑周生怀月去，待到三更黑如故。"

【注释】

①箸梯：用筷子制作的梯子。

②庐：用作动词。建草庐或草堂。犹言隐居。洞庭山：即太湖中东洞庭山和西洞庭山的合称。

③吴、楚：泛指春秋吴楚之故地。即今长江中下游一带。

④洛、谷：即洛水与谷水。洛，洛水，一作雒水。即今河南洛河。黄河支流。谷，谷水。即今河南渑池南渑水及其下游涧水。东流至洛阳西注入洛河。

⑤途次:旅途中住宿的地方。佛舍:寺院房舍。

⑥偕:一同。

⑦澄莹:清澈透明。

⑧吾辈:我等,我辈。尘人:尘世间的人。

⑨絜致:通"挈致",意为携带或召唤。袂:袖子。

⑩恚(huì):恼恨。

⑪虚:使空出。

⑫曛晦(xūn huì):昏暗。

⑬纤云:微云。

⑭昏晦:昏暗。

【译文】

《宣室志》:"唐太和年间,有个姓周的人,隐居在洞庭山,时常用道术救济吴楚一带的百姓,人们都敬重他。后来他要到洛水、谷水一带,途中住在广陵的寺院房舍。恰好有三四位客人一同来到,当时正是中秋夜,天上明月清澈透明,他们一边吟诗一边赏月,有人说起唐玄宗游月宫的故事,因而一起叹息说:'我等是尘世间的人,本来就不能到那个地方去啊。'周生笑着说:'我曾跟从师父学习过,也学到了去月宫的法术。而且能把月亮藏在袖子里带来,你们信吗?'大家都恼恨他的狂妄,也有人喜欢他的神奇。周生说:'我如果做不到那就是明着说谎了。'于是使人空出一间屋子,用几百双筷子,叫他的仆人用绳子把筷子捆起来,并且告诉那几位客人:'我将要登上这筷子做的梯子去取月亮,你们听到我的呼唤可以出来看。'于是就关上门很久,几位客人走到庭院中等周生。忽然觉着天地昏暗,抬头看却没有一丝微云。突然间听到周生呼喊:'我回来了。'因而把房门打开,周生说:'月亮在我衣服里。请客人观看。'于是用手把衣服掀起来,露出一寸多月亮,满屋子都亮了,寒气侵入肌骨。周生说:'你们信了吗?'那几位客人再三拜谢,希望他把月光收回去。于是又关上门,室外还是昏暗一片。过了一顿饭的工夫,月亮又和当初一

样在天上了。"陈与义《中秋无月》诗写道:"却疑周生怀月去,待到三更
黑如故。"

入桃源①

《青琐高议》:"陈纯②,字元朴,莆田人。因游桃源,
爱其山水秀绝③,乃裹粮沿蹊而行④。凡九日,至万仞绝壁
下⑤,夜闻石壁间人语。纯粮尽,困卧⑥,闻有美香,流巨花
十余片,其去甚急。纯速取得一花,面盈尺⑦,五萼⑧,乃食
之。渴甚,饮溪水数斗,下利三日⑨,行步愈疾。有青衣采
苹岸下⑩,曰:'此桃源三夫人之地,上府玉源,中府灵源,
下府桃源。后夜中秋,三仙将会于此。'其夕,水际台阁相
望⑪。有童曰:'玉源夫人召。'纯往见,三夫人坐绛殿中,
众乐并作。玉源谓纯曰:'近世中秋月诗,可举一二句。'纯
曰:'莫辞终夕看⑫,动是隔年期。'桃源曰:'意虽佳,但不见
中秋月,作七月十五夜月亦可。'玉源因作诗曰:'金风时拂
袂⑬,气象更分明⑭。不是月华别⑮,都缘秋气清⑯。一轮方
极满⑰,群籁正无声⑱。晓魄沉烟外⑲,人间万事惊。'灵源诗
曰:'高秋浑似水⑳,万里正圆明。玉兔步虚碧㉑,冰轮辗太
清㉒。广寒低有露㉓,桂子落无声㉔。吾馆无弦弹㉕,栖乌莫
要惊㉖。'桃源诗曰:'金吹扫天幕㉗,无云方莹然。九秋今夕
半,万里一轮圆。皓彩盈虚碧㉘,清光射玉川㉙。瑶樽何惜
醉㉚,幽意正绵绵㉛。'玉源谓纯曰:'子能继桃源之什乎㉜?'
纯乃赓曰㉝:'仙源尝误到,羁思正萧然㉞。秋静夜方静,月
圆人更圆。清樽歌越调㉟,仙棹泛晴川㊱。幽意知多少,重重

类楚绵^㊲。'玉源笑曰：'此书生好。莫与仙葩食^㊳，教异日作枯骨。如何敢乱生意思。'纯曰：'和韵偶然耳^㊴。'将晓，以舟送纯归。"

【注释】

①桃源：即桃花源。称避世隐居的地方。

②陈纯：字元朴，莆田（今属福建）人。徽宗宣和元年（1119）为承节郎，曾官临江军通判。

③绝：独一无二。

④裹粮：裹携粮食。蹊：小路。

⑤万仞：形容极高。仞，古时八尺或七尺叫作一仞。

⑥困卧：因乏力躺在地上。

⑦盈：超过。

⑧萼：花萼，萼片的总称。

⑨下利：腹泻。

⑩采苹：采集浮萍。

⑪水际：水边。

⑫终夕：通宵，彻夜。

⑬金风：秋风。《文选·张协〈杂诗〉》："金风扇素节，丹霞启阴期。"李善注："西方为秋而主金，故秋风曰金风也。"拂袂：拂袖。

⑭气象：气候，天象。

⑮月华：月亮。

⑯秋气：秋天萧索的气息或气势。

⑰一轮：特指月亮。

⑱群籁：指自然界的各种声响。籁，本为乐器名，后指从孔穴发出的响声。

⑲晓魄：晓月。

⑳高秋：天高气爽的秋天。

㉑玉兔：指神话中月宫中的白兔。虚碧：清澈碧蓝。指天空。

㉒冰轮：指明月。

㉓广寒：即广寒宫。月中仙宫。

㉔桂子：桂花。

㉕弦弹：弹奏弦乐器。

㉖栖乌：晚宿的归鸦。

㉗金吹：指秋风。天幕：天。天空如幕覆盖大地，故称。

㉘皓彩：皎洁的月光。

㉙玉川：清澈的河水。

㉚瑶樽：指美酒。

㉛幽意：幽深的思绪。

㉜继：接续。什：诗篇。

㉝赓：赓续。

㉞羁思：羁旅之思。萧然：空寂，萧条。

㉟清樽：酒器。借指清酒。

㊱仙棹：即仙槎，仙人乘坐的筏。晴川：晴天下的江面。

㊲重重：犹层层。

㊳仙葩：仙界的异草奇花。

㊴和韵：文雅而有风度，应和他人诗作，用其原韵的叫和韵。

【译文】

《青琐高议》："陈纯，字元朴，莆田人。因为到桃源游玩，喜欢那里独一无二的秀丽山水，他便带着粮食沿着小路前行。一共走了九天，来到一座高万仞非常陡峭的山崖之下，夜里听到石壁间有人说话。这时陈纯粮食已经吃完了，困乏地躺在地上，突然闻到美妙的香味，从溪水中漂来十多片巨大的花瓣，随水漂得非常急速。陈纯迅速捡起一片花瓣，半径超过一尺，有五个花萼，他放在口里吃下去。他口干舌燥，便伏下身子饮

下几斗溪水,腹泻三天,走得越来越快。有位婢女在岸边采集浮萍,说:
'这里是桃源三夫人的地盘。居上府的是玉源夫人,居中府的是灵源夫
人,桃源夫人居下府。后天是中秋节,三位夫人将来这里聚会。'到了中
秋夜,水边台与阁可以互相望见。有小童说:'玉源夫人召见。'陈纯前
往拜见,三位夫人坐在深红色的殿堂中,一时众乐齐鸣。玉源对陈纯说:
'近世中秋咏月的诗歌,你可列举一两句。'陈纯吟道:'莫辞终夕看,动
是隔年期。'桃源说:'这两句诗意虽好,但不见中秋月,用作吟咏七月十
五日夜的月亮也可以。'玉源因而作诗吟道:'金凤时拂袂,气象更分明。
不是月华别,都缘秋气清。一轮方极满,群籁正无声。晓魄沉烟外,人间
万事惊。'灵源作诗吟道:'高秋浑似水,万里正圆明。玉兔步虚碧,冰轮
碾太清。广寒低有露,桂子落无声。吾馆无弦弹,栖乌莫要惊。'桃源作
诗吟道:"金吹扫天幕,无云方莹然。九秋今夕半,万里一轮圆。皓彩盈
虚碧,清光射玉川。瑶樽何惜醉,幽意正绵绵。"玉源对陈纯说:'你能接
续桃源的诗篇吗?'陈纯于是继续吟道:'仙源尝误到,羁思正萧然。秋
静夜方静,月圆人更圆。清樽歌越调,仙棹泛晴川。幽意知多少,重重类
楚绵。'玉源笑着说:'这位书生好。不该给他仙界的异草奇花吃,叫他
日后饿死变成一把枯骨。看他还敢随便生出其他意思。'陈纯说:'和韵
偶然而已。'天快亮时,用船把陈纯送回尘世。"

过武昌

　　《夷坚丁志》:"饶廷直①,字朝弼,建昌南城人②。第进
士,豪俊有气节③。尝以事过武昌,忽有所遇,自是不迩妻
妾④,翛然端居⑤,如林下道人。自作诗纪其事云:'丁巳中
秋夜半,偶游黄鹤楼⑥,忽遇异人,授以秘诀,所恨尚牵世
故,未能从事于斯也,因作诗以识之。'其词曰:'黄鹤楼前

秋月寒,楼前江阔烟漫漫。夜深人静万籁息,独对清影凭栏干[7]。一声长啸肃天宇[8],知是餐霞御风侣[9]。多乞曾结香火缘[10],邂逅相逢竟相语[11]。翛然洗尽朝市忙[12],直疑身在无何乡[13]。回看往事一破甑[14],下视举世俱亡羊[15]。嗟予局促犹轩冕[16],知是卢敖游未远[17]。他年有约愿追随[18],共看蓬莱水清浅。'后三年,绍兴庚申[19],朝廷复河南,以为邓州通判[20]。金人叛盟,邓城陷,缢而死[21]。载其枢还乡,异者觉甚轻,然无敢发验者,或疑其尸解去。东坡作《黄鹤楼》诗,纪冯当世所言老卒遇异人事[22],王定国亦载之于书[23],疑此亦其流也。"

【注释】

①饶廷直:字朝弼,建昌南城(今江西南城)人。绍兴二年(1132)进士,调袁州司户参军。绍兴十年(1140),通判邓州。

②建昌:即建昌军。北宋太平兴国四年(979)以建武军改名,治今江西南城。属江南西路。南城:西汉高帝六年(前201)置,治石下(今江西南城东南)。唐乾符初移治今江西南城。

③豪俊:才智杰出。

④不迩(ěr):此指分居。

⑤翛(xiāo)然:无拘无束。端居:安居。

⑥黄鹤楼:故址在今湖北武汉蛇山的黄鹤矶头。

⑦清影:月光。

⑧天宇:天空。

⑨餐霞:餐食日霞。指修仙学道。《汉书·司马相如传》:"呼吸沆瀣兮餐朝霞。"颜师古注引应劭曰:"《列仙传》陵阳子言春(食)朝霞,朝霞者,日始欲出赤黄气也。夏食沆瀣,沆瀣,北方夜半气也。

并天地玄黄之气为六气。"御风：乘风飞行。

⑩多生：佛教以众生造善恶之业，受轮回之苦，生死相续，谓之"多生"。香火缘：佛教语。香与灯火，为供奉佛前之物。因以"香火因缘"谓同在佛门，彼此契合。

⑪邂逅相逢：不期而遇。《诗经·郑风·野有蔓草》："邂逅相遇，适我愿兮。"毛传："邂逅，不期而会。"相语：相告，告知。

⑫朝市：泛指名利之场。

⑬无何乡："无何有之乡"之省称。什么也没有。指空无所有的地方。

⑭破甑（zèng）：喻不值一顾的事物。

⑮亡羊：《列子·说符》："杨子之邻人亡羊，既率其党，又请杨子之竖追之。杨子曰：'嘻！亡一羊，何追者之众？'邻人曰：'多歧路。'既反，问：'获羊乎？'曰：'亡之矣！'曰：'奚亡之？'曰：'歧路之中又有歧焉，吾不知所之，所以反也。'……心都子曰：'大道以多歧亡羊，学者以多方丧生。'"后因以"亡羊"喻步入歧途而一无成就。

⑯局促：匆促，短促。轩冕：借指官位爵禄。

⑰卢敖（约前275—前195）：号雍熙，范阳涿郡（今河北涿州）人。秦始皇召为五经博士，有山水之癖。避难隐于庐山，今山有卢敖洞。

⑱他年：犹言将来，以后。

⑲绍兴庚申：绍兴十年（1140）。

⑳邓州：今属河南。

㉑缢：上吊。

㉒冯当世：即冯京（1021—1094），字当世，谥"文简"，鄂州江夏（今湖北武汉）人。皇祐元年（1049）己丑科状元，累官至宣徽南院使，以太子少师致仕。

㉓王定国：即王巩（1048—约1117），字定国，号介庵，自号清虚居士，大名莘县（今山东莘县）人。北宋文学家，著有《甲申杂记》《闻见近录》《随手杂录》等。

【译文】

《夷坚丁志》："饶廷直，字朝弼，建昌南城人。进士及第，是一位才智杰出而且有气节的人。曾经因为有事经过武昌，忽然有了一番奇遇，从此以后与妻妾分居，自己无拘无束的安居，和林下道人差不多。他自己曾作诗专门记录这件事：'丁巳年中秋节半夜，我偶然去游览黄鹤楼，忽然遇到一个奇人，传授我秘诀，遗憾的是我当时还牵挂世间俗事，不能专注做这件事，因此写诗记录这件事。'这首诗写道：'黄鹤楼前秋月寒，楼前江阔烟漫漫。夜深人静万籁息，独对清影凭栏干。一声长啸肃天宇，知是餐霞御风侣。多生曾结香火缘，邂逅相逢竟相语。倏然洗尽朝市忙，直疑身在无何乡。回看往事一破甑，下视举世俱亡羊。嗟予局促犹轩冕，知是卢敖游未远。他年有约愿追随，共看蓬莱水清浅。'三年后，绍兴十年，朝廷收复了河南，任命饶廷直为邓州通判。后来全国背叛盟约，邓州城沦陷，饶廷直上吊而死。把他的灵柩抬回家乡，抬棺材的人都感觉很轻，然而也没人敢打开看，有人怀疑他尸解成仙而去。苏轼作《黄鹤楼》诗，记载冯京所讲老兵遇到奇人的事，王巩在他的书中也有记载，怀疑饶廷直也是同一类的事吧。"

会嵩岳①

《纂异记》②："三《礼》田璆者③，洛阳人。与其友邓韶，博学相类④。元和癸巳中秋之夕⑤，出建春门望月⑥，会韶亦携觞东来⑦，方驻马道周⑧。俄有二书生乘骢继至⑨，揖璆、韶曰：'二君得非求赏月之地乎？敝庄水竹⑩，名闻洛下⑪。倘能迁辔⑫，冀展倾盖之分耳⑬。'璆、韶乃从而往。

【注释】

①嵩岳：即中岳嵩山。在河南登封。

②《纂异记》：一卷，始见著录于《新唐书·艺文志》，入"丙部小说家类"，题为唐李玫作，注云："大中时人。"记为宋人事，应属伪托。

③三《礼》：汉以后通称《周礼》《仪礼》《礼记》为三《礼》。

④博学：学识渊博。

⑤元和癸巳：即元和八年（813）。元和，唐宪宗李纯年号（806—820）。

⑥建春门：今河南洛阳东汉魏洛阳故城东面北头第一门。汉称上东门，魏晋改建春门。

⑦携觞：携带酒器。

⑧道周：道旁。

⑨骢（cōng）：毛色青白相间的马。

⑩水竹：指庄园内有水池、竹林，形容环境清幽。

⑪洛下：指洛阳城。

⑫迁辔：调转马头。辔，借指马。

⑬冀展：希望能展现。倾盖之分：短暂相遇却一见如故的情谊。

【译文】

《纂异记》："洛阳人田璆，精通儒家经典《周礼》《仪礼》《礼记》。他的朋友邓韶，学识渊博，也通晓儒家经典。元和癸巳中秋夜，田璆从建春门出城赏月，恰逢邓韶也携带酒器从东边而来，两人在道旁停下马。突然有两位书生骑着青白色的马随后到来，他们向田璆、邓韶拱手行礼说：'两位君子莫非是在找赏月的地方吗？我的庄园环境清幽，名闻洛阳。倘能调转马头，我希望能与你们结下一见如故的情谊。'田璆、邓韶于是接受两位书生的邀请，跟随他们前往。

"至一车门①，始入甚荒凉，又数百步，有异香迎前，则豁然真境矣②。飞泉交流③，松柏夹道，奇花灿灿④，好鸟关关⑤。璆、韶请簸马飞觞⑥，书生谓小童曰：'折烛夜一花⑦，与二君子尝。'小童曰：'花至。'倾入酒中，味极甘香⑧，不可比状，以余樽赍诸从者，各大醉，止于户外。书生乃引璆、韶入户，鸾鹤腾舞⑨，导迎而前。凡历池馆台榭⑩，率皆陈设盘筵⑪，若有所待。璆、韶诘之，对曰：'今夕中天群仙⑫，会于兹岳，藉君知礼，请导升降尔⑬。'

【注释】

①车门：专供车马进出的旁门。

②真境：道教之地。亦指仙境。

③飞泉：从峭壁的泉眼喷出的泉水。

④灿灿：色彩鲜艳。

⑤关关：鸟类雌雄相和的鸣声。后亦泛指鸟鸣声。

⑥簸马：驻马。飞觞：举杯或行觞。此指饮酒。《文选·左思〈吴都赋〉》："里燕巷饮，飞觞举白。"刘良注："行觞疾如飞也。大白，杯名，有犯令者举而罚之。"

⑦烛夜一花：即烛夜花。传说中的花名，花能自酿美酒。

⑧甘香：香甜。

⑨鸾鹤：鸾鸟和仙鹤。

⑩池馆：池苑馆舍。台榭：楼台水榭。

⑪盘筵：宴席。

⑫中天：上界。

⑬导升降：指主持引导群仙进退、迎送的仪式流程。

【译文】

"他们到了一个旁门，刚进去时觉得很荒凉，又走了几百步，就有奇异的香味迎面而来，真是豁然仙境。山间奔涌的泉水相互激荡，道路两旁长满苍翠的松树和柏树,奇异的花朵色彩鲜艳,美丽的鸟儿发出和谐的鸣叫声。田璆、邓韶请求驻马饮酒,书生对小童说:'折一支烛夜花,给两位君子品尝。'小童说:'花来了。'将烛夜花浸入酒中,味道极其香甜,人间无法比拟。又把剩下的酒赏给随从的仆人,仆人醉倒后无法进入主宴场所,只能在屋外歇息。书生于是引领田璆、邓韶进入门户,鸾鸟和仙鹤飞舞迎接宾客。凡是经过的亭台楼阁和水池景观,全都摆设着宴席,好像在等待什么人到来。田璆、邓韶询问缘由,书生回答:'今晚上界群仙,将在嵩山集会,因为你们通晓礼仪,特请二位主持引导群仙进退、迎送的仪式。'

"言讫,见直北花烛亘天①,箫韶沸空②,驻云母双车于金堤之上③。书生前进,有玉女问曰:'礼生来否④?'于是引璆、韶进,立堂下,左右命拜。夫人褰帷笑曰⑤:'下域之人⑥,而能知礼,各赐薰肌酒一杯。'夫人问:'谁人召来?'曰:'卫符卿、李八百⑦。'夫人曰:'便令此二童引璆、韶于群仙之后⑧。'璆问:'相曰谁⑨?'曰:'刘纲⑩。''侍者谁?'曰:'茅盈⑪。''中坐者谁?'曰:'西王母。'俄有一人驾鹤而来,王母曰:'久望刘君矣。'曰:'适莲花峰道士奏章事⑫,须决遣⑬。尚多未来之客,何言久望乎?'璆、韶问:'刘君谁?'曰:'汉朝天子。'续有一人驾黄龙而下,王母曰:'李君来何迟?'曰:'为敕龙神设水旱之计耳。'书生谓璆、韶曰:'此开元、天宝太平之主也⑭。'

【注释】

①直北:正北。亘天:漫天。

②箫韶：舜乐名。泛指美妙的仙乐。

③云母双车：车名。以云母为饰，故名。

④礼生：司礼者。旧时常以称祭祀时在旁提唱起、跪、叩首之仪者。

⑤褰帷：撩起帷幔。

⑥下域：下界。

⑦卫符卿：即卫叔卿。传说中的仙人。李八百：传说的仙人名。晋葛洪《神仙传·李八百》：“李八百者，蜀人也，莫知其姓名，历世见之，时人计其年八百岁，因以为号。”

⑧二童：即卫符卿、李八百，因其仙人身份，虽以书生形象出现，实为仙界侍从。

⑨相：相者。助主人传命或导客的人。

⑩刘纲：约初唐时人。《太平广记·樊夫人》条记有曾任上虞令、善道术之刘纲，未知是否即此人。

⑪茅盈（前145—?）：字叔申，西汉渭城（今陕西咸阳）人。道教茅山派所奉祖师。传说十八岁入恒山修道，年四十九返家。后隐居句曲山，修炼并采药为人治病。与其弟茅固、茅衷并称“三茅真君”。

⑫莲花峰：今陕西华阴南华山之中峰。

⑬决遣：审判发落。

⑭开元、天宝太平之主：即唐玄宗李隆基。

【译文】

“话刚说完，就看见正北漫天的花烛，美妙的仙乐响彻天空，金堤之上停驻着云母双车。书生向前走进，有玉女问：‘司礼的人来了吗？’于是引导田璆、邓韶进入殿堂，两人站在殿堂台阶下，周围的侍从命令他们行礼拜见。夫人撩起帷幔笑着说：‘下界的人，而能懂得礼仪，各赏他们薰肌酒一杯。’夫人问：‘是谁把他们召来的？’回答说：‘卫符卿、李八百。’夫人说：‘令卫符卿、李八百把田璆、邓韶领到神仙的后面。’田璆问童子：'传命引导客人的是谁？'童子回答说：'刘纲。'田璆又问：'充当侍者的是谁？'回答说：'茅盈。''中间坐着的人是谁？'回答说：'西王母。'不一会儿，有一人驾鹤而来，王母说：'我们等刘君很久了。'刘君说：'刚才由于莲花峰道士奏章的事，必须审判发落。还有许多客人没来，怎么说等很久呢？'田璆、邓韶问：'刘君是谁？'童子回答说：'是汉朝天子。'接着有一个人驾着黄龙而下，王母说：'李君怎么来迟了？'李君回答说：'因为去命令龙神安排水旱灾害的计划了。'书生告诉田璆、邓韶：'这个人就是开元、天宝年间的太平天子李隆基。'

"未顷，闻箫鼓自天而下①，有执绛节者②，前唱言：'穆天子来③。'群仙皆起，二主降阶④，王母避位⑤，拜迎入幄⑥，环座而饮⑦。王母曰：'何不拉取老轩辕来⑧？'曰：'他今夕主张月宫之宴⑨，非不勤请耳⑩。'穆王把酒请王母歌，王母以珊瑚钩击盘歌曰：'劝君酒，为君悲且吟。自从频见市朝改⑪，无复瑶池宴乐心。'王母持杯，穆王天子歌曰：'奉君酒，休叹市朝非。早知无复瑶池兴，悔驾骅骝草草归⑫。'歌阕，与王母话瑶池旧事，乃重歌曰：'八马回乘汗漫风⑬，犹思停驾憩昭宫⑭。宴移玄圃情方洽⑮，乐奏钧天曲未终⑯。斜汉露凝残月冷⑰，流霞杯泛曙光红⑱。昆仑回首不知处⑲，疑是酒酣春梦中⑳。'王母酬穆天子歌曰：'一曲笙歌瑶水滨㉑，曾留逸足驻征轮㉒。人间甲子周千岁㉓，灵境杯觞初一巡㉔。玉兔银河终不夜，奇花好树镇长春㉕。情知碧海饶词句㉖，歌向俗流疑误人㉗。'

【注释】

①箫鼓：箫与鼓。泛指乐奏。此指仙乐。

②绛节：红色的符节，使者所持。

③穆天子：神话传说人物。《穆天子传》中记述他驾八骏西游见西王母事。

④降阶：古代宾主相见，以西为尊。主人迎客在东阶，客人登从西阶。客如表示谦逊，则登主人之阶，称为“降阶”。

⑤避位：离位起身。表示敬意。

⑥拜迎：叩拜相迎。

⑦环座：围绕而坐。

⑧老轩辕：即黄帝。

⑨主张：主持，筹办。

⑩不勤：邀请不殷勤。

⑪市朝：人间朝代。

⑫骅骝：周穆王八骏之一。泛指骏马。《荀子·性恶》：“骅骝骐骥纤离绿耳，此皆古之良马也。”杨倞注：“皆周穆王八骏名。”草草：匆忙仓促的样子。

⑬八马：即周穆王八骏。汗漫：形容漫游之远。

⑭昭宫：宫殿名。相传为周穆王时所建。《竹书纪年》卷下：“十七年，王西征昆仑丘、见西王母。其年，西王母来朝，宾于昭宫。”

⑮玄圃：传说中昆仑山顶的神仙居处，中有奇花异石。《文选·张衡〈东京赋〉》：“左瞰阳谷，右睨玄圃。”李善注：“《淮南子》曰：‘……悬圃在昆仑阊阖之中。’‘玄’与‘悬’古字通。”

⑯乐奏：奏乐。钧天曲：指钧天广乐。天上的音乐。

⑰斜汉：指秋天向西南方向偏斜的银河。《文选·谢庄〈月赋〉》：“斜汉左界，北陆南躔。”李善注：“汉，天汉也。”李周翰注：“秋时又汉西南斜，远于左界。”残月：谓将落的月亮。

⑱流霞：传说中天上神仙的饮品。汉王充《论衡·道虚》："〔项曼都〕曰：'有仙人数人，将我上天，离月数里而止……口饥欲食，仙人辄饮我以流霞一杯，每饮一杯，数月不饥。'"曙光：黎明的阳光。

⑲昆仑：即昆仑山。在新疆、西藏之间，西接帕米尔高原，东延入青海境内。势极高峻，多雪峰、冰川。古代神话传说，昆仑山上有瑶池、阆苑、增城等仙境。

⑳酒酣：谓酒喝得尽兴，畅快。春梦：喻易逝的荣华和无常的世事。

㉑笙歌：合笙之歌。亦谓吹笙唱歌。瑶水：即瑶池。《文选·王融〈三月三日曲水诗序〉》："至如夏后两龙，载驱璇台之上；穆满八骏，如舞瑶水之阴。"刘良注："瑶水，瑶池也。"

㉒逸足：原指骏马或杰出人才，诗中借指仙人车驾。征轮：远行的车轮。

㉓周千岁：人间千年循环。

㉔灵境：仙境。杯觞初一巡：宴饮的第一轮敬酒。

㉕长春：指永恒的春天。

㉖碧海：喻指深邃的仙境或浩瀚文思。

㉗俗流：指世俗之人。

【译文】

"没过多久，又听天界传来仙乐声，有手擎红色符节的人，在前面大声说：'穆天子来了！'群仙都站起来，两个皇帝也降阶出迎，王母离位起身，行礼相迎后进入帷幄之中，环绕着座位坐下一起饮酒。王母说：'为何不把轩辕黄帝请来？'穆天子说：'他今晚主持月宫的中秋宴，并非我们邀请不殷勤。'穆天子手执酒杯请王母唱歌，王母就用珊瑚钩敲击玉盘唱道：'劝君酒，为君悲且吟。自从频见市朝改，无复瑶池宴乐心。'王母持杯，穆天子唱道：'奉君酒，休叹市朝非。早知无复瑶池兴，悔驾骅骝草草归。'唱完，与王母谈论瑶池会时的旧事，于是又重新唱道：'八马回乘汗漫风，犹思停驾憩昭宫。宴移玄圃情方洽，乐奏钧天曲未终。斜汉露凝残月冷,流霞杯泛曙光红。昆仑回首不知处,疑是酒酣春梦中。'王母回应穆天子唱道:'一曲笙歌瑶水滨,曾留逸足驻征轮。人间甲子周千岁,灵境杯觞初一巡。玉兔银河终不夜,奇花好树镇长春。情知碧海饶词句,歌向俗流疑误人。'

　　"酒至汉武帝,王母又歌曰:'珠露金风下界秋①,汉家陵树冷翛翛②。当时不得仙桃力③,寻作浮尘飘垄头④。'汉主上王母酒,歌曰:'五十余年四海清,自亲丹灶得长生⑤。若言尽得仙桃力,看取神仙簿上名。'帝曰:'吾闻丁令威能歌⑥。'命左右召令威至。帝又遣子晋吹笙以和。歌曰:'月照骊山露泣花⑦,似悲仙帝早升遐⑧。至今犹有长生鹿⑨,时绕温泉望翠华⑩。'帝持杯久之。王母曰:'召叶静能来一讴⑪。'静能至,献帝酒,歌曰:'幽蓟烟尘别九重⑫,贵妃汤殿罢歌钟⑬。中宵扈从无全仗⑭,大驾仓黄发六龙⑮。妆匣尚留金翡翠⑯,暖池犹浸玉芙蓉⑰。荆榛一闭朝元路⑱,唯有悲风吹晚松。'歌竟,有黄龙持杯立于双车前,再拜祝曰:'上清神女,玉京仙郎。乐此今夕,和鸣凤凰⑲。凤凰和鸣,将翱将翔⑳。与天齐体㉑,庆流无央㉒。'

【注释】

①珠露:晶莹的秋露。下界:指人间。

②冷翛翛(xiāo):形容萧瑟凄凉。

③仙桃:神话中西王母所赐的长生之物。

④浮尘:喻指凡人渺小如尘。垄头:即墓地或荒野。

⑤长生:指道家求长生的法术。

⑥丁令威:传说汉辽东人。学道于灵虚山,后化鹤归辽。

⑦骊山:在今陕西临潼东南,因古骊戎居此得名。

⑧升遐:帝王死去的婉辞。

⑨长生鹿:古人把不准捕杀的都加"长生"之称。

⑩翠华:帝王仪仗的代称,此处象征昔日繁华。

⑪叶静能:唐明州人。有道术,常讲经虚白观。相传南海龙曾化一髻叟,向静哀诉胡僧咒力甚大,欲竭海水。静乃书朱墨符救之,龙获无恙。观初无井,汲水甚远,一夕,龙于观左穿一渠,泉流不竭。一讴:一曲。

⑫幽蓟:指幽州、蓟州(今北京一带),安禄山叛乱之地。烟尘:烽烟和战场上扬起的尘土。指战乱。九重:指帝王。

⑬贵妃:指杨玉环。汤殿:指华清池温泉宫。歌钟:歌乐声。

⑭中宵:半夜。扈从:指随行护卫。

⑮大驾:指皇帝。仓黄:匆促,慌张。六龙:古代天子的车驾为六马,马八尺称龙,因以为天子车驾的代称。

⑯妆匣:贵妃的首饰盒。

⑰玉芙蓉:指杨玉环。

⑱荆榛:荆棘杂草。朝元路:指通往朝元阁(骊山宫殿)的道路。

⑲和鸣:《左传·庄公二十二年》:"初,懿氏卜妻敬仲。其妻占之,曰:'吉。是谓"凤皇于飞,和鸣锵锵"。'"杨伯峻注:"此二语盖言其夫妻必能和好。"后以"和鸣"比喻夫妻和睦。

⑳翔:遨游。

㉑与天齐体:与天地同寿。

㉒庆流无央:庆贺的喜乐无穷无尽。无央,无穷无尽。

【译文】

"轮到给汉武帝敬酒时,王母又唱道:'珠露金风下界秋,汉家陵树冷翛翛。当时不得仙桃力,寻作浮尘飘垄头。'汉武帝给王母娘娘敬酒说:

'五十余年四海清,自亲丹灶得长生。若言尽得仙桃力,看取神仙簿上名。'汉武帝又说:'我听说丁令威能唱歌。'就命左右之人去把他召来。汉武帝又派子晋吹笙来和奏。丁令威唱道:'月照骊山露泣花,似悲仙帝早升遐。至今犹有长生鹿,时绕温泉望翠华。'汉武帝端着酒杯沉思了很久。王母说:'召叶静能来唱一曲。'叶静能来到后,向唐玄宗敬酒,唱道:'幽蓟烟尘别九重,贵妃汤殿罢歌钟。中宵扈从无全仗,大驾仓黄发六龙。妆匣尚留金翡翠,暖池犹浸玉芙蓉。荆榛一闭朝元路,唯有悲风吹晚松。'歌唱完了,有一条黄龙手持酒杯,恭敬地站在两辆云母车前,反复行礼并献祝词说:'上清神女,玉京仙郎。乐此今夕,和鸣凤凰。凤凰和鸣,将翱将翔。与天齐休,庆流无央。'

"祝毕,有四鹤载仙郎并相者、侍者。仙女请催妆诗①,刘纲诗曰:'玉为质兮花为颜,雾为鬟兮云为鬓。何劳傅粉兮施渥丹②,早为娉婷兮缥缈间③。'茅盈诗曰:'水晶帐开银烛明④,风摇珠佩连云清⑤。体匀红粉饰花态,早驾双龙朝玉京。'诗既入内,即有子女数十,引仙郎入帐,召璙、韶行礼。礼毕,二童引璙、韶辞,夫人曰:'非无至宝可以相赠,但尔力不任挈耳⑥。各赐延寿酒一杯,曰可增人间半甲子。'命二童引归,还家已岁余。由是璙、韶弃家入少室山⑦,不知所往。"

【注释】

①催妆诗:旧俗,成婚前夕,贺者赋诗以催新妇梳妆,此诗叫催妆诗。

②傅粉:涂抹脂粉。渥丹:润泽光艳的朱砂。多形容红润的面色。《诗经·秦风·终南》:"颜如渥丹,其君也哉!"郑玄笺:"渥,厚渍也。颜色如厚渍之丹,言赤而泽也。"

③娉婷:姿态轻盈优美。缥缈:若隐若现的仙境氛围,暗示女子如神

女般超凡。

④水晶帐：以透明水晶装饰的帷帐。

⑤珠佩：珠玉缀成的佩饰。

⑥不任：无法承受。挈：提。

⑦少室山：又名"季室山"，亦名"九顶莲花山"或"御寨山"，是嵩山的西峰。位于今天的河南登封西北，为道教仙山之一。

【译文】

"祝颂完，有四只仙鹤载着仙郎和相者、侍者。仙女请求作催妆诗，刘纲作诗写道：'玉为质兮花为颜，雾为鬓兮云为鬟。何劳傅粉兮施渥丹，早为娉婷兮缥缈间。'茅盈作诗写道：'水晶帐开银烛明，风摇珠佩连云清。休匀红粉饰花态，早驾双龙朝玉京。'这诗送进帷幄以后，就有几十位玉女，引领仙郎入帐，召田璹、邓韶主持婚礼礼仪。礼仪结束后，两位仙童又引领田璹、邓韶向西王母辞行，西王母说：'并非没有珍贵宝物相赠，但凡人肉体凡胎无法承受仙界重器的能量，故无法携带。改赐延寿仙酒，说饮后可延寿三十年。'西王母命两位仙童引领田璹、邓韶返回人间，回到家发现已离家一年多了。因此，田璹、邓韶舍弃家室进入少室山修道，后来不知所终。'"

□ □ □

（以上缺）擢名科①，居华近者②，代不乏人。若夫忠烈冠于一时，著作传于后世，又其盛焉。溯流寻源，去家百里，地曰沙溪③，实翁鼻祖一公之佳城④。背拥仙亭峰，面揖仙桥岫，又导派于白塔仙洞之龙脉，山川钟秀，壤□毓灵⑤，数世而产仙翁。迄今山之下，溪之西，华宗文族⑥，皆当时庐墓之系云⑦。若夫传翁之大道⑧，授翁之玄旨者⑨，希夷先生也⑩。

【注释】

①擢：登，及。名科：指求功名的科举考试。

②华近：指显贵而亲近帝王的职位。

③沙溪：闽江南源。在福建中部。又名太史溪、燕溪。

④翁：即本书作者陈元靓之祖广寒先生。鼻祖：始祖，有世系可考的
　　最初的祖先。佳城：墓地。

⑤山川钟秀，壤□毓灵：凝聚了天地间的灵气，孕育着优秀的人物。

⑥华宗：显达富贵的宗族。

⑦庐墓：古人于父母或师长死后，服丧期间在墓旁搭盖小屋居住，守
　　护坟墓，谓之庐墓。

⑧大道：正道，常理。指最高的治世原则，包括伦理纲常等。

⑨玄旨：深奥的义理。

⑩希夷先生：即陈抟老祖，五代宋初道士，宋太宗赐号希夷先生。

【译文】

（以上缺）登科及第，担任显贵而亲近帝王的职位，每个朝代都不缺
少这样的人。至于忠烈冠于一时，著作传于后世，那就更是杰出的人了。
追究事物本源，探寻发展经过，距离家百里远，有个地方叫沙溪，是广寒
先生始祖一公的墓地。背靠仙亭峰，面对仙桥岫，又承接了白塔仙洞的
龙脉，凝聚了天地间的灵气，孕育着优秀的人物，经过数代才诞生了仙
翁。到了今天，山脚下，溪水之西，那些显达富贵的宗族，都是当时在墓
地旁结庐守孝的人的后裔。至于传授仙翁正道以及深奥义理的人，是陈
抟老祖。

卷三十三

中秋 下

【题解】

　　本卷《中秋下》篇，其条目均为中秋时俗节物，主要有"宴同亭""建幔亭""步虹桥"，记八月十五日武夷君在幔亭峰顶张幔为亭大宴乡人事。"奏鼓乐"，记武夷君与吕真人等会于山顶仙乐竞奏事。"升仙天"，记魏王子骞冲妙真人同张湛真人等八月十五同日升仙事。"立道观"，记许真君八月十五举家拔宅升仙事。"服灵药"，记许真君赐灵药于盱母与其子服用，同许真君一同升仙事。"乘彩云"，记瞿道士升仙事。"游峨嵋"，记圆观与李源三世友情事。"入仙坛"，记文箫与吴彩鸾相爱，双双骑虎归隐山间事。"舍商山"，记吴璟商山遇鬼事。"见怪物"，记梁仲朋遇怪祸殃事。"指药铛"，记周贯吟诗作及偈语的故事。"担褐奶"，记契丹称呼中秋为担褐奶。

宴同亭

　　《诸山记》①："武夷山者，按《茅君内传》②，即升真元化洞天也③。山有神人，号武夷君④。一日，语乡人曰：'汝等皆吾之曾孙也，期以八月十五日，会于山顶。'至日，乡人毕集,见彩幔、屋宇、器用,陈设甚盛。空中有声云:'令男女分坐食酒肴。'须臾乐作,又呼鼓师张安陵挝引鼓⑤,如今杖鼓之状⑥。赵元胡拍副鼓⑦,刘小金坎答⑧,鲁少重摆鼙鼓⑨,乔知满振嘈鼓⑩,高子春持短鼓⑪,管师鲍公吹横笛⑫,板师何凤儿拊节板⑬,弦师董娇娘弹坎侯⑭,即箜篌也。谢英妃抚长离⑮,即大筝也。吕阿香戛圆腹⑯,即琵琶也。管师黄次姑噪悲慄⑰,即觱栗也。韩季吹洞箫⑱,朱小娥韵居巢⑲,即大笙也。金师罗妙容挥镣铫⑳,即铜钹也。郝幼仙击铉锞㉑,即平底厮罗也。但见乐器,不见其人。酒行命食,或云氄㉒,音软,即水苔也㉓。或云缃蕤㉔,即荇也㉕。或云石蜶臘㉖,即小蟹也。或云沙江鲊㉗,即虾也。或云何祗脯㉘,即干鱼也。味皆甘美,唯酒味差薄㉙。诸仙既去,众皆欣喜,曰:'我等凡贱,幸与神君同会幔亭㉚。'因即其地为同亭祠。方伯休《题武夷仙游馆》诗云:'仙人昔乘紫云去㉛,白马摇鞭定何处。茫茫尘世那得知,幔亭空记当年事。君不见茂陵松柏已萧疏㉜,干鱼犹祭同亭祠。'"

【注释】

①《诸山记》:《宋史·艺文志》:"元结《诸山记》,一卷。"元结(719—772),字次山,自号元子、猗玕子、漫叟,河南(治今河南洛阳)人。唐文学家。著有《元子》等。

②《茅君内传》:《新唐书·艺文志》:"李遵《茅君内传》,一卷。"

③升真元化洞天:武夷山为道家三十六洞天中的第十六洞天,称为升真元化洞天。

④武夷君:武夷山山神。

⑤鼓师:乐队中的鼓手。张安陵:艺人名。以下人名皆为艺人名。
挝(zhuā):敲打,击。引鼓:又称开鼓、擂鼓。鼓名,打击乐器。
指乐曲开始用的鼓。

⑥杖鼓:鼓名,打击乐器。宋沈括《梦溪笔谈·乐律一》:"唐之杖
鼓,本谓之'两杖鼓',两头皆用杖,今之杖鼓一头以手拊之,则唐
之'汉震第二鼓'也。"

⑦副鼓:乐器名。

⑧坎答:底本作"坎荅",据《类说》改。腰鼓的别称。

⑨鼗(táo)鼓:有柄的小鼓。以木贯之,摇之作声。古祭礼用的一
种乐器。

⑩嘈鼓:乐器名。

⑪短鼓:乐器名。

⑫管师:管乐师。横笛:乐器名。横吹的笛子。

⑬板师:打节板的乐师。拊:拍。节板:拍板的别称。打击乐器的一
种。用坚木数片,以绳串联,用以击节。

⑭弦师:弦乐师。坎侯:也称空侯、箜篌。古代一种弦乐器。形状似
瑟而较小,弦数不一,少至五根,多至二十五根。用木拨弹奏。

⑮抚:弹拨。长离:形体较大的筝。

⑯戛:弹奏。圆腹:底本作"胃腹",据《类说》改。指琵琶。因琵琶下部
呈椭圆形状。

⑰噪:吹。悲慄:亦作"悲栗"。即觱篥(bì lì)、觱栗。簧管乐器名。
以竹为管,以芦为管口的哨子。其声悲,故名。

⑱洞箫:即"箫"。吹管乐器。管身竹制。最初仅有四个音孔,几经
改进而为六孔,正面五孔,背面一孔,上端开一吹孔。发音清幽,
用于合奏或独奏。古时称无底的排箫为"洞箫",后世则称竹制
单管竖吹的为"洞箫"。

⑲居巢:指笙。《云笈七签》卷九六:"秀琰鸣洞箫,小娥运居巢。"注:

"居巢,笙也。"

⑳金师:金属乐器师。镣铫(liào yáo):即铜钹。打击乐器。两圆铜片,中部隆起,有孔贯穿革带以便手持,两片合击发声。

㉑铉镍(yè):乐器名。

㉒毪(róng):鸟兽细毛。

㉓水苔:也叫石发、石衣、水衣等。苔藻类植物。可食。

㉔缃蕤(xiāng ruí):水草名。一名紫荇。

㉕荇(xìng):多年生草本植物,叶子略呈圆形,浮在水面,根生在水底,花黄色,蒴果椭圆形。茎可以吃,全草入药。

㉖石蛔蟦:小螃蟹。

㉗沙江鲊:虾。

㉘何祇脯:干鱼。

㉙差:略微。薄:淡。

㉚幔亭:指福建武夷山。因山上有幔亭峰胜境,故称。

㉛紫云:紫色云。古以为祥瑞之兆。

㉜茂陵:汉武帝刘彻的陵墓。在今陕西兴平东北。萧疏:稀疏,稀少。

【译文】

《诸山记》:"武夷山,按《茅君内传》,就是升真元化洞天。山上有神人,叫武夷君。一天,武夷君对同乡的人说:'你们都是我的曾孙,希望在八月十五日,在山顶聚会。'到那天,同乡的人全部聚集过来;看见彩色帷幕、房屋、器皿用具,摆设很盛大。空中有声音说:'让男女分开坐下,享用酒与菜肴。'一会儿音乐响起,又叫鼓师张安陵击引鼓,像今天杖鼓的形状。赵元胡拍副鼓,刘小金敲坎答,鲁少重摆动戞鼓,乔知满振动嘈鼓,高子春手持短鼓,管师鲍公吹横笛,板师何凤儿拍打节板,弦师董娇娘弹奏坎侯,就是箜篌。谢英妃弹奏长离,就是大筝。吕阿香弹圆腹,就是琵琶。管师黄次姑吹奏悲慄,就是觱栗。韩季吹洞箫,朱小娥吹奏居巢,就是大笙。金师罗妙容挥动镣铫,就是铜钹。郝幼仙击铉镍,就是平底厮罗。只见乐器在演奏，不见其人。酒席上吃的食物，有耗，读音为软，就是水苔。有绌蓻，就是荇菜。有石蜎臇，就是小螃蟹。有沙江鲊，就是虾。有何祗脯，就是干鱼。味道都很甜美，只是酒味略微清淡。诸位神仙离开后，众人都很高兴，说：'我等平凡卑贱之人，有幸与神君同会幔亭。'因而就在这里建立同亭祠。方士繇《题武夷仙游馆》诗写道：'仙人昔乘紫云去，白马摇鞭定何处。茫茫尘世那得知，幔亭空记当年事。君不见茂陵松柏已萧疏，干鱼犹祭同亭祠。'"

建幔亭

《武夷新记》^①："昔太极玉皇上帝与太姆_{音母}、魏真人、武夷君^②，建幔亭彩屋数百间，竖八彩幢，皆有银龙金凤之饰，又拖红云茵、紫霞褥为坐^③。于八月十五日化出仙桥，自地至峰顶，召乡人男女千余人宴饮，奏《宾云左右仙之曲》于其上^④。迄今峰下谓之会仙里焉。"詹克爱《中秋游武夷》诗云："太姥峰前月色明^⑤，魏王岩下水光平^⑥。举杯不记风生籁^⑦，疑是《宾云》旧曲声。"

【注释】

①《武夷新记》：书名，不详待考。

②太极玉皇上帝：即玉皇大帝。太姆：疑即太姥元君。魏真人：即魏伯阳，自号云牙子，东汉会稽上虞（今属浙江）人。相传为晋代葛洪作的《神仙传》中，记载有魏伯阳进山修炼、服丹成仙等事迹，著有《周易参同契》三卷。

③拖：牵引。茵、褥：垫子。

④《宾云左右仙之曲》：即幔亭宴上所奏的乐曲。

⑤太姥峰:即太姥山。在今福建福鼎南部太姥山镇。

⑥魏王岩:疑为武夷山景点。

⑦籁:从孔穴中发出的声音。

【译文】

《武夷新记》:"以前玉皇上帝与太姆读作母、魏真人、武夷君,建造了数百间幔亭彩屋,竖立八面彩旗,上面都有银龙金凤的装饰,又牵引红云、紫霞为坐垫。于八月十五日变化出一座仙桥,从地面延伸到峰顶,召集同乡男女一千多人宴饮,在上面演奏《宾云左右仙之曲》。直到现在,山峰下的地方被称为会仙里。"詹克爱《中秋游武夷》诗写道:"太姥峰前月色明,魏王岩下水光平。举杯不记风生籁,疑是《宾云》旧曲声。"

步虹桥①

《武夷古记》②:"秦始皇二年八月十五日③,武夷君致肴醑④,会乡人于幔亭峰上。男女千余人,斋戒如期而往,乃见山径平坦,道路新理,虹桥跨空,不觉即至山顶。有幔亭彩屋,玲珑掩映⑤,前后左右,凡数百间,可坐千余人。"朱晦庵文公《九曲棹歌》云⑥:"一曲溪头上钓船⑦,幔亭峰影蘸晴川⑧。虹桥一断无消息,万壑千岩锁翠烟⑨。"

【注释】

①虹桥:桥形弯曲似虹,故称虹为虹桥。

②《武夷古记》:书名。不详待考。

③秦始皇二年:前220年。秦始皇,即嬴政(前259—前210),一称赵政。战国时秦国国君,秦王朝建立者(前246—前210年在位)。

④致:进献。肴醑(xǔ):佳肴美酒。

⑤玲珑:精致。掩映:彼此遮掩而互相衬托。

⑥朱晦庵文公:即朱熹(1130—1200),号晦庵。

⑦一曲:犹一弯。钓船:渔船。

⑧蘸:底本作"醮",据《晦庵集》改。浸染,映照。

⑨万壑千岩:形容峰峦、山谷极多。翠烟:青烟。

【译文】

《武夷古记》:"秦始皇二年八月十五日,武夷君在幔亭峰顶设宴,置美酒佳肴,与乡民聚会。男女一千多人,斋戒净化身心后如期而往,只见山中小路平坦,道路焕然一新,一座彩虹桥横跨天际,不知不觉就到了山顶。山顶上有彩色帷幕搭建的亭台楼阁,建筑精巧细致,彼此遮掩又互相衬托,前后左右,共有几百间,可坐一千多人。"朱熹《九曲棹歌》写道:"一曲溪头上钓船,幔亭峰影蘸晴川。虹桥一断无消息,万壑千岩锁翠烟。"

奏鼓乐

《缙绅脞说》:"武夷山,尝中秋日,吕真人、锺离先生、武夷君等皆会于山顶①。空中呼曰:'若男若女皆坐②。'仙乐竞奏。须臾,命行酒令③,歌师唱《人间好》曲④,词曰:'天上人间兮会合疏稀。日落西山兮夕乌归飞⑤。百年一饷兮志与愿违⑥。天宫咫尺兮恨不相随⑦。'"

【注释】

①吕真人:即纯阳真人吕洞宾。锺离先生:即锺离权,字云房。传说为八仙之一。

②若男若女:不论男人女人。

③酒令：宴会中助酒兴的一种游戏。推一人为令官，违令或依令该
　　饮的都要饮酒。

④歌师：乐师。

⑤日落西山：太阳从西山落下。指黄昏时。夕乌：暮归的乌鸦。

⑥一饷：片刻。志与愿违：志向和愿望相违背。

⑦咫尺：周制八寸为咫，十寸为尺。谓接近或刚满一尺。形容距离近。

【译文】

《缙绅脞说》："中秋那天，纯阳真人吕洞宾、锺离权先生、武夷君等在武夷山山顶聚会。空中有人大声呼喊：'不论男人女人都坐下。'仙界音乐争相奏响。不一会儿，命行酒令，乐师歌唱《人间好》曲，词唱道：'天上人间兮会合疏稀。日落西山兮夕乌归飞。百年一饷兮志与愿违。天宫咫尺兮恨不相随。'"

升仙天

《列仙传》："武夷山，魏王子骞冲妙真人同张湛真人、孙绰真人、赵元奇真人、刘景真人、彭令昭真人、顾思远真人、白石先生、马鸣生真人、女仙胡氏真人、鱼氏二真人、李氏真人等一十三人①，以八月十五日同上升。"又云："刘湛真人以八月十五日②，四十二口拔宅上升③。"

【注释】

①"魏王子骞"句：即武夷君最早度脱的武夷十三仙，他们的名讳是：魏王子骞、张湛、孙绰、赵元奇、刘景、彭令昭、顾思远、白石生、马鸣生、胡氏、鱼道超、鱼道远、李氏。魏王子骞冲妙真人，魏晋时期隐居武夷山，与张湛等十二人共同修行，因"饮酒过度"被

谪居,八百年后蜕骨成仙。宋嘉熙年间加封为冲妙孚惠真君。张湛真人,封号显应真人。孙绰真人,封号灵应真人。赵元奇真人,封号妙应真人。刘景真人,封号嘉应真人。彭令昭真人,封号冲应真人。顾思远真人,封号靖应真人。白石先生,封号善应真人。马鸣生真人,封号惠应真人。女仙胡氏真人,封号普应真人。鱼氏二真人,即鱼道超与鱼道远,封号助应真人、顺应真人。李氏真人,封号慈应真人。

②刘湛真人:不详待考。

③拔宅上升:古代传说修道的人一旦得道,全家都能同升仙界。拔,拔起。宅,住宅,指代全家。

【译文】

《列仙传》:"武夷山,魏王子骞冲妙真人同张湛真人、孙绰真人、赵元奇真人、刘景真人、彭令昭真人、顾思远真人、白石先生、马鸣生真人、女仙胡氏真人、鱼氏二真人、李氏真人等一十三人,在八月十五日同升仙界。"又说:"刘湛真人在八月十五日,全家四十二口同升仙界。"

立道观

《列仙传》:"许真君,名逊,字敬之,汝南人也。世慕至道①,真君弱冠②,师大洞君吴猛三清法要③。乡举孝廉,拜蜀旌阳令④。寻以晋室梦乱⑤,弃官入道。至西晋武帝太康二年八月十五日⑥,于洪州西山⑦,举家四十二口拔宅上升。惟有石函、药臼各一所⑧,车毂一具⑨,与真君所御锦帐,复自云中堕落于故宅,乡人即其地立游帷观焉。"

【注释】

①至道：谓极精深微妙的道术。

②弱冠：古时以男子二十岁为成人，初加冠，因体犹未壮，故称弱冠。

③大洞君吴猛：即吴猛，字世云，豫章（今江西南昌）人，或云濮阳（今河南濮阳）人。晋代道士，西山十二真君之一，世称大洞真君。宋徽宗政和年间赐封"神烈真人"。三清：道教所指玉清、上清、太清三清境。此指道教。法要：要义。

④旌阳：今四川德阳旌阳。

⑤寻：不久。晋室：晋朝。棼（fén）乱：混乱，杂乱。

⑥太康二年：281年。太康，晋武帝司马炎年号（280—289）。

⑦洪州西山：即今江西南昌西山。洪州，隋置，治豫章县（今江西南昌）。

⑧石函：石匣。药臼：捣药用的器具，多用金属、铜、铁、石头或木头制成。

⑨车毂（gǔ）：指车轮。

【译文】

《列仙传》："许真君，名许逊，字敬之，汝南人。他家世代敬仰精深微妙的道术，真君少年时，就拜大洞君吴猛为师学习道教要义。后来被乡里举荐为孝廉，被任命为蜀地旌阳县令。不久由于晋朝宫廷混乱，真君就辞去官职出家为道。西晋武帝太康二年八月十五日这天，在洪州西山上，许真君全家四十二口人同升仙界。只有一个石匣、一个药臼，一个车轮，和真君用过的锦制帷帐，又从云中落到他的故居，当地人就在故居建了座道观叫游帷观。"

服灵药

《集仙录》："旴母者，豫章人也，外混世俗，内修真要①。其子名烈，字道微，少丧父，事母以孝闻。西晋孝武时②，同郡许逊精修感通③，道化宣行，居洪崖山④，筑坛立静⑤。烈淳笃忠厚⑥，逊尝委用之。即与母结庐于逊宅之东北，旦夕侍奉，谨愿恭肃⑦，未尝少怠⑧。母常于山侧采撷花果，以奉逊。逊惜其诚意，常欲拯之⑨。元康二年八月十五日⑩，太上册命征拜逊为九州都仙大使高明主者⑪，白日举家升天。逊谓烈及母曰：'我承天帝之命，不得久留，汝可继随，仙举期于异日。'烈子母悲不胜⑫，再拜告请：'愿侍云辇。'逊许之，即赐灵药服之，躬禀真诀⑬，于是日午时同逊上升。今坛井尚存，世号为盱母井焉。"

【注释】

①真要：真谛要义。

②西晋武帝时：底本作"西晋孝武时"，据《太平广记》改。

③精修：精诚修炼。感通：以至诚通达而获得回应。

④洪崖山：又名伏龙山。在今江西新建西。

⑤静：底本作"靖"，据《太平广记》改。静室。指寺院住房或隐士、居士修行之室。

⑥淳笃：质朴厚重。

⑦谨愿：谨慎。恭肃：恭敬严肃。

⑧怠：怠慢。

⑨拯：救济。

⑩元康二年：292年。元康，晋惠帝司马衷年号（291—299）。

⑪太上：指天帝。册命：古代帝王封立继承人、后妃及诸王大臣的命令。

⑫悲不胜：即悲不自胜。悲伤得自己不能承受。形容极度悲伤。

⑬躬禀：亲自传授。

【译文】

《墉城集仙录》："盱母,是豫章人。外表与世俗之人无异,内心里却在修习真谛要义。她的儿子叫盱烈,字道微。道微小时候失去了父亲,以奉侍母亲极为孝顺而出名。西晋孝武时,同郡的许逊精诚修炼,以至诚通达而获得回应,道德风化盛行,住在洪崖山,筑造道坛,设立静室。盱烈为人质朴笃厚,许逊曾任用他。盱烈就与母亲一起在许逊宅院东北构筑茅舍居住,早晚侍奉,态度谨慎恭敬严肃,不曾有过怠慢。盱母还经常在山下采摘花果,用来奉送给许逊。许逊怜惜她心意真诚,常常想救济她。元康二年八月十五日,太上老君册书下令征召许逊为九州都仙大使高明主者,白日举家升天。许逊对盱烈及盱母说:'我奉天帝的命令,不能久留,你们可以继续追随,期待将来成仙。'盱烈母子悲伤得不能自禁,再次拜告请求:'愿意追随而去侍奉于云辇左右。'许逊答应了他们的请求,就赐给他们灵药让他们服下,亲自传授真诀,于是在午时跟着许逊升天而去。如今坛井还在,世人称为盱母井。"

乘彩云

《逸史》："黄尊师修道于茅山①,弟子瞿道士②,年少,不甚精谨③,屡为师所笞④。草堂东有一小洞,高七八尺,荒蔓蒙蔽⑤。一日,瞿生怠事⑥,复为师所笞,逡巡避杖⑦,遂入此洞。师惊异,遣去草搜索,一无所见。食顷方出,持一棋子,曰:'适睹秦时人,留餐,以此见遗。'师怪之,尚意为狐魅所惑,亦不甚信。明年,八月十五夜,天气清肃⑧,中宵云雾大起⑨,集于窗牖间⑩,仙乐满庭。复闻有步虚之声⑪。弟子皆以为黄公上仙之期至矣⑫,遽备香火,黄师沐浴冠裳以竢。将晓,氛烟渐散⑬。俄见瞿生乘五色彩云出,立于庭中,灵乐鸾鹤,弥漫空际,与师徒诀别,升空而去。"

【注释】

①黄尊师:茅山道宗师。尊师,对道士的敬称。茅山:原名句曲山。
　　在江苏西南部句容、金坛之间,北与镇江丹徒、南与溧阳交界。传
　　西汉景帝时茅盈、茅衷、茅固三兄弟得道于此,遂名茅山,亦名三
　　茅山。中国道教名山。

②瞿道士:底本作"瞿道生",据《太平广记》改。

③精谨:精心诚恳。

④笞(chī):用鞭、杖、竹板抽打。

⑤荒蔓:荒烟蔓草。蒙蔽:遮掩。

⑥怠事:懒惰误事。

⑦逡巡:拖延。此指逃避。

⑧清肃:明朗高爽。

⑨中宵:半夜。

⑩窗牖(yǒu):窗户。

⑪步虚:指道家传说中神仙的凌空步行。

⑫黄公:底本缺,据《太平广记》补。

⑬氛烟:犹烽烟。此指云雾。

【译文】

《逸史》:"黄尊师在茅山修道,有个徒弟瞿道士,年纪轻,做事不太精
细严谨,多次被黄尊师用鞭杖抽打。草堂东面有一个小洞,洞高七八尺,
洞口被荒草藤蔓遮掩。一天,瞿生懒惰误事,又要被黄尊师用鞭杖抽打,
为了逃避挨打,瞿生就进了这个洞。黄师尊惊奇诧异,派人去除草蔓进
去搜索,什么也没有看见。过了一顿饭的工夫,瞿道士从里面出来了,手
里拿着一个棋子,说:'刚才遇见秦朝时的人,人家留我吃饭,送我一个棋
子。'黄尊师感到奇怪,还怀疑他是被狐狸精所迷惑,也不太相信。第二

年，八月十五日夜晚，天气明朗高爽，半夜云雾大起，聚集在窗户间，仙乐充满庭院。后来又听到神仙凌空步行的声音。弟子都认为黄尊师升仙的期限到了，急速准备香火，黄尊师沐浴完穿上官服等候。天将要亮时，云雾渐渐散去。突然看见瞿道士乘五色祥云而出，站在庭院中，仙乐奏起，鸾鸟仙鹤跳舞，弥漫在天空中，瞿道士与黄尊师及同门告别，就升空而去了。"

游峨嵋

《甘泽谣》①："圆观者②，洛阳惠林寺僧③。东坡诗及他本作圆泽。梵学之外④，音律贯通⑤，莫知其所自也。李谏议源⑥，公卿之子，当天宝之际⑦，父憕居守⑧，陷于贼中，乃脱粟布衣⑨，止于惠林寺⑩，悉将家业为寺公财⑪，寺人供遗饮食。不置仆使，惟与圆观为忘年友⑫，促膝静话，自旦及昏。如此三十年。

【注释】

①《甘泽谣》：一卷，袁郊撰。据其自序，以其春雨泽应，故有甘泽成谣之语，遂以名书。袁郊，字之乾，一作之仪，蔡州朗山（今河南确山）人。唐文学家，另著有《二仪实录衣服名义图》《服饰变古元录》等。

②圆观：洛阳慧林寺僧人。性疏简，通音律，好治生，时谓之空门猗顿。大历末，与谏议李源为忘形之友。二人相约游青塘、峨眉诸山。圆观行至南浦而卒。

③惠林寺：寺院名。在今河南洛阳北。

④梵学：佛学。

⑤音律：泛指音乐。贯通：精通。

⑥李谏议源：即李源，李憕子。以父死祸难，无意禄仕，寓居洛阳北
之惠林寺。

⑦天宝之际：此指天宝十四载（755）安禄山范阳起兵叛乱。

⑧父憕：即李源的父亲李憕（？—755），并州文水（今属山西）人。
天宝十四载（755），转光禄卿、东京留守。范阳乱起，拜礼部尚
书。十二月，禄山攻破洛阳，憕被害。谥忠烈，赠司徒。居守：官
名。留守的别称。此指李憕任东京留守。

⑨脱粟：糙米，只去皮壳、不加精制的米。

⑩止：居住。

⑪公财：公有的财产。

⑫忘年友：年辈不相当而结交为友。

【译文】

《甘泽谣》："圆观，洛阳慧林寺的僧人。苏轼诗中以及其他书籍中称圆泽。他除了研究佛学之外，对音乐也很精通，没有人知道他是从哪里习得这些。谏议大夫李源，本是官宦人家的子弟，当天宝年间安禄山起兵叛乱时，他的父亲李憕为东京留守，城破被贼兵杀害，李源吃糙米穿粗布衣服，居住在惠林寺，将全部家产捐献给寺院，寺里的和尚只给他提供饮食。他没有仆人可供使用，只与圆观成为忘年交，两个人经常密切交谈，从早晨谈到黄昏。这样过了三十年。

"一旦，约游蜀川峨嵋①，访道求药。圆观欲游长安，出斜谷②，源欲上荆州、三峡③，争此两途未决。半年，源曰：'吾已绝世事④，岂取途两京⑤？'遂自荆江上峡⑥。维舟南浦⑦，见数妇锦裆⑧，负瓮而汲。圆观望而泣下曰：'吾不欲至此，恐见其妇人也。'源惊问之，圆观曰：'其中孕妇姓王

者,是某托身之所⑨,逾三载,尚未娩怀⑩,以某未来之故。今既见,即命有所归矣。愿公假以符咒⑪,遣其速生,少驻行舟⑫,葬某山下。后十二年中秋月夜,杭州天竺寺外⑬,与公相见。'是夕,圆观亡而孕妇产矣。

【注释】

①蜀川:指蜀地。

②斜谷:山谷名。在今陕西终南山。谷有二口,南曰褒,北曰斜,故亦称褒斜谷。全长四百七十里。两旁山势峻险。扼关陕而控川蜀,古来为兵家必争之地。

③荆州:今属湖北。三峡:四川、湖北两省境内,长江上游的瞿塘峡、巫峡和西陵峡的合称。

④世事:世务,尘俗之事。

⑤途:道路。两京:两个京城,两个首都。指汉、唐的长安和洛阳。

⑥荆江:长江中游湖北枝城到湖南城陵矶段的别称。因流经古荆州地区得名。

⑦维舟:系船停泊。南浦:古水名,一名新开港,在今湖北武汉南。

⑧锦裆:锦绣衣服。

⑨托身:托生,投胎。

⑩娩怀:分娩,生孩子。

⑪假:当。符咒:符箓和咒语的合称。僧道以为可以役使鬼神。

⑫少驻:短暂停留。少,同"稍"。行舟:行船。

⑬天竺寺:在浙江杭州灵隐寺南面山中。有上、中、下三天竺寺之分。上天竺名法喜寺,中天竺名法净寺,下天竺名法镜寺,分别创建于五代、隋、东晋年间,为杭州著名的佛教寺院。

【译文】

"一天,两人相约同游蜀地峨嵋山,去访仙求药。圆观想要游经长安,从斜谷出去,李源想游荆州,到三峡,他们为这两条路线争论,没能决定。过了半年,李源说:'我已断绝尘俗之事,怎么能选取经由京城的路呢?'于是二人从荆江上三峡。船停泊在南浦,他们看见有几个妇女穿锦绣衣服,背着水瓮到江边打水。圆观见到她们流着泪说:'我不想来这里,是害怕见到这几个妇人啊。'李源惊讶地问他,圆观说:'其中有一个姓王的孕妇,是我来世投胎的处所,她怀孕三年,还没有把孩子生下来,就是因为我没来。今天既然见到了她,是我命有所归了。希望您为我念诵符箓和咒语,让她快点生下孩子,你的行船短暂停留几天,把我埋葬在山下。十二年以后中秋月夜,在杭州天竺寺外,与你相见。'当晚,圆观死而孕妇生下孩子。

"源后诣杭州,寻约佛寺。时山雨初晴,月色满川,忽闻葛洪川畔①,有牧竖歌《竹枝词》者②,乘牛扣角③,双髻短衣。俄至寺前,乃圆观也。李公就谒曰:'观公健否?'答曰:'李公真信士也④。俗缘未尽⑤,慎勿相近。'李公以无由叙话,望之潸然⑥,圆观乃唱《竹枝词》而去。歌曰:'三生石上旧精魂⑦,赏月吟风不要论⑧。惭愧情人远相访⑨,此身虽异性长存。'又歌曰:'身前身后事茫茫,欲话因缘恐断肠⑩。吴越溪山寻已遍,却回烟棹上瞿塘⑪。'后三年,李公拜谏议大夫,二年亡⑫。"东坡挽文长老诗云⑬:"向欲钱塘访圆泽,葛洪川畔待秋深⑭。"

【注释】

①葛洪川畔:晋代高士葛洪,曾在杭州西湖炼丹。这里借指圆观身后与李源会面的处所。

②牧竖:牧童,牧奴。《竹枝词》:亦称《竹枝》《竹枝子》。乐府《近

代曲》名。本巴渝（今四川东部）一带民歌。崔令钦《教坊记·曲名》中已见载，可知唐玄宗朝已采入教坊。中唐以来如顾况、刘禹锡、白居易等人皆有作。大都用以描写人情风土，富有民歌色彩。唐代《竹枝词》歌词不拘平仄，可歌唱。后用为词牌。

③扣角：扣击牛角。

④信士：诚实可信之人。

⑤俗缘：尘世之事。

⑥潸然：流泪貌。亦谓流泪。

⑦三生石上：借指前世因缘，后世重新媾结。精魂：精神魂魄。

⑧赏月吟风：迎风吟诗赏月。

⑨惭愧：感幸之词。意为多谢、难得、侥幸。情人：感情深厚的友人。

⑩因缘：犹言缘分。

⑪却回：回转。烟棹：指烟波中的小舟。瞿塘：亦作瞿塘峡、夔峡。峡名。为长江三峡之首。西起重庆奉节白帝城，东至巫山大溪。两岸悬崖壁立，江流湍急，山势险峻，号称西蜀门户。峡口有夔门和滟滪堆。

⑫二年：底本缺，据《太平广记》补。

⑬文长老：永乐乡报本禅院文及长老。苏轼友人。

⑭向欲钱塘访圆泽，葛洪川畔待秋深：出自苏轼《过永乐文长老已卒》。

【译文】

"李源后来到杭州，寻找约定的寺院。当时山雨初晴，月色洒满山川，忽然听到葛洪川畔，有牧童骑在牛背上扣击牛角唱着《竹枝词》，扎着两个发髻，穿着一身短衣。一会儿到达佛寺，正是圆观。李源拜见说：'观老身体康健吗？'牧童回答说：'你真是诚实可信之人。你尘世之事未尽，咱们不要太近接触。'李源因为没有办法同圆观说话，望着圆观而流下眼泪，圆观于是唱《竹枝词》而去。唱道：'三生石上旧精魂，赏月吟风不要论。惭愧情人远相访，此身虽异性长存。'又唱道：'身前身后事茫茫,欲话因缘恐断肠。吴越溪山寻已遍,却回烟棹上瞿塘。'又过了三年,李源当上了谏议大夫,两年后去世。"苏轼悼念文长老的诗写道:"向欲钱塘访圆泽,葛洪川畔待秋深。"

入仙坛

《传奇》:"太和末岁①,有书生文箫者,海内无家②,因萍梗抵钟陵郡③。生性柔而洽道④,貌清而出尘⑤。与紫极宫道士柳栖乾善⑥,遂止其宫,三四年矣。钟陵有西山⑦,山有游帷观⑧,即许仙君逊上升地也。每岁至中秋上升日,吴、越、楚、蜀人,不远千里,而携挈名香、珍果、绘绣、金钱⑨,设斋醮,求福祐。时钟陵人万数⑩,车马喧阗,士女栉比,数十里若阛阓⑪。

【注释】

①太和末岁:835年。太和,唐文宗的年号(829—835)。

②海内无家:没有固定住所,指漂泊无依。

③萍梗:浮萍断梗。因漂泊流徙,故以喻人居处不定。钟陵郡:查无此郡名。疑即为豫章县。隋改南昌县置,为豫章郡治,因以郡名县。治今江西南昌。唐因避代宗李豫讳,改为钟陵县(今江西南昌)。

④洽:周遍,广博。

⑤出尘:超出世俗。

⑥紫极宫:道宫名。在江西南昌惠民门外,晋代所建。

⑦西山:古称散原山,又称逍遥山或南昌山。在今江西新建。《太平寰宇记》:"以在南昌府治之西,故名西山。"

⑧游帷观:人们为纪念许逊,在其西山旧居建了一座"许仙祠",南

北朝时改为"游帷观",宋时又称"万寿宫"。

⑨绘绣:绘画刺绣。

⑩万数:形容人极多。

⑪阛阓(huán huì):街市,街道。《文选·左思〈魏都赋〉》:"班列肆以兼罗,设阛阓以襟带。"吕向注:"阛阓,市中巷绕市,如衣之襟带然。"此指如同繁华市集。

【译文】

《传奇》:"太和末年,有一个叫文箫的书生,漂泊无依,如浮萍断梗般流落至钟陵郡。文箫性情温和柔顺,且与道教修行相契合,面貌清秀而气质超凡脱俗。文箫与紫极宫道士柳栖乾关系很好,于是就住在紫极宫中,已经有三四年了。钟陵有座西山,山上有一座游帷观,就是许逊得道飞升的地方。每年到中秋许逊得道飞升的日子,吴、越、楚、蜀四地的百姓,即便远隔千里,也要带着名贵香料、珍稀果品、绘画刺绣、钱贝等供品,设坛举行道教斋醮仪式,祈求神灵赐福保佑。当时钟陵的人数以万计,车马往来,喧闹嘈杂,成年男女密集排列,方圆几十里如同繁华的市集。

"其间有豪杰①,多以金召名姝善讴者,夜与丈夫间立②,握臂连踏而唱③,其调清④,其词艳⑤,惟对答敏捷者胜。时文箫亦往观焉,睹一姝,幽兰自芳⑥,美玉不艳,云孤碧落⑦,月淡寒空。聆其词理⑧,脱尘出俗⑨,意谐物外⑩。其词曰:'若能相伴陟仙坛,应得文箫驾彩鸾⑪。自有彩襦并甲帐⑫,琼台不怕雪霜寒⑬。'生久味之,曰:'吾姓名其兆乎?此必神仙之俦侣也⑭。'竟植足不去⑮,姝亦盼生。

【注释】

①豪杰之士:此指富商或权贵人物。

②丈夫：指成年男子。

③握臂连踏：手臂相挽，踏着节拍对唱。

④清：清亮。

⑤艳：香艳。

⑥幽兰：幽谷的兰花。

⑦碧落：天空，青天。

⑧词理：词中韵味。

⑨脱尘出俗：超脱凡俗。形容非常高洁，不沾一丝庸俗之气。

⑩物外：世俗之外。

⑪彩鸾：传说中的仙女。与书生文箫相恋，归钟陵为夫妇。

⑫彩襦：华美的短袄，象征仙家服饰。甲帐：汉武帝所造的帐幕。《汉武帝故事》："上以琉璃珠玉，明月夜光杂错天下珍宝为甲帐，次为乙帐。甲以居神，乙以自居。"此处指仙人的居所。

⑬琼台：玉砌的楼台。代指仙境。

⑭俦（chóu）侣：伴侣。

⑮植足：驻足。

【译文】

"其间有富商或权贵人物，花重金聘请擅长歌唱的美女，在夜里，男女并肩而立，手臂相挽，踏着节拍对唱，曲调清雅悠扬，歌词华丽香艳，只有对答反应敏捷的人才能取胜。当时文箫参与中秋时节的游帷观盛会，见到一位女子，如幽谷兰花般自然芬芳，又如美玉般温润内敛，如孤云高悬天空，又如淡月映照寒夜。听她言谈中的道理，思想境界超脱世俗，精神世界超越世俗之外。其词唱道：'若能相伴陟仙坛，应得文箫驾彩鸾。自有彩襦并甲帐，琼台不怕雪霜寒。'文箫反复琢磨所唱歌词，说：'我的姓名就是预示与仙女有宿缘的征兆吗？这女子一定是我的神仙伴侣。'文箫久久停留不愿离去，女子也同样回望文箫。

"久之歌罢,秉烛穿大松径将尽,陟山扪石^①,冒险而去。生亦潜蹑其踪^②。烛将尽,有仙童数辈,持松炬而导之。生因失声,姝乃觉,回首而诘:'莫非文箫邪?'生曰:'然。'姝曰:'吾与子数未合,而情之忘,乃得如是也。'遂相引至绝顶坦然之地,侍卫甚严,有几案帷幄,金炉国香^③。与生坐定,有二仙娥各持簿书^④,请姝详断^⑤,其间多江湖沉溺之事^⑥。仙娥持书既去,忽天地黯晦^⑦,风雷震怒,摆裂帐帷^⑧,倾覆香几。生恐惧不敢傍视,姝仓皇披衣秉笏^⑨,叩齿肃容^⑩,伏地待罪。俄而风雨帖息^⑪,星宿陈布^⑫,有仙童自天而降,持天判宣曰:'吴彩鸾以私欲而泄天机,谪为民妻一纪。'姝遂号泣^⑬,与生携手下山而归钟陵。生方知姝姓名,因诘曰:'夫人之先,可得闻乎?'姝曰:'我父吴仙君猛^⑭,豫章人也。《晋书》有传。常持孝行^⑮,济人利物^⑯,立正祛邪^⑰,今为仙君,名标洞府。吾亦为仙,主阴籍,仅六百年矣。睹色界而兴心^⑱,俄遭其谪。然子亦因吾可出世矣。'生素穷寒^⑲,不能自赡^⑳。姝曰:'君但具纸,吾写孙愐《唐韵》^㉑。'日一部,运笔如飞。每鬻获五缗^㉒,缗将尽又为之。

【注释】

①陟山扪石:手扶岩石登山。

②蹑:追随。

③金炉:金属铸的香炉。国香:极言其香。谓其香甲于一国,故云。

④仙娥:仙女。簿书:文书簿册。

⑤详断:审察裁决。

⑥江湖沉溺之事:人间发生的沉溺灾祸。

⑦黯晦:昏暗。

⑧摆裂帐帷:撕裂帷幕。

⑨秉简:手持书简。

⑩肃容:仪容严肃庄重。

⑪帖息:平息,安定。

⑫星宿:星星。

⑬号泣:大声哭泣。

⑭吴仙君猛:即吴猛仙君。

⑮孝行:孝敬父母的德行。

⑯济人利物:指救助别人,对世事有益。

⑰祛邪:驱除邪恶。

⑱色界:佛教语。三界之一。在欲界之上,无色界之下。有精美的
　物质而无男女贪欲。兴心:凡心。

⑲穷寒:贫穷寒微。

⑳自赡:即无法自给自足。

㉑孙愐《唐韵》:五卷,孙愐撰。仪凤二年(677),长孙纳言为《切
　韵》加注并订正讹误。天宝十载(751),孙愐重加订正,依据《切
　韵》,参考诸书,增收韵字,更名《唐韵》。孙愐,唐音韵学家。唐
　开元或天宝年间曾为朝议郎行陈州司马。

㉒缗:用于成串的铜钱,每串一千文。

【译文】

　　"过了很久,歌唱结束后,女子手持蜡烛穿过松林小径,即将走到尽头,手扶岩石登山,冒着危险继续前行。文箫也暗中跟随着她的踪迹。携带的蜡烛即将燃尽,此时突然出现数名仙童,手持松枝火把为其引路。文箫不自主发出声响,被女子察觉,回头问他:'莫非是文箫?'文箫说:'正是。'女子说:'我与你命定的缘分尚未到,但因彼此的情意而忘却了这些,才以致如此。'两人相互引领至山顶一片开阔平坦之地,山上侍卫

森严,有几案和帷幄,金炉里香烟缭绕。女子与文箫在山顶坐定,有两位仙女手持记录人间事务的文书簿册,请女子审察判断,其中多是人间发生的沉溺灾祸。两位仙女手持簿册离去后,忽然天昏地暗,狂风雷霆大作,帷帐被撕裂,焚香的几案被掀翻。文箫极度恐惧不敢往旁边看,女子仓忙地披衣,手持书简,整理仪态叩齿祷告,伏在地上等待责罚。一会儿风雨平息,夜空星辰密布,有仙童从天而降,手持天庭的判决书宣判:'吴彩鸾因私欲而泄露天机,贬谪为凡人之妻十二年。'女子于是大声哭泣,与文箫携手下山而回到钟陵。文箫这才知道女子的姓名,因而追问:'夫人的家世,能否告诉我?'女子说:'我父亲是吴猛仙君,豫章人。《晋书》上有传。他长期恪守孝道,救助别人,造福万物,树立正道,祛除邪祟,如今被授予仙君神职,其名录入仙界名册。我也是仙人,主管阴间的簿籍,已经六百年了。因目睹色界而动了凡心,立刻被贬谪至人间。然而你因与我的姻缘可超脱凡尘、修成仙道。'文箫生活贫穷寒微,无法自给自足。女子说:'你只管准备好纸,我来抄写孙愐的《唐韵》。'女子抄写速度飞快,每日抄写一部。每部卖五千文,当钱快用尽时她再抄写出售。

　　"如此仅十载,至会昌二年①,稍为人知,遂与文生潜奔新吴县越王山侧百姓郡举村中②,夫妻共训童子数十人③。主人相知甚厚,欲稔④,姝因题笔作诗曰:'一斑与两斑⑤,引入越王山。世数今逃尽⑥,烟萝得再还⑦。箫声宜露滴,鹤翅向云间⑧。一粒仙人药,服之能驻颜⑨。'是夜,风雷骤至,闻二虎咆哮于院外。及明,失二人所在。凌晨,有樵者在越山见二人各跨一虎,行步如飞,陟峰峦而去。郡生闻之惊骇,于案上见玉合子,开之,有神丹一粒,敬而吞之,却皓首而返童颜⑩。后竟不复见二人。今钟陵人多有吴氏所写《唐韵》在焉。"

【注释】

①会昌二年：842年。会昌，唐武宗李炎年号（841—846）。

②新吴县：东汉置，治今江西奉新。越王山：原名药王山，简称越山。
　在江西奉新。

③训：教导。

④稔（rěn）：原意为谷物成熟，引申为时间长久或关系深厚。此处指
　主人对二人可能有非分之想（如贪恋吴彩鸾的美貌或仙术），暗
　藏轻浮意图。

⑤斑：色彩斑驳。此指老虎。

⑥世数：寿数，定数。

⑦烟萝：借指幽居或修真之处。

⑧鹤翅：借指仙驾。

⑨驻颜：使容颜不衰老。

⑩皓首：白头，白发。谓年老。

【译文】

　　"如此生活了十年，到会昌二年，他们的事逐渐被人知道，于是与文
箫秘密逃到新吴县越王山旁边百姓郡举村隐居，夫妻二人共同教导数十
名孩童，以维持生计。主人对他们款待优厚，但后来逐渐显露轻浮意图，
女子因而提笔作诗写道：'一斑与两斑，引入越王山。世数今逃尽，烟萝
得再还。箫声宜露滴，鹤翅向云间。一粒仙人药，服之能驻颜。'当天夜
里，突然出现狂风暴雨、雷电交加，人们听到两只老虎在院外咆哮。次日
天亮时，发现吴彩鸾与文箫已消失不见。凌晨，有樵夫在越山看见他们
二人各跨一只老虎，行走如飞，翻山越岭而去。郡举村中的主人听说后
非常害怕，在桌子上看见一个玉盒，打开，里面有一粒神丹，恭敬地吃了，
从满头白发而变成童颜。后来再也没见过他们二人。今天钟陵人大多
都有吴氏所抄写的《唐韵》。"

舍商山①

《宣室志》:"开成中,梁璟自长沙将举孝廉②,途次商山,舍于馆亭。时八月十五夕,风清月朗,璟偃而不寐③。至夜半,忽见三丈夫,衣冠甚古,徐步而来④,且吟且赏,从者数人。璟心知其鬼也,素有胆气⑤,降阶揖之。三人自称萧中郎、王步兵、诸葛长史⑥,与璟坐庭中,曰:'不意良夜遇君于此!'呼其僮曰:'玉山取酒。'环席递酌⑦。已而步兵曰:'值此风月,况有嘉宾⑧,可不联句⑨,以咏秋物。'步兵即曰:'秋月圆如镜。'中郎曰:'秋风利于刀。'璟曰:'秋云轻比絮。'长史嘿然久之⑩,二人促曰:'幸以拙速为事⑪。'长史沉吟食顷,乃曰:'秋草细同毛。'二人大笑曰:'拙则拙矣,何乃迟乎⑫!'长史曰:'此中郎过耳,为僻韵而滞捷才⑬。'中至长史,戏曰:'蕙娘赴中郎召耳。'美人曰:'安知不为众人来?'起曰:'愿歌《凤楼之曲》,以侑樽俎⑭。'曲终,中郎曰:'山光渐明,愿更联一绝,以尽欢也。'即曰:'山树高高影。'步兵曰:'山花寂寂香。'因指长史曰:'向者僻韵,中郎之过。今愿续此,以观捷才。'长史曰:'山天遥历历。'一坐大笑曰:'迟不能巧,速而且拙,捷才如是耶?'璟曰:'水山急汤汤⑮。'中郎问璟曰:'君非举进士者乎?'璟曰:'将举孝廉科。'中郎笑曰:'孝廉安知为诗哉?'璟怒叱之,长史敛袂⑯,客皆惊散,遂失所在,而杯盘亦无见矣。"

【注释】

①舍:住宿。商山:又称商阪、楚山。在今陕西商洛商州东南。

②举孝廉：应孝廉科考试。

③偃而不寐：仰面躺卧未睡着。

④徐步：缓慢步行。

⑤胆气：胆量和勇气。

⑥自称萧中郎、王步兵、诸葛长史：都以各人姓与官职自称。中郎，官
　名。秦置，汉代沿置，担任宫中宿卫、侍从。分属五官、左、右三署，
　其长官称为中郎将。步兵，官名。步兵校尉的省称。长史，官名。
　秦置。西汉时丞相、太尉、御史大夫属官均设长史，后历代相沿。

⑦环席递酌：依座次挨个斟酒。

⑧嘉宾：贵客。

⑨联句：古代作诗的一种方式，每人或多人各做一句或数句，相联成
　篇。多用于宴席及朋友间酬应。

⑩嘿然久之：沉默了半天做不出来。

⑪幸以拙速为事：请你快一点做出来，句子拙点也没关系。

⑫拙则拙矣，何乃迟乎：诗是够拙的了，为什么又这么慢呢？

⑬为僻韵而滞捷才：因为他选了生僻的韵，而我敏捷的诗才也被拖
　延了。

⑭侑：劝。樽俎（zǔ）：古代盛酒食的器皿。樽以盛酒，俎以盛肉。
　此指饮酒。

⑮汤汤（shāng）：指水势浩大、水流很急的样子。

⑯敛袂：整饬衣袖。

【译文】

《宣室志》："唐文宗开成年间，梁璟从长沙出发去参加孝廉科的考
试，途中停留在商山，住在馆舍驿站中。当时正好是八月十五晚上，微风
清爽，月光皎洁，梁璟仰面躺卧未睡着。到半夜，忽然看见三个男子，衣
帽装束都很古朴，缓慢步行而来，一边吟诵一边观赏，跟着几个仆人。梁
璟心里明白他们是鬼，但他一向有胆量和勇气，于是走下台阶拱手行礼。

那三个人自称是萧中郎、王步兵、诸葛长史,与梁璟坐在庭院中,说:'没想到今晚良宵佳节在这里遇见您。'于是召呼童仆说:'玉山拿酒来!'酒拿来后就环绕座席依次斟酒。不久王步兵说:'碰上这清风明月,何况又有贵客,何不作诗联句,以歌咏秋季景物。'王步兵立即吟诵道:'秋月圆如镜。'萧中郎吟诵道:'秋风利于刀。'梁璟吟诵道:'秋云轻比絮。'诸葛长史沉默了半天做不出来,另外二人催促说:'请你快一点做出来,句子拙点也没关系。'长史沉吟了一顿饭时间,才吟诵道:'秋草细同毛。'萧中郎和王部兵二人大笑说:'诗是够拙的了,为什么又这么慢呢?'诸葛长史说:'这是萧中郎的过错,因为他选了生僻的韵,而我敏捷的诗才也被拖延了。'这时轮到长史,他开玩笑说:'蕙娘接受中郎征召而已。'美人说:'你怎么知道我不是为了大家而来?'起身说:'愿唱〈凤楼之曲〉,来给大家助兴饮酒。'唱完,萧中郎说:'山色天光渐亮,愿再联缀一篇,以便尽享欢乐。'即吟诵道:'山树高高影。'王步兵吟诵道:'山花寂寂香。'吟完指着长史说:'上一次碰上僻韵,确实是中郎的过错。现在希望你续这一句不押韵的,来看一下你敏捷的诗才。'长史吟诵道:'山天遥历历。'满座的人都大笑说:'吟得慢却不精巧,吟得快却又拙笨,这就是你敏捷的诗才啊?'梁璟吟诵道:'水山急汤汤。'中郎问梁璟说:'你不是中了进士吗?'梁璟说:'将去应试孝廉科。'中郎笑着说:'孝廉怎么明白写诗呢?'梁璟大声呵叱他,长史也整饬衣袖,满席的坐客都惊散了,不知去向,而且连杯盘也消失了。"

见怪物

《乾𦠆子》:"叶县人梁仲朋[①],家在汝州西郭街南[②],渠西有小庄,常朝往夕归。大历初,八月十五日,天地无氛埃[③]。去州十五六里,有豪族大墓,皆植白杨。是时,秋景落木[④],仲朋跨马在此。二更,闻林间械械之声[⑤],忽有一物,自林飞出,仲朋初谓是惊栖鸟。俄入仲朋怀,鞍桥上坐[6]。月照若五斗栲栳大[7],毛墨色,头似人,眼跌如珠[8],唤仲朋为弟,谓仲朋曰:'弟莫惧。'颇有膻羯之气[9],言语一如人。直至汝州郭门外,见人家未寐,有火光,其怪欻飞东南去[10],不知所在。仲朋至家,不敢向家中说。忽一夜,更深月上,又好天色,仲朋召弟妹,于庭命酌[11],因语前夕之事。其怪忽在屋脊上飞来,谓仲朋曰:'弟说老兄何事邪?'于是大小走散,独留仲朋。云:'为兄作主人。'索酒不已[12]。仲朋视之,颈下有瘿子[13],如生瓜大,飞翅是双耳,鼻为毛,大如鹅卵[14],饮斗酒,醉于杯筵上,如睡着。仲朋潜起[15],砺阔刀[16],当其项而刺之,血流迸洒[17],便起云:'大哥[18]!大哥!弟莫悔。'却映屋脊不复见[19],血满庭中。三年内,仲朋一家三十口荡尽[20]。"

【注释】

① 叶县:秦置,治今河南叶县。

② 汝州:隋大业二年(606)改伊州置,因境内汝水得名。唐武德四年(621)复为伊州,贞观八年(634)改为汝州。天宝元年(742)改为临汝郡,乾元元年(758)复为汝州。治梁县(今河南汝州)。

③ 氛埃:尘埃。

④ 落木:落叶。

⑤ 槭槭(qì):象声词。风吹叶动声。

⑥ 鞍桥:马鞍。其拱起处形似桥,故称。

⑦ 栲栳(kǎo lǎo):即笆斗,用柳条编成的容器。

⑧ 跌:跌落。此指鼓起。

⑨膻羯之气：羊臊气。

⑩欻（xū）：忽然。

⑪命酌：使令饮酒。

⑫索酒：要酒。

⑬瘿（yǐng）子：颈瘤，俗称大脖子。指生长在脖子上的一种囊状的瘤子，包括甲状腺肿大等。

⑭卵：底本缺，据《太平广记》补。

⑮潜：暗中。

⑯砺：磨。

⑰迸洒：洒，底本作"泗"，据《太平广记》改。喷涌洒落，迸射。

⑱大哥：底本作"大奇"，据《太平广记》改。下同。

⑲映：隐藏。

⑳荡尽：全部死光。

【译文】

《乾𦠘子》："叶县人梁仲朋，家住在汝州城西的街南面，渠西有个小村庄，他常常早晨去晚上回来。大历初年，八月十五日，天地间没有一丝尘埃。距离州城十五六里外，有一个豪门大族的墓地，栽种的全是白杨树。这时候，正值秋天，落叶纷纷，梁仲朋骑着马来到这里。二更时分，他听到林子里有'械械'的声音，忽然有一个东西，从林子里飞出来，梁仲朋起初以为是受惊的栖鸟。不一会那东西飞到梁仲朋怀中，坐到了马鞍上。在月光的照射下，它看起来像能装五斗米的笆斗大，毛是黑色，头像人，眼睛鼓起像个圆球，它就称梁仲朋为弟，对梁仲朋说：'老弟不要怕。'它身上有很大的羊臊气，说话完全跟人一样。一直走到汝州城门外，见城中人家还没睡觉，还有灯火，那怪物就忽然向东南飞去，不知它飞到什么地方去了。梁仲朋回到家，也不敢向家里人讲这件事。忽然有一天夜里，夜已很深了，月亮升起来，而且天色很好，梁仲朋于是召集弟弟妹妹，在院子里让人准备酒菜要一起饮酒，因而他就讲了前些天晚上的那件事。那怪物忽然从屋顶上飞下来,对梁仲朋说:'老弟说我什么事啊?'于是老老少少都散去,唯独留下梁仲朋。那怪物说:'为兄的我做主人。'它不停地要酒。梁仲朋看它,脖子下面有个颈瘤,像生瓜那么大,飞翅就是它的两耳,它鼻上的黑毛交杂,鼻大如鹅蛋,它喝了几斗酒,醉在酒桌上,像是睡着了。梁仲朋暗中起来,磨了一把大刀,向它的脖子刺去,血流喷涌洒落,它就起来说:'大哥! 大哥! 老弟别后悔。'它隐藏在屋脊后不再出现,院子里到处是血。三年内,梁仲朋一家三十口人全部死光。"

指药铛

《冷斋夜话》①:"周贯②,不知何许人,自号木雁子。至袁州③,见市井李生秀韵④,欲携同归林下⑤。李嗜酒色,意欲不去。指煮药铛作偈示之曰:'顽钝天教合作铛⑥,纵生三脚岂能行。虽然有耳不听法,只爱人间恋火坑。'寻死于西山,后有人见于京师,附书于李生云:'明年中秋夕上谒。'至时,李生以事出。贯以白土书门而去⑦,曰:'今年中秋夕,来赴中秋约。不见折足铛⑧,弹指空剥剥⑨。'李生竟折一足。"

【注释】

①《冷斋夜话》:又称《冷斋诗话》,十卷,北宋释惠洪撰。该书作于崇宁、大观间,是"记一时杂事"之作,并非专门论诗,性质介于笔记与诗话之间,故各家著录多入小说类。惠洪(1071—1128),字觉范,俗姓喻(一说俗姓彭),后又改法名为德洪,江西筠州新昌(今江西宜丰)人。宋诗文家、画家,另著有《石门文字禅》《天厨

《禁裔》等。

②周贯：自号木雁子，宋胶东（今山东东部）人。英宗治平及神宗熙
　宁间，曾往来西山，日酣饮。工诗，作诗成癖，半夜得句，辄捶门以
　告人。

③袁州：隋置，治宜春县（今江西宜春）。

④秀韵：清秀韵致。

⑤林下：指山林田野退隐之处。

⑥顽钝：圆滑而无骨气。《史记·陈丞相世家》："然大王能饶人以爵
　邑，士之顽钝嗜利无耻者亦多归汉。"裴骃集解引如淳曰："犹无
　廉隅。"天教：上天示意，以为教诲。

⑦白土：即白垩。石灰岩的一种。俗称白土子。

⑧折足：《易经·鼎》："鼎折足，覆公𬓄。"后以"覆公折足"比喻不
　胜重任，败坏公事。

⑨剥剥：象声词。形容敲门的声音。

【译文】

《冷斋夜话》："周贯，不知道哪里人，自号木雁子。周贯到袁州，见
到一个姓李的市井之人气质清秀有韵致，周贯就想与他一同归隐山林田
野。李生贪嗜酒色，不愿一同前往。周贯指着煮药铛作偈说：'顽钝天教
合作铛，纵生三脚岂能行。虽然有耳不听法，只爱人间恋火坑。'周贯不
久在西山去世，后来有人在京师遇见他，他托人寄信给李生说：'我明年
中秋夜前往拜谒。'到了约好的时间，李生因事外出。周贯便用白垩在李
生家门上写道：'今年中秋夕，来赴去年约。不见折足铛，弹指空剥剥。'
后来李生竟断了一条腿。"

担褐奶

《燕北杂记》："八月八日，戎主杀白犬，于寝帐前七步

埋其头^①,露其嘴。后七日,移寝帐于埋狗头地上。番呼此节为担褐奶。汉人译云:'担褐是狗,奶是头。'"

【注释】

①寝帐:床上的帐幔。此指床。

【译文】

《燕北杂记》:"八月八日,契丹首领斩杀白狗,在床前七步埋下狗头,露出狗嘴。七天后,把床移到埋狗头的地方。番人称呼此节为担褐奶。汉人翻译说:'担褐是狗,奶是头。'"

重九

【题解】

本卷《重九上》篇,重九,节日名,指农历九月初九日。《易经》以九为阳爻的代表;两九相重为重九,日、月序名并阳,两阳相重,故名重阳。卷首一段总叙文字概说重九之义。其条目均为重九节时俗节物,主要有重阳节起源"展旬日""用十月"等;重阳节插茱萸习俗"赐茱萸""佩茱萸""插茱萸""采茱萸""看茱萸""嗅茱萸"等;重阳节赏菊"赐菊花""摘菊花""簪菊花""赏菊花""尚菊花""服菊花""致菊水"等;重阳节令饮食"桑落酒""饵馇糕""蜜糖粗""麻葛糕""枣栗糕""百事糕""狮蛮糕""食鹿糕"等;属于重阳节诗文典故"用糕事""使茱字"等。

《续齐谐记》曰:"汝南桓景①,随费长房游学累年②。长房因谓景曰:'九月九日,汝家当有灾厄③,宜急去。令家人各作绛囊④,盛茱萸以系臂⑤,登高,饮菊酒,祸乃可消。'景如其言,举家登山。夕还,见鸡犬牛羊一时暴死⑥。长房闻之曰:'此可代之矣。'今世人九日登高饮酒,妇人带茱萸囊⑦,因此也。"东坡九日黄楼会诗云⑧:"菊盏茱囊自古传,长房宁复是癯仙⑨。"魏文帝《与钟繇书》云⑩:"岁往月来,忽复九月九日。九为阳数,日月并应^⑪。俗嘉其名,以为宜于长久,故以享燕高会^⑫。"杜公瞻云:"九月九日宴会,未知始于何代,自汉世以来未改。今北人亦重此节,近代多宴设于台榭。"

【注释】

①桓景:重阳节起源传说中的人物。

②游学:从师求学。累年:连续多年。

③灾厄:灾祸。

④绛囊:红色口袋。

⑤茱萸:植物名。香气辛烈,可入药。古俗农历九月九日重阳节,佩茱萸能祛邪辟恶。

⑥一时:同时,一齐。暴死:暴病死亡。

⑦茱萸囊:装有茱萸的佩囊。古俗重阳节取茱萸缝袋盛之,佩系身上,谓能辟邪。

⑧黄楼:楼名。故址在今江苏徐州。据宋苏辙《黄楼赋》载:熙宁十年(1077)秋七月乙丑,黄河决口,水及彭城下。苏轼适为彭城守。水未至,苏轼使民具畚锸,畜土石,积刍茭,完窒隙穴,以为水备,故水至而民不恐。及水至城下,苏又以身帅之,与城存亡,故水至而民不溃。水退又请增筑徐城,故水既去,而民益亲,于是在城的东门筑大楼,垩以黄土,曰:"土实胜水。"徐人相劝成之。后苏辙、秦观等都曾登黄楼,览观山川,吊水之遗迹,作黄楼之赋。后以"黄楼"为登览山水、赋诗作文、以颂功德的典实。

⑨菊盏茱囊自古传,长房宁复是癯(qú)仙:出自苏轼《在彭城日,与定国为九日黄楼之会。今复以是日,相遇于宋。凡十五年,忧乐出处,有不可胜言者。而定国学道有得,百念灰冷,而颜益壮,顾予衰病,心形俱悴感之作诗》。菊盏,菊酒。茱囊,即茱萸囊。

长房，即费长房。宁复，岂能。臞仙，旧时借称身体清瘦而精神矍
铄的老人。文人学者亦往往以此自称。

⑩锺繇（yóu,151—230）：字符常，谥成，颍川长社（今河南长葛）
人。魏明帝时任太傅，世称"钟太傅"。三国时期曹魏大臣、书法
家，与王羲之并称"钟王"。

⑪日月并应：日、月都是九。

⑫享燕：宴飨。古谓帝王饮宴群臣。高会：盛大宴会。

【译文】

《续齐谐记》记载："汝南人桓景，跟随费长房从师求学很多年。长房
于是对桓景说：'九月九日，你家当有灾祸，你要赶紧回去。让家人各自
制作红色口袋，里面盛上茱萸系在手臂上，登到高处，饮菊花酒，灾祸才
可消除。'桓景依照他的话去做，全家登上高山。傍晚回来，看见鸡狗牛
羊同时暴病死亡。长房听到这件事说：'这些牲畜替代你们受灾祸了。'
如今世人九日登高饮酒，妇人佩戴茱萸囊，就是因为这个。"苏轼九日在
黄楼聚会时有诗写道："菊盏茱囊自古传，长房宁复是臞仙。"魏文帝《与
锺繇书》写道："时间过得真快，转眼又到九月九日。九是奇数，日、月都
是九。人们认为是好日子，以为象征长久，所以要举行盛大宴会饮宴群
臣。"杜公瞻说："九月九日举行宴会，不知道从哪个朝代开始的，自汉代
以来未改。如今北方人也看重这个节日，近代多在楼台摆设宴席。"

展旬日

《容斋续笔》："唐文宗开成二年，归融为京兆尹。时两
公主出降，府司供帐事繁，又俯近上巳曲江宴，奏请改日。
上曰：'去年重阳取九月十九日，未失重阳之意，今改取十三
日可也。'且上巳、重阳皆有定日，而至展一旬，乃知郑谷所

赋《十日菊》诗曰①：'自缘今日人情别，未必秋香一夜衰②。'
亦未为尽也。惟东坡公有'菊花开时即重阳'之语，故记其
在海南蓺菊九畹③，以十一月望，与客泛舟作重九云④。"

【注释】

①郑谷：字守愚，袁州宜春（今属江西）人。光启三年（887）进士，
　后拜都官郎中，世称"郑都官"。唐文学家，著有《云台编》《宜阳
　集》等。

②秋香：秋日开放的花。此指菊花。

③蓺（yì）：种植。畹（wǎn）：古代地积单位，三十亩为一畹。

④泛舟：乘船游玩。

【译文】

《容斋续笔》："唐文宗开成二年，归融担任京兆尹。当时有两位公
主同时出嫁，官府需负责婚礼的筹备工作事务，包括搭建帐幕、布置场
地等，非常繁忙，而时间又临近上巳节，皇帝照例要在曲江大宴群臣，因
公主婚礼筹备与曲江宴时间重叠，官府事务难以兼顾，故上奏请求调整
曲江宴的日期。唐文宗说：'去年的重阳节延至九月十九，但仍在农历
九月内，未脱重阳节气的本意，今年曲江宴就调整为三月十三吧。'且上
巳、重阳都有固定的日期，但节庆活动可能因特殊原因延展十日。由此
可知，郑谷所作《十日菊》诗写道：'自缘今日人情别，未必秋香一夜衰。'
评论者认为郑谷的结论未完全涵盖菊花的深层意蕴。只有苏轼'菊花
开时即重阳'的诗句，记录他在海南做官时种植九畹菊花，在十一月十
五日，与客人泛舟饮酒补过重阳节。"

用十月

《提要录》："东坡云：'岭南气候不齐，菊花开时即重

阳,凉天佳月即中秋,不须以日月为断也',‘十月初吉^①,菊始开,乃与客作重九,因次韵渊明《九月九日》^②。’诗云：‘今日我重九,谁谓秋冬交。黄花与我期^③,草中实后凋^④。香余白露干,色映青松高。’”《苕溪渔隐》曰：“江浙间每岁重阳,往往菊亦未开,不独岭南为然。盖菊性耿介^⑤,须待草木黄落^⑥,方于霜中独秀^⑦。故渊明诗云：‘芳菊开林耀,青松冠岩列。怀此贞秀姿,卓为霜下杰^⑧。’此善论其理也。”

【注释】

①初吉：农历每月初一至初七八。古代分一月之日为四分,自朔至上弦为初吉,自上弦至望为既生霸,自望至下弦为既望,自下弦至晦为既死霸。

②次韵：按照原诗的韵和用韵的次序来和诗。次韵就是和诗的一种方式。也叫步韵。

③黄花：指菊花。

④后凋：《论语·子罕》：“岁寒然后知松柏之后凋也。”何晏集解：“喻凡人处治世,亦能自修整,与君子同在浊世,然后知君子之正不苟容也。”后因以“后凋”比喻守正不苟而有晚节。

⑤耿介：正直不阿。

⑥草木黄落：秋天已到,草木变黄而枯落。

⑦独秀：独自茂盛。

⑧“芳菊开林耀”几句：出自陶潜《和郭主簿二首·其二》。贞秀,坚贞秀异。卓,直立。

【译文】

《提要录》：“苏轼说：‘五岭以南的气候不一样,菊花开的时候就是重阳节,秋高气爽的明月夜就是中秋节,不应用某月某日来判断’,‘十月初

吉,菊花才开放,于是与客人作重阳宴会,因而次韵陶渊明《九月九日》
诗。'诗写道:'今日我重九,谁谓秋冬交。黄花与我期,草中实后凋。香
余白露干,色映青松高。'"《苕溪渔隐丛话》说:"江浙一带每年重阳节
时,往往菊花也没有开放,不只有五岭以南是这样。大概菊花性格正直
不阿,必须等待其他草木变黄而萎落,才在风霜中独自绽放。所以陶渊
明有诗写道:'芳菊开林耀,青松冠岩列。怀此贞秀姿,卓为霜下杰。'这
就是善于论述事物的道理。"

赐茱萸

　　汉官制,九日,赐百僚茱萸。唐制,九日,赐宴及茱萸①。
沈佺期《九日应制》诗云:"魏文颁菊蕊②,汉武赐茱房③。"
杜子美诗:"茱萸赐朝士,难得一枝来④。"

【注释】

①赐宴:皇帝召赐臣下共宴。

②魏文颁菊蕊:魏文帝曹丕《与锺繇书》:"岁往月来,忽复九月九
　　日。九为阳数,而日月并应,俗嘉其名,以为宜于长久,故以享宴
　　高会。是月律中无射,言群木庶草,无有射面生。至于芳菊,纷然
　　独荣。非夫含乾坤之纯和,体芬芳之淑气,孰能如此?故屈平悲
　　冉冉之将老,思食秋菊之落英。辅体延年,莫斯之贵。谨奉一束,
　　以助彭祖之数。"

③茱房:即萸房。茱萸花的子房。

④茱萸赐朝士,难得一枝来:出自杜甫《九日五首·其二》。

【译文】

　　汉朝官制,九月九日,赏赐百官茱萸。唐朝制度,九月九日,皇帝召
赐臣下共宴并赏赐茱萸。沈佺期《九日应制》诗写道:"魏文颁菊蕊,汉

武赐茱房。"杜甫有诗写道:"茱萸赐朝士,难得一枝来。"

佩茱萸

《西京杂记》:"九月九日,佩茱萸,令人长寿。"又《艺苑雌黄》云:"九月九日,作绛囊,佩茱萸,或谓其事始于桓景。"又《北里志》云①:"九月九日,为丝茱萸囊戴之。"郭子正《九日》词云②:"清晓开庭③,茱萸初佩。"仲殊词云:"戏马风流,佩茱萸时节④。"

【注释】

①《北里志》:一卷,十九条,唐孙棨撰。北里为唐时妓女所居之地,因在长安北门内平康里,故名。该书记载妓女与进士交往的艳闻趣事。孙棨,字文威,自号无为子,博州武水(今山东聊城)人。唐文学家。

②郭子正:南宋人。其他不详。

③清晓:天刚亮时。开庭:打开庭院。

④戏马风流,佩茱萸时节:出自仲殊《失调名·其六》。戏马,驰马取乐。

【译文】

《西京杂记》:"九月九日,佩戴茱萸,使人长寿。"又有《艺苑雌黄》记载:"九月九日,制作红色口袋,佩戴茱萸,有人说这件事起源于桓景。"又有《北里志》记载:"九月九日,用丝线制作茱萸囊佩戴。"郭子正《九日》词写道:"清晓开庭,茱萸初佩。"仲殊有词写道:"戏马风流,佩茱萸时节。"

插茱萸

《风土记》曰："俗尚九月九日，谓之上九。茱萸到此日成熟，气烈色赤，争折其房以插头①，云辟除恶气，而御初寒。"子由《九日》诗云："茱萸漫辟恶。"李白诗云："九日茱萸熟，插鬓伤早白②。"又山谷诗词云："他年同插茱萸③。"王右丞诗云："遍插茱萸少一人④。"朱放诗云⑤："学它年少插茱萸⑥。"朱文公词云："况有紫茱黄菊，堪插满头归⑦。"又古词云："手捻茱萸簪髻，一枝聊记重阳⑧。"

【注释】

①房：即萸房。

②九日茱萸熟，插鬓伤早白：出自李白《宣州九日闻崔四侍御与宇文太守游敬亭余时登响山不同此赏醉后寄崔侍御二首·其二》。

③他年同插茱萸：出自黄庭坚《清平乐·示知命》。

④遍插茱萸少一人：出自王维《九月九日忆山东兄弟》。

⑤朱放（？—约788）：字长通，唐襄州（今湖北襄阳）人。工诗，以清越萧散称。

⑥学它年少插茱萸：出自朱放《九日与杨凝崔淑期登江上山会有故不得往因赠之》。

⑦况有紫萸黄菊，堪插满头归：出自朱熹《水调歌头·隐括杜牧之齐山诗》。紫萸，茱萸。

⑧手捻茱萸簪髻，一枝聊记重阳：出自宋无名氏《失调名》。捻，握持。簪髻，簪子，发簪。

【译文】

《风土记》记载："世俗尊崇九月九日，称为上九。在这一天，茱萸成熟，花为红色，气味浓烈，人们争着折断萸房插在头上，说能辟除邪恶之气，还能抵御初寒。"苏辙《九日》诗写道："茱萸漫辟恶。"李白有诗写道："九日茱萸熟，插鬓伤早白。"又有黄庭坚诗词写道："他年同插茱萸。"王维有诗写道："遍插茱萸少一人。"朱放有诗写道："学它年少插茱萸。"朱熹有词写道："况有紫茱黄菊，堪插满头归。"又有古词写道："手捻茱萸簪髻，一枝聊记重阳。"

采茱萸

《图经本草》："吴茱萸[1]，生上谷川谷及冤句[2]，今处处有之，江浙、蜀汉尤多[3]。木高丈余，皮色青绿。似椿而阔厚，紫色。三月开花，红紫色。七月、八月结实，似椒子，嫩时微黄，至成熟则深紫。九月九日采[4]，阴干。相传其根南行，东行者，道家去三尸九虫用之。"《本草》云："食茱萸[5]，与吴茱萸同。"

【注释】

①吴茱萸：植物名。落叶小乔木。果实为小形蒴果，呈紫红色，可入药，具有驱风、收敛之效，并可治疗霍乱及中暑。

②上谷：隋大业初改易州置，遥取汉上谷郡为名。治今河北易县。冤句：秦置，治今山东曹县西北。属济阴郡。

③蜀汉：蜀郡和汉中郡。即今四川一带。

④九日：底本缺，据《政和本草》补。

⑤食茱萸：植物名。落叶乔木。有刺，果实红色，味辛辣，可用作调味品，又可入药。

【译文】

《图经本草》："吴茱萸,生长在上谷郡河谷以及冤句,如今到处都有,江浙、四川等地尤其多。吴茱萸树高一丈多,树皮为青绿色。叶子像椿叶而略宽厚,紫色。三月开红紫色的花。七八月份结果实,像花椒子,嫩时颜色微黄,到成熟时颜色就变为深紫。九月九日采摘,阴干。相传吴茱萸的根向南延伸,向东延伸的根,道家用来去除人体内作祟的各种尸虫。"《证类本草》记载:"食茱萸,功效与吴茱萸相同。"

看茱萸

《杜草堂事实》①:"公尝九日寓蓝田崔氏庄②,与故人同饮,醉玩茱萸,不能释手。有诗曰:'明年此会知谁健,醉把茱萸仔细看③。'"又古词云:"插黄花,对樽前,且看茱萸好④。"东坡词云:"茱萸仔细更重看⑤。"又诗云:"人间此会论今古,细看茱萸感叹长⑥。"詹克爱词云:"后会不知谁健,茱萸莫厌重看⑦。"

【注释】

①《杜草堂事实》:书名。不详待考。

②寓:居住。蓝田:今属陕西,以产美玉闻名。

③明年此会知谁健,醉把茱萸仔细看:出自苏轼《九日蓝田崔氏庄》。健,强壮。

④"插黄花"几句:出自宋无名氏《失调名》。樽前,在酒樽之前。指酒筵上。

⑤茱萸仔细更重看:出自苏轼《浣溪沙·重九旧韵》。

⑥人间此会论今古,细看茱萸感叹长:出自苏轼《明日重九,亦以病

不赴述古会,再用前韵》。

⑦后会不知谁健,茱萸莫厌重看:出自詹克爱《失调名·其三》。后
会,日后相会。

【译文】

《杜草堂事实》:"杜甫曾在九月九日居住在蓝田崔氏庄园,与老友一
同饮酒,酒醉后把玩茱萸,喜爱得不舍得放下。杜甫有诗写道:'明年此会
知谁健,醉把茱萸仔细看。'"又有古词写道:"插黄花,对樽前,且看茱萸
好。"苏轼有词写道:"茱萸仔细更重看。"又有诗写道:"人间此会论今古,
细看茱萸感叹长。"詹克爱有词写道:"后会不知谁健,茱萸莫厌重看。"

嗅茱萸

《本草》:"吴茱萸,一名榝①所八切。"陶注云:"即今茱
萸也。味辛,气好上,冲鬲②,不可服食。"故《提要录》云:
"九月九日,摘茱萸闻嗅③,通关④,辟恶。"东坡《九日》词
云:"此会应须烂醉⑤,仍把紫菊茱萸,细看重嗅。"又山谷词
云:"直须把、茱萸遍插,看满坐、细嗅清香⑥。"

【注释】

①榝(shā):古书上说的茱萸一类的植物。

②鬲:通"膈"。横隔膜。

③闻嗅:用鼻子闻。

④通关:中医指疏通关窍。

⑤烂醉:大醉。

⑥直须把、茱萸遍插,看满坐、细嗅清香:出自黄庭坚《失调名》。

【译文】

《本草》：“吴茱萸，又名𣚩𣚩所八切。”陶弘景注解说：“就是今天的茱萸。味辛辣，茱萸气向上，冲击隔膜，不能服食。”因此《提要录》说：“九月九日，采摘茱萸用鼻子闻，可疏通关窍，祛除恶气。”苏轼《九日》词写道：“此会应须烂醉，仍把紫菊茱萸，细看重嗅。”又有黄庭坚词写道：“直须把、茱萸遍插，看满坐、细嗅清香。”

赐菊花

魏文帝《与钟繇书》：“九月九日，群草庶木①，无地而生，菊花纷然独秀。辅体延年②，莫斯之贵，谨奉一束③，以助彭祖之术。”杜甫《云安九日》诗云：“寒葩开已尽④，菊蕊独盈枝⑤。”又云：“是节东篱菊，纷披为谁秀⑥。”

【注释】

①庶：众多，各种。

②辅体延年：辅助身体延年益寿。

③谨奉：恭敬地奉上。

④葩：花。

⑤菊蕊：菊花。盈枝：开满枝头。

⑥是节东篱菊，纷披为谁秀：出自苏轼《九日寄岑参》。东篱菊，晋陶潜《饮酒》诗之五：“采菊东篱下，悠然见南山。”纷披，盛多貌。

【译文】

魏文帝《与钟繇书》：“九月九日，各种草木，都不再生长，只有菊花独自茂盛。服食菊花可辅助身体使人延年益寿，没有比菊花更珍贵的了，我恭敬地奉上一束，帮助您实现彭祖的养生之术。”杜甫《云安九日》

诗写道:"寒葩开已尽,菊蕊独盈枝。"又有诗写道:"是节东篱菊,纷披为谁秀。"

摘菊花

《续晋阳秋》①:"陶潜性嗜酒,家贫,不能常得。九月九日,无酒,于宅篱畔菊丛中②,摘花盈把而坐,怅望久之。见白衣人至③,乃江州太守王宏送酒④,即便就酌,醉而后归。"李白《九日登高》诗云:"因招白衣人,笑酌黄花酒。"东坡诗云:"喜逢门外白衣人⑤。"又云:"白衣送酒舞渊明⑥。""漫绕东篱嗅落英。"山谷诗云:"常应黄菊畔,怅望白衣来⑦。"杜子美诗云:"每恨陶彭泽,无钱对菊花。而今九日至,自觉酒须赊⑧。"方伯休诗云:"肯向渊明拚一醉,何妨乘兴过篱东⑨。"陈简斋诗云:"陶潜无酒对黄花⑩。"

【注释】

①《续晋阳秋》:二十卷,南朝宋檀道鸾撰。该书记述东晋史事。檀道鸾,字万安,高平金乡(今属山东)人。南朝宋文学家。

②篱畔:篱边。

③白衣人:特指送酒的吏人。南朝宋檀道鸾《续晋阳秋·恭帝》:"王宏为江州刺史,陶潜九月九日无酒,于宅边东篱下菊丛中摘盈把,坐其侧。未几,望见一白衣人至,乃刺史王宏送酒也。即便就酌而后归。"

④江州:西晋置,治豫章郡(今江西南昌)。王宏(?—284):字正宗,西晋高平(今山东巨野南)人。魏时辟公府,迁尚书郎,历给事中。晋武帝泰始初,为汲郡太守,有治绩。后迁卫尉、河南尹、

大司农。太康中,代刘毅为司隶校尉。

⑤喜逢门外白衣人:出自苏轼《有以官法酒见饷者,因用前韵,求述古为移厨饮湖上》。

⑥白衣送酒舞渊明:出自苏轼《章质夫送酒六壶,书至而酒不达,戏作小诗问之》。后一句"漫绕东篱嗅落英"亦出自此诗。落英,落花。

⑦常应黄菊畔,怅望白衣来:出自黄庭坚《次韵闻善》。

⑧"每恨陶彭泽"几句:出自杜甫《复愁十二首·其十一》。陶彭泽,即陶渊明。因做过彭泽令,故称。无钱对菊花,无钱饮酒只好面对菊花。赊,赊欠。

⑨肯向渊明拼一醉,何妨乘兴过篱东:出自方士繇佚句。何妨,不妨。

⑩陶潜无酒对黄花:出自陈与义《次韵周教授秋怀》。

【译文】

《续晋阳秋》:"陶潜酷爱喝酒,家中贫困,不能经常喝到酒。九月九日,家中无酒,在住所篱边菊丛中,摘了一大束菊花坐下,惆怅很久。突然看见一个白衣人来到,才知是江州太守王宏派来送酒的,陶潜立刻开坛畅饮,大醉而归。"李白《九日登高》诗写道:"因招白衣人,笑酌黄花酒。"苏轼有诗写道:"喜逢门外白衣人。"苏轼又有诗写道:"白衣送酒舞渊明。""漫绕东篱嗅落英。"黄庭坚有诗写道:"常应黄菊畔,怅望白衣来。"杜甫有诗写道:"每恨陶彭泽,无钱对菊花。而今九日至,自觉酒须赊。"方士繇有诗写道:"肯向渊明拼一醉,何妨乘兴过篱东。"陈与义有诗写道:"陶潜无酒对黄花。"

簪菊花

唐《辇下岁时记》:"九日,宫掖间争插菊花①,民俗尤甚。"杜牧诗云:"尘世难逢开口笑,菊花须插满头归②。"又云：“九日黄花插满头③。”晏叔源词云：“兰佩紫，菊簪黄④。”司马文正公《九日赠梅圣俞瑟姬歌》云⑤：“不肯那钱买珠翠，任教堆插阶前菊⑥。”东坡诗云：“髻重不嫌黄菊满⑦。”

【注释】

①宫掖：指皇宫。掖，掖庭，宫中的旁舍，嫔妃居住的地方。

②尘世难逢开口笑，菊花须插满头归：出自杜牧《九日齐山登高》。尘世，犹言人间，俗世。开口笑，欢乐貌。

③九日黄花插满头：出处不详。

④兰佩紫，菊簪黄：出自晏几道《阮郎归·其四》。

⑤司马文正公：即司马光。

⑥任教：听凭，任从。

⑦髻重不嫌黄菊满：出自苏轼《次韵苏伯固主簿重九》。

【译文】

唐代《辇下岁时记》：“九月九日，皇宫中的人争着头上戴菊花，民间风俗更是如此。”杜牧有诗写道：“尘世难逢开口笑，菊花须插满头归。”又有诗写道：“九日黄花插满头。”晏几道有词写道：“兰佩紫，菊簪黄。”司马光《九日赠梅圣俞瑟姬歌》写道：“不肯那钱买珠翠，任教堆插阶前菊。”苏轼有诗写道：“髻重不嫌黄菊满。”

赏菊花

皇朝《东京梦华录》：“重九，都下赏菊。菊有数种：有黄白色，蕊若莲房①，曰万龄菊②；粉红色，曰桃花菊③；白而檀心④，曰木香菊⑤；黄色而圆，曰金铃菊⑥；纯白而大，曰喜容菊⑦。无处无之，酒家皆以菊花缚成洞户⑧。”

【注释】

①蕊:花蕊。莲房:莲蓬。莲花开过后的花托,倒圆锥形,有许多小孔,各孔分隔如房,故名。

②万龄菊:应为"万铃菊"。宋史正志《史氏菊谱》:"万铃菊,花多半开者如铃。"

③桃花菊:一种粉红色的菊花。宋史正志《史氏菊谱》:"桃花菊,花瓣全如桃花,秋初先开,色有浅深,深秋亦有白者。"

④檀心:浅红色的花蕊。

⑤木香菊:菊花的一个品种。宋范成大《菊谱》:"木香菊,多叶,略似御衣黄,初开浅鹅黄,久则淡白。花叶尖薄,盛开则微卷,芳气最烈。一名脑子菊。"

⑥金铃菊:一种花形圆小如铃的菊花。南宋史铸《百菊集谱》:"金铃菊,花头甚小,如铃之圆,深黄一绝。其干之长与人等,或言有高近一丈者,可以上架,亦可蟠结为塔,故又名'塔子菊'。一枝之上,花与叶层层相间有之,不独生于枝头。绿叶尖长七出,凡菊叶多五出。"

⑦喜容菊:菊花的一种。邓之诚注引刘蒙《菊谱》:"一名笑靥,一名喜容,淡黄千叶,叶有双纹齐短而阔。叶端皆有两阙,内外鳞次。"

⑧洞户:门户。

【译文】

本朝《东京梦华录》:"九月九日,京城中人都会观赏菊花。菊花有几个品种:有花瓣呈黄白色,花蕊像莲房,叫万龄菊;花瓣为粉红色,叫桃花菊;花瓣为白色,花蕊为浅红色,叫木香菊;花瓣为黄色而花呈圆形,叫金铃菊;花瓣纯白而花形硕大,叫喜容菊。京城中到处都有菊花,酒家都用菊花扎缚成门户。"

尚菊花

《风土记》:"日精、治蔷①,皆菊之花茎别名也②。生依水边,其花煌煌③。霜降之节,唯此草盛茂④。九月律中无射⑤,俗尚九日,而用候时之草也。"《尔雅》云:"菊,治蔷也。"又《牧竖闲谈》云⑥:"蜀人多种菊,以苗可入菜,花可入药,园圃悉植之。郊野人多采野菊供药肆⑦,颇有误。真菊延年,野菊泻人。如张华言'黄精益寿,钩吻杀人'⑧,皆此类也。"

【注释】

①日精:菊花的别名。或谓为菊根茎的别名。治蔷(qiáng):菊花别名。《尔雅·释草》:"菊,治蔷。"郭璞注:"今之秋华菊。"

②花茎:植物的花与根连接的地方。

③煌煌:光彩夺目。

④盛茂:茂盛。

⑤无射:十二律吕中六阳律之一。

⑥《牧竖闲谈》:三卷,景焕撰。该书为笔记小说,多记奇器异物及蜀中故事。景焕,又名朴,原姓耿,成都(今属四川)人。宋文学家。另著有《野人闲话》《龙证笔诀》等。

⑦野菊:即野菊花,为双子叶植物纲、菊科、菊属多年生草本植物,菊科菊属植物。野菊花头状花序的外形与菊花相似,野生于山坡草地、田边、路旁等野生地带。药肆:药店,药铺。

⑧黄精:植物名。百合科黄精属,多年生草本。叶似百合,花为白色或淡绿色,果实黑,根管状。根与茎皆可入药,具补脾润肺的疗效。钩吻:常绿灌木。缠绕茎,叶子卵形或披针形,花黄色,果实

为蒴果,种子有毒,中医入药。也称断肠草、大茶药、火把花、葫蔓藤、野葛、毒根、黄藤等。

【译文】

《风土记》:"日精、治蘠,都是菊花花茎的别名。菊生长在水边,开的花光彩夺目。霜降时节,只有这种花开得茂盛。九月候气律管应着无射,世俗尊崇九月九日,于是使用这种应时的草。"《尔雅》记载:"菊,就是治蘠。"又有《牧竖闲谈》记载:"蜀人多种菊花,因为苗可经入菜,花可经入药,园圃全都种植菊花。城邑外的人多采摘野菊花供给药店,这样很不对。真菊花使人延长寿命,野菊花使人腹泻。正如张华所说'黄精可以延年益寿,钩吻有毒可以杀人',都是一样的。"

服菊花

《太清诸草木方》:"九月九日,采菊花,与茯苓、松脂^①,久服,令人不老。"又《外台秘要》云:"九月九日,采菊花饮,服方寸匕,令人饮酒不醉。"古词云:"兰可佩,菊堪餐,人情难免是悲欢^②。"《骚经》云^③:"夕餐秋菊之落英^④。"

【注释】

①茯苓:别名云苓、白茯苓。寄生在松树根上的一种块状菌,皮黑色,有皱纹,内部白色或粉红色,包含松根的叫茯神,都可入药。松脂:也称松香、松膏、松胶等。由松类树干分泌出的树脂,在空气中呈粘滞液或块状固体,含松香和松节油。

②"兰可佩"几句:出自黄庭坚《鹧鸪天·其一·重九日集句》,原词为"兰委佩,菊堪餐,人情时事半悲欢"。

③《骚经》:即《离骚》。

④夕餐秋菊之落英：晚上我用菊花残瓣充饥。

【译文】

《太清诸草木方》："九月九日，采摘菊花，与茯苓、松脂一起酿成酒，长期服用，使人长生不老。"又有《外台秘要》记载："九月九日，采摘菊花饮用，服用一方寸匕，使人饮酒不醉。"有古词写道："兰可佩，菊堪餐，人情难免是悲欢。"《离骚》写道："夕餐秋菊之落英。"

致菊水

《豫章记》①："郡北龙沙②，九月九日所游宴处，其俗皆然也。按《抱朴子》云：'南阳郦县有甘菊水③，民居其侧者，悉食其水，寿并四百五十岁。汉王畅、刘宽、袁隗临此郡④，郦县月致三十斛水，以为饮食。诸公多患风痹⑤，及眩冒⑥，皆得愈。'"文保雍《菊谱》中有《小甘菊》诗云⑦："茎细花黄叶又纤⑧，清芬浓烈味还甘。祛风偏重山泉渍⑨，自古南阳有菊潭⑩。"

【注释】

①《豫章记》：又名《豫章古今记》，一卷，南朝宋雷次宗撰。该书为志怪小说集。雷次宗（386—448），字仲伦，豫章南昌〈今属江西〉人。南朝宋文学家，另著有《毛诗序义》。

②龙沙：又名龙冈。在今江西南昌城北。《水经注》："赣水又北径龙沙西，沙甚洁白，高峻而陀，有龙形，连亘五里中，旧俗九月九日升高处也。"

③南阳郦县：秦置，属南阳郡。治所在今河南南阳西北。

④王畅（？—169）：字叔茂，山阳高平（今宁夏固原）人。东汉桓

帝时任南阳郡太守。刘宽（119—185）：字文饶，弘农华阴（今陕
西华阴东南）人。东汉桓帝时任南阳郡太守。袁隗（wěi，？—
192）：字次阳，汝南汝阳（今河南商水）人。东汉末世祖豪强袁绍
的叔父，约在汉灵帝或汉少帝时任南阳郡太守。

⑤风痹：风湿麻痹。

⑥眩冒：眼睛昏花。

⑦文保雍《菊谱》：宋哲宗朝，文保雍作《菊谱》，是宋代最早的菊谱
之作。文保雍，字绍汤，汾州介休（今属山西）人。北宋宰相文彦
博第四子。

⑧叶：底本作"□"，据《广群芳谱》补。

⑨祛风：中医学用语。疏散风邪的统称。即消除表里、经络、脏腑间
滞留的风邪。

⑩菊潭：即菊水。宋史正志《菊谱·序》："南阳郦县有菊潭，饮其水
者皆寿。"

【译文】

《豫章古今记》："豫章郡北面的龙沙，是九月九日人们游乐宴饮的
地方，当地的风俗都是这样。按《抱朴子》说：'南阳郡郦县有甘菊水，
住在附近的居民，都饮用甘菊水，可以活到一百四五十岁。汉朝王畅、刘
宽、袁隗任南阳太守时，郦县每月送三十斛甘菊水，供他们饮用。他们大
多曾患风温麻痹，以及眼睛昏花，最后都痊愈了。'"文保雍《菊谱》中有
《小甘菊》诗写道："茎细花黄叶又纤，清芬浓烈味还甘。祛风偏重山泉
渍，自古南阳有菊潭。"

作菊枕①

《千金方》："常以九月九日，取菊花作枕袋、枕头，大能
去头风②，明眼目。"陈钦甫《九日》诗云③："菊枕堪明眼，茱

囊可辟邪。”

【注释】

①菊枕：用晒干的菊花塞在布袋中做成的枕头。

②头风：头痛。

③陈钦甫：疑为《（淳熙）三山志》卷二十九人物类四："陈公亮，字钦甫，长乐人。"

【译文】

《千金方》："人们常在九月九日，取晒干的菊花制作成枕袋、枕头，大都能去除头痛，使眼睛明亮。"陈钦甫《九日》诗写道："菊枕堪明眼，茱囊可辟邪。"

菊花酒

《西京杂记》："夫人侍儿贾佩兰，后出为扶风人段儒妻①，言在内时②，九月九日，佩茱萸，食蓬饵，饮菊酒，令长寿。菊花盛开时，采茎叶，杂麦米酿酒，密封置室中，至来年九月九日方熟，且治头风③，谓之菊酒。"《圣惠方》云："治头风，用九月九日菊花暴干，取家糯米一斗蒸熟。厎五两菊花末，常酝法，多用细面曲炒熟④，即压之去滓，每暖一小盏服之。"郭元振《秋歌》云⑤："辟恶茱萸囊，延年菊花酒。与子结绸缪⑥，丹心此何有⑦。"杜子美《九日登城》诗云："伊昔黄花酒⑧，如今白发翁。"屏山先生《九日登此北山》云："已向晚风拌落帽⑨，可无新菊共浮杯⑩。"万俟雅言词云："昔年曾共黄花酒，一笑新香⑪。"又古词云："明年此□，□知谁健，且尽黄花酒⑫。"

【注释】

①扶风：唐贞观八年（634）改沣川县置，治今陕西扶风。

②内：宫中。

③头风：头痛。

④曲：酒曲。

⑤郭元振：即郭震（656—714），字元振，魏州贵乡（今河北大名）人。唐文学家，著有《郭元振集》《定远安边策》《安邦策》等。

⑥绸缪：情意殷切。

⑦丹心：赤诚的心。

⑧伊昔：从前。黄花酒：菊花酒的别称。

⑨落帽：《晋书·孟嘉传》："（嘉）后为征西桓温参军，温甚重之。九月九日，温燕龙山，寮佐毕集。时佐吏并着戎服，有风至，吹嘉帽堕落，嘉不之觉。温使左右勿言，欲观其举止。嘉良久如厕，温令取还之，命孙盛作文嘲嘉，着嘉坐处。嘉还见，即答之，其文甚美，四坐嗟叹。"后因以"落帽"作为重九登高的典故。

⑩浮杯：满饮。

⑪昔年曾共黄花酒，一笑新香：出自万俟咏《失调名》。

⑫"明年此口"几句：出自宋无名氏《失调名》。

【译文】

《西京杂记》："戚夫人的侍女贾佩兰，后来出宫嫁给扶风人段儒为妻，她说在宫里时，九月九日重阳节，要佩戴茱萸，吃蓬饵饼，喝菊花酒，这样会使人长寿。菊花盛开的时候，采摘它的茎和叶，掺杂着麦米一起酿酒，密封后放置室中，到明年九月九日才算酿好，并且可以治疗头痛，称为菊花酒。"《太平圣惠方》记载："治疗头痛，用九月九日采摘的菊花晒干，取家里糯米一斗蒸熟。用五两菊花末，按经常使用的酿酒方法，多用细面酒曲炒熟，立即挤压去除渣滓，每次暖一小盏服用。"郭震《秋歌》写道："辟恶茱萸囊，延年菊花酒。与子结绸缪，丹心此何有。"杜甫《九日登城》诗写道:"伊昔黄花酒,如今白发翁。"刘子翚《九日登比北山》写道:"已向晚风拌落帽,可无新菊共浮杯。"万俟咏有词写道:"昔年曾共黄花酒,一笑新香。"还有古词写道:"明年此□,□知谁健,且尽黄花酒。"

茱萸酒

《提要录》:"北人九月九日,以茱萸研酒,洒门户间辟恶,亦有入盐少许而饮之者。又云男摘二九粒,女一九粒,以酒咽者,大能辟恶。"王晋卿《九日》词云:"带了黄花,强饮茱萸酒。"又山谷词云:"茱糁菊英浮醑,报答风光有处①。"权德舆诗云②:"酒泛茱萸晚易醺③。"

【注释】

①茱糁菊英浮醑(xǔ),报答风光有处:出自黄庭坚《清平乐·休推小户》,原词为"萸粉菊英浮碗醑,报答风光有处"。糁,洒,散落。醑,美酒。

②权德舆(761—818):字载之,谥文,天水略阳(今甘肃秦安)人。唐文学家,著有《权载之文集》等。

③酒泛茱萸晚易醺:出自权德舆《九日北楼宴集》。醺,酒醉。

【译文】

《提要录》:"北方人在九月九日,把茱萸加入酒研磨,洒在门户间可祛除瘟病,也有加入少许盐来饮用的。又说男子摘十八粒茱萸子,女子摘九粒茱萸子,用酒吞服,祛除瘟病的效果很好。"王诜《九日》词写道:"带了黄花,强饮茱萸酒。"还有黄庭坚词写道:"茱糁菊英浮醑,报答风光有处。"权德舆有诗写道:"酒泛茱萸晚易醺。"

桑落酒①

《齐民要术》:"桑落酒法:用九月九日作,水、曲、米皆以九斗为准。"《续古今注》云②:"索郎酒者,桑落时美③,故以为言。"按此即是反语尔④。《寰海志》曰⑤:"桑落河出马乳酒,羌人兼葡萄压之⑥,晋宣帝时来献⑦,九日赐百寮饮焉。"一云桑落酒出蒲中⑧。庾信《就蒲州刺史乞酒》诗曰⑨:"蒲城桑落酒⑩,灞岸菊花秋⑪。愿持河朔饮,分献东陵侯⑫。"又信诗曰:"忽闻桑叶落,正值菊花开⑬。"杜甫《九日》诗云:"坐开桑落酒,来把菊花枝。"

【注释】

①桑落酒:古代美酒名。北魏郦道元《水经注·河水四》:"(河东郡)民有姓刘名堕者,宿擅工酿,采挹河流,酿成芳酎,悬食同枯枝之年,排于桑落之辰,故酒得其名矣。"

②《续古今注》:《新唐书·艺文志》:"周蒙《续古今注》,三卷。"

③桑落:即桑落河。所指不详。据《齐民要术·造酒》:"十月桑落初冻,收水酿者为上。"当确有此河。

④反语:修辞学上指说反话。用与本意相反的话语来表达本意。

⑤《寰海志》:书名。不详待考。

⑥兼:再加上。压:压榨。

⑦晋宣帝:即司马懿(179—251),字仲达,初谥号文,后改谥宣文,河内温县(今属河南)人。三国时期魏国权臣、政治家、军事家、谋略家,西晋王朝的奠基人。晋武帝司马炎即位后,他被尊为宣帝,庙号高祖。

⑧蒲中:即蒲州。北周明帝二年(558)因避其父宇文泰名讳改泰州

置，治蒲坂县（今山西永济西南）。

⑨庾信（513—581）：字子山，小字兰成，南阳新野（今属河南）人。南北朝北周文学家，著有《庾子山集》。

⑩蒲城：西魏废帝三年（554）以南白水县改名。治今陕西蒲城。唐开元四年（716）改名奉先县，北宋开宝四年（971）复为蒲城县。

⑪灞：即灞河。渭河支流。在陕西中部。源出蓝田东秦岭北麓，西南流纳蓝水，折向西北经西安东，过灞桥北流入渭河。

⑫东陵侯：指故秦东陵侯邵平，秦亡后以种"东陵瓜"而著名。

⑬忽闻桑叶落，正值菊花开：出自庾信《蒙赐酒诗》。

【译文】

《齐民要术》："制作桑落酒的方法：在九月九日制作，水、酒曲、米都以九斗为标准。"《续古今注》记载："索郎酒，桑落之时生产的美酒，所以称为索郎酒。"按此就是正话反说而已。《寰海志》记载："桑落河生产马乳酒，羌人再加上葡萄一同压榨出汁，晋宣帝时前来进献，九月九日赏赐百官饮用。"又说桑落酒出自蒲中。庾信《就蒲州刺史乞酒》诗写道："蒲城桑落酒，灞岸菊花秋。愿持河朔饮，分献东陵侯。"还有庾信诗写道："忽闻桑叶落，正值菊花开。"杜甫《九日》诗写道："坐开桑落酒，来把菊花枝。"

御赐酒

皇朝《岁时记》："重九日，赐臣下糕酒①，大率如社日，但插以菊花。"

【注释】

①糕酒：糕点与酒。

【译文】

本朝《岁时杂记》:"九月九日那天,皇帝赏赐臣子糕点与酒,大概同社日一样,只是会插菊花。"

饵馇糕①

《玉烛宝典》:"九日食饵者②,其时黍稌并收③,以黏米加味,触类尝新④,遂成积习⑤。"《周官·笾人职》曰⑥:"羞笾之实⑦,糗饵粉餈⑧。"注云:"糗饵者,秬米屑蒸之⑨,加以枣豆之味,即今饵馇也。《方言》谓之糕⑩,或谓之餈。"

【注释】

①馇(duī):古代的一种蒸饼。

②食饵:吃糕饼。

③稌(tú):稻子。

④触类:各种,每项。尝新:古代于孟秋时,天子以新收成的五谷,进献于寝庙,称为尝新。

⑤积习:长期形成的习惯。

⑥《周官·笾人职》:即《周礼·天官·笾人职》。笾人,官名。《周礼》天官之属。掌用竹编食器供应祭祀燕享等所需的食物。

⑦羞笾:古代祭祀宴享时进献食物的竹制盛器。

⑧糗饵:将米麦炒熟,捣粉制成的食品。粉餈(cí):用稻米黍米之粉做成的食品,上粘豆屑。

⑨秬(jù):黑黍。古人视为嘉谷。

⑩《方言》:即《辎轩使者绝代语释别国方言》,汉扬雄撰。该书是汉代训诂学一部重要的工具书,也是中国第一部汉语方言比较词汇集。

【译文】

《玉烛宝典》：“九月九日吃糕饼，这时候黍子稻子都已收获。用黏米增添美味，天子每年新收成的五谷都进献于寝庙，于是成为习俗。”《周礼·天官·笾人职》记载：“羞笾所盛的食物，就是将米麦炒熟的米饼和用稻米黍米之粉上粘豆屑的粉饼。”注解说：“所谓糗饵，就是用黑黍米屑蒸熟，加上枣和豆的味道，即今天的饵馓。《方言》称为糕，或称为餈。”

蜜糖䭔[①]

《壶中赘录》：“《楚辞》云：‘粔籹蜜饵[②]。’即糖䭔也。”干宝注《周官》云：“笾人所掌‘糗饵粉餈’。以豆末和屑米而蒸，今糖䭔是也。”

【注释】

①蜜：底本作“密”。据文义改。䭔（duī）：同“馉”。古代的一种面食。
②粔籹（jù nǚ）：古代的一种油炸食品。以蜜和米面，搓成绳条，绾之成束，扭作环形，用油煎熟，犹今之馓子。又称寒具、膏环、糖䭔。

【译文】

《壶中赘录》：“《楚辞》记载：‘粔籹蜜饵。’就是糖䭔。”干宝注解《周官》说：“笾人所掌‘糗饵粉餈’。用豆末和屑米来蒸，就是今天的糖䭔。”

麻葛糕[①]

《唐六典》：“膳部有节日食料。”注云：“九月九日，以麻葛为糕。”《文昌杂录》云：“唐岁时节物，九月九日则有茱萸酒、菊花糕。”

【注释】

①麻葛糕：古代重阳节应时食品。用葛根洗练之淀粉和芝麻蒸制，故名。

【译文】

《大唐六典》："膳部有节日食料。"注解说："九月九日，用麻葛制作成糕。"《文昌杂录》记载："唐代一年中应节的物品，九月九日则有茱萸酒、菊花糕。"

枣栗糕

皇朝《岁时杂记》："二社、重阳尚食糕，而重阳为盛。大率以枣为之，或加以栗，亦有用肉者。有面糕、黄米糕，或为花糕。"

【译文】

本朝《岁时杂记》："春社、秋社、重阳节时，人们喜欢吃糕，而以重阳节最为盛行。大多用枣制作，有的添加栗子，也有用肉制作的。有面糕、黄米糕，或作花糕。"

百事糕

《岁时杂记》："重九日，天欲明时，以片糕搭小儿头上，乳保祝祷云①：'百事皆高。'"

【注释】

①乳保：乳母。

【译文】

《岁时杂记》：“重九日，天快明时，用一片糕搭在小孩头上，乳母祈祷说：‘百事皆高。’”

万象糕

皇朝《岁时杂记》：“国家大礼^①，常以九月宗祀明堂^②，故公厨重九作糕^③，多以小泥象糁列糕上^④，名曰万象糕。”

【注释】

①大礼：庄严隆重的典礼。

②宗祀：谓对祖宗的祭祀。明堂：古代帝王宣明政教的地方。凡朝会、祭祀、庆赏、选士、养老、教学等大典，都在此举行。

③糁（sǎn）列：散落排列。

【译文】

本朝《岁时杂记》：“国家庄严隆重的典礼，常以九月在明堂对祖宗祭祀，因此官家的厨房重九制作糕，多用面泥制作象散落排列在糕上，称为万象糕。”

狮蛮糕

《东京梦华录》：“都人重九前一二日，各以粉面蒸糕，更相遗送。上插剪彩小旗，掺钉果实^①，如石榴子、栗黄、银杏、松子肉之类^②。又以粉作狮子、蛮王之状^③，置糕于上，谓之狮蛮糕。”

【注释】

①掺:混杂。饤(dìng):贮食,盛放食品。一般仅供陈设。引申为准
　备、安排。

②栗黄:栗子。栗子除去外壳而肉色黄,故称。

③蛮王:指南方少数民族的首领。

【译文】

《东京梦华录》:"京城人在重阳节前一二天,各自用面粉蒸糕,相互
赠送。糕上插着用纸剪成的彩色小旗,掺杂堆放各种果实,如石榴子、栗
子、银杏、松子肉之类。又用面粉做成狮子、蛮王的形状,放置在糕上,称
为狮蛮糕。"

食鹿糕

《岁时杂记》:"民间九日作糕,每糕上置小鹿子数枚,
号曰食禄糕。"

【译文】

《岁时杂记》:"民间九日制作糕,每个糕上摆上几只小鹿,称为食禄
糕。"

请客糕

《嘉话录》①:"袁师德②,给事中高之子③。九日,出糕谓
坐客曰:'某不忍吃,请诸君食。'"

【注释】

①《嘉话录》:即《刘宾客嘉话录》。

②袁师德：给事中袁高之子。

③给事中高：即袁高（727—786），字公颐，沧州东光（今属河北）人。唐代宗时曾任给事中。

【译文】

《嘉话录》："袁师德，给事中袁高的儿子。重阳节时，袁师德端出重阳糕对座上的客人说：'我不忍心吃，请各位食用。'"

迎凉脯①

《金门岁节》："记洛阳人家，重阳作迎凉脯、羊肝饼及佩瘿水符②。"

【注释】

①迎凉脯：唐代重阳节的节日食品。

②羊肝饼：唐代重阳节的节日食品。瘿（yǐng）水符：唐代重阳节所佩戴的一种饰物。

【译文】

《金门岁节》："记录洛阳的人家，重阳节时制作迎凉脯、羊肝饼以及佩戴瘿水符。"

彩缯花

《岁时杂记》："都城人家妇女，剪彩缯为茱萸、菊、木芙蓉花①，以相送遗。"

【注释】

①木芙蓉花：又称芙蓉花、木莲、地芙蓉。落叶灌木或小乔六。叶掌

状,秋季开白或淡红色花,结蒴果,有毛。花叶可入药。

【译文】

《岁时杂记》:"京城人家的妇女,剪彩色绢帛制作成茱萸花、菊花、木芙蓉花,以相互赠送。"

用糕事

《苕溪渔隐丛话》:"寒食诗,古人多用'饧'事,九日诗,未有用'糕'事者,惟崔德符《和吕居仁九日》诗云①:'老头未易看清凉,折取萧萧满把黄。归去乞钱烦里社,买糕沽酒作重阳②。'"

【注释】

①崔德符:即崔鶠(yǎn,? —1126),字德符,自号婆娑先生,雍丘(今河南祀县)人。宋诗文家,著有《婆娑集》。吕居仁:即吕本中(1084—1145),原名吕大中,字居仁,号紫微,学者又称东莱先生,谥文清,寿州(今安徽寿县)人。宋诗文家、道学家,著有《东莱集》《紫微诗话》《东莱吕紫微杂说》等。和吕居仁九日:底本作"和居人九日",据《苕溪渔隐丛话》改。

②沽酒:买酒。

【译文】

《苕溪渔隐丛话》:"寒食节的诗,古人大多都用'饧'的典故,重阳节的诗,没有用'糕'的典故,只有崔鶠《和吕居仁九日》诗写道:'老头未易看清凉,折取萧萧满把黄。归去乞钱烦里社,买糕沽酒作重阳。'"

使茱字

　　《容斋随笔》："刘梦得云：'诗中用"茱萸"字者凡三人，杜甫云"醉把茱萸子细看"，王维云"遍插茱萸少一人"，朱放云"学他年少插茱萸"，三君所用①，杜公为优。'余观唐人七言，用此者又十余家，漫录于后。王昌龄'茱萸插鬓花宜寿'②，戴叔伦'插鬓茱萸来未尽'③，卢纶'茱萸一朵盈华簪'④，权德舆'酒泛茱萸晚易曛'，白居易'舞鬟摆落茱萸房''茱萸色浅未经霜'⑤，杨衡'强插茱萸随众人'⑥，张谔'茱萸凡作几年新'⑦，耿湋'发稀那敢插茱萸'⑧，刘商'邮筒不解献茱萸'⑨，崔鲁'茱萸冷吹溪口香'⑩，周贺'茱萸一尊前'⑪，比之杜句，俱不侔矣⑫。"

【注释】

①三：底本作"二"，据《容斋随笔》改。

②王昌龄（约690—约756）：字少伯，世称"王江宁""王龙标"，京兆长安（今陕西西安）人。唐诗人，有"诗家夫子""七绝圣手"之称。著有《诗格》等。茱萸插鬓花宜寿：出自王昌龄《九日登高》。

③插鬓茱萸来未尽：出自戴叔伦《登高回乘月寻僧》。

④卢纶（748—约799）：字允言，郡望范阳（今河北涿州），蒲州（今山西永济）人。"大历十才子"之一。茱萸一朵盈华簪：出自卢纶《九日奉陪侍郎登白楼》。华簪，华贵的冠簪。古人用簪把冠连缀在头发上。华簪为贵官所用，故常用以指显贵的官职。

⑤舞鬟摆落茱萸房：出自白居易《九日宴集醉题郡楼兼呈周殷二判官》。茱萸色浅未经霜：出自白居易《九日寄微之》。

⑥杨衡：字中师，郡望弘农（今河南灵宝），后迁居霅（今浙江吴兴）。

早年随父宦游于蜀,与符载等共隐青城山。又与符载、李元象、王简言共隐庐山,号"山中四友"。强插茱萸随众人:出自杨衡《九日》。

⑦张谔:景龙二年(708)举进士第。曾任陈王掾、太祝等职。岐王李范雅爱文士,张谔与阎朝隐、刘庭琦、郑繇等同游于其门下,饮酒赋诗,来往唱和。茱萸凡作几年新:出自张谔《九日》。

⑧耿湋(wéi,736—787):一作"耿纬",字洪源,河东(今山西永济)人。"大历十才子"之一。发稀那敢插茱萸:出自耿湋《九日》。

⑨刘商:字子夏,彭城(今江苏徐州)人,久居长安(今陕西西安)。唐诗人,其《胡笳十八拍》最著名。邮筒不解献茱萸:献,底本作"□",据《容斋随笔》补。出自刘商佚句。邮筒,古时封寄书信的竹筒。

⑩茱萸冷吹溪口香:出自崔橹《重阳日次荆南路经武宁驿》。

⑪周贺:字南卿,东洛(今河南洛阳)人。曾隐嵩阳少室山,后居庐岳为僧,法号清塞。唐诗人,与贾岛、无可齐名。茱萸一尊前:出自周贺《重阳》,原诗为"茱萸风里一尊前"。

⑫不侔:不相等,不等同。

【译文】

《容斋随笔》:"刘禹锡说:'诗里使用"茱萸"二字的一共有三人,杜甫"醉把茱萸子细看",王维"遍插茱萸少一人",朱放"学他年少插茱萸",三人所写的诗句中,杜甫的最好。'我看唐人的七言诗,使用'茱萸'二字的还有十多人,随便摘录如下。王昌龄'茱萸插鬓花宜寿',戴叔伦'插鬓茱萸来未尽',卢纶'茱萸一朵盈华簪',权德舆'酒泛茱萸晚易曛',白居易'舞鬟摆落茱萸房''茱萸色浅未经霜',杨衡'强插茱萸随众人',张谔'茱萸凡作几年新',耿湋'发稀那敢插茱萸',刘商'邮筒不解献茱萸',崔鲁'茱萸冷吹溪口香',周贺'茱萸一尊前',与杜甫诗句相比,都是不能等同的。"

卷三十五

重九 中

【题解】

本卷《重九中》篇，其条目均为重阳节时俗，主要有重阳登高宴饮"望楚山""谯湖山""宴仙山""过南台""宴琼林""为时宴""藉野饮""再宴集""无饮宴"等；重阳节诗文典故"御制诗""广绝句""进谲词""嘲射诗""号词客""唱歌声"等。"游龙山"，记孟嘉龙山落帽事。"游牛山"，记齐景公游牛山落泪事。"闭东阁"，记李商隐到恩师令狐楚家凭吊恩师，恩师之子令狐绹避而不见事。"记滕阁"，记王勃被"中元水府君"用一阵大风刮到了滕王阁宴会上，于是提笔写下了一篇光耀千古的《滕王阁序》，以及一首《滕王阁诗》事。

游龙山①

晋陶潜《孟府君传》②："嘉为征西大将军谯国桓温参军③，君色和而正，温甚重之。九月九日，温游龙山，佐吏毕集，皆一时豪迈④。有风吹君帽堕落，温谓左右勿言，以观其举止。君不自觉，良久如厕。温授孙盛纸笔令嘲之，文成，以着君坐。君归，见嘲笑而请笔作答，了不容思。"按《寰宇

记》:"龙山,在荆州西门外,今有落帽台存焉。"李白诗云:
"九日龙山饮,黄花笑逐臣。醉看风落帽,舞爱月留人⑤。"
韩文公诗云:"霜风破佳菊,嘉节迫帽吹⑥。"李汉老词云:
"凉风吹帽,横槊试登高。想见征西旧事,龙山会、宾主俱
豪⑦。"诗云:"古来重九皆如此,无复龙山剧孟嘉⑧。"杜子
美诗云:"羞将短发还吹帽,笑倩傍人为正冠⑨。"东坡亦有
词云:"酒力渐消风力紧,飕飕,破帽多情恰恋头⑩。"

【注释】

①龙山:在今湖北江陵西北。

②陶潜《孟府君传》:陶渊明撰。这是作者为他的外祖父孟嘉写的
　一篇传记。府君,旧时对已故者的敬称。孟嘉,字万年,东晋武昌
　(今湖北鄂州)人。

③谯国:三国魏黄初元年(220)改谯郡置,治所在谯县(今安徽亳州)。
　桓温(312—373):字元子,谯国龙亢(今安徽怀远西)人。东晋政治
　家、文学家。曾为安西将军、荆州刺史、统领南蛮校尉,率军伐蜀,进
　征西大将军。

④一时:当代。豪迈:指豪放不羁的人。

⑤"九日龙山饮"几句:出自李白《九日龙山饮》。逐臣,被朝廷放
　逐的官吏。风落帽,即孟嘉落帽。

⑥霜风破佳菊,嘉节迫帽吹:出自韩愈《荐士》。霜风,刺骨寒风。
　嘉节,美好的节日。此指重阳节。

⑦"凉风吹帽"几句:出自李邴《满庭芳》。横槊,横持长矛。指从
　军或习武。龙山会,《晋书·孟嘉传》载,九月九日,桓温曾大聚
　佐僚于龙山。后遂以"龙山会"称重阳登高聚会。

⑧古来重九皆如此,无复龙山剧孟嘉:出自李邴佚句。

⑨羞将短发还吹帽,笑倩傍人为正冠:出自杜甫《九日蓝田崔氏庄》。倩,请。

⑩"酒力渐消风力紧"几句:出自苏轼《南乡子·重九涵辉楼呈徐君猷》。飕飗(sōu liú),状声词。形容风声。

【译文】

晋陶潜《孟府君传》:"孟嘉为征西大将军谯国人桓温的参军,孟嘉为人一贯颜色温和而品行端正,桓温非常看重他。九月九日,桓温游龙山,属官全部跟随,都是当代豪放杰出的人。有一股风将孟嘉的帽子吹落,桓温示意左右不要出声,想从中观察孟嘉的举止。孟嘉没有察觉,过了好久去上厕所。桓温给孙盛纸笔要他写文章嘲笑孟嘉,文章写成后,命人放在孟嘉的座位上。孟嘉上完厕所回到原处,看见嘲笑他的文字后请求给他纸笔作答,只见他不假思索便写成一篇答文。"按《天下寰宇记》记载:"龙山,在荆州西门外,如今还有落帽台。"李白有诗写道:"九日龙山饮,黄花笑逐臣。醉看风落帽,舞爱月留人。"韩愈有诗写道:"霜风破佳菊,嘉节迫帽吹。"李邴有词写道:"凉风吹帽,横槊试登高。想见征西旧事,龙山会、宾主俱豪。"李邴有诗写道:"古来重九皆如此,无复龙山剧孟嘉。"杜甫有诗写道:"羞将短发还吹帽,笑倩傍人为正冠。"苏轼也有词写道:"酒力渐消风力紧,飕飗,破帽多情恰恋头。"

游牛山①

《列子》②:"齐景公游于牛山③,北临其国城而流涕曰④:'美哉国乎⑤!郁郁芊芊⑥,若何去此国而死乎?使古无死者,寡人将去斯而何之⑦?'史孔、梁邱据从之泣⑧。晏子独笑于傍曰⑨:'吾君方将破蓑笠而立乎畎亩之中⑩,惟事之恤⑪,何暇念死乎⑫?'景公惭焉。"杜公《九日》诗云⑬:"江涵秋影雁南飞⑭，与客携壶上翠微⑮。尘世相逢开口笑⑯，菊花须插满头归。但将酩酊酬佳节⑰，不用登临怨落晖⑱。古往今来只如此，牛山何必泪沾衣。"牛山虽非重九事，以杜诗引用，故录山谷《九日》词云："几回笑口能开，少年不肯重来。借问牛山戏马⑲，今为谁姓池台⑳？"

【注释】

①牛山：山名。在今山东淄博。春秋时齐景公泣牛山，即其地。

②《列子》：八卷，相传战国时列御寇撰。列御寇，亦作列圄寇、列圉寇，后人尊称为列子，或称为子列子。

③齐景公（？—前490）：姜姓，名杵臼。春秋时期齐国国君（前547—前490年在位）。

④国城：国都。

⑤美哉国乎：我们的国家多么美好啊！

⑥郁郁芊芊：草木苍翠茂盛的样子。

⑦寡人：古代君主的自称。

⑧史孔：春秋时齐国大臣。梁邱据：春秋时齐国大夫。

⑨晏子：即晏婴（约前585—前500），字仲，谥平，亦称晏平仲，春秋末期东莱夷维（今山东高密）人。齐政治家。著有《晏子春秋》。

⑩蓑笠：蓑衣与箬帽。畎亩：田地，田间。

⑪恤：忧虑。

⑫何暇：哪里有闲暇。念：考虑。

⑬杜公：指杜牧。

⑭秋影：秋天的日影。

⑮翠微：泛指青山。

⑯开口笑：欢乐貌。

⑰酩酊:醉得稀里糊涂。

⑱登临:登山临水或登高临下,泛指游览山水。落晖:夕阳。

⑲戏马:驰马取乐。

⑳池台:池苑楼台。

【译文】

《列子》:"齐景公在牛山上游览,他面向着山北的国都而感慨流泪说:'我们的国家多么美好啊!草木苍翠茂盛,为什么人要离开这美丽的国土而死去呢?假如自古就不存在死亡的话,我难道还会离开这儿而到别处去吗?'大臣史孔、梁邱据都跟着齐景公流泪。晏子独自在一旁笑着说:'国君您正披着蓑衣,戴着箬帽,站在田野之中,只顾为农事忧虑,哪里有闲暇考虑死亡的问题呢?'齐景公感到非常惭愧。"杜牧《九日》诗写道:"江涵秋影雁南飞,与客携壶上翠微。尘世相逢开口笑,菊花须插满头归。但将酩酊酬佳节,不用登临怨落晖。古往今来只如此,牛山何必泪沾衣。"牛山虽然不是重九故事,因杜牧诗引用,所以记录黄庭坚《九日》词写道:"几回笑口能开,少年不肯重来。借问牛山戏马,今为谁姓池台?"

望楚山①

《襄阳记》②:"望楚山有三名,一名马鞍山,一名灾山。宋元嘉中③,武陵王骏为刺史④,屡登之。鄙其旧名望郢山⑤,因改望楚山,后遂龙飞⑥。是孝武所望之处,时人号为凤岭。高处有三登⑦,即刘宏、山简九日宴赏之所也⑧。"

【注释】

①望楚山:又名马鞍山、楚山。在今湖北襄阳西南。

②《襄阳记》:即《襄阳耆旧记》,又作《襄阳耆旧传》,东晋习凿齿

撰。该书为襄阳郡志书。习凿齿（？—382），字彦威，襄阳（今湖北襄阳）人。东晋文学家、史学家，另著有《汉晋春秋》。

③元嘉：南朝宋文帝刘义隆年号（424—453）。

④武陵王骏：即宋孝武帝刘骏（430—464），字休龙，小字道民，彭城（今江苏徐州）人。宋文帝刘义隆第三子，自少机智聪颖，文武双全。南朝宋第五位皇帝（453—464年在位）。

⑤鄙：看不起。

⑥龙飞：《周易·乾》："飞龙在天，利见大人。"孔颖达疏："若圣人有龙德，飞腾而居天位。"遂以"龙飞"为帝王的兴起或即位。

⑦登（dèng）：通"磴"。石头台阶。

⑧刘宏（434—458）：字休度，彭城（今江苏徐州）人。宋文帝第七子。南朝宋文学家。山简（253—312）：字季伦，河内怀县（今河南武陟西南）人。西晋文学家。山涛子。初为太子舍人。永嘉中累迁至尚书左仆射，领吏部，后出为征南将军，都督荆、湘、交、广四州军事，镇襄阳。是时天下纷乱，他优游卒岁，唯酒是耽。

【译文】

《襄阳记》："望楚山有三个名字，又名马鞍山、灾山。宋元嘉年间，武陵王刘骏为刺史，多次登山。鄙夷它的旧名望郢山，因而改名为望楚山，后来刘骏就成为了皇帝。这是宋孝武帝所望之处，当时人称为凤岭。山顶有三个石头台阶，就是刘宏、山简重阳节宴饮赏玩的地方。"

谳湖山①

《临海记》②："郡北四十里有湖山③，山甚平正④，可数百人坐。民俗极重每九日，菊酒之辰，谳会于此山者，常至三四百人。"

【注释】

①讌（yàn）：同"宴"。湖山：山名。在今浙江临海北。

②《临海记》：南朝宋孙诜撰。该书为临海郡志书。孙诜，字休群，太原中都（今山西平遥）人。南朝宋文学家。

③里：底本作"步"，据《太平御览》改。

④平正：平整。

【译文】

《临海记》："临海郡北四十里有湖山，山顶非常平整，可以容纳几百人坐。民间风俗非常看重重阳节，每到饮菊花酒的日子，在湖山山顶宴饮聚会的，经常有三四百人。"

宴仙山

《图经》："福州九仙山①，昔越王以九月九日宴于此山②，至今有石樽存焉③。"

【注释】

①九仙山：即今福建福州于山。《太平寰宇记》卷一百福州闽县："九仙山在州东南二里。越王九日燕于此山，亦曰九日山。又俗传昔有何氏兄弟九人于此学道上升，故曰九仙山。"

②越王：即闽越王无诸。闽越族首领。秦末曾率"百越之兵"参加倒秦活动。楚汉之争时，支持刘邦，有功，故汉高祖五年（前202）被封为"闽越王"。王秦闽中郡故地，都东冶（今福建福州）。

③樽：盛酒的器具。

【译文】

《图经》："福州九仙山，从前闽越王无诸九月九日在此山举行宴会，至今仍存有石制的酒樽。"

过南台①

萧子显《齐书》②："宋武帝姓刘，名裕。为宋公时，在彭城，九月九日，游项羽戏马台③，至今相承，以为旧准。"李白诗云："遥羡重阳作，应过戏马台④。"陈后山诗云："南台二谢风流绝，准拟归来古锦囊⑤。"注云：戏马台也。又曰："九日风光堪落帽，中年怀抱更登台⑥。"又东坡词云："点点楼头雨细，重重江水平湖，当年戏马会东徐⑦。东徐，即彭城也。"僧皎然诗云："重阳荆楚尚，高会此难陪。偶见登龙客，同游戏马台⑧。"

【注释】

①南台：台名。即戏马台。在今江苏铜山南。晋义熙中，刘裕尝大会群僚赋诗于此。南朝宋元嘉时，魏主南侵至彭城，亦尝登此。《水经注》谓即项羽掠马台，其下有玉钩斜道。

②萧子显《齐书》：即萧子显《南齐书》。

③项羽（前232—前202）：名籍，字羽，下相（今江苏宿迁西南）人。楚国贵族，秦末农民起义军领袖。秦二世元年（前209），从叔父项梁起义。巨鹿之战，击溃秦军主力。秦亡后，自立为西楚霸王，并大封诸侯王。后与刘邦争夺天下，兵败垓下，于四面楚歌中突围至乌江自刎。

④遥羡重阳作，应过戏马台：出自李白《宣州九日闻崔四侍御与宇文太守游敬亭余时登响山不同此赏醉后寄崔侍御二首·其一》。作：底本作"乍"，据《李太白集》改。遥羡，谓对远处事物的向往。

⑤南台二谢风流绝，准拟归来古锦囊：出自陈师道《僧慧僧和同往南山》。二谢，指南朝宋谢灵运与南朝齐谢朓。一说，指谢灵运与族

弟谢惠连。准拟，准备，安排。古锦囊，用年代久远的锦缎制成的
袋。《新唐书·文艺传下·李贺》："每旦日出，骑弱马，从小奚奴，
背古锦囊，遇所得，书投囊中，未始先立题然后为诗……及暮归，
足成之。"专指贮诗之袋。

⑥ 九日风光堪落帽，中年怀抱更登台：出自陈师道《和李使君九日
登戏马台》。怀抱，引申为抱负。

⑦ "点点楼头雨细"几句：出自苏轼《西江月·重阳栖霞楼作》，原
诗为"点点楼头细雨，重重江外平湖，当年戏马会东徐"。东徐，
今江苏徐州。

⑧ "重阳荆楚尚"几句：出自皎然《九日陪颜使君真卿登水楼》。登
龙客，即李膺门。《后汉书·李膺传》："是时朝庭日乱，纲纪颓阤，
膺独持风裁，以声名自高。士有被其容接者，名为登龙门。"指得
到名人接待、援引的人。

【译文】

　　萧子显《南齐书》："南朝宋武帝姓刘，名裕。当初为宋公时，在彭
城，九月九日，游览项羽戏马台，至今传承下来，作为老规矩。"李白有诗
写道："遥羡重阳作，应过戏马台。"陈师道有诗写道："南台二谢风流绝，
准拟归来古锦囊。"注解说：就是戏马台。又写道："九日风光堪落帽，中
年怀抱更登台。"还有苏轼词写道："点点楼头雨细，重重江水平湖，当年
戏马会东徐。东徐，就是彭城。"僧人皎然有诗写道："重阳荆楚尚，高会此
难陪。偶见登龙客，同游戏马台。"

登商馆

　　《南齐书·高祖录》："九月九日，登商飚馆①，在孙陵冈
曲街也②，世呼为九日台。"

【注释】

①商飙馆:在今江苏南京钟山南麓。

②孙陵冈:在今江苏南京中山门外钟山南,处于明孝陵神道环抱中。三国时吴帝孙权与步夫人葬此。明孝陵营建后,孙陵冈改称梅花山。曲街:犹小街。

【译文】

《南齐书·高祖录》:"九月九日,南齐高祖萧道成登商飙馆,商飙馆在孙陵冈的小街,世人称为九日台。"

宴琼林①

《杨文公谈苑》:"至道二年重阳②,皇太子、诸王宴琼林苑。教坊以夫子为戏,宾客李至言于东朝曰③:'唐太和中,乐府以此为戏,文宗遽令止之④,笞伶人,以惩失礼。鲁哀公以儒为戏尚不可⑤,况敢及先圣乎?'东朝惊叹,白于上而禁止之,此戏遂绝。"

【注释】

①琼林:即琼林苑。北宋皇家园林。在汴京(今河南开封)城西南顺天门外道南。

②至道二年:996年。至道,宋太宗赵光义年号(995—997)。

③李至(947—1001):字言几,真定(今河北正定)人。太平兴国初举进士,至道初兼太子宾客。北宋文学家。东朝:借指太子。北周庾信《周太子太保步陆逞神道碑》:"天子以大臣之丧,躬辍听讼;东朝以师傅之尊,亲临攒祭。"倪璠注:"东朝,谓太子也。"

④乐府以此为戏,文宗遽令止之:底本作"乐府以此为戏追赏,遽令

止之"，据《事文类聚》改。

⑤鲁哀公（？—前468）：姬姓，名将，一作蒋。春秋时鲁国国君（前494—前468年在位）。

【译文】

《杨文公谈苑》："至道二年重阳节，皇太子、诸王在琼林苑设宴。教坊的人把先圣夫子作为戏剧的表演题材，太子宾客李至对皇太子说：'唐太和年间，乐府以先圣孔子为戏，唐文宗急令制止，鞭笞伶人，以此来惩罚违反礼节的行为。鲁哀公以儒生为戏尚不可以，又岂敢涉及先圣孔子呢？'皇太子惊讶赞叹，告知圣上而下令禁止，这类戏就禁绝了。"

闭东阁①

《古今诗话》："唐李商隐，字义山，号玉溪生。依令狐楚②，以笺奏受其学③。后其子绚有韦平之拜④，浸疏商隐⑤。重阳日，造其厅事⑥，题诗于屏风云：'曾共山翁把酒卮⑦，霜天白菊正离披⑧。十年泉下无消息⑨，九日樽前有所思。莫学汉臣栽苜蓿⑩，遂同楚客咏江蓠⑪。郎君官贵施行马⑫，东阁无因得再窥⑬。'绚睹之惭恨⑭，扃闭此厅，终身不处。"东坡《九日》诗云："闻道郎君闭东阁，且容老子上南楼⑮。"又云："南屏老宿闲相过，东阁郎君懒重寻⑯。"

【注释】

①东阁：东方向开的小门。东汉宰相公孙弘曾开东阁以迎贤人，后来"东阁延宾"就成为宰相礼贤下士的典范。此诗用之，因为令狐阁之父令狐楚曾为宰相，而诗人曾蒙其录用。但此处用"东阁"，只是用以泛称令狐氏为宰相之门，并非是说令狐绚已经做了

宰相。

②令狐楚（765—836）：字悫士，自号白云孺子，谥"文"，宜州华原
（今陕西耀州）人。贞元七年（791）进士，元和十四年（819），入
朝任中书侍郎、同平章事。唐文学家，著有《漆奁集》《梁苑文类》
《表奏集》等。

③笺奏：古代文书的一种，属章奏一类。

④子绹：即令狐楚之子令狐绹（795—879），字子直，宜州华原（今
陕西耀州）人。大和四年（830）登进士第，大中四年（850）升任
兵部侍郎、同中书门下平章事。唐文学家。韦平：汉韦贤、韦玄成
和平当、平晏皆父子宰相，后因连称"韦平"以喻父子相继为相。

⑤浸：渐渐。

⑥造：前往。

⑦山翁：指东晋山简，时人称其为山公或山翁。

⑧白菊：刘禹锡《和令狐相公玩白菊》诗："家家菊尽黄，梁园独如
霜。"可见令狐楚十分赏爱白菊花。

⑨泉下：黄泉之下。

⑩汉臣栽苜蓿：汉张骞通西域，携回苜蓿种子，种植于离宫旁。此借
喻令狐楚能吸引人才，而令狐绹不能继承父风。

⑪楚客：指屈原。他在楚国连遭放逐，所以称之为楚客。此处一
语双关，兼寓"令狐楚门客"之意。江蓠：即江离。香草名。《楚
辞·离骚》："扈江离与辟芷兮，纫秋兰以为佩。"王逸注："江离、
芷，皆香草名。"

⑫郎君：指令狐绹。施：设置。行马：俗亦称鹿角，古谓梐枑。拦阻
人马通行的木架。一木横中，两木互穿以成四角，施之于官署前，
以为路障。

⑬无因：没有机缘。

⑭惭恨：惭愧悔恨。

⑮南楼：古楼名。在今湖北鄂城南。又名玩月楼。南朝宋刘义庆《世说新语·容止》："庾太尉（庾亮）在武昌，秋夜气佳景清，使吏殷浩、王胡之之徒登南楼理咏。"

⑯南屏老宿闲相过，东阁郎君懒重寻：出自苏轼《九日，寻臻阇黎，遂泛小舟至勤师院，二首·其一》。南屏老宿，即南屏谦师。元祐四年（1089），苏东坡第二次来杭州上任，他游览了西湖葛岭的寿星寺。南屏山麓净慈寺的谦师听到这个消息，便赶到北山，为苏东坡点茶。苏轼品尝谦师的茶后，专门作《送南屏谦师》诗记述此事，诗中对谦师的茶艺给予了很高的评价。

【译文】

《古今诗话》："唐代李商隐，字义山，号玉溪生。早年投靠令狐楚，跟他学习写作笺奏。后来令狐楚的儿子令狐绹也官拜宰相，渐渐疏远了李商隐。重阳节那天，李商隐前往令狐绹的厅堂，在屏风上题诗写道：'曾共山翁把酒卮，霜天白菊正离披。十年泉下无消息，九日樽前有所思。莫学汉臣栽苜蓿，遂同楚客咏江蓠。郎君官贵施行马，东阁无因得再窥。'令狐绹看到诗后感到惭愧悔恨，就把厅堂锁起来，再也没有使用过。"苏轼《九日》诗写道："闻道郎君闭东阁，且容老子上南楼。"又写道："南屏老宿闲相过，东阁郎君懒重寻。"

记滕阁①

《摭言》："唐王勃②，字子安，太原人也。六岁能文，词章盖世③。年十三，侍父宦游江左④，舟次马当⑤，寓目山半古祠⑥，危阑跨水⑦，飞阁悬崖⑧。勃乃登岸闲步，见大门当道，榜曰'中元水府之神'，禁庭严肃⑨，侍卫狰狞⑩。勃诣殿砌瞻仰⑪，稽首返回⑫。归路遇老叟，年高貌古，骨秀神清，坐于矶上^⑬，与勃长揖曰：'子非王勃乎？'勃心惊异，虚己正容^⑭，谈论款密^⑮。叟曰：'来日重九，南昌都督命客作《滕王阁序》^⑯，子有清才^⑰，盍往赋之？'勃曰：'此去南昌七百余里，今日已九月八矣，夫复何言？'叟曰：'子诚能往，吾当助清风一席^⑱。'勃欣然再拜，且谢且辞，问叟仙邪神耶，心祛未悟^⑲。叟笑曰：'吾中元水府君也。归帆当以濡毫均甘^⑳。'

【注释】

①滕阁：即滕王阁。在今江西南昌的赣江边。唐永徽四年（653），高祖李渊第二十二子滕王李元婴所建，阁以其封号命名。后多次重建。

②王勃（650—676）：字子安，绛州龙门（今山西河津）人，郡望太原祁县（今属山西）。唐诗人，与杨炯、卢照邻、骆宾王以文词齐名，称为"初唐四杰"。

③词章：诗文。

④侍：陪伴。宦游：谓外出求官或做官。江左：即江东。

⑤马当：山名。在今江西彭泽东北，北临长江。山形似马，故名。相传唐王勃乘舟遇神风，自此一夜达南昌。

⑥寓目：看到。山半：山腰。

⑦危阑：即危栏。高楼上的栏杆。跨水：跨踞河的两岸。

⑧飞阁：凌空而建的楼阁。

⑨禁庭：水府庭院。

⑩狰狞：面貌凶悍威严。

⑪砌：台阶。

⑫稽首：古时一种俯首至地的跪拜礼。

⑬矶：水边突出的岩石或石滩。

⑭虚己：犹虚心。正容：整理仪容。

⑮款密：亲密，亲切。

⑯都督：古代的军事长官。

⑰清才：卓越的文才。

⑱一席：一阵。

⑲心祛未悟：心中尚未彻底消除疑惑，未能完全领悟。

⑳归帆：返程的船只，象征归途。濡毫：蘸墨写作，可引申为写作或润笔酬劳。均甘：均分恩惠或履行承诺，此处特指对神明的答谢。

【译文】

《唐摭言》："唐代王勃，字子安，太原人。六岁能写文章，诗文造诣冠绝一时。十三岁时，陪伴父亲宦游江东，船只停泊在马当山，看到山腰有个古老的祠庙，高耸的栏杆横跨水面，凌空而建的楼阁悬挂于崖壁之上。王勃停舟靠岸后，在江边随意散步，看见有一大门矗立路中，匾额上写着'中元水府之神'，水府庭院庄严肃穆，侍卫面貌凶悍威严。王勃前往水府殿瞻仰，参拜行礼原路返回。返回的路上遇到一位老人，年老而容貌古朴，气质秀美，神态清朗，坐在岩石上，老人向王勃行长揖之礼说道：'你不是王勃吗？'王勃因被识破身份而惊讶诧异，急忙整理仪容虚心请教，两人亲密交谈。老人说：'明天重阳节，南昌都督设宴邀请宾客作《滕王阁序》，你有卓越的文才，为什么不前去作赋呢？'王勃说：'这里距离南昌七百多里，今天已是九月初八了，还能说什么呢？'老人说：'你若真心要去，我当助你一阵清风。'王勃高兴地行礼致谢，却又谦辞推让，并询问老叟是仙人还是神明，王勃心中尚未彻底消除疑惑，未能完全领悟。老人笑着说：'我是中元水府神君。返程时要用润笔酬劳答谢神明。'

"勃即登舟，翌旦昧爽①，已抵南昌。会府帅阎公宴僚属于滕王阁②。时公有婿吴子章③，喜为文词，公欲夸之宾友,及宿构《滕王阁序》④,俟宾合而出为之,若即席而就者⑤。既会,公果授简诸客⑥,诸客辞。次至勃,勃辄受。公既非意,色甚不怡,归内阁⑦,密嘱数吏,伺勃下笔,当以口报。一吏即报曰:'南昌故郡,洪都新府⑧。'公曰:'此亦儒生常谈耳。'一吏复报曰:'星分翼轸⑨,地接衡庐⑩。'公曰:'故事也。'又报曰:'襟三江而带五湖⑪,控蛮荆而引瓯越⑫。'公即不语。俄而数吏沓至以报⑬,公但颔颐而已⑭,至'落霞与孤鹜齐飞,秋水共长天一色',公矍然拊几曰⑮:'此天才也!'顷而文成,公大悦,复出主席⑯,谓勃曰:'子之文章,必有神助,使帝子声流千古⑰,老夫名闻他年⑱,洪都风月增辉⑲,江山无价,皆子之力也。'遍示坐客叹服。

【注释】

①昧爽:拂晓,黎明。

②府帅:唐代对地方军政长官如都督府都督、节度使、经略使等的一种称谓。阎公:即阎伯玙,时任洪州都督。

③吴子章:洪州都督阎伯玙的女婿。

④宿构:预先拟就。

⑤即席:当场。

⑥授简:给予简札。谓嘱人写作。

⑦内阁:内堂。

⑧洪都新府:汉豫章郡,唐改为洪州,设都督府。

⑨星分翼轸:古人习惯以天上星宿与地上区域对应,称为"某地在某星之分野"。据《晋书·天文志》,豫章属吴地,吴越扬州当牛斗二星的分野,与翼轸二星相邻。翼、轸,星宿名,属二十八宿。

⑩衡庐:衡山和庐山的合称。

⑪襟:因豫章在三江上游,如衣之襟,故称。三江:太湖的支流松江、娄江、东江,泛指长江中下游的江河。带:五湖在豫章周围,如衣束身,故称。五湖:一说指太湖、鄱阳湖、青草湖、丹阳湖、洞庭湖,又一说指菱湖、游湖、莫湖、贡湖、胥湖,皆在鄱阳湖周围,与鄱阳湖相连。以此借为南方大湖的总称。

⑫蛮荆:古代称楚国为蛮荆,这里泛指湖北、湖南一带。瓯越:古东越王定都东瓯(今浙江永嘉),故称。

⑬杳至:纷纷到来。

⑭颔颐:点头。

⑮矍然:形容猛然惊醒之态。拊几:拍案。

⑯主席:主持筵席。

⑰帝子:此指唐高祖李渊第二十二子滕王李元婴。声流:名声流传。

⑱他年:后世。

⑲风月:指景色。

【译文】

"王勃立刻乘船出发,第二天拂晓,就已到南昌。当时南昌府阎都督在滕王阁大摆宴席。当时阎公的女婿吴子章,擅长诗文,阎公想在宴会上向宾客夸耀女婿的才华,于是让吴子章提前写好《滕王阁序》,计划等宾客齐集时,让其假装一气呵成。宴会上,阎公按礼节将纸笔给予客人邀请众人即兴作文,但宾客们知趣推辞。轮到王勃时,他毫不谦让地接过纸笔。阎公感到出乎意料,神色很不高兴,转身回到内堂,秘密嘱咐几个差人,要求差人紧盯王勃的写作过程,逐句口头汇报内容。一位差人立即报告:'南昌故郡,洪都新府。'阎公说:'这也是儒生常谈而已。'一位差人又报告:'星分翼轸,地接衡庐。'阎公说:'这是典故。'又报告:'襟三江而带五湖,控蛮荆而引瓯越。'阎公就不说话了。随着差人接连传递王勃新写的内容,阎公只是微微点头,报至'落霞与孤鹜齐飞,秋水共长天一色',阎公猛然拍案赞叹:'这真是天才啊!'王勃很快完成了文章，阎公大喜，重新回去主持筵席，对王勃说：'你的文章，如有神灵相助，让滕王李元婴名声流传千古，我这老朽之名也能借文章传于后世，洪州的风景因文章更添光彩，江山胜景的价值无可估量，这些都是你的功劳。'把文章拿给座上的客人看，无不赞叹称赏。

　　"俄子章卒然叱勃曰①：'三尺小童儿②，敢将陈文③，以诳主公④！'因对公覆诵⑤，了无遗忘⑥。坐客惊骇，公亦疑之。王勃湛然徐语曰⑦：'陈文有诗乎？'子章曰：'无诗。'勃亦了不缔思⑧，挥毫落纸作诗曰⑨：'滕王高阁临江渚，佩玉鸣銮罢歌舞⑩。画栋朝飞南浦云⑪，珠帘暮卷西山雨⑫。闲云潭影日悠悠，物换星移几度秋⑬。阁中帝子今何在，槛外长江空自流。'子章闻之，大惭而退。公私燕勃⑭，宠渥荐臻⑮。

【注释】

①卒然：突然。叱：怒叱。

②三尺小童儿：年幼还不太懂事的儿童。

③陈文：陈年旧文。

④诳：欺骗。主公：宾客对男主人的尊称。

⑤覆诵：背诵。

⑥了无：毫无，全无。

⑦湛然：安然貌。

⑧缔思：构思。

⑨挥毫落纸：挥笔写字。

⑩鸣銮：銮声似鸾鸟之鸣，因称。

⑪南浦：地名。在江西南昌西南，章江至此分流。唐王勃《滕王阁》诗："画栋朝飞南浦云，珠帘暮卷西山雨。"聂文郁注："本诗南

浦……应是江西南昌西南的南浦。"

⑫西山:山名。在江西新建西,一名南昌山,即古散原山。

⑬物换星移:景物改变,星辰移动。形容时序和世事的变化。

⑭燕:宴请。

⑮宠渥:皇帝的宠爱与恩泽。荐臻:接连到来,屡次降临。荐,通"洊"。

【译文】

"吴子章突然大声怒叱王勃说:'这个无知儿童,竟敢用陈年旧文,来欺骗主公!'于是当着阎公的面背诵此篇序文,毫无遗漏。在座的宾客大为震惊,阎公也对此感到诧异。王勃神色安然缓缓说道:'陈年旧文有诗吗?'子章说:'没有诗。'王勃也毫不构思,挥笔在纸上写道:'滕王高阁临江渚,佩玉鸣鸾罢歌舞。画栋朝飞南浦云,珠帘暮卷西山雨。闲云潭影日悠悠,物换星移几度秋。阁中帝子今何在,槛外长江空自流。'子章看到诗后,羞愧难当,主动退场。王勃在公开与私人场合均受到隆重宴请和礼遇,朝廷与权贵的恩宠接连不断地到来。

"既行,谢以五百缣①。遂至故地,而叟已先坐矶石矣。勃拜以谢曰:'府君既借好风,又教不敏②,当具菲礼③,以答神庥④。'叟笑曰:'幸毋相忘。倘过长芦⑤,焚阴钱十万,吾有未偿薄价。'勃领命⑥,复告叟曰:'某之穷通寿夭何如⑦?'叟曰:'子气清体羸⑧,神澄骨弱⑨,虽有高才,秀而不实⑩。'言毕,冉冉没于水际。勃闻此,厌厌不乐⑪,过长芦而忘叟之祝。俄有群乌集樯,拖橹弗进⑫。勃曰:'此何处?'舟师曰⑬:'长芦也。'勃恍然⑭,取阴钱如数焚之而去。"

【注释】

①缣:缣帛。绢类的丝织物。古代多用作赏赐酬谢之物,亦用作货币。

②不敏：谦词。指愚钝之人。

③菲礼：谦词。指微薄的礼物。

④庥（xiū）：庇护。

⑤长芦：即长芦祠。

⑥领命：接受使命。

⑦穷通：困厄与显达。此指前程。寿夭：谓寿限。

⑧气清体羸：神气虽清但身体瘦弱。

⑨神澄骨弱：思维敏锐但骨骼瘦弱。

⑩秀而不实：开花不结果。比喻只学到一点皮毛，实际并无成就。秀，庄稼吐穗开花。实，结果实。

⑪厌厌不乐：闷闷不乐。

⑫橹：使船前进的工具，比桨长而大，安在船尾或船旁，用人摇。

⑬舟师：船夫。

⑭恍然：猛然领悟的样子。

【译文】

"王勃完成《滕王阁序》后离开滕王阁，阎公赠以五百匹细绢作为酬谢。王勃于是回到原来的地方，而老人早已坐在水边的岩石上等候。王勃叩拜致谢道：'您既赐予我风力，又教导我这愚钝之人，我应当备上薄礼，以答谢神灵的庇佑。'老人笑着说：'希望你不要忘记。待经过长芦时，焚烧十万纸钱，替我偿还阴间的一笔旧债。'王勃接受命令后，又向老人问道："我的前程与寿限如何？"老人说：'你神气虽清但身体瘦弱，思维敏锐但骨骼瘦弱，虽然才智过人，实际并无成就。'说完，老人慢慢消失在水天相接处。王勃听到这些，闷闷不乐，经过长芦而忘记老人的祝祷。突然有大量乌鸦聚集在船橹上，导致船桨被拖拽，船只无法前行。王勃问：'这是什么地方？'船夫说：'这是长芦。'王勃猛然领悟，取十万纸钱焚烧后离去。"

罗隐诗曰："江神有意怜才子①，欻忽威灵助去程②。一席清风雷电疾，满碑佳句雪冰清③。焕然丽藻传千古④，赫尔英名动两京⑤。若匪幽冥祐词客⑥，至今佳景绝无声。"后之人又作《倾杯序》云："昔有王生，冠世文章⑦。尝随旧游江渚。偶尔停舟寓目，遥望江祠，依依陌上闲步⑧。恭诣殿砌，稽首瞻仰，返回归路。遇老叟，坐于矶石，貌纯古。因语□，子非王勃是致，生惊询之，片饷方悟⑨。子有清才，幸对滕王高阁，可作当年词赋。汝但上舟，休虑。迢迢仗清风去⑩。到筵中，下笔华丽，如神助。　　会俊侣⑪。面如王。大夫久坐觉生怒⑫。报云落霞并飞孤鹜。秋水长天，一色澄素。阁公竦然⑬，复坐华筵⑭，次诗引序。道鸣鸾佩玉，锵锵罢歌舞⑮。　　栋云飞过南浦。暮帘卷向西山雨。闲云潭影，淡淡悠悠，物换星移，几度寒暑。阁中帝子，悄悄垂名⑯，在于何处？算长江、俨然自东去⑰。"

【注释】

①江神：底本作"□□"，据《醒世恒言》补。

②欻忽（xū hū）：形容迅疾突然。威灵：指神灵的威力。

③冰清：形容诗句清新。

④丽藻：华丽的词藻。亦指华丽的诗文。

⑤赫尔：光采鲜明貌。英名：美名。两京：指汉、唐的长安和洛阳。

⑥幽冥：底本作"□□"，据《醒世恒言》补。地府，阴间。词客：擅长文词的人。此指王勃。

⑦冠世：谓超人出众，天下一流。

⑧陌：田间小路。

⑨片饷:片刻。

⑩迢迢:道路遥远貌。

⑪俊侣:才智杰出的同伴、朋友。

⑫大夫:古代官职。位于卿之下,士之上。此指洪州都督阎公。

⑬竦然:肃然起敬。

⑭华筵:丰盛的筵席。

⑮锵锵:象声词。特指诗文音节清越响亮。

⑯垂名:谓留传声名。

⑰俨然:仿佛。

【译文】

罗隐有诗写道:"江神有意怜才子,欻忽威灵助去程。一席清风雷电疾,满碑佳句雪冰清。焕然丽藻传千古,赫尔英名动两京。若匪幽冥祐词客,至今佳景绝无声。"后来有人又作《倾杯序》写道:"昔有王生,冠世文章。尝随旧游江渚。偶尔停舟寓目,遥望江祠,依依陌上闲步。恭诣殿砌,稽首瞻仰,返回归路。遇老叟,坐于矶石,貌纯古。因语□,子非王勃是致,生惊询之,片饷方悟。子有清才,幸对滕王高阁,可作当年词赋。汝但上舟,休虑。迢迢仗清风去。到筵中,下笔华丽,如神助。 会俊侣。面如玉。大夫久坐觉生怒。报云落霞并飞孤鹜。秋水长天,一色澄素。阎公竦然,复坐华筵,次诗引序。道鸣鸾佩玉,锵锵罢歌舞。 栋云飞过南浦。暮帘卷向西山雨。闲云潭影,淡淡悠悠,物换星移,几度寒暑。阁中帝子,悄悄垂名,在于何处?算长江、俨然自东去。"

为时宴①

《齐人月令》:"重阳之日,必以糕酒,登高眺迥②,为时宴之游赏,以畅秋志。酒必采茱萸、甘菊以泛之,既醉而还。"

【注释】

①时宴：依时节举行的宴会。

②眺迥：远望。

【译文】

《齐人月令》："重阳节，必须准备糕点与酒，登高远望，为依时节举行的宴会游览观赏，以尽情地抒发秋日的情怀。酒必须采茱萸、甘菊等来浸泡，醉酒后才回家。"

藉野饮①

《荆楚岁时记》："九月九日，四民并藉野宴饮。"

【注释】

①藉野：出郊外登高，郊游。藉，蹈，践踏。

【译文】

《荆楚岁时记》："九月九日，士、农、工、商各行业的人都到郊外登高，摆宴畅饮。"

出郊外

皇朝《东京录》①："重阳日，都人多出郊外登高，如仓王庙、梁王城、四里桥、毛驼冈、独乐冈、愁台、砚台等处聚宴②。"

【注释】

①《东京录》：即《东京梦华录》。

②仓王庙：在宋东京城外面。仓王，或写作"苍王"，传说中创造汉字的仓颉，古代书史以其为保护神。梁王城：战国时梁惠王故城。

在东京城西北。毛驼冈：又作"牟陀冈""牟陀冈"。在今河南开
封西北。独乐冈：开封城东郊的一处高冈。愁台：在今河南中牟
城北。砚台：战国纵横家张仪、西汉开国功臣张耳的墓地，在宋东
京城东面。

【译文】

本朝《东京梦华录》："重阳日，京城中的人大多出城到郊外登高，像
仓王庙、梁王城、四里桥、毛驼冈、独乐冈、愁台、砚台等处聚会宴饮。"

得别会

《唐史》："韦绶为集贤院学士①，九月九日宴群臣曲江，
绶请集贤学士得别会，帝一一顺听②。"

【注释】

①韦绶：字子章，京兆万年（今陕西西安）人。宪宗朝宰相韦贯之
　兄。登明经第，为东都留守从事。历任华阴令、翰林学士、集贤院
　学士、礼部尚书、右散骑常侍。

②顺听：听从。

【译文】

《唐史》："韦绶为集贤院学士，九月九日皇帝在曲江宴请群臣，韦绶
请求集贤殿学士另外聚会，皇帝一一听从。"

任追赏①

《唐史·李泌传》："贞元敕：'九月九日，宜任百寮追赏。'"

【注释】

①追赏:追随节令赏景或进行赏赐。

【译文】

《唐书·李泌传》:"贞元年间皇帝诏令:'九月九日,应当让百官追随节令赏景或进行赏赐。'"

再宴集

《岁时杂记》:"都城士庶,多于重九后一日,再集宴赏,号小重阳。"李太白诗云:"昨日登高罢,今朝再举觞。菊花何太苦,遭此两重阳①。"山谷词云:"茱萸黄菊年年事,十日还将九日看②。"前辈诗云:"九日黄花十日看。"又云:"十日重看九日花。"

【注释】

①"昨日登高罢"几句:出自李白《九月十日即事》。举觞,举杯饮酒。两重阳,指农历九月初九重阳与九月初十小重阳。

②茱萸黄菊年年事,十日还将九日看:出自黄庭坚《鹧鸪天·其一·明日独酌自嘲呈史应之》。

【译文】

《岁时杂记》:"京城的士人与平民,多在重阳节后一天,再次集会设宴赏景,称为小重阳。"李太白有诗写道:"昨日登高罢,今朝再举觞。菊花何太苦,遭此两重阳。"黄庭坚有词写道:"茱萸黄菊年年事,十日还将九日看。"前辈有诗写道:"九日黄花十日看。"又写道:"十日重看九日花。"

遗亲识①

《岁时杂记》:"都人遇重九,以酒、果、糕等送诸女家,或遗亲识。其上插菊花、撒石榴子、栗黄,或插小红旗,长二三寸。又埴泥为文殊菩萨骑狮子像②,蛮人牵之,以置糕上。"

【注释】

①亲识:亲友。

②埴:黏土。

【译文】

《岁时杂记》:"京城的人到了重阳节这一天,用酒、水果、糕点等送给各个女儿家,或赠给亲友。在糕点上插上菊花、撒石榴子、栗黄,或者插长二三寸的小红旗。再用黏土泥巴制作成文殊菩萨骑狮子的塑像,蛮人牵着,搁置在糕点上。"

无饮宴

《岁时杂记》:"重九,京都士人饮燕者不甚多,禁苑赐宴久不讲,民间不甚异。常时凡诸节序①,唯冬至、寒食,虽小巷亦喧喧然者②,以许士庶赌博,小人竞利喜为之,清高放旷之风则寂焉矣③。"

【注释】

①节序:节令,节气。节令的顺序。

②喧喧:非常热闹。

③清高:纯洁高尚。放旷:放逸旷达。寂:沉寂。

【译文】

《岁时杂记》："重阳节，京城士人摆宴畅饮的并不多，皇帝召赐臣下共宴的旧例也很久没举行了，民间也没有什么特别的庆祝活动。平时在诸多节气中，只有冬至、寒食节，虽是小巷也非常热闹，因为准许士人和平民赌博，小人因竞相争夺利益而喜爱，而纯洁高尚放逸旷达的风气就此沉寂了。"

为菊饮

韦绶为集贤，罢。九月九日，帝为《黄花歌》，顾左右曰："安可不示韦绶！"即遣使持往。

【译文】

韦绶为集贤殿大学士，后罢官还家。九月九日，皇帝作了篇《黄花歌》，望了望左右的人说："怎能不给韦绶看呀！"立刻派遣使者拿去给韦绶看。

御制诗

《抒情诗》："唐宣宗因重阳①，锡宴群臣，有御制诗，其略曰：'款塞旋征骑②，和戎委庙贤③。倾心方倚注④，协力共安边⑤。'宰臣已下应制皆和。上曰：'宰相魏謩诗最出众⑥。'其两联云：'四方无事事，神豫秒秋来⑦。八水寒光起⑧，千山霁色开⑨。'上嘉赏久之。魏蹈舞拜谢⑩，群臣耸视⑪，魏有得色⑫，极欢而罢。"

【注释】

①唐宣宗：即唐宣宗李忱（810—859），初名李怡。唐代第十七位皇帝（846—859年在位）。

②款塞：叩塞门。谓外族前来通好。《史记·太史公自序》："海外殊俗，重译款塞。"裴骃集解引应劭曰："款，叩也。皆叩塞门来服从也。"征骑：出征的骑士。

③和戎：指与少数民族或别国媾和修好。

④倚注：依赖器重。"

⑤安边：安定边境。

⑥魏謩（mó，793—858）：字申之，巨鹿（今属河北）人。唐文章家、史学家，著有《魏氏手略》《魏謩集》等。

⑦神豫：代指帝王的安乐。杪（miǎo）秋：晚秋。

⑧八水：八川。《初学记》卷六引晋戴祚《西征记》："关内八水，一泾，二渭，三灞，四浐，五涝，六潏，七沣，八滴。"寒光：使人胆寒的光。多指刀剑的闪光。亦借指刀剑。

⑨霁色：晴朗的天色。

⑩蹈舞：犹舞蹈。臣下朝贺时对皇帝表示敬意的一种仪节。

⑪耸视：高看一眼。

⑫得色：得意的神色。

【译文】

《抒情诗》："唐宣宗在重阳节那天，赐宴招待群臣，宣宗作了一首诗，其诗写道：'款塞旋征骑，和戎委庙贤。倾心方倚注，协力共安边。'满朝大臣都作了和诗。皇上说：'宰相魏謩的诗最好。'其中有两联写道：'四方无事事，神豫杪秋来。八水寒光起，千山霁色开。'皇上赞赏了很久。魏謩也手舞足蹈地拜谢，群臣也都高看一眼，魏謩脸上带有得意的神色，大家尽欢而散。"

广绝句

谢无逸《溪堂集》云①："潘邠老有'满城风雨近重阳'之句②,今去重阳四日而风雨大作,遂用邠老之句,广为三绝③,云:'满城风雨近重阳,无奈黄花恼意香。雪浪翻天迷赤壁④,令人西望忆潘郎⑤','满城风雨近重阳,不见修文地下郎⑥。想得武昌门外柳,垂垂老叶半青黄⑦','满城风雨近重阳,安得斯人共一觞⑧。欲问小冯今健否⑨,云中孤雁不成行⑩'。"

【注释】

①谢无逸《溪堂集》:十卷,北宋谢逸撰。该书为诗文别集。谢逸(?—1113),字无逸,号溪堂,临川(今江西抚州)人。江西诗派诗人。与弟谢薖齐名,并称"二谢"。他又曾作蝴蝶诗三百首,中多佳句,人称"谢蝴蝶"。

②潘邠老:即潘大临(?—1106),字邠老,黄州(今湖北黄冈)人。苏轼贬官黄州时,潘大临与之游从,称为"清润潘郎"。江西诗派诗人。著有《柯山集》。满城风雨:指秋天的景象。

③广:扩展。

④雪浪:白色的浪花。赤壁:山名。在今湖北武昌西赤矶山。指汉献帝建安十三年(208)孙权与刘备联军大破曹操军队处。

⑤潘郎:指潘大临。

⑥修文地下郎:即地下修文郎。谓地下修文之官也。引申谓文人之死曰修文。

⑦垂垂:渐渐。

⑧斯人:此人。此指潘大临。共一觞:谓在一起宴饮。

⑨小冯：即小冯君。冯奉世子冯野王、冯立兄弟先后为上郡太守，皆居职公廉，时人称之为大、小冯君。《汉书·冯奉世传》："吏民嘉美野王、立相代为太守，歌之曰：'大冯君，小冯君，兄弟继踵相因循，聪明贤知惠吏民，政如鲁卫德化钧，周公、康叔犹二君。'"后用以称誉他人之弟。这里指谢薖。

⑩孤雁不成行：比喻兄弟离散。

【译文】

谢逸《溪堂集》说："潘大临有'满城风雨近重阳'的诗句，今天距离重阳节还有四天而风雨大作，于是用潘大临的诗句，扩展为三首，写道：'满城风雨近重阳，无奈黄花恼意香。雪浪翻天迷赤壁，令人西望忆潘郎'，'满城风雨近重阳，不见修文地下郎。想得武昌门外柳，垂垂老叶半青黄'，'满城风雨近重阳，安得斯人共一觞。欲问小冯今健否，云中孤雁不成行'。"

进谑词①

《荆楚岁时记》："重九日，常有疏雨冷风，俗呼为催禾雨。"前辈词云："疏风冷雨，此日还重九。"康伯可在翰苑日，常重九遇雨，奉诏撰词②，伯可口占《望江南》一阕进云："重阳日，四望雨垂垂③。戏马台前泥拍肚，龙山会上水平脐④。直浸到东篱。　　茱萸伴，黄菊湿滋滋。落帽孟嘉寻箬笠⑤，休官陶令觅蓑衣⑥。两个一身泥。"上为之启齿⑦。

【注释】

①谑词：戏笑的言辞，开玩笑的话。

②撰词：撰写文词。

③垂垂：下落貌。

④龙山：古山名。在今安徽当涂南。东晋桓温曾登此山宴集僚佐。

⑤箬笠：用箬叶或竹篾编制的宽边帽。

⑥休官：辞去官职。陶令：指晋陶潜。陶潜曾任彭泽令，故称。蓑衣：用草或棕制成的、披在身上的防雨用具。

⑦启齿：发笑。因笑必露齿，故云。

【译文】

《荆楚岁时记》："重阳节，常有疏雨冷风，世俗称之为催禾雨。"前辈有词写道："疏风冷雨，此日还重九。"康与之在翰林院时，经常在重阳节遇雨，奉诏撰写文词，康与之随口而成《望江南》一首奉上："重阳日，四望雨垂垂。戏马台前泥拍肚，龙山会上水平脐。直浸到东篱。　茱萸伴，黄菊湿滋滋。落帽孟嘉寻箬笠，休官陶令觅蓑衣。两个一身泥。"皇帝听了露出笑容。

嘲射诗

《启颜录》："唐宋国公萧瑀不解射①，九月九日赐射，萧瑀箭俱不着垛②，一无所获。欧阳询咏之曰③：'急风吹缓箭④，弱手驭强弓。欲高翻覆下，应西还更东。十回俱着地，两手并擎空。借问谁为此⑤，多应是宋公⑥。'后唐宗见此诗，乃谓萧瑀曰：'此乃是欧阳询四十字章疏也⑦。'自是萧与询有隙⑧。"

【注释】

①宋国公萧瑀（574—647）：字时文，谥贞褊，南兰陵（今江苏常州）人。后梁明帝萧岿之子，姊为隋炀帝妃。大业十三年（617），李

渊兵入京师，以郡降，封宋国公。不解：不懂得。

②垛：指箭靶子。

③欧阳询（557—641）：字信本，一字少信，潭州临湘（今湖南长沙南）人。唐太宗贞观初，官至太子率更令、弘文馆学士，封渤海县男。善书，初学王羲之，而险劲过之，世称"欧体"，又称"率更体"。与虞世南、褚遂良、薛稷并称唐初四大书家。

④缓箭：去势微弱之箭。

⑤借问：犹询问。

⑥宋公：即宋国公萧瑀。

⑦章疏：旧时臣下向君上进呈的言事文书。

⑧有隙：有嫌隙，有怨恨。

【译文】

《启颜录》："唐代宋国公萧瑀不懂得射箭，九月九日皇帝带群臣去射箭，萧瑀没有一支箭射到箭垛子上，因此什么都没得到。欧阳询咏诗道：'急风吹缓箭，弱手驭强弓。欲高翻覆下，应西还更东。十回俱着地，两手并擎空。借问谁为此，多应是宋公。'后来唐太宗见到这首诗，于是对萧瑀曰：'这就是欧阳询的四十字章疏。'从此萧瑀与欧阳询之间有了怨恨。"

号词客

《蕙亩拾英集》："锦官官妓尹氏，时号为诗客，今蜀中有《诗客传》是也。诗客有女弟①，工词，号词客，亦有传。蔡尹因重九令赋词②，以'九'为韵，不得用'重九'字，即席作《西江月》云：'韩愈文章盖世，谢安才貌风流。良辰开宴在西楼。敢劝一厄芳酒③。　　记得南宫高第④，弟兄都占鳌头⑤。金炉玉殿瑞香浮⑥，名在甲科第九⑦。'蔡公兄弟皆擢甲科⑧，而皆第九。词客本士族⑨，蔡尹情而与之出籍⑩，王帅继镇⑪，闻其名，追之。时郡人从帅游锦江，王公命作词，且以词之工拙为去留。遂请题与韵，令作《玉楼春》以呈。一坐咨赏⑫，会罢释之。词云：'浣花溪上风光主⑬。宴集瀛仙开幕府⑭。商岩本是作霖人⑮，也使闲花沾雨露⑯。　　谁怜民族传簪组⑰。狂迹偶为风月误⑱。愿教朱户柳藏春，莫作飘零堤上絮。'"

【注释】

①女弟：妹妹。

②蔡：即蔡京。据《北宋经抚年表》卷五，蔡京元祐七年（1092）知成都，绍圣元年（1094）刑部侍郎王靓继代。

③一卮（zhī）：一杯。

④南宫：指礼部会试，即进士考试。高第：指科举中式。

⑤占鳌头：俗称科举时状元及第。

⑥金炉：香炉。瑞香：也称睡香。常绿灌木，叶为长椭圆形。春季开花，花集生顶端，有红紫色或白色等，有浓香。宋陶谷《清异录·睡香》："庐山瑞香花，始缘一比丘昼寝盘石上，梦中闻花香烈酷不可名，既觉，寻香求之，因名睡香。四方奇之，谓乃花中祥瑞，遂以'瑞'易'睡'。"

⑦甲科：唐宋进士分甲乙科。

⑧蔡公兄弟：即蔡京、蔡卞兄弟。

⑨士族：泛指读书人。

⑩出籍：指把名字从官妓登记簿上注销，还其自由身。籍，簿册，官署里的妓女登记簿。

⑪王帅：即王觌（dí，1036—1103），字明叟，北宋泰州如皋（今属江苏）人。绍圣元年（1094）继代蔡京成都知府。

⑫一坐：全部在座的人。咨：赞叹。

⑬浣花溪：一名濯锦江，又名百花潭。在今四川成都西郊，为锦江支流。唐杜甫《将赴成都草堂途中有作》诗之三："竹寒沙碧浣花溪，橘刺藤梢咫尺迷。"仇兆鳌注引《梁益记》："溪水出湔江，居人多造彩笺，故号浣花溪。"

⑭宴集：宴饮聚会。南朝宋刘义庆《世说新语·汰侈》："石崇每要客燕集，常令美人行酒。"瀛仙：神仙。对别人的敬称。幕府：借指将帅。

⑮商岩：傅说初版筑于傅岩之野，后被商王武丁举以为相。见《尚书·说命上》。后以"商岩"比喻在野贤士。作霖：《尚书·说命上》："若济巨川，用汝作舟楫；若岁大旱，用汝作霖雨。"孔传："霖，三日雨。霖以救旱。"原谓充作救旱之雨，后以指降甘霖或下雨。

⑯闲花：野花。

⑰簪组：借指官宦。

⑱风月：指男女间情爱之事。

【译文】

《蕙亩拾英集》："锦官城官妓尹氏，当时号称诗客，如今蜀地有《诗客传》记录的就是她。诗客有一妹妹，善于作词，号称词客，也有传。蔡京与尹词客因重九令赋词一首，以'九'字为韵，不得用'重九'字，当场作《西江月》写道：'韩愈文章盖世，谢安才貌风流。良辰开宴在西楼。敢劝一卮芳酒。　　记得南宫高第，弟兄都占鳌头。金炉玉殿瑞香浮，名在甲科第九。'蔡京、蔡卞兄弟都登甲科，而都位列第九。词客原本是读书人，蔡京因与尹词客有情而将其在官妓登记簿上注销。王觌继任知成都，听闻尹词客名，将其召回。当时郡人跟从王觌游赏锦江，王觌命词客作词,并且以词的优劣来决定去留。于是词客请示题目与押韵,王巍令作《玉楼春》呈报上来。在座的所有人都赞叹欣赏,宴会结束后就放她离开了。词写道:'浣花溪上风光主。宴集瀛仙开幕府。商岩本是作霖人,也使闲花沾雨露。　　谁怜民族传簪组。狂迹偶为风月误。愿教朱户柳藏春,莫作飘零堤上絮。'"

唱歌声

《江南野史》①:"唐尹氏姿容颇丽,性识敏慧②,不因保母③,而妙善唱歌。因重阳与群女戏登南山文峰,同辈命之歌④。尹乃颦眉缓颊⑤,怡然一两声⑥,达数十里。故俗耆旧云⑦:'尹氏之歌,闻于长安。'"

【注释】

①《江南野史》:又名《江南野录》,十卷,北宋龙衮撰。该书为纪传体南唐史。龙衮,字君章,吉州永新(今属江西)人。宋史学家、画家,又有《百马图》跋。

②性识:天分,悟性。敏慧:聪明。

③因:依靠,凭借。

④同辈:犹同伴,伙伴。

⑤颦眉缓颊:皱眉舒缓脸颊。

⑥怡然:开心愉悦。

⑦耆旧:年高望重的人。

【译文】

《江南野史》:"唐代一位尹姓女子容貌非常美丽,天分聪明,她无需保母教授,而精通歌唱技艺。因重阳节而与众多女子登上南山文峰玩耍，同伴请她唱歌。尹氏于是皱着眉头，舒缓脸颊，开心愉悦地高歌一曲，歌声可传至几十里外。当地那些年高望重的人说：‘尹氏的歌声，在长安都能听见。’”

符异谶

《南唐近事》①：“陈乔、张俄重阳登高于北山湖亭②，不奏声乐，因吟杜工部《九日宴蓝田崔氏庄》诗，其末句云：‘明年此会知谁健，醉把茱萸子细看。’员外郎赵宣父时亦在集③，感慨流涕者数四④，举坐异之⑤。未几，赵卒。”

【注释】

①《南唐近事》：一卷，北宋郑文宝撰。该书记后晋天福二年（937）至宋开宝八年（975），南唐四十年间的杂事。郑文宝（953—1013），字仲贤，宁化（今属福建）人。北宋文学家，另著有《江表志》。

②陈乔（？—975）：字子乔，庐陵（今江西吉安）人。五代十国时南唐大臣，官至吏部侍郎、翰林学士承旨、门下侍郎兼光政院辅政，南唐灭亡后殉国。张俄：人名。不详待考。

③赵宣父：人名。时任员外郎。

④数四：犹言再三再四。多次。

⑤举坐：所有在座的人。

【译文】

《南唐近事》：“陈乔、张俄重阳节在北山湖亭登高，不奏声乐，于是吟诵杜甫《九日宴蓝田崔氏庄》诗，诗的末句为：‘明年此会知谁健，醉把茱萸子细看。’员外郎赵宣父当时也在场，多次感叹流泪，所有在座的人都很奇怪。不久，赵宣父就去世了。”

讲武事

《南齐书》:"南齐以九月九日马射^①。或说,秋,金气,讲习武事^②,象汉立秋之礼。"又《晋·礼志》:"九月九日马射,云秋金之节,讲武习射,象立秋之礼也。"

【注释】

①马射:犹骑射。

②讲习武事:讲演武艺。

【译文】

《南齐书》:"南齐在九月九日举行骑射。有一种说法,秋,五行中属金,此时讲演武艺,效仿汉代立秋的礼仪。"又有《晋书·礼仪志》:"九月九日举行骑射,说是金秋时节,讲演武艺,练习射箭,效仿立秋的礼仪。"

卷三十六

重九 下

【题解】

　　本卷《重九下》篇,本条目均为重九时俗节物,主要有重阳佛家之事"请证明""作斋会"等;重阳道家之事"炼阳气""消阳厄"等。"猎沙苑",记徐佐卿化鹤之事。"授天册",记太上遣使者持玉册,授张道陵正一真人之号。"炼金丹",记张天师之妻孙夫人炼金液还丹,与天师一同升仙事。"开花神",记殷七七以幻术于九月令开鹤林寺杜鹃花事。"遇仙方",记许仲源得到仙方成仙事。"梦暑药",记虞并甫梦中得治暑泄方。"辟邪恶",记鬼怕茱萸酒事。"借书籍",记狐精狐博士假借经书事。"置药市",记唐人王昌遇九月九日得道升仙事。"吸药气",记成都药市以吸药气愈疾事。

猎沙苑①

　　《广德神异录》:"天宝十三年,重阳日,玄宗猎于沙苑。时云间有孤鹤回翔②,玄宗亲御弧矢③,一发而中。其鹤带箭徐坠,将及地丈许,欻然矫翼④,由西南飞逝⑤,万众极目⑥,良久乃灭。先是,益州城西有明月观,松桂深寂⑦,非修习精确者⑧,莫得而居。观之东廊第一院,尤为幽绝⑨。每有自称青城道士徐佐卿者⑩,一岁率三四至,风局清古⑪,甚为道流之所倾仰⑫。忽一日,自外至,神采不怡,谓院中人曰:'吾行山中,偶为飞矢所加,寻已无恙矣。然此箭非人间所有,吾当留之壁间。后年箭主到此,即宜付之,慎无坠失。'仍援毫记壁云:'留箭之时,则十三载九月九日也。'后玄宗避乱幸蜀,暇日命驾行游⑬,偶至斯观,乐其佳境,因遍诸院。既入斯堂,忽睹挂箭,命侍臣取而玩之。盖御箭也,上深异之。因询观之道士,具以实对,即视佐卿所题,乃前岁沙苑纵畋之日⑭,佐卿即中箭孤鹤尔,当日盖自沙苑翻飞而至于此⑮。玄宗大奇之,因收其箭而宝焉。自后,蜀人无复有遇佐卿者。"东坡作《赤壁赋》,指道士为孤鹤,岂非暗用此事乎⑯?

【注释】

①沙苑:地名。在陕西大荔南,临渭水,东西八十里,南北三十里,其处宜于牧畜。

②回翔:盘旋飞翔。

③弧矢:弓箭。

④欻(xū)然:忽然。矫翼:展翅。

⑤飞逝:快速飞去。

⑥万众:众人。极目:用尽目力远望。

⑦深寂:幽深寂静。

⑧修习:修行。精确:专心坚定。

⑨幽绝:清幽殊绝。

⑩青城:即青城山。道教名山。在今四川都江堰。

⑪风局：风度气量。清古：清纯高古。

⑫道流：道士之流。倾仰：倾倒仰慕。

⑬行游：出游。

⑭畋（tián）：古指打猎。

⑮翻飞：上下飞翔。

⑯暗用：又称用典、用事。引用之一。暗里引用典故。

【译文】

《广德神异录》："天宝十三年，重阳节那天，唐玄宗到沙苑打猎。当时云间有一只孤鹤在盘旋飞翔，唐玄宗亲自张开弓箭，一箭就射中了。那鹤就带着箭缓慢坠落，离地还有一丈多的时候，它突然展翅，向西南迅速飞去，众人都用尽目力远望，好久才消逝。在此以前，益州城西有一座明月观，松树桂树成片，幽深寂静，如果不是修行专心坚定的人，是不能住到这里的。明月观的东廊第一院，尤其清幽殊绝。有一个自称是青城山道士徐佐卿的，一年大概来三四趟，风度气量清纯高古，道士们都非常仰慕他。忽然有一天，他从外面走进来，神色不乐，对院子里的人说：'我在山里走路，偶然被飞箭射中，不久就没事儿了。然而这箭不是人世间所有，我把这支箭留在墙壁上。以后箭的主人到这里来，就把箭交给他，一定不要弄丢了。'他还拿笔在墙壁上记道：'留箭的时间，天宝十三年九月九日。'后来唐玄宗逃避战乱来到四川，闲暇之日坐车出游，偶然来到这个观，很喜欢这里优美的风景，因而遍游所有的院子。走进这个院的正堂，忽然看到挂着的那支箭，就命侍臣拿过来玩赏。原来这是一支御用的箭，玄宗非常惊奇。于是就询问观里的道士，道士全都如实地回答，唐玄宗就去看徐佐卿题的字，就是前年在沙苑纵马打猎的日子，徐佐卿就是中箭的那只孤鹤，当天它从沙苑上下飞翔飞到了这里。唐玄宗非常惊奇，就把那支箭作为宝物收藏起来。从此以后，蜀地人再也没有遇到过徐佐卿的。"苏轼作《赤壁赋》，把道士比作孤鹤，难道不是暗里引用这个典故吗？

授天册

《汉天师家传》:"真人张道陵于桓帝永寿元年①,领弟子王长、赵昇往云台治②,筑坛安炉,复炼大丹。丹成服之,浴于水,有神光③。二年九月九日,在巴西赤城渠亭山中④,太上遣使者持玉册⑤,授正一真人之号。因谓长、昇曰:'吾有丹在炼丹亭上金盂中,汝二子可分饵⑥,今日当随吾矣。'是日停午之际⑦,复见一人,朱衣青襟⑧,曳履持版⑨,一人黑帻绡衣⑩,结履佩剑⑪,各捧玉函⑫,从朱衣使者,趋前再拜曰:'奉上清真符,追真人于阆苑⑬。'须臾,东北二十四人,皆龙虎鸾鹤之骑,各执青幢绛节,狮子辟邪⑭,天驷甲卒皆至⑮,称景阳吏。即有黑龙驾一紫舆,玉女二人,引真人与夫人雍氏登车。前导后从,天乐隐隐⑯,迎至一处,琼楼玉阁,阙上金牌玉字曰'太玄都省正一真人阙'。真人与夫人同入,升于宝台,万神趋贺⑰,群仙顶谒⑱。"唐肃宗御赞曰:"德自清虚⑲,圣教之实⑳。或隐或见,是朴是质。靖处琼堂,焚香玉室。道心不二㉑,是为正一。"

【注释】

①桓帝永寿元年:155年。桓帝,即汉桓帝刘志(132—168),东汉第十一位皇帝(146—168年在位)。永寿,汉桓帝刘志年号(155—158)。

②云台治:即云台山治。道教"二十四治"之一。在今四川苍溪云台乡交界处的云台山上。云台山,又称天柱山,"治"因山名。

③神光:神异的灵光。

④巴西:郡名。东汉建安年间置,治所在阆中(今四川阆中)。赤城

渠亭山：即鹤鸣山，又称鹄鸣山。在今四川大邑鹤鸣乡。东汉张道陵创立道教的地方。

⑤太上：道教最高最尊之神的名前常冠以"太上"二字，以示尊崇。玉册：亦作"玉策"。古代册书的一种。帝王祭祀告天或上尊号用之。用玉简制成。

⑥饵：服食，吃。

⑦停午：正午，中午。

⑧青襟：青色衣服的交领。

⑨曳履：拖着鞋子。

⑩黑帻：黑色头巾。绡衣：用生丝织的绸子。

⑪结履：穿鞋。

⑫玉函：玉制的匣子。

⑬阆苑：阆风之苑，传说中仙人的住处。

⑭辟邪：古代传说中的神兽。似鹿而长尾，有两角。

⑮天骑：天上的骑士、侍从。甲卒：披甲的士卒。泛指士兵。

⑯隐隐：象声词。

⑰趋：古代的一种礼节，小步快走，表示恭敬。

⑱顶谒：顶礼谒见。

⑲清虚：清净虚无。

⑳圣教：宗教信徒对各自宗教的尊称。此指道教。

㉑道心：悟道之心。不二：专一。

【译文】

《汉天师家传》："真人张道陵于桓帝永寿元年，带领弟子王长、赵昇前往云台山治，修筑祭坛安置炼丹炉，再次炼制大丹。大丹炼成后服食，用水沐浴，有神异光彩。永寿二年九月九日，在巴西赤城渠亭山中，太上派遣使者手持玉册，封张道陵为正一真人。张道陵于是对王长、赵昇说：'我有仙丹在炼丹亭上金盂中，你二人可以分食，今日当随我升仙了。'

当日正午之际，又看见一人，身穿红色官服，有青色衣服的交领，拖着鞋子，手持朝笏，一人戴黑色头巾，身穿生丝绸衣，穿着鞋子，手持佩剑，各自捧着玉制的匣子，跟随朱衣使者，快步向前再拜说：'献上上清真符，追随真人到阆苑。'一会儿，东北有二十四人，都骑着龙虎鸾鹤，各自手执青幢绛节，还有狮子、辟邪神兽，天庭的士卒都到了，自称是景阳吏。随即有黑龙驾一辆紫车，有玉女二人，引领真人与夫人雍氏登车。前面有引导，后面有跟从，天界音乐隐隐作响，迎至一处地方，有华丽的楼台，宫阙上金牌玉字写道'太玄都省正一真人阙'。真人与夫人一同进入，登上宝台，众多神仙快步向前拜贺，群仙顶礼谒见。"唐肃宗夸赞说："德自清虚，圣教之实。或隐或见，是朴是质。靖处琼堂，焚香玉室。道心不二，是为正一。"

炼金丹

《女仙录》①："孙夫人，三天法师张道陵妻也②。同隐龙虎山③，修三元默朝之道积年④，累有感降⑤。天师得黄帝龙虎中丹之术⑥，丹成服之，能分形散景⑦，坐在立亡⑧。天师自鄱阳入嵩高山，得隐世制命之术⑨，能策召鬼神⑩。时海内纷扰，在位多危⑪，又大道凋丧⑫，不足以拯危佐世⑬。年五十方修道，及丹成，又二十年。术用精妙⑭，遂入蜀，游名山，率身行教⑮。夫人栖真江表⑯，道化甚行⑰。以永嘉元年到蜀⑱，居阳平治⑲。炼金液还丹，依太一元君所授黄帝之法⑳，积年丹成，变形飞化，无所不能。以桓帝永寿二年丙申九月九日㉑，与天师于阆中云台山白日升天，位于上真㉒。"

【注释】

①《女仙录》：即《墉城集仙录》。

②三天法师：即张道陵的封号。

③龙虎山：在江西贵溪西南。道教名山之一，称"第三十二福地"。山名由来，一说因山有酷似龙、虎的两峰盘踞，故名。一说因天师道创始者张陵居此炼龙虎大丹时，有青龙白虎绕其上，故名。

④三元：道教名词。指人身的元精、元气、元神。《悟真篇》卷上："四象化行全籍土，三元八卦岂离壬。"董德宁注："三元者，三才也，其在天为日月星之三光，在地为水火土之三要，在人为精气神之三要也。"默朝之道：一种静默内观、存思神灵的修炼方法，需长期持守以沟通天地。

⑤累：多次。

⑥中丹：介于"初丹"（筑基）与"上丹"（飞升）之间，需通过调和龙虎、炼化精气达成。

⑦丹成服之，能分形散景：底本作"丹成能服之，分形散景"，据《太平广记》改。景，同"影"。

⑧坐在立亡：幻化术。据说能在一刹那隐去人形，令他人不能见。

⑨隐世：隐士。制命：掌握命运。

⑩策：策书。

⑪在位：居官位，做官。

⑫大道：正道，常理。指最高的治世原则，包括伦理纲常等。凋丧：丧失。

⑬佐世：辅佐君王治理天下。

⑭精妙：精微奥妙。

⑮率身：自身作出榜样。

⑯栖真：道家谓存养真性，返其本元。江表：长江以南的地方。因为从中原南望，其地居长江之外，故称为"江表"。

⑰道化：道德风化。

⑱永嘉元年：145年。永嘉，汉冲帝刘炳年号（145）。

⑲阳平治：即道教"二十四治"之首，具有"总本山""中央教区"的
地位，因此被道众称之为"祖庭"。在今四川彭州西北新兴镇光
辉村。

⑳太一元君：尊贵的女仙。《真灵位业图》第四中有太一元君之名
号。太一，天神之尊贵者。元君，女仙。

㉑桓帝永寿二年：156年。永寿，汉桓帝年号（155—158）。

㉒上真：即上仙。道家分天上仙人为九等，第一等为上仙。

【译文】

《女仙录》："孙夫人，是三天法师张道陵的妻子。夫妻二人共同隐居
在龙虎山，修行三元默朝之道多年，屡有感应。当时张天师得到了黄帝
的龙虎中丹之术，丹炼成后服用，能够分形散影，有'坐在立亡'幻化术。
天师从鄱阳进入嵩山，得到隐士掌握命运的法术，能用策书召集鬼神。
当时国内动乱，官员多有危机，又加上伦理纲常丧失，不能拯救危难辅佐
君王治理天下。张天师年过五十才去修行道术，等到丹炼成了，又过去
二十多年。法术运用精微奥妙以后，就进入蜀地，游历名山，亲自进行传
教。夫人在长江以南修真养性，返其本元，道德风化流行于世。她在永
嘉元年来到蜀地，住在阳平治。炼制金液还丹，依照太一元君所传授的
黄帝之法，过了几年丹炼成了，变形飞化，无所不能。在汉桓帝永寿二年
丙申九月九日，夫人与张天师在阆中的云台山治成仙，白日升天，位至上
仙。"

开花神

《续仙传》："殷七七①，名文祥，又名道筌，不知何许人
也。游行天下，人久见之，然莫测其寿②，多醉于城市间。周

宝旧于长安识之③,寻为泾原节度④,延遇礼重。及宝移镇浙西⑤,数年后,七七忽到,宝召之,师敬益甚。每自歌曰:'琴弹碧玉调⑥,药炼白朱砂⑦。解酝顷刻酒⑧,能开非时花⑨。'宝尝试之,悉有验。鹤林寺有杜鹃花⑩,寺僧相传云,贞元中,有外国僧自天台⑪,钵盂中以药养其根来种之⑫。每至春末盛开,或窥见三女子,红裳艳丽,往来花下。人有摘者,必为所祟,俗传女子花神也。花之繁盛,异于常花。其花欲开,报探分数⑬,节使宾僚官属,继日赏玩⑭。其后一城士女,无不酣乐游从。宝一日谓七七曰:'鹤林之花,天下奇绝。常闻能开非时之花,今重九将近,能副此日乎⑮?'七七曰:'可也。'乃前二日往鹤林焉。中夜,女子来谓七七曰:'道者欲开此花耶?妾为上元所命,下司此花⑯。然此花在人间已逾百年,非久当归阆苑⑰,今特与道者共开之。'来日晨起,寺僧忽讶花渐折蕊,及九日,烂漫如春,乃以闻,宝与一城士庶惊异之,游赏复如春间。数日,花俄不见。后兵火焚寺,树失根株,信归阆苑矣。"东坡守钱塘,《观菩提寺南漪堂杜鹃》诗云⑱:"南漪杜鹃天下无,披香殿上红氍毹⑲。鹤林兵火真一梦,不归阆苑归西湖。"又《和述古冬日牡丹》诗云⑳:"当时只道鹤林仙,能遣秋花发杜鹃。谁信诗能回造化,直教霜杭放春妍㉑。"又云:"安得道人殷七七,不论时节遣花开㉒。"

【注释】

①殷七七:名天祥,又名道筌。一作殷七子,名郅。自称七七,俗多呼

之。有异术,游行天下,人亦不知其年寿。唐咸通、乾符年间道人。

②莫测:不可估量。

③周宝(814—887):字上珪,唐平州卢龙(今属河北)人。会昌时被选补宿卫,以善击毬为神策军军将。后为泾原节度使,号为良将。乾符六年(879)移镇海节度使。中和二年(882),进同中书门下平章事,兼天下租庸副使,封汝南郡王。后因部将刘浩、刁颓、薛朗叛,出奔至常州,为钱镠所杀。

④泾原:唐方镇名。大历三年(768)置泾原节度使,治所在泾州(今甘肃泾川)。

⑤移镇:犹移藩。泛指官员调任。

⑥碧玉:乐曲名。

⑦白朱砂:人乳的别名。

⑧顷刻酒:神仙传说中称倏忽酿成的酒。

⑨非时花:不合时令的花。

⑩鹤林寺:旧名竹林寺。东晋大兴四年(321)建,在今江苏镇江南郊磨笋山下。南朝宋改名鹤林寺。

⑪天台:即天台山。

⑫钵盂:僧人的食器。亦指传法之器。药养:底本缺,据《续仙传》补。

⑬分数:数量。

⑭继日:连日。

⑮副:符合。

⑯司:管理。

⑰阆苑:阆风之苑,传说中仙人的住处。

⑱菩提寺:寺院名。原在浙江杭州钱塘门外,与昭庆寺相邻。寺中有南漪堂,杜鹃花极盛。

⑲红氍毹(qú shū):红色的毛织地毯。

⑳述古:即陈襄(1017—1080),字述古,又称古灵先生,福州侯官

（今福建福州）人。宋文学家，著有《古灵先生文集》。

㉑霜枿（niè）：叶子枯萎的枝条、树木。春妍：指春天妍丽的景色。

㉒安得道人殷七七，不论时节遣花开：出自苏轼《后十余日夏至》。

　　花开，底本作"开花"，据《苕溪渔隐丛话》改。

【译文】

《续仙传》："殷七七，名叫天祥，又叫道荃，不知道是哪里人。他漫游天下，有人很久以前见过他，然而估量不出他的年龄，他曾多次醉倒于街市间。周宝过去在长安就认识他，不久周宝做了泾原节度使，以重礼延请殷七七。等到周宝移藩浙西，几年后，殷七七忽然来到，周宝召他前去，对他更加尊敬了。殷七七自己唱道：'弹琴碧玉调，药炼白朱砂。解酝顷刻酒，能开非时花。'周宝试验他的这些本领，全都灵验。鹤林寺有杜鹃花，寺里的和尚相传，贞元年间，有个外国和尚从天台山来，在钵盂中用药养着杜鹃花根，在这里种下了它。每到春末杜鹃花盛开时，有人窥见三个女子，身穿艳丽的红色衣裳，在树下漫步。有采花折枝的人，一定会被女子作怪致祸，俗人传说女子是花神。杜鹃花开得繁多茂盛，超过普通花卉。杜鹃花要开时，周宝就派人探报花开的数量，节度使衙门中的宾客幕僚和官属，连日观赏游玩。后来全城的男女，无不携酒以纵情漫游为乐。有一天周宝对殷七七说：'鹤林寺的杜鹃花，天下奇绝。常听您说能使不到时令的花开，现在重九将近，能让杜鹃花在这一天开吗？'殷七七说：'可以。'于是殷七七就提前两天前往鹤林寺。半夜，有女子来对殷七七说：'道者要让这杜鹃花开吗？我被上天所命，下界管理此花。然而此花在人间已超过百年，不久就要回归阆风之苑了，今天特意为道者使它开花。'第二天早晨起来，寺里的和尚忽然惊讶地看到花蕊初绽，到重阳节那天，花开得烂漫如春，于是把这件事报告了周宝，周宝与全城百姓都感到惊奇诧异，像在春天一样来游玩观赏。几天后，花一下子都不见了。后来战火焚烧了鹤林寺，杜鹃树也失去了根株，果真回阆风之苑了。"苏轼任杭州太守，有《观菩提寺南漪堂杜鹃》诗写道：

"南漪杜鹃天下无,披香殿上红氍毹。鹤林兵火真一梦,不归阆苑归西湖。"还有《和述古冬日牡丹》诗写道:"当时只道鹤林仙,能遣秋花发杜鹃。谁信诗能回造化,直教霜枿放春妍。"还写道:"安得道人殷七七,不论时节遣花开。"

遇仙方

《列仙传》:"唐蜀中酒阁①,一日,有道人过饮②,童颜漆发③,眉宇疏秀④。酒酣,据肩自歌⑤。歌曰:'尾闾不禁沧溟竭⑥,九转神丹都漫说⑦。惟有斑龙顶上珠⑧,能补玉堂关下穴⑨。'时邻坐有许仲源者⑩,见之,顾其俦曰⑪:'此非尘俗人也⑫。'乃起致敬⑬,愿解所歌之意。道人曰:'今日未当说。汝必欲知此,可于重九日丈人观相寻。'许因移席与饮⑭,未终而先去。许至日,绝早往观中,而道人先已在焉,乃探怀中一短卷授许⑮,曰:'此返老还童之术也。吾饵此药,今寿四百二十三矣。缘汝宿骨有分⑯,加之至恳,故以相授。若能以阴功成就之⑰,即当仙矣。'言讫,化白鹤飞去。许乃再拜受归,炼服不怠,岁数百而有少容,行及奔马⑱,力兼数人。后入青城山,遂不复见。弟子有得其术者,因以传人。其歌曰'尾闾不禁沧溟竭'者,谓尾闾乃东海泄水穴也,人身泄气之所亦名尾闾,若此不禁,沧溟可竭矣。'九转神丹都漫说'者,谓龙虎铅汞,阴阳日月,黄芽白雪⑲,婴儿姹女⑳,皆不归一也。'惟有斑龙顶上珠,能补玉堂关下穴'者,谓取鹿角一双,每三寸长截之,东流河水浸,刷去土,每斤入楮实子一两,黄蜡、桑白皮各二两,盛以金石之器,慢火煮三日三夜。外用一器贮热水,旋添,候数日足,取出,削去黑皮服之。"

【注释】

①酒阁:酒楼,酒馆。

②过饮:饮酒过量。此指路过饮酒。

③漆发:漆黑的头发。

④眉宇:眉额之间。面有眉额,犹屋有檐宇,故称。此指容貌。疏秀:疏朗清秀。

⑤据扃(jiōng):倚靠着门。

⑥尾闾:古代传说中泄海水之处。《庄子·秋水》:"天下之水,莫大于海,万川归之,不知何时止而不盈;尾闾泄之,不知何时已而不虚。"成玄英疏:"尾闾者,泄海水之所也。"沧溟:大海。

⑦九转神丹:指九转丹。九转,九次提炼。道教谓丹的炼制有一至九转之别,而以九转为贵。晋葛洪《抱朴子·金丹》:"九转之丹服之,三日得仙。"漫说:莫说,别说。

⑧斑龙:指鹿。唐蜀中酒阁道人《歌》:"惟有斑龙顶上珠,能补玉堂关下穴。"题注:"有许仲源者,问其诗中斑龙珠何物,云为鹿角。"

⑨玉堂:经穴名。

⑩许仲源:唐人。

⑪俦:同伴。

⑫尘俗:凡尘俗世。指人间。

⑬致敬:表达敬意。

⑭移席:离开原席到另一座位。

⑮探:摸取。

⑯有分:有缘分。

⑰阴功:指在人世间所做而在阴间可以记功的好事。

⑱行及奔马：行走能赶上奔跑的骏马，形容走路飞快。

⑲黄芽白雪：道教内丹术语。白雪指汞，以喻初生一阴。黄芽指铅，以喻初生的一阳。白雪黄芽均为内丹的基本物质，黄芽亦称丹头，内丹修炼中阴精阳气相感而成的真一之体。

⑳婴儿姹女：按《丹经》谓婴儿指肾中阳炁，姹女为心中阴神。

【译文】

《列仙传》："唐代蜀中有一酒楼，一天，有个道人过来饮酒，道士面如童子，头发漆黑，容貌疏朗清秀。饮酒正酣时，道士倚靠着门户独自歌唱。歌词写道：'尾闾不禁沧溟竭，九转神丹都漫说。惟有斑龙顶上珠，能补玉堂关下穴。'当时邻桌的许仲源看到后，对他的同伴说：'这人不是凡尘俗世之人。'于是起身表达敬意，希望道人解释歌唱的内容。道人说：'今天不能讲。你一定要知道的话，可于重九日到丈人观来找我。'于是许仲源离桌去喝酒了，没有喝完便离开了。许仲源到约好的日子，很早就到了丈人观中，而道人已经在观里等候，从怀中摸取一短卷文书给许仲源，说：'这是返老还童的道术。我吃这种药，今年已经四百二十三岁了。因为我与你有缘分，加上你又诚恳，所以传授与你。如果能积行阴功来成就这件事，就可以成为神仙了。'说完，化成白鹤飞走了。许仲源再次拜受礼谢而归，修炼服食从不懈怠，年过一百而仍然是年轻人的样貌，行走能赶上奔跑的骏马，力气相当于几个人。后来进入青城山，就再也没有人见过他了。弟子中有修得他的道术的人，于是又把它传授给别人。其歌词中'尾闾不禁沧溟竭'，是说尾闾是东海泄水的洞穴，人身体中泄气的部位也叫尾闾，如果这里不制止，东海也会枯竭。'九转神丹都漫说'，说的是龙虎铅汞、阴阳日月、黄芽白雪、婴儿姹女的说法，都不能使人归一。'惟有斑龙顶上珠，能补玉堂关下穴'，说是取鹿角一双，每三寸长截断，用向东流的河水浸泡，洗刷去上面的泥土，每一斤用楮实子一两，黄蜡、桑白皮各二两，用金石容器盛装，慢火煮三天三夜。外边用一容器贮存热水，随即添加热水，等时间到了，取出来，削去黑皮服用。"

梦暑药

《夷坚甲志》："虞并甫①，绍兴二十八年，自渠州守召至行在②，憩北郭外接待院③。因道中冒暑得疾④，泄痢连月⑤。重九日，梦至一处，类神仙居。一人被服如仙官⑥，延之坐。视壁间有韵语一方，读之数过。其词曰：'暑毒在脾，湿气连脚，不泄则痢，不痢则疟，独炼雄黄，炁面和药，甘草作汤，服之安乐，别作治疗，方家之错。'梦回，尚能记，即录之，盖治暑泄方⑦。如方服之，遂愈。"

【注释】

①虞并甫：即虞允文（1110—1174），字彬父，一作彬甫，隆州仁寿（今四川仁寿）人。绍兴二十四年（1154）进士，后乾道五年（1169）拜相，封爵雍国公，世称"虞雍公"。南宋政治家、文学家、书法家。著有《虞雍公奏议》等。

②渠州：南朝梁大同三年（537）置，一说大通三年（529）。隋大业三年（607）改为宕渠郡。唐武德元年（618）复为渠州。天宝元年（742）改为潾山郡。乾元元年（758）复为渠州。治流江县（今四川渠县）。行在：指天子所在的地方。此指临安。

③北郭：古代城邑外城的北部。亦指城外的北郊。接待院：古代具有接待行旅功能的寺院。

④冒暑：指一般的伤暑证。感受暑邪之后，邪阻肠胃，出现恶寒发热、心烦、口渴、腹痛水泻、小便短赤、恶心呕吐、头重眩晕等症。

⑤泄痢：指腹泄。

⑥被服：穿着。

⑦暑泄：病名。即暑泻。指暑夏重证水泻。《杂病源流犀烛·泄泻

源流》：“又有暑泄，因受暑邪，烦渴，尿赤，自汗面垢，暴泻如水，宜薷苓汤、桂苓甘露饮。”

【译文】

《夷坚甲志》：“虞并甫，绍兴二十八年，从渠州太守调往临安，在城外北郊的接待院休息。因为路上中暑得了病，连续数月腹泄。九月九重阳节，他梦到一个地方，像是神仙居住的场所。一个穿着也像神仙的人，把他请到室内坐下。虞并甫看到墙壁间贴着一张字句押韵的药方，读了几遍。其词写道：‘暑毒在脾，湿气连脚，不泄则痢，不痢则疟，独炼雄黄，蒸面和药，甘草作汤，服之安乐，别作治疗，方家之错。’梦醒来，还能记得，马上记录下来，大概是治暑泄的药方。按照药方配药服用，病马上就好了。”

辟邪恶

《异苑》：“庾绍之与宗协为中表之亲①。桓玄时，绍之为湘东太守②，病亡。后协遇重九日，政饮茱萸酒次③，俄一小儿通云：‘庾太守请见。’须臾，绍之忽至。协与坐叙阔④，因问以鬼神生死之事。顷之，求饮，协以酒饮之，绍之执杯便置，遽曰：‘酒有茱萸气。’倏尔不见⑤。审是，则茱萸辟邪恶可知矣。”

【注释】

①中表之亲：指表兄弟。

②湘东：底本作“湘水”，据《异苑》改。即湘东郡。三国吴太平二年（257）置，治所在酃县（今湖南衡阳东）。以在湘水之东而命名。

③政：同“正”。

④叙阔：述说阔别之情。

⑤倏尔：突然。

【译文】

《异苑》："庚绍之与宗协是表兄弟。桓玄掌权的时候，庚绍之任湘东太守，后来生病去世。后来宗协遇上重阳节，正在饮茱萸酒，突然间一个小孩子通报说：'庚太守请求接见。'不一会儿，庚绍之突然来到。宗协与他坐下来述说阔别之情，因而问他鬼神以及生死的事情。不久，向宗协要酒喝，宗协把茱萸酒给他喝，庚绍之刚拿起酒杯便放下了，急忙说：'酒里有茱萸的气味。'突然就不见了。仔细回想这件事，可以知道茱萸可以辟邪恶了。"

借书籍

《续搜神记》："有一书生居吴，自称胡博士。以经传教授①，假借诸经书②，涉数载③，忽不复见。后九月九日，人相与登山游观，但闻讲诵之声④，寻觅，有一空冢。入数步，群狸罗坐，见人迸走⑤。唯有一狸独不能去，乃是常假书者⑥。"

【注释】

①教授：向学生传授知识、技能。

②假借：借用。

③涉：经过。

④讲诵：讲授诵读。

⑤迸走：犹逃跑。

⑥假：借。

【译文】

《续搜神记》："有一个书生居住在吴地，自称胡博士。以儒家典籍教授学生,借用各种经书,过了几年,忽然不再出现了。后来在九月九日这一天,人们一道登山游览,只听到讲授诵读的声音,人们前去搜寻,发现一座空的坟墓。进去几步,看到一群狐狸并排列坐,看见人就逃跑了。只有一只狐狸无法跑掉,就是那个经常借书的书生。"

置药市

《四川记》:"唐王昌遇[①],梓州人[②]。得道,号元子,大中十三年九月九日上升。自是以来,天下货药辈[③],皆于九月初集梓州城,八日夜,于州院街易元龙池中,货其所赍之药[④],川俗因谓之药市,迟明而散[⑤]。逮国朝天圣中[⑥],燕龙图肃知郡事[⑦],又展为三日,至十一日而罢。药市之起,自唐王昌遇始也。"

【注释】

①王昌遇:唐代梓州(今四川三台)人。原为州治狱吏,遇仙人授赤龙大丹秘诀,罢官之后炼之。丹成,服之轻举。

②梓州:隋开皇十八年(598)改新州置,治所在昌城县(今四川三台)。

③货药辈:即药商。

④赍:携带。

⑤迟明:底本作"递明",据《事物纪原》改。黎明,天亮。

⑥逮:到。天圣:宋仁宗赵祯年号(1023—1032)。

⑦燕龙图肃:即龙图阁直学士燕肃(961—1040),字穆之,又字仲穆,青州益都(今山东青州)人,其父燕峻迁居曹州(今山东曹县西北)。大中祥符年间进士,官至龙图阁直学士,人称"燕龙图"。北

宋科学家、画家、诗人,著有《海潮论》《燕肃诗》等,绘制《海潮图》。

【译文】

《四川记》:"唐代王昌遇,梓州人。他得道后,号元子,大中十三年九月九日得道升天。从此以后,天下的药商,都在九月初聚集在梓州城,八日夜,在州院街易元龙池中,交易携带的药材,四川习俗因而称为药市,天亮方才散去。到本朝天圣年间,龙图阁直学士燕肃任梓州知州,又将药市延长三天,到十一日才结束。药市的源起,自唐代王昌遇开始。"

吸药气

《四川记》:"成都九月九日为药市,诘旦①,尽一川所出药草、异物与道人毕集。帅守置酒行市以乐之②,别设酒以犒道人③。是日早,士人尽入市中,相传以为吸药气愈疾,令人康宁④。是日雨,云有仙人在其中。张仲殊作《望江南》以咏之曰:'成都好,药市晏游闲⑤。步出五门鸣剑佩⑥,别登三岛看神仙⑦。缥缈结灵烟⑧。　　云影里,歌吹暖霜天⑨。何用菊花浮玉醴⑩,愿求朱草化金丹⑪。一粒定长年。'"

【注释】

①诘旦:清晨,平明。

②帅守:唐节度使别称。唐代节度使据地方军政、民政、财政大权,故也称"守"。置酒:设宴。行市:此指药市。

③犒:犒劳,犒赏。

④康宁:健康安宁。

⑤晏游:宴饮游乐。晏,通"宴"。

⑥五门:古代宫廷设有五门,自外而内为皋门、库门、雉门、应门、路

门。借指京城。剑佩（fēng）：宝剑和垂佩。

⑦三岛：指传说中的蓬莱、方丈、瀛洲三座海上仙山。亦泛指仙境。

⑧缥缈：隐隐约约、若有若无的样子，形容空虚渺茫。

⑨霜天：深秋的天空。

⑩玉醴（lǐ）：美酒。

⑪朱草：一种红色的草。古人以为祥瑞之物。

【译文】

《四川记》："成都九月九日为药市，清晨，四川出产的所有药草、奇异物品与道人全部聚集到这里。地方长官在药市设宴以取乐，另备办酒食来犒劳道人。这一天早晨，百姓都来到药市中，相传认为吸取药气能治愈疾病，使人健康安宁。这一天如果有雨，就说有仙人在药市中。张仲殊作《望江南》歌颂药市写道：'成都好，药市晏游闲。步出五门鸣剑佩，别登三岛看神仙。缥缈结灵烟。　　云影里，歌吹暖霜天。何用菊花浮玉醴，愿求朱草化金丹。一粒定长年。'"

请证明

《夷坚志》："池州贵池县有妙因寺①，僧子深主之②。壮岁游方③，参请涉历不倦④，而馔饮之间，不择荤素，皆以为泛常流耳⑤。乾道九年九月九日⑥，所善柯伯詹过之，留饮数杯。将彻，忽语詹曰：'子今日为我证明。'詹曰：'闻师此说久矣，只恐未必了得。'僧作色言：'吾今撒手便行⑦，不比常时，子盍少驻。'即入寮中，使童行鸣鼓集众。已而端坐，索笔书曰：'衲僧日日是好日⑧，要行便行毋固必⑨。虚空天子夜行船，摩诃般若波罗密⑩。'掷笔而化⑪。"

【注释】

①贵池：五代吴顺义六年（926）以秋浦县改名，治今安徽贵池。妙
　　因寺：寺院名。在今安徽贵池。

②子深：即释子深（？—1173），主池州贵池县妙因寺。孝宗乾道九
　　年（1173）九月，其友柯伯詹过之，留饮数杯，书偈掷笔而逝。

③壮岁：壮年。游方：指僧人、道士为修行问道或化缘而云游四方。

④参请：佛教语。参学请益。涉历：底本作"步历"，据《夷坚支志》
　　改。经历。

⑤泛常：寻常。

⑥乾道九年：1173年。乾道，宋孝宗赵昚年号（1165—1173）。

⑦撒手：底本作"撤手"，据《夷坚支志》改。

⑧衲僧：僧人。

⑨固必：《论语·子罕》："毋必，毋固。"本指固执坚持，不可变通。
　　后引申为一定，必然。

⑩摩诃：梵语音译。有大、多、胜三义。《翻译名义集·法宝众名》：
　　"摩诃，此含三义，谓大、多、胜。"般若：梵语音译。佛教用以指如
　　实理解一切事物的智慧，为表示有别于一般所指的智慧，故用音
　　译。大乘佛教称之为"诸佛之母"。波罗密：梵语音译。意为到
　　彼岸，即由此岸（生死岸）度人到彼岸（涅盘、寂灭）。

⑪化：坐化。佛教指和尚盘膝坐着安然死去。

【译文】

《夷坚志》："池州贵池县有座妙因寺，僧人子深为住持。子深在壮年
时曾云游四方，参学请益、四处经历从不厌倦，而在饮食方面，不论荤素
都吃，人们都认为他是寻常之辈而已。乾道九年九月九日，他的好友柯
伯詹路过该寺，子深留下他喝了几杯酒。酒席将要结束时，子深忽然对
柯伯詹说：'你今天要为我做见证。'柯伯詹说：'我听你说此事已经很久
了，只怕此事未必能做到。'子深神情严肃地说：'我今天撒手西归，不像

以前的那些时候,你何不在寺院小住一番。'他说完就走进小屋,叫来小沙弥击鼓聚众。他继而安坐,索要纸笔写道:'衲僧日日是好日,要行便行毋固必。虚空天子夜行船,摩诃般若波罗蜜。'写完后,子深把笔一放,而安然坐化。"

作斋会

《东京梦华录》:"京都诸禅寺①,九日各有斋会。惟开宝寺仁王院有狮子会②,诸僧皆坐狮子上③,作法事讲说④。"

【注释】

①禅寺:佛寺。

②开宝寺:在今河南开封。北齐天保十年(559)建,本名独居寺,唐开元十七年(729)改名封禅寺,北宋开宝三年(970)改名开宝寺。狮子会:北宋时重阳节东京僧人举行的法会。

③诸僧皆坐狮子上:指众僧都坐在狮子座上。狮子座,指佛所坐之处。《大智度论》卷七:"佛为人中狮子,佛所坐处,若床若地,皆名狮子座。"

④法事:指供佛、礼忏、打醮、修斋等宗教法会、仪式。讲说:讲述解说。

【译文】

《东京梦华录》:"京城各个佛寺,重阳节都有斋会。只有开宝寺的仁王院有狮子会,众僧都坐在狮子座上,作法事,讲述解说佛教经义。"

炼阳气

《岁时杂记》:"九者,老阳之数①,九月九日,谓之重阳。

道家谓老君九月九日生^②，取诸此也。仙人道士，所以销阴炼阳为君子^③，当法此以自强不息^④，何暇登山肆饮耶^⑤？"

【注释】

①老阳：《周易》象数之学以九为老阳，六为老阴；七为少阳，八为少阴。以奇耦言之，三为奇，二为耦。三奇为老阳，三耦为老阴；一奇两耦为少阳，两奇一耦为少阴。

②老君：即太上老君。

③销阴炼阳：道教服气法之一。指烧炼身中阳气，销烁阴气。

④自强不息：自己努力向上，永远不懈怠。自强，自己努力向上。息，停止。

⑤何暇：哪里有闲暇。

【译文】

《岁时杂记》："九，老阳之数，所以九月九日称为重阳。道家说太上老君九月九日出生，也是基于这种说法。仙人道士，通过烧炼身中阳气，销烁阴气来成为君子，效仿这种方法应当自强不息，永远不懈怠，哪里有闲暇登山肆意饮酒呢？"

消阳厄

《仙书》^①："茱萸为辟邪翁，菊花为延寿客^②，假此二物^③，以消阳九之厄^④。"

【注释】

①《仙书》：道教论修道成仙之书。具体不详。

②菊花为延寿客：底本作"菊花延寿"，据《事林广记》补。

③假：如果。

④阳九之厄：古代术数家的说法，四千六百一十七岁为一元，初入元一
　　百零六岁，外有旱灾九年，称为"阳九"。因以指灾难之年或厄运。

【译文】

《仙书》："茱萸被称为辟邪翁，菊花被称为延寿客，如果喝了这两种
东西浸过的酒，可以消除阳九的灾难。"

种罂粟

《提要录》："重九日，宜种罂粟。早午晚三时种，开花
三品①。"按，《本草》名罂子粟②："味甘平，无毒，主丹石发
动③，不下食者。和竹沥煮作粥④，食之极美。一名象谷，一
名米囊，一名御米。"《图经》云："种之甚难，圃人隔年粪地，
九月布子⑤，涉冬至春始生，苗极繁茂矣。不尔，种之多不
出，亦不茂。俟其瓶焦黄⑥，则采之。"《衍义》曰："研末，以
水煎，仍加蜜为罂粟汤，服石人甚宜饮之⑦。"

【注释】

①三品：三种。

②罂子粟：底本作"罂粟子"，据《政和本草》改。

③丹石发动：因服用丹砂炼制的丹药而疾病发作。丹石，丹砂炼制
　　的丹药。发动，疾病发作。

④竹沥：用火炙烤淡竹或其他竹类后沥出的液汁。可入药。主治痰
　　阻窍络、中风、癫狂等症。

⑤布子：撒下种子。

⑥瓶：指果实。因果实的形状像瓶子，故称。

⑦服石：指服用矿石类药物。《备急千金要方·胃腑》："有人苦热不已，皆由服石所致。"

【译文】

《提要录》："重阳节，适宜种罂粟。早晨、中午、晚上三个时辰种植，开三种花。"按，《证类本草》名叫罂子粟："气味甘平，无毒，主治因服用丹砂炼制的丹药而疾病发作，吃不下东西的人。和竹沥煮作粥食用，味道极美。又叫象谷、米囊、御米。"《图经本草》记载："罂粟种植很难，花农每隔一年施粪肥，九月份撒下种子，越过冬天到春天开始生苗，苗非常繁茂。不这样，种上也大多不生苗，生苗也不繁茂。等到果实焦黄，才能采摘。"《本草衍义》记载："把果实研成末，用水作煎剂，再添加蜂蜜做成罂粟汤，服用矿石类药物的人特别适宜饮用。"

收枸杞

《四时纂要》云："重九日，收枸杞，浸酒饮，不老不白①，去一切风。《淮南枕中记》著西河女子服枸杞法云②：'正月上寅采根，二月上卯治服之。三月上辰采茎，四月上巳治服之。五月上午采叶，六月上未治服之。七月上申采花，八月上酉治服之。九月上戌采子，十月上亥治服之。十一月上子采根，十二月上丑治服之。'又有并花、实、根、茎作煎，及单榨子汁煎膏服之，其功并等，轻身益寿。"

【注释】

①不老不白：人不老头发不白。

②《淮南枕中记》：汉刘安撰。成书于西汉建元元年（前140）。原书已佚，现仅存服枸杞法佚文百余字。著：记载。西河：郡名。西

汉元朔四年（前125）置，治所在平定县（今内蒙古东胜）。

【译文】

《四时纂要》记载："重阳节，采收枸杞，用酒浸泡饮用，使人保持青春、头发不白，去除一切风痹湿气。《淮南枕中记》记录西河女子服用枸杞的方法：'正月上旬寅日采根，二月上旬卯日调治服用。三月上旬辰日采茎，四月上旬巳日调治服用。五月上旬午日采叶，六月上旬未日调治服用。七月上旬申日采花，八月上旬酉日调治服用。九月上旬戌日采子，十月上旬亥日调治服用。十一月上旬子日采根，十二月上旬丑日调治服用。'还有把花、实、根、茎一起制成煎剂的方法，以及单独榨取果实汁液后煎成膏服用的方法，其功用相同，可使身体轻盈延年益寿。"

养白鸡

《墓书》[①]："养白鸡，令识其主声形，以五月五日、九月九日，任意用五色彩长五寸，系鸡颈。将鸡于名山，放鸡着山，仰头咒曰：'必存鸣晨[②]，鸡心开悟[③]。'"

【注释】

①《墓书》：关于阴宅风水和墓地风水的书。具体不详。

②鸣晨：鸡鸣报晓。

③开悟：领悟，解悟。

【译文】

《墓书》："养白鸡，让它能识别主人的声音及形象，在五月五日、九月九日，任意用五寸长的五色丝线，系在鸡脖子上。带着鸡前往有名的大山，把鸡放在山上，仰头祷告于神灵：'心存鸣晨，鸡心开悟。'"

喂肥鸡

《集正历》:"九月九日,采荏子喂鸡令肥①。"

【注释】

①荏(rěn)子:药名。味辛,温,无毒。主咳逆,下气,温中,补体。

【译文】

《集正历》:"九月九日,采集荏子把鸡喂肥。"

必里迟

《燕北杂记》:"戎主九月九日打围斗射虎①,少者输重九一筵席。射罢,于高地处卓帐,与番臣、汉臣登高,饮菊花酒,兔肝切生,以鹿舌酱拌食之②。番呼此节为'必里迟离',汉人译云'九月九日'也。"

【注释】

①围:此指围场。

②鹿舌酱:古代契丹族菜。

【译文】

《燕北杂记》:"契丹首领九月九日率群臣在围场射虎,射猎少的罚重阳节一场筵席。射完,在地势高的地方设置桌子帐篷,契丹首领与番臣、汉臣一起登高,饮菊花酒,将生兔肝切好,用鹿舌酱调匀食用。番人称此节为'必里迟离',汉人翻译为'九月九日'。"

卷三十七

小春

【题解】

本卷有《小春》与《下元》。小春，指农历十月，虽然已经进入冬季，但天气仍然相对温暖，宛如春天，故名。卷首一段总叙文字概说小春之义。虽为小春，但因进入冬季，自然要穿厚一些，宫廷也于十月朔设火。本卷条目均为小春时俗节物，主要有小春宫廷赏赐御寒之物"赐锦缎""赐锦袍""赐冬袄""赐季衣""赐时服""进炉炭""开火禁"等；小春扫墓祭祖"朝陵寝""拜墓茔"等；小春节令饮食"食黍臛""上傅饦""作煎糖"等；小春节日卜筮"占麻麦""卜米谷"等；小春佛家之事"修斋会"；小春道家之事"崇道教""祈福寿""获仙药"等。

《礼记·月令》曰："孟冬之月，律中应钟。"注云："阴应于阳，转成其功。是月也，《坤卦》上六①，纯阴用事②，将生少阳③。"又《初学记》云："冬月之阳，万物归之。以其温暖如春，故谓之小春，亦云小阳春。"

【注释】

①《坤卦》：《周易》六十四卦之第二卦。上六：在第六位的阴爻叫上六。

②纯阴：阴阳家以农历十月为阴月。用事：当令。

③少阳：《周易》"四象"之一。《周易》以七为少阳。

【译文】

《礼记·月令》记载："孟冬十月，这个月候气律管应着应钟。"注解说："应钟，阴气顺应阳气，转而成就阴气的功效。这个月，《坤卦》上六之象，纯阴当令，将生出少阳之气。"又有《初学记》记载："冬日的阳气，万物都归附于它。因为温暖如春，因此称为小春，也称为小阳春。"

赐锦段

皇朝《岁时杂记》："十月朔，京师将校禁卫以上①，并赐锦袍，皆服之以谢。三日，近侍、宗室、侯伯预赐者②，但赐锦段。以将公服领袖若尚裌之制③，或戏曰：'看看将相近侍，总去镜匣里伸出头来也。'边方大帅、都漕、正任侯皆赐锦袍④。旧河北、陕西、河东转运使副无此赐⑤，祖宗朝有人自陈⑥，乃赐衣袄，诸军将校皆赐锦袍。"

【注释】

①将校：将官和校官。泛指高级军官。禁卫：指保卫帝王或京城的军队。即禁卫军。

②侯伯：侯爵与伯爵。泛指诸侯。

③领袖：衣服的领和袖。裌（jiǒng）：裌衣。用细麻布做的套在外面的罩衣。

④边方：边地，边疆。都漕：宋都转运使别称。正任：宋初以观察使、防御史、团练使、刺史为武官虚衔，无实际职掌。凡不带阶官者称为正任，带阶官者称为遥任。正任可以参预朝谒与御宴，遥任则

无此待遇。遥任的地位低于正任,其品阶依所带阶官而定。

⑤转运使副:官名。宋朝京东、京西、河北、陕西、河东及淮、浙诸路
　转运司皆置,为转运使副贰。

⑥自陈:自己陈述。

【译文】

本朝《岁时杂记》:"十月初一,在京城的将校禁卫以上军官,一并赏赐锦袍,他们都穿上锦袍来感谢皇帝恩典。十月初三,预先得到赏赐的近侍、宗室、诸侯,只赏赐锦段。将校公卿衣服如褨衣式样,有的人开玩笑说:'看看那些将相近侍,像是在镜匣里伸出头来。'边疆大帅、都转运使、正任侯都赏赐锦袍。以前河北、陕西、河东转运副使没有赏赐,本朝开国初期有人自己上奏陈情,于是开始赏赐夹袄,各军将校都赏赐锦袍。"

赐锦袍

《续翰林志》:"李昉《赴玉堂赐宴》诗后序云:'今日之盛,其事有七①:新赐衣带、鞍马②,十月朔锦袍,特定草麻例物③,改赐内库法酒④,俸给见钱⑤,给亲事官随从,就院敕设⑥。'"

【注释】

①其事有七:以下所引七事,摘句过简,不足达意,且多讹脱,兹据《翰苑群书》(宋洪迈编)卷七《禁林宴会集》重录如下:"昉顷在禁林,前后出处凡二十有五载,不逢今日之盛事者有七:新学士谢恩日,赐袭衣金带、宝鞍名马,一也;十月朔,改赐新样锦袍,二也;特别规定草麻例物,三也;改赐内库法酒,四也;月俸并给见钱,五也;特给亲事官随从,六也;新学士谢恩后,就院赐敕设,虽为旧事,而无此时供帐之盛,七也。凡此七事,并前例特出异恩,

有以见圣君待文臣之优厚也。"

②新赐衣带、鞍马：新进学士谢恩日，赏赐袭衣金带、宝鞍名马。

③草麻：犹草诏。唐宋时用黄白麻纸写诏书，故称。例物：按规定发给钱物。

④法酒：古代朝廷举行大礼时的酒宴。因进酒有礼，故称。此指宫廷宴饮时所饮的酒。

⑤俸给：俸禄，薪金。见钱：现钱。

⑥敕设：整饬周备。设，周备。

【译文】

《续翰林志》："李昉《赴玉堂赐宴》诗后序写道：'今天的盛事，共有七件：新进翰林学士谢恩日，赏赐袭衣金带、宝鞍名马；十月初一，再赏赐新样锦袍；特定草诏按规定发给钱物；再赏赐皇宫府库宫廷宴饮时所饮的酒；每月的俸禄并给现钱；特给亲事官随从；新进翰林学士谢恩后，就在翰林院整饬周备设宴犒赏。'"

赐冬袄

《杨文公谈苑》："国朝之制，文武官诸军校在京者，十月旦，皆赐衣服。其在外者，赐中冬衣袄。"又钱惟演《金坡遗事》载旧规①："十月初，别赐长袄子。国初以来赐翠毛锦②，太宗改赐黄盘雕③。"

【注释】

①《金坡遗事》：宋钱惟演撰。金坡，古时皇宫正殿称金銮殿，殿旁有坡称金銮坡。坡与翰林院相接，故以"金坡"借指翰林院。旧规：旧有的规定。

②翠毛锦：一种名贵的丝织品。据宋代服饰制度规定，皇帝与皇太子的绶是专门织成的，皇帝的大绶以六采织成，皇太子的大绶则以四采织成。品官的锦绶分为七等：一等为天下乐晕锦，二等为杂花晕锦，三等为方胜宜男锦，四等是翠毛锦，五等为簇四雕锦，六等为黄狮子锦，七等为方胜练韵锦。

③太宗：即宋太宗赵光义。黄盘雕：即黄盘雕锦。

【译文】

《杨文公谈苑》："本朝的制度，在京城的文武百官以及军中副官，十月初一，都赏赐衣服。其中在外地的，赏赐冬季的衣服夹袄。"又有钱惟演《金坡遗事》记载翰林院旧有的规定："十月初，再赏赐长袄子。立国之初以来赏赐翠毛锦，宋太宗改赐黄盘雕锦。"

赐季衣

皇朝《岁时杂记》："十月朔，百官自升朝以上①，皆赐夹公服衣着②，将士亦是日赐夹袍③，将校禁旅亦皆及④。唯宗室甚厚，谓之四季衣，春、冬、端五、十月一日也。"

【注释】

①升朝：即升朝官。宋初对参与朝谒的常参官的称呼。

②公服：旧时官吏的制服。

③夹袍：双层无絮的长袍。

④禁旅：犹禁军。

【译文】

本朝《岁时杂记》："十月初一，百官自升朝官以上，都赏赐夹袍，将士也在这一天赏赐夹袍，禁军将校军官也都赏赐夹袍。只有皇族赏赐特别丰厚，称为四季衣，即在立春、立冬、端五、十月一日这几个时间赏赐。"

赐时服

《渑水燕谈》:"升朝官每岁初冬赐时服,止于单袍①。太祖讶方冬犹赐单衣②,命赐以夹服。自是,士大夫公服,冬则用夹。"

【注释】

①止:仅,只。

②太祖:宋太祖赵匡胤。讶:责怪。

【译文】

《渑水燕谈》:"升朝官每年初冬赏赐时服,仅为单袍。宋太祖责怪在冬季还赏赐单衣,命令赏赐夹服。从此,士大夫的公服,冬季就穿夹服。"

赐茶酒

皇朝《岁时杂记》:"朝堂诸位①,自十月朔设火,每起居退②,赐茶酒,尽正月终。每遇大寒阴雪,就漏舍赐酒肉③。"

【注释】

①朝堂:汉代正朝左右官议政之处。此指朝廷。

②起居:指每五日群臣随宰相入见皇帝。《新五代史·杂传·李琪》:"明宗初即位,乃诏群臣,五日一随宰相入见内殿,谓之起居。"退:退朝。

③漏舍:放漏的屋子。此指待漏院。百官晨集准备朝拜之所。

【译文】

本朝《岁时杂记》:"在朝堂的诸位官员,从十月初一开始设置火炉,每次随宰相入见皇帝退朝后,赏赐茶酒,直到正月结束。每次遇到大寒阴天下雪的天气,就在待漏院赏赐酒肉。"

进炉炭

《东京梦华录》:"十月朔,有司进暖炉炭①,民间皆置酒,作暖炉会②。"又吕原明《岁时杂记》:"京人十月朔沃酒③,及炙脔肉于炉中④,围坐饮啖⑤,谓之暖炉。"

【注释】

①暖炉:冬日御寒取暖的火炉。

②暖炉会:冬天围炉饮宴。

③沃酒:浇酒,洒酒。多指祭祀。

④炙:烤。脔(luán)肉:犹言一块肉。

⑤饮啖:吃喝。

【译文】

《东京梦华录》:"十月初一,官府向宫中进献暖炉所用的木炭,民间都备置酒水,举办暖炉会。"又有吕原明《岁时杂记》:"京城人十月初一洒酒祭祀,还会在炉中烤肉,围坐在一起吃喝,称为暖炉。"

开火禁

皇朝《岁时杂记》:"大内火禁甚严,自十月朔许置火,尽正月终。近岁多春寒,常特展火禁五日,亦不过展。"

【译文】

本朝《岁时杂记》:"皇宫防火禁令很严,从十月初一准许设置火炉,直到正月结束。近年春季多寒冷天气,经常只延长禁止烧火五日,也不过度延长。"

朝陵寝

《东京梦华录》:"十月朔,都城士庶,皆出城缭坟^①。禁中车马,出道者院及西京朝陵^②。宗室车马,亦如寒食节。城市内外,已于九月下旬,卖冥衣、靴鞋、席帽、衣段^③,以备此朔烧献^④。"

【注释】

①缭:通"享"。祭祀,祭献。

②西京:宋时以洛阳为西京。北宋历代帝王陵寝在巩义,距洛阳不远。

③席帽:古帽名。以藤席为骨架,形似毡笠,四缘垂下,可蔽日遮颜。晋崔豹《古今注·席帽》:"本古之围帽也,男女通服之。以韦之四周,垂丝网之,施以珠翠。丈夫去饰……丈夫藤席为之,骨鞔以缯,乃名席帽。"衣段:衣物布帛。

④烧献:向神祇等焚化奉献品。

【译文】

《东京梦华录》:"十月初一,京城中的士子百姓,都出城祭祀祖先的坟茔。宫中派出车马,前往道者院以及西京洛阳拜扫帝王祖先陵墓。皇室宗亲的车马也前往诸陵祭祀,也和寒食节一样。京城内外,已经在九月下旬,开始卖冥衣、靴鞋、席帽、衣段等物品,用来准备在十月初一向神祇等焚化奉献品。"

拜墓茔

《河南程氏遗书》^①:"拜坟则十月一日拜之^②,感霜露也^③。寒食节又从常礼祭之^④,饮食则称家有无^⑤。"

【注释】

①《河南程氏遗书》:简称《程氏遗书》《二程遗书》《遗书》。北宋程颢、程颐的哲学语录。南宋朱熹据二程门人所记编定,凡二十五卷,又附录一卷。第一卷至第十卷为"二先生语",不分录;第十一卷至第十四卷为"明道先生(颢)语";第十五卷至第二十五卷为"伊川先生(颐)语",但第十五卷"或云明道先生语"。

②拜坟:拜扫坟墓。

③感霜露:有感于霜降露生,岁月流逝。

④常礼:通常的礼制。

⑤饮食:饲料与食品。此指祭祀用的供品。称家有无:办事情的花费须与家庭经济能力相适合。称,相称,适合。

【译文】

《河南程氏遗书》:"拜扫坟墓就在十月一日进行,因有感于霜降露生,岁月流逝。寒食节又依从通常的礼制祭祀,祭祀用的供品则与家庭经济能力相适合,不可过奢或过俭。"

修斋会

《岁时杂记》:"十月朔,在京僧寺,以薪炭出于檀施^①,是日必开炉^②,上堂作斋会。"

【注释】

①薪炭：木炭。檀施：施主。

②开炉：禅林称农历十月初一为开炉日，从此日始可以烧炉烤火。

【译文】

《岁时杂记》："十月一日，在京城的佛教寺院，因为寺院木炭都由信徒捐赠而来，这一天一定要烧炉烤火，禅师上法堂举行斋会。"

食黍臛[1]

《太清草木方》："十月一日，宜食麻豆馔[2]。"《荆楚岁时记》云："人皆食黍臛，则炊干饭，以麻豆羹沃之。"馔即黍臛也。

【注释】

①黍臛（huò）：一种杂以黍米的肉羹。

②馔（zàn）：以羹浇饭。

【译文】

《太清草木方》："十月一日，适宜吃麻豆馔。"《荆楚岁时记》记载："人们都吃黍臛，就是把黍米煮成干饭，用麻豆羹浇淋干饭。"馔就是黍臛。

上馎饦[1]

《卢公范·馈饷仪》："十月一日，上荞麦、野鸡、馎饦。"

【注释】

①馎（bó）饦：古代的一种面食。

【译文】

《卢公家范·馈饷仪》:"十月一日,进献荞麦、野鸡和馎饦。"

作燋糖①

《唐杂录》②:"十月一日,夔俗③,作蒸裹燋糖为节物④。"杜甫《十月一日》诗云:"蒸裹如千室⑤,燋糖幸一样。"样与盘同。

【注释】

①燋糖:《方言》:"饧谓之糖。"

②《唐杂录》:书名。不详待考。

③夔:夔州。唐武德二年(619)以信州改名,治人复县(今重庆奉节东)。

④蒸裹:即裹蒸。一种用竹箨裹着糯米、糖等物蒸成的食品。

⑤千室:千家,千户。

【译文】

《唐杂录》:"十月一日,夔州风俗,制作蒸裹、燋糖作为应节的物品。"杜甫《十月一日》诗写道:"蒸裹如千室,燋糖幸一样。"样与盘同。

送缣绵

《岁时记》:"十月朔,人家送亲党薪炭、酒肉、缣绵①,新嫁女送火炉。"

【注释】

①亲党:亲信党与。此指亲友。

【译文】

《岁时杂记》:"十月一日,人们赠送亲友木炭、酒肉、细绢和丝绵,给刚出嫁的女儿赠送火炉。"

占麻麦

《四时纂要》:"十月朔日风雨者,旱,夏水①,麻子贵十倍②。二日雨,贵五倍。一云来年麦善。晦日,同占。"

【注释】

①夏水:夏季多水灾。

②麻子:即芝麻。

【译文】

《四时纂要》:"十月一日刮风下雨,预示会有旱灾,夏季多水灾,芝麻价格上涨十倍。十月二日下雨,芝麻价格贵五倍。又有一种说法,认为明年麦子收成好。每月最后一天,一样占卜。"

卜米谷

《四时纂要》:"十月朔日,风从东来,籴贱;从西来,春贵。朔日风寒,正月米贵;大雨大贵,小雨小贵。"

【译文】

《四时纂要》:"十月一日,风从东方来,买进米谷价格低;风从西方来,春天米谷价格高。十月一日有冷风寒气,正月米价格高;下大雨则价格大幅上涨,下小雨则价格小幅上涨。"

崇道教

《正一旨要》:"十月一日,道家谓之民岁腊,五帝校定生人禄料、官爵寿算、疾病轻重①。其日可谢罪,请添算寿②。祭祀,先沐浴于玄祖③,慎勿多食、淫昏醉睡④,可念善礼拜⑤。"

【注释】

①生人:众人。禄料:俸禄。料,食料钱。寿算:寿命。

②算寿:寿命。

③玄祖:犹玄圣。指老子。

④淫昏:放荡昏庸。

⑤礼拜:信教者向神行礼致敬。

【译文】

《正一法文修真旨要》:"十月一日,道家称为民岁腊,五帝考核订正众人俸禄、官爵寿命、疾病轻重。这一天可以谢罪,请求增添寿命。祭祀时,先在老子像前沐浴净身,注意不要暴饮暴食、放荡昏庸、醉酒贪睡,可诚心向神行礼致敬。"

请福寿

《道书》:"十月一日为成物之日①,东皇大帝生辰②,五方五帝奏会之日③,宜祈福请算。"

【注释】

①成物：指地。地养育万物，故云。

②东皇大帝：即东方之神。古以四时配四方，东方为春，故东方之神司春，又称青帝。

③五方五帝：指的是东、西、南、北、中五个方位的天帝。即东方青帝灵威仰、南方赤帝赤熛怒、中央黄帝含枢纽、西方白帝白招拒、北方黑帝汁先纪。

【译文】

《道书》："十月一日为大地养育万物之日，东皇大帝的生日，五方五帝上奏聚会之日，适宜祈求上天赐予福祉。"

获仙药

《原化记》①："大历初，钟陵客崔希真②，家于郡西，善鼓瑟③，工绘事，好修养之术④。尝十月朔大雪，晨出，见一老父，蓑笠避雪门下⑤，希真异之，请入。既去蓑笠，见其神色毛骨⑥，知为非常人也，益敬之，遂献汤饼及松花酒⑦。老父曰：'花酒无味。野人有物⑧，能令其醇美⑨。'乃于怀中取药一丸，黄色而坚，以石扣，置酒中，顿见甘美⑩。复以数丸相遗，请问，老父笑而不答。希真入宅，于窗隙窥之，见老父于幄前画素上⑪，如有所图，俄忽失之。希真视幄中，得图焉，有三人二树一白鹿一药笈⑫，笔势清绝⑬，似非意所及。希真后将图并药诣茅山，李涵光天师曰⑭：'此真人葛洪第三子所画，其药乃千岁松胶也。'"

【注释】

①《原化记》：唐皇甫氏撰。该书为传奇小说集，所叙内容以神仙冥报、龙虎异变为主。

②钟陵：宝应元年（762）因避代宗李豫讳，改豫章县为钟陵县，治今江西南昌。

③鼓瑟：弹奏琴瑟。

④修养之术：指道家的修炼养性。

⑤蓑笠：蓑衣与箬帽。《仪礼·既夕礼》："道车载朝服，稾车载蓑笠。"郑玄注："蓑笠，备雨服。"

⑥毛骨：骨相容貌。

⑦汤饼：水煮的面食。《释名·释饮食》："蒸饼、汤饼、蝎饼、金饼、索饼之属，皆随形而名之也。"松花酒：古酒名。因以松花酿成，故名。

⑧野人：泛指村野之人。

⑨醇美：质厚味美。

⑩甘美：味道甜美。

⑪素：洁白的生绢。

⑫药笈：药箱。

⑬笔势：书画文章的意态和气势。清绝：形容美妙至极。

⑭李涵光天师：应为李含光（682—769），本姓弘，因避孝敬皇帝李弘庙讳而改姓为李，广陵江都（今江苏扬州）人。天宝七年（748）玄宗受经诰于大同殿，遥礼其为度师，赐号"玄静先生"，卒赠"正议大夫"。唐道士，著有《周易义略》《老庄学记》《三玄异同论》《仙学传记》等。

【译文】

《原化记》："大历初年，钟陵郡西住着一位叫崔希真的客人，他善于弹奏琴瑟，精于绘画，又喜欢道家修炼养性的技艺。曾在十月一日下大雪这一天，早晨出门，看见一位老人，身穿蓑衣头戴箬帽在门下避雪，崔希真感到奇怪，就请他进来。老人脱去蓑衣，摘下箬帽之后，崔希真看他神情气色和骨相容貌，知道不是平常人，对老人更敬重，于是献上汤饼和松花酒。老人说：'这种花酒涩而无味。我这个村野之人有件东西，能让酒变得质厚味美。'于是老人从怀里取出一丸黄色坚硬的药，用石头把它捣碎，放到酒里，酒就立时变得甜美了。老人又把几丸药送给崔希真，崔希真打听这是什么药，老人笑而不答。崔希真进到屋里，从窗户细缝中偷看，看见老人在帏幄前挂的白绢上涂抹，好像在画画，突然老人就不见了。崔希真查看帏幄中，得到一张图，图上有三个人、两棵树、一只白鹿和一个药箱，笔墨的气势美妙至极，好像不是平常人可能达到的。崔希真拿着图和丸药来到茅山，李涵光天师说：'这是真人葛洪的三儿子画的，那药就是千年的松胶。'"

下元

【题解】

下元，即农历十月十五下元节，与道教有关，就是水官解厄旸谷帝君解厄之辰。在这一天，人们在道观进行修斋设醮的活动，而民间则会祭祀亡灵，祈求下元水官解厄。卷首一段总叙文字概说下元之义。其条目均为下元时俗节物，主要有下元祭祀祈福"宜崇福""上灵庙"等；契丹下元称为戴辣时。

《道经》曰："十月十五日，谓之下元令节。是日，宜斋戒沐浴^①，静虑澄心^②，酌水献花^③，朝真礼圣^④，可以灭罪消愆^⑤，延年益寿。"

【注释】

① 斋戒沐浴：古人在祭祀或举行典礼前，沐浴更衣，洁身清心，以示虔敬。

② 静虑澄心：坐禅习定使心情清静。静虑，佛教语。犹坐禅习定。澄心，使心情清静。

③ 酌水献花：舀来清水插上鲜花以供献神灵。

④ 朝真礼圣：朝见真人礼拜圣人。

⑤灭罪消愆：消除罪过。

【译文】

《道经》记载："十月十五日，称为下元令节。这一天，适宜沐浴更衣，坐禅习定使心情清静，舀来清水插上鲜花以供献神灵，朝见真人礼拜圣人，可以消除罪过，延年益寿。"

宜崇福

《正一旨要》："下元日①，九江水帝、十二河源溪谷大神与旸谷神、水府灵官②，同下人间，校定生人罪福。"又："下元三品解厄水官③，主录百司④，检察人间善恶，上诣天阙进呈⑤，大宜崇福。"

【注释】

①下元日：农历十月十五日。

②九江水帝：即浙江水帝、杨子江水帝、松江水帝、吴江水帝、楚江水帝、湘江水帝、剩江水帝、汉江水帝、南江水帝。十二河源溪谷大神：不详待考。旸谷神：即太阳神。

③下元三品解厄水官：即三官中水官解厄。

④百司：百官。

⑤天阙：天上的宫阙。

【译文】

《正一法文修真旨要》："下元日，九江水帝、十二河源溪谷大神与太阳神、水府灵官，一同降临人间，考核订正众人的罪恶福祉。"又说："下元三品解厄水官，主要负责记录掌管百官的情况，考察人间善恶，前往天庭呈送汇报，这一天适宜积善求福。"

罢观灯

皇朝《岁时杂记》:"开宝元年①,诏中元张灯三夜,唯正门不设灯。上御宽仁楼,即今东华门也。太平兴国四年②,设下元灯,依中元例,张灯三夜。淳化元年③,诏罢中元、下元观灯。"

【注释】

①开宝元年:968年。开宝,宋太祖的年号(968—976)。

②太平兴国四年:979年。太平兴国,宋太宗的年号(976—983)。

③淳化元年:990年。淳化,宋太宗的年号(990—994)。

【译文】

本朝《岁时杂记》:"开宝元年,下诏中元节张挂灯笼三夜,只有正门不挂灯笼。皇帝驾临宽仁楼观灯,就是今天的东华门。太平兴国四年,下诏下元节依照中元节的条例,张挂灯笼三夜。淳化元年,下诏取消中元节、下元节观灯的活动。"

上灵庙

干宝《搜神记》:"汉代十月十五日宫中故事,以豚酒上灵女庙①,吹埙击筑②,奏《上弦之曲》,连臂踏歌《赤凤来》之曲③,乃巫俗也。"

【注释】

①豚酒:猪肉和酒。灵女庙:汉高祖刘邦与戚夫人等皇室成员祭祀的场所。灵女,可能指汉代民间信仰中掌管生育或自然神力的女神。

②埙（xūn）：吹奏乐器。多用陶土烧制而成，也有木、骨或石制的，多为上小下大的鸡蛋形，有一至十几个音孔。击筑：筑，古代一种弦乐器，似筝，以竹尺击之，声音悲壮。《史记·刺客列传》："至易水之上，既祖，取道，高渐离击筑，荆轲和而歌，为变征之声，士皆垂泪涕泣。"后以"击筑"喻指慷慨悲歌或悲歌送别。

③连臂：手拉手。《赤凤来》：即《赤凤皇来》。汉代歌曲名。

【译文】

干宝《搜神记》："汉代十月十五日，按宫中旧例，以猪肉和酒进献灵女庙，吹埙击筑，演奏《上弦之曲》，大家手拉手，用脚踏着节拍唱《赤凤皇来》，这是当地的巫俗。"

升仙天

《列仙传》："十月十五日，衡岳何真人升仙日①，又神烈真君同弟子四人飞升日②，又普慧锺离真人飞升日③，又王真人尸解日④。"

【注释】

①衡岳：南岳衡山。何真人：亦称何侯真人。相传为尧舜时期隐士，隐居苍梧山（今属衡岳山系）。他因协助舜帝治理天下，被天帝派遣五老迎接升仙。

②神烈真君：即吴猛，宋徽宗政和二年（1112）赐封"神烈真人"。飞升：谓羽化而升仙。

③普慧锺离真人：即锺离嘉，字公阳，一字超本，南昌（今属江西）人。许逊二姐之子。少失父母，性简淡，许逊尝叹其凤有道资，乃收为弟子，教以神方，传说能拯灾逐疫。修道南昌西山丹陵观，为西山十二真君之一。许逊升天时赐其金丹，后于同年十月十五

日乘碧霞宝车飞升。宋徽宗政和二年（1112）被敕封为"普惠真
人"。

④王真人：不详待考。

【译文】

《列仙传》："十月十五日，是南岳衡山何真人升仙的日子，又是神烈
真君同弟子四人羽化而升仙的日子，还是普慧锺离真人羽化而升仙的日
子，又是王真人尸解升仙的日子。"

戴辣时①

《燕北杂记》："十月内，五京进纸②，造小衣甲并枪刀、
器械各一万副③。十五日一时堆垛④，戎主与押番臣寮望木
叶山⑤，奠酒拜⑥。用番字书状一纸，同焚烧奏木叶山神云
'寄库'⑦，番呼此为'戴辣'，汉人译云：戴是烧，辣是甲。"

【注释】

①戴辣：契丹语，意"烧甲"。契丹族对"小春节"（十月十五日）的
　称谓。

②五京：辽上京临潢府（今内蒙古巴林左旗南波罗城）、东京辽阳府
　（今辽宁辽阳）、南京析津府（今北京西南）、中京大定府（今内蒙
　古宁城西大明城）、西京大同府（今山西大同），合称为五京。

③衣甲：铠甲。

④一时：立刻。堆垛：堆积成垛。

⑤押番：指军士。臣寮：即臣僚。僚属。木叶山：契丹民族发源地。
　在今内蒙古西拉木伦河与老哈河合流处。辽时山上建始祖庙，每
　兴兵及春秋二季，祭于此。

⑥奠酒:以酒洒地而祭。

⑦奏:底本作"□",据《契丹国志》补。寄库:辽人的一种祭奠活动。指人在生前焚冥钱,作佛事,寄属冥吏,备死后取用,亦称寄库。

【译文】

《燕北杂记》:"每年十月,契丹五京都要进奉纸张,制造小铠甲以及枪刀、器械各一万副。十月十五日,将这些堆积成垛,契丹首领与军士僚属远望木叶山,以酒洒地而祭拜。用番字书写状纸一幅,一同焚烧启奏木叶山神说'寄库',番人称呼这为'戴辣',汉人翻译:戴就是烧,辣就是甲。"

卷三十八

冬至

【题解】

本卷《冬至》,冬至,又称一阳生、日南至、冬节、亚岁等,正是阳气开始萌生之时。人们认为过了冬至,阳气回升,是一年中白天时间最短的一天,也是一年中日影最长的一天,是大吉之日。卷首一段文字概说冬至之义。

本卷条目均为冬至时俗节物,主要有冬至节俗事物释名"一阳生""七曜会""昴星见""辰星升""阴气极""阳气萌""南极长""昼漏短"等;冬至祭祀祈福"祭皇天""祭昊天""祀上帝""祀五帝"等;冬至节日朝贺"君道长""朝圣祖""同正礼""排冬仗""用雅乐""奉贺表""如元旦""亚岁朝""若年节"等;冬至节令物品"戴阳巾""进履袜""贡暖犀"等;冬至节日饮食"食馄饨""作豆粥"等;冬至节日卜筮"观云色""候赦法""验灾旱""卜壬日""占人食"等。

《通历》及《高氏小史》曰①:"地皇氏以十一月为冬至②。"《历义疏》云③:"冬至,十一月之中气也。言冬至者,极也。太阴之气④,上干于阳⑤,太阳之气⑥,下极于地,寒气已极,故曰冬至。气当易之,是以王者闭门闾⑦,商旅不行。

以其阳气乘踊⑧,君寿益长,是以冬贺也。亦以日之行天⑨,至于巽维东南角⑩,极之于此,故曰冬至。"

【注释】

①《通历》:又名《通纪》,十卷,唐马总撰。该书包括太古十七氏、中古五帝三王,及自秦至隋历代兴亡的事迹。马总(?—823),一作揔,字会元,谥懿,岐州扶风(今属陕西)人。约于贞元初为江西观察从事。唐文学家,另著有《奏议集》《唐年小录》等。《高氏小史》:一百二十卷,唐高峻、高迥父子撰。该书记述远古至唐文宗时历史。高峻,唐史学家,曾任蒲州长史。

②地皇氏:上古三皇之一(天皇、地皇、人皇),传说其以火德王,生于熊耳龙门之山,身长三丈三尺,浑身有毛,目如光火。其职责包括制定历法、划分昼夜、确定四季。

③《历义疏》:书名。不详待考。

④太阴之气:极盛的阴气。

⑤干:干扰,触犯。此指阴气向上压制阳气,使阳气无法升腾。

⑥太阳之气:即初生的微弱阳气。

⑦门闾:城门和里门。

⑧踊:升腾。

⑨日之行天:太阳在天空中运行。

⑩巽维:东南方。

【译文】

《通历》及《高氏小史》记载:"地皇氏将冬至定在十一月。"《历义疏》记载:"冬至,十一月的中气。所谓冬至,就是阴气达到顶峰。极盛的阴气,向上压制阳气,初生的阳气,受阴气压制,只能潜藏于地下深处,阴气达到顶峰,因此称为冬至。冬至时阴阳之气转换,帝王关闭城门和里门,禁止商旅通行。因冬至阳气升腾,帝王的统治与生命得以延续长久，因此要在此时庆贺。太阳在天空中运行，运行至东南方位，达到一年中位置的最南端，由此称为冬至。"

一阳生①

《易复卦疏》②："阳气始于剥尽之后③，至阳气复时，凡经七日④。如褚氏、庄氏⑤，并云五月一阴生⑥，十一月一阳生，凡七日。而云七日不云月者，欲见阳长须速，故变月言日。"《易通卦验》云："冬至一阳生，配乾之初九⑦。"

【注释】

① 一阳生：旧说谓冬至阳气初动。《周易·复》："七日来复。"孔颖达疏："五月一阴生，十一月一阳生。"一，开始，初。

② 《易复卦疏》：书名，不详待考。

③ 剥：《周易·剥》："剥，不利有攸往。"《正义》曰："剥者，剥落也。今阴长变刚，刚阳剥落，故称剥也。"

④ 至阳气复时，凡经七日：《周易·复》："七日来复。"王弼注："阳气始剥尽至来复，时凡七日。"坤卦六爻皆阴；复卦六爻，其第一爻为阳，二至六爻皆为阴。坤卦表示纯阴，复卦则已有一阳，表示阳气由剥尽而复，所以说"来复"。后亦称一星期为"一来复"，星期日为"来复日"。一说，"七日"指"七月"。

⑤ 褚氏：即褚仲都，南朝梁吴郡钱塘（今浙江杭州）人。善《周易》，为当时之冠，梁天监中历位"五经"博士。有《周易讲疏》十六卷，书久佚。庄氏：孔颖达《周易正义》中所引《易》家之一。大约梁陈之间人。其《易》学著述史志未载，当亡佚已久。清马国翰《玉函山房辑佚书》、黄奭《黄氏逸书考》并辑有《庄氏易义》

一卷。马国翰指出:"庄氏,不知何人。隋、唐《志》并不载,唯《正义》引之。"又曰:"其人在褚(按,梁人,名仲都)后,为《疏义》者。唐时其书尚存,《志》偶佚之。"

⑥一阴生:旧说谓夏至阴气初动。《周易·复》"后不省方"孔颖达疏:"夏至一阴生,是阴动用而阳复于静也。"

⑦初九:《周易》六十四卦三百八十四爻中,以数字"九"代表阳爻,故凡是阳爻居卦下第一位者,均称"初九"。孔颖达《周易正义》于《乾》卦初九云:"居第一之位,故称初;以其阳爻,故称九。"

【译文】

《易复卦疏》:"阳气始于阴气将近之后,从阴气极盛到阳气恢复,共经七日。如褚氏、庄氏,都说五月夏至阴气初动,十一月冬至阳气初动,共七日。这里说七日而不说七月,是希望阳气迅速生长,因此把月说成日。"《易通卦验》:"冬至阳气初动,与乾卦初九对应。"

七曜会

《汉书》:"宦者淳于陵渠复《太初历》①,晦朔弦望最密②,日月如合璧③,五星如连珠④。"注云:"谓《太初》上元甲子夜半朔旦冬至⑤,时七曜皆会牵牛分度⑥。"又桓谭《新论》云:"从天元已来⑦,讫十月朔朝冬至⑧,日月如连璧。"

【注释】

①淳于陵渠:汉武帝时宦官,负责主持历法修订。复《太初历》:指对邓平、落下闳等人编制的《太初历》进行复查和验证。

②晦朔弦望:晦,指农历每个月的月末那一天。朔,指农历每月初一。弦,有上弦、下弦之分,上弦为农历每月初七、初八,下弦为

农历每月二十二、二十三。望,指农历每月十五。最密:指《太初历》对这些时间节点的推算与实际天象高度吻合,误差极小。

③日月如合璧:指太阳和月亮同时出现在天空,或日月位置精确对应如玉璧相合(如日食、月食)。古人视此现象为祥瑞。

④五星如连珠:金、木、水、火、土五大行星排列成一线或聚集于同一天区,古人视此现象为吉兆。

⑤上元:古代历法名称之一。《史记·天官书》:"其纪上元,"司马贞索隐:"上元是古历之名。"《新五代史·司天考》:"布算积分,上求数千万岁之前,必得甲子朔旦夜半冬至,而日、月、五星皆会于子,谓之上元,以为历始。"夜半:古代十二时之一,即子时。

⑥牵牛分度:即二十八宿中的牛宿区域。

⑦天元:周历建子,以今农历十一月为正月。后世以周历得天之正道,谓之"天元"。《后汉书·陈宠传》:"夫冬至之节,阳气始萌,故十一月有兰、射干、芸、荔之应。《时令》曰:'诸生荡.安形体。'天以为正,周以为春……周以天元,殷以地元,夏以人元。"

⑧十月朔朝:又即十月朔、十月朝,即农历十月初一。中国传统的祭祀节日,人们会在这一天祭扫烧献,纪念仙逝亲人,谓之送寒衣。

【译文】

《汉书》:"《太初历》经过宦官淳于陵渠的复查和验证,关于月相的推算极为精密,日月同辉如璧玉合体,五星排列似珠串相连。"注解说:"《太初历》的历法起始点以甲子日的子时作为时间基准,同时满足朔日和冬至节气,日月及金、木、水、火、土五大行星在此时汇聚于牛宿区域。"又有桓谭《新论》记载:"从历法纪元开始,到十月初一恰逢冬至日,日月同辉如璧玉合体。"

昴星见

《尚书》:"日短星昴^①,以正仲冬。"孔安国注云^②:"日短,冬至之日也。昴,白虎中星^③,亦以七星并正冬至三节也^④。"傅亮《冬至》诗云^⑤:"昴星殷仲冬,短晷穷南陆^⑥。"

【注释】

①日短:白天最短的那天。

②孔安国:字子国,西汉鲁(今山东曲阜)人。受《诗》于申公,受《尚书》于伏生。以治《尚书》,武帝时为博士,官至谏大夫、临淮太守。相传得孔子旧宅壁中古文《尚书》,较今文《尚书》多出十六篇。西汉经学家,著有《古文尚书》《古文孝经传》《论语训解》等。

③白虎:底本作"日武",据《太平御览》改。西方七宿奎、娄、胃、昴、毕、觜、参的总称。

④七星:即北斗七星。正冬:即冬至。

⑤傅亮(374—426):字季友,北地灵州(今宁夏灵武)人。博涉经史,尤善文辞,其文有气骨而擅文采。南朝宋文学家。

⑥短晷:日影短。谓白昼不长或将尽。晷,日影。《文选·潘岳〈秋兴赋〉》:"何微阳之短晷,觉凉夜之方永。"张铣注:"短晷,谓日景已短,觉其夜长。"南陆:底本作"南极",据《初学记》改。南方,南方大地。《后汉书·律历志下》:"是故日行北陆谓之冬,西陆谓之春,南陆谓之夏,东陆谓之秋。"

【译文】

《尚书》:"以白天最短的那天昴宿出现在南方天空正中,作为考定仲冬的依据。"孔安国注解说:"白天最短的那天,就是冬至日。昴宿,就是西方白虎七宿之一,也以北斗七星一同出现来考定冬至三节。"傅亮《冬至》诗写道:"昴星殷仲冬,短晷穷南陆。"

辰星升①

《春秋考异邮》曰：“日冬至，辰星升。”

【注释】

①辰星：即水宿。

【译文】

《春秋考异邮》：“冬至那天，水宿升起。”

阴气极①

《淮南子·天文训》曰②：“冬至则斗北中绳③，阴气极，阳气萌，故曰冬至为德④。万物闭藏，蛰虫首穴。”

【注释】

①阴气极：底本作“阴气竭”，据《淮南子·天文训》改。

②淮南子：底本作“淮南志”，据《淮南子·天文训》改。

③斗北中绳：斗柄与子午中线交合指向北方。

④冬至为德：冬至时阳气开始萌发，万物将向春而生，故云“为德”。

【译文】

《淮南子·天文训》：“冬至日斗柄与子午中线交合指向北方，这时阴气达到极点，阳气开始萌生，所以说冬至是万物向春而生的阳德节气。这时万物藏匿不露，冬眠的虫子躲进洞中。”

阳气萌

后汉陈宠奏①：“冬至之日，阳气始萌，故有芸荔之应。”

《月令》曰："芸始生，荔挺出。"注云："芸，香；荔，马薤是也②。"宋傅亮《冬至》诗云："柔荔迎时萋③，芳芸应节馥④。"

【注释】

①陈宠（？—106）：字昭公，沛国洨（今安徽固镇东）人。东汉法学家，著有《辞讼比》。

②马薤（xiè）：《广雅》："马薤，荔也。"亦名荔实。

③萋：草木茂盛的样子。

④馥：香，香气。

【译文】

东汉陈宠上奏："冬至日，阳气开始萌生，因此有芸、荔生成。"《礼记·月令》记载："芸开始萌生，荔挺长出。"注解说："芸，就是香草；荔，就是马薤。"宋傅亮《冬至》诗写道："柔荔迎时萋，芳芸应节馥。"

南极长

《左传》："冬至日南极，景极长，阴阳日月万物之始，律当黄钟，其管最长，故有履长之贺①。"杜甫诗："冬至至后日初长②。"

【注释】

①履长：指冬至。

②冬至至后日初长：出自杜甫《至后》。

【译文】

《左传》："冬至日太阳到达最南端，日影最长，是阴阳、日月、万物的起始，律管对应黄钟律，其管最长，因此有庆贺冬至之事。"杜甫有诗写道："冬至至后日初长。"

昼漏短①

《月令章句》：“冬至日有三极，昼漏极短，去北极远，晷景极长②。”

【注释】

①昼漏：谓白天的时间。漏，漏壶，古代计时的器具。

②晷景：晷表之投影。

【译文】

《月令章句》：“冬至日有三极，白天时间最短，距离北极最远，晷表的投影最长。”

黄钟通

《汉·律历志》：“天子以冬至合八能之士①，陈八音，听乐均②，度晷景，候钟律③，权土炭④，定阴阳。冬至㐀气应，则乐均清，景长极，黄钟通，土炭轻而衡仰⑤。”

【注释】

①八能之士：指精通阴阳、律历、五音等领域的专家。

②乐均：指音律的清浊标准。

③候钟律：用黄钟律管占验节气的变化。

④土炭：土与炭。古代冬至和夏至悬于衡器的两端用以测阴阳之气。

⑤衡：衡器。称量轻重的器具。

【译文】

《后汉书·律历志》：“天子在冬至日召集精通阴阳、律历、五音等领域的专家,陈列并演奏八类乐器,听音律的清浊,测量晷影的长度,用黄钟律管候气,称量土炭的重量变化,以确定冬至日阴阳能否顺利交替。冬至日阳气始生,则音律和谐清越,晷影达到最长,黄钟律管与天地之气相通,土炭会变轻,天平会上仰。"

君道长^①

《汉杂事》^②:"冬至阳气起,君道长,故贺。夏至阴气起,君道衰^③,故不贺。"

【注释】

①君道:为君之道。长:长盛。

②《汉杂事》:亦作《汉杂事秘辛》《杂事秘辛》《秘辛杂事》,旧题汉佚名氏撰。该书为东汉轶事小说。

③衰:没落。

【译文】

《汉杂事》:"冬至阳气回升,为君之道长盛,因而庆贺。夏至阴气兴起,为君之道没落,因而不庆贺。"

玄明天^①

《吕氏春秋》:"冬至日行远道^②,周四极^③,命之曰玄明天。"

【注释】

①玄明:大明。

②远道:日月星辰以北天极为圆心作周日运动,太阳每年在空中划

出约365个圆形轨迹,取其中七个,冬至那天划出的圆形轨迹离

　　北天极最远,所以称作"远道"。

③周四极:即"周行四极"。地与日月星辰在一年中浮动,能达到东

　　西南北四个极限点,各自的轨迹又是圆形,所以叫"周行四极"。

【译文】

《吕氏春秋》:"冬至那天太阳运行在离北天极最远的圆形轨迹上,环形于四个极限点,称为玄明天。"

广漠风①

《易纬》②:"冬至则广漠风至。"萧悫诗云③:"漠风吹竹起④。"

【注释】

①广漠风:即"广莫风"。八风中之北风。《史记·律书》:"广莫风居北方。广莫者,言阳气在下,阴莫阳广大也,故曰广莫。"

②《易纬》:有关《易》的纬书之总称。以神学解释《周易》经传,其中也保存有古代天文、历法等自然知识。这类著作皆出现于两汉之际。东汉郑玄曾为其多数著作作注。流传至今的有《乾凿度》《乾坤凿度》。

③萧悫(què):字仁祖,南兰陵(今江苏常州武进)人。约北齐武成帝太宁元年(561)前后在世。北齐诗人。

④漠风吹竹起:出自萧悫《奉和冬至应教诗》,原诗为"暮风吹竹起"。

【译文】

《易纬》:"冬至那天则北风到来。"萧悫有诗写道:"漠风吹竹起。"

会章月

《前汉·律历志》："参天九^①，两地十^②，是谓会数^③。参天数二十五^④，两地数三十^⑤，是为朔望之会^⑥。以会数乘之，则周于朔旦冬至，是为会月^⑦。以五位乘会数，而朔日冬至，是为章月^⑧。"

【注释】

①参（sān）天九：指天数的极数。天数为奇数（1、3、5、7、9），其中"九"代表阳极。

②两地十：指地数的极数。地数为偶数（2、4、6、8、10），其中"十"代表阴极。

③会数："参天九"指三倍的天数（9），即 $3×9=27$；"两地十"指两倍的地数（10），即 $2×10=20$。两者相加得 $27+20=47$，得之"会数四十七"。

④参天数二十五：指"天数"之和，即奇数（1、3、5、7、9）相加得25，象征阳数之和，代表天道的运行规律。

⑤两地数三十：底本作"两地数二十"，据《汉书·律历志》改。指"地数"之和，即偶数（2、4、6、8、10）相加得30，象征阴数之和，代表地道的运行规律。

⑥朔望之会：即朔望之会的周期。通过"参天数二十五，两地数三十"的组合，即 $3×25+2×30=135$，得出朔望之会为135个月。

⑦"以会数乘之"几句：用会数乘以朔望月的月数，当这个周期完成时朔日与冬至会再次重合，这个周期称为会月。以会数乘之，用会数乘以朔望之会的月数，即 $47×135=6345$，得出6345个月为会月周期。会月，底本作"月会"，据《汉书·律历志》改。

⑧ "以五位乘会数"几句：以五乘以会数，当这个周期完成时朔日
　与冬至重合，这个周期称为章月。以五位乘会数，即 $5 \times 47 = 235$，
　得出235个月为一个周期（章月）。章月，底本作"月章"，据《汉
　书·律历志》改。

【译文】

《前汉书·律历志》："天数的极数九，地数的极数十，通过运算最终
得到会数四十七。天数之和二十五，地数之和三十，两者相乘得朔望之
会的周期。用会数乘以朔望之会的周期，当这个周期完成时朔日与冬至
会再次重合，这个周期称为会月。以五乘以会数，当这个周期完成时朔
日与冬至重合，这个周期称为章月。"

建子月①

《玉烛宝典》："十一月建子，周之正月也②。"老杜诗云：
"荒村建子月③。"王昌龄诗云："驾幸温泉日，严霜子月初④。"

【注释】

①建子月：古人把子丑寅卯等十二支和十二个月份相配，以通常冬
　至所在的十一月（夏历）配子，称为建子之月。

②周：周朝人。

③荒村建子月：出自杜甫《草堂即事》。

④驾幸温泉日，严霜子月初：出自王昌龄佚句。驾幸，皇帝车驾来
　临。严霜，凛冽的霜，浓霜。子月，即十一月。

【译文】

《玉烛宝典》："十一月为建子月，周人以十一月为正月。"杜甫有诗
写道："荒村建子月。"王昌龄有诗写道："驾幸温泉日，严霜子月初。"

得天统

《史记·封禅书》："黄帝得宝鼎神策^①，是岁己酉朔旦冬至，得天之纪^②。于是黄帝迎日推策^③，后率二十余岁后复朔日冬至^④。"

【注释】

①神策：神异的算筹。策，指推算历数用的算筹。

②得天之纪：底本作"得天之统"，据《史记·封禅书》改。得日、月、星辰的天象作为纪年起算的日子。纪，纪元，纪年的起算年代。

③迎日推策：用算策推算未来的日子，即制订历法。《史记·五帝本纪》："日月朔望未来而推之，故曰'迎日'。"

④后率二十余岁后复朔日冬至：大概二十年后，朔旦与冬至又在同一天。

【译文】

《史记·封禅书》："黄帝得宝鼎和神策，这一年是己酉朔日早晨交冬至，掌握了天道运行的规律。于是黄帝按照日月朔望进行推算，大概二十年后，朔旦与冬至又在同一天。"

通历法^①

桓谭《新论》："通历数家算法^②，推考其纪^③，从上古天元以来，讫十一月甲子夜半朔冬至^④。"

【注释】

①通：通晓。

②历数：天文星象。

③推考：推算考察。

④朔：开始。

【译文】

桓谭《新论》："通晓天文星象家的计算方法，推算考察其纪年，从上古天元以来，至十一月甲子日夜半，朔旦与冬至在同一天。"

观日影

《周礼》："冬至，日在牵牛①，影长一丈三尺；夏至，日在东井②，影长一尺有五寸。"

【注释】

①牵牛：即牛宿。星宿名。

②东井：即"井宿"。以在银河之东，故名。

【译文】

《周礼》："冬至日，太阳在牵牛宿，影子长一丈三尺；夏至日，太阳在东井宿，影子长一尺有五寸。"

迎日至①

《易通卦验》："冬至始，人主与群臣左右从乐五日②，天下亦家家从乐五日，以迎日至之礼。"郑玄注云："从者，就也。冬至，君臣俱就大司乐之官③，临其肄乐④。祭天圜邱之乐⑤，以为祭祀莫大于此。"

【注释】

① 日至：亦称"日以至"。指夏至或冬至。《礼记·杂记下》："孟献
子曰：'正月日至，可以有事于上帝；七月日至，可以有事于祖。'"
孔颖达疏："正月，周正月建子之月也。日至，冬至日也。……七
月，周七月建午之月也。日至，夏至日也。"《礼记·郊特牲》："周
之始郊日以至。"此日以至，即日至，指冬至。

② 人主：国君，君主。

③ 大司乐：官名。又名大乐正，为乐官之长，掌管乐舞教育。《周礼》
的属官有大司乐，负责乐舞教育。

④ 肄（yì）：学习，练习。

⑤ 祭天：祭祀天神，祭祀上天。祭天是古代的重大祭祀。圜邱：天
子祭天之坛。《周礼·春官·大司乐》："冬日至，于地上之圜丘奏
之。"贾公彦疏："土之高者曰丘，取自然之丘。圜者，象天圜也。"

【译文】

《易通卦验》："从冬至开始，君主与群臣左右奏乐五日，天下的百姓
也家家奏乐五日，以作为欢迎冬至的礼仪。"郑玄注解说："从，就是就。
冬至时，君主与群臣都到大司乐那里，观看排练乐舞，即在天坛祭祀上天
时的乐舞，人们认为祭祀的活动没有比这个再大的事情了。"

书云物

《左传》："僖公五年正月辛亥朔①，日南至②。公既视
朔③，遂登观台以望④。而书，礼也。凡分、至、启、闭，必书
云物⑤，为备故也。"注云："至，谓冬、夏至也。"

【注释】

① 僖公：即鲁僖公（？—前627），姓姬，名申。春秋时期鲁国国君

（前659—前627年在位）。

②日南至：即今之冬至。周历正月初一为冬至。

③视朔：诸侯在每月初一以一只羊告祭于太庙叫告朔，也叫告月。告朔后，听取和处理一个月的政事叫视朔，也叫听朔。

④观台：天子、诸侯的官门叫筑台，台上有屋，叫台门，台门两旁格外高出的屋子，叫观台。望：望云气。

⑤必书云物：古礼，国君于二分二至及四立之日，必登台以望天象或日旁云气之色，占卜其吉凶而书之。云物，气色灾变。

【译文】

《左传》："鲁僖公五年周历正月初一，这一天是冬至。僖公在太庙祭祀并听政和处理政事后，就登上观台遥望云气。对此加以记载，是合乎礼的。凡是春分秋分、夏至冬至、立春立夏、立秋立冬，必定要记载云气的变化，这是为灾害做准备的缘故吧。"注解说："至，就是指冬至、夏至。"

观云色

《周礼》："保章氏以五云之物①，辨吉凶。"注云："郑司农以二至、二分观云五色②，青为虫，白为丧，赤为兵荒，黑为水，黄为丰。"

【注释】

①保章氏：职官名。掌观察日月星辰等天象变异，辨其吉凶。五云之物：五种云气的颜色。物，色。

②郑司农：即郑众（？—83），字仲师，东汉河南开封（今属河南）人。因曾任大司农，故称郑司农。东汉经学家，著有《春秋左氏传条例》《孝经注》等。

【译文】

《周礼》："保章氏根据五种云气的颜色，来辨别吉凶。"注解说："郑众在夏至冬至、春分秋分观察五种云气的颜色，青色预示着虫灾，白色预示着大旱，红色预示着兵荒，黑色预示着水灾，黄色预示着丰年。"

祭皇天①

《晋·礼志》："十二月冬至，始祀皇天上帝于圜丘②，以始祖有虞、舜帝配。"

【注释】

①皇天：对天及天神的尊称。

②圜丘：天子祭天之坛。

【译文】

《晋书·礼志》："十二月冬至，开始在天坛祭祀皇天上帝，以始祖有虞氏、舜帝配祭。"

祭昊天①

《隋·礼仪志》："冬至之夜，阳气起于甲子，既祭昊天，宜在冬至。自是冬至祀天。"

【注释】

①昊天：苍天。

【译文】

《隋书·礼仪志》："冬至日夜里，阳气从甲子时产生，既然是祭祀苍天，最好在冬至日。从此在冬至日祭祀苍天。"

祀上帝

《唐·礼乐志》:"冬至祀昊天上帝于圜丘,以高祖神尧皇帝配①。"

【注释】

①高祖神尧皇帝:唐代对唐高祖李渊的尊称。唐杜甫《别李义》诗:"神尧十八子,十七王其门。"仇兆鳌注:"《通鉴》天宝十三载二月,上高祖谥曰神尧大圣光孝皇帝。"

【译文】

《旧唐书·礼乐志》:"冬至日在天坛祭祀昊天上帝,以唐高祖神尧皇帝配祭。"

祀五帝

《礼记·月令》:"祀昊天上帝于圜丘。"注云:"冬至日,祀五帝方及日月星辰,礼于坛。"

【译文】

《礼记·月令》:"在天坛祭祀昊天上帝。"注解说:"冬至日,祭祀五方帝及日月星辰,在天坛举行仪礼。"

成天文①

《易通卦验》:"冬至,成天文。"郑玄注云:"天文谓三光②,运行照天下。冬至而数讫,于是时也。祭而成之,所以报也③。"

【注释】

①成天文:指日月星辰(三光)的运行规律在冬至日完成了一个完整周期。

②三光:日、月、星。

③报:酬报,报答。

【译文】

《易通卦验》:"冬至日,三光的运行完成了一个完整周期。"郑玄注解说:"天文为三光,运行不息,其光芒普照天下。冬至日三光运行完成一个完整周期,此时需进行祭祀或仪式活动。通过完整的祭祀仪式,实现对天地、祖先恩德的酬报。"

朝圣祖①

《嘉泰事类·仪制令》:"诸州圣祖殿,冬至节,州长吏率在城官朝谒。"

【注释】

①圣祖:帝王的先祖。多特指开国的高祖。

【译文】

《嘉泰条法事类·仪制令》:"各州的圣祖殿,冬至节,各州长吏率在城官员前去圣祖殿拜谒。"

同正礼

《唐·礼乐志》:"皇帝冬至受群臣朝贺,其日,将士填诸街^①，勒所部列黄麾大仗屯门及陈于殿庭^②。皇帝服通天冠、纱绛袍^③。户部、礼部陈贡物，并同元正贺礼^④。惟冬至不奏祥瑞。"

【注释】

①塡（zhèn）：通"镇"。

②黄麾大仗：皇帝出行时的一种仪仗。

③通天冠：皇帝戴的一种帽子。汉蔡邕《独断》卷下："天子冠通天冠，诸侯王冠远游冠，公侯冠进贤冠。"《后汉书·舆服志下》："通天冠，高九寸，正竖，顶少邪却，乃直下为铁卷梁，前有山，展筒为述，乘舆所常服。"

④元正：元旦。

【译文】

《新唐书·礼乐志》："皇帝冬至日接受群臣朝贺，这一天，将士镇守各街，命令所属部队列黄麾大仗驻守宫门左右。皇帝头戴通天冠，身穿纱绛袍。户部、礼部摆设进献的贡物，与元旦祝贺时赠送礼物相同。只是冬至日不上奏吉祥的征兆。"

排冬仗

皇朝《岁时杂记》："冬至，天子受朝贺俗，谓之排冬仗。百官皆衣朝服，如大礼祭祀^①。凡燕飨而朝服^②，唯冬至正会为然^③。"详见元日排正仗。

【注释】

①大礼：庄严隆重的典礼。《礼记·乐记》："大乐与天地同和，大礼

与天地同节。"

②燕飨：亦作"燕享"。古代帝王饮宴群臣、国宾。汉董仲舒《春秋
繁露·服制》："天子服有文章，不得以燕飨，以庙。"凌曙注："《汉
书·贾谊传》：'古者天子后服，所以庙而不宴者也。'师古曰：'庙
则服之，宴处则不着，盖贵之也。'"

③正会：皇帝元旦朝会群臣、接受朝贺的礼仪。

【译文】

本朝《岁时杂记》："冬至日，皇帝接受百官朝贺的礼仪，称为排冬
仗。百官都穿上朝时所穿的礼服，如同参加重大的祭祀典礼。一般来
说，皇帝饮宴群臣时穿上朝的礼服，只有冬至皇帝朝会群臣、接受朝贺的
礼仪才会这样。"详情见元日排正仗的记载。

用雅乐①

《国朝事始》②："乾德四年③，诏太常寺大朝会复用二
舞④。先是，晋天福末⑤，戎虏乱华⑥，中朝多事⑦，遂废之，至
是始复。是岁冬至，御乾元殿⑧，始用雅乐、登歌⑨。"

【注释】

①雅乐：古代帝王祭祀天地、祖先及朝贺、宴享时所用的舞乐。

②《国朝事始》：十卷，宋范镇撰。该书记载北宋政治、掌故、事迹等
方面内容。范镇（1007—1089），字景仁，益州华阳（今四川成都）
人。宋文学家，另著有《文集》《谏垣集》《内制集》《外制集》等。

③乾德四年：966年。乾德，宋太祖赵匡胤年号（963—968）。

④太常寺：官署名。北齐始设太常寺，掌宗庙群祀礼乐仪制天文术
数衣冠等事。大朝会：皇帝接受百官朝贺的隆重典礼。按制，每

年元旦、五月朔（初一）、冬至日举行。这是古诸侯朝觐天子的遗风。朝会日，外国使者进贡物，宰相率京师朝官、从外地进京的诸路监司、帅守，向皇太后、皇帝祝寿，朝贺毕，例行盛大宴会，邀请在京的举人、进士及诸道进奏官赴宴。二舞：指文、武二舞。周文王、武王之乐制，后代帝王亦多沿用。《资治通鉴·隋文帝开皇九年》："调五音为五夏、二舞、登歌、房内十四调，宾祭用之。"胡三省注："二舞，文、武二舞。"

⑤天福：后晋高祖石敬瑭年号（936—944）。

⑥戎虏乱华：此指天福八年（943）契丹灭后晋之战。戎虏，古时契丹的蔑称。

⑦中朝：偏安江左的东晋、南宋分别称建都中原时的西晋、北宋为"中朝"。

⑧乾元殿：北宋东京（今河南开封）宫城中的重要宫殿，宣德门内的正殿。《宋史·地理志》："旧名崇元，乾德四年重修，改曰乾元，太平兴国九年改朝元，大中祥符八年改天安，明道三年改今名。"

⑨登歌：亦作"登哥"。升堂奏歌。古代举行祭典、大朝会时，乐师登堂而歌。《周礼·春官·大师》："大祭祀，帅瞽登歌，令奏击拊。"郑玄注引郑司农曰："登歌，歌者在堂也。"

【译文】

《国朝事始》："乾德四年，皇帝下诏太常寺大朝会恢复使用文、武二舞。在此以前，后晋天福末年，经历契丹灭后晋之战，朝廷不安定，于是废除，到现在开始恢复。这年冬至，皇帝亲临乾元殿，开始用雅乐、升堂奏歌。"

奉贺表①

《嘉泰事类·仪制令》："冬至，发运、监司官、诸州长吏奉表贺^②。旧制,遣使者如旧例。"详见元日。

【注释】

①贺表:历代帝王有庆典武功等事,臣下所上的祝颂文表。

②发运:即转运使。监司官:宋代提举官,后改为监司。

【译文】

《嘉泰法条事类·仪制令》:"冬至日,转运使、监司官、各州长吏奉旨拜表称贺。旧制,派遣使者如同旧例。"详情见元日。

如元旦

《四民月令》:"冬至之日,荐黍羔^①,先荐玄冥以及祖祢^②。其进酒尊老及谒贺君师耆老^③,一如正旦^④。"

【注释】

①荐:祭献。黍羔:即黍糕。用黍米粉制成的糕。

②玄冥:神名。冬神。《礼记·月令》:"(孟冬、仲冬、季冬之月)其帝颛顼,其神玄冥。"祖祢:先祖和先父。亦泛指祖先。

③进酒:敬酒。尊老:位尊年老。君师:古代君、师皆尊,故常以君师称天子。耆(qí)老:特指致仕卿大夫。《礼记·王制》:"耆老皆朝于庠。"郑玄注:"耆老,乡中致仕之卿大夫也。"

④一如:完全一样。

【译文】

《四民月令》:"冬至日,祭献黍糕,先祭献冬神以及祖先。这一天向位尊年老的人敬酒以及拜见朝贺天子与致仕卿大夫,同正月初一的做法一样。"

亚岁朝

《宋书》:"魏、晋冬至日,受万国及百寮称贺,因小会①,其仪亚于岁朝。"曹植《冬至表》云:"亚岁迎祥②,履长纳庆③。"

【注释】

①小会:古代君主册拜三公、接受方国使节和百僚称贺的仪式。《晋书·石鉴传》:"前代三公册拜,皆设小会,所以崇宰辅之制也。"

②迎祥:迎纳吉祥。

③纳庆:接受庆贺。

【译文】

《宋书》:"魏、晋时期冬至日,皇帝要接受各国使者以及百官的朝贺,接着举行小的宴会,这种仪式比元旦规格低一些。"曹植《冬至表》写道:"亚岁迎祥,履长纳庆。"

若年节①

《东京梦华录》:"京师最重冬至节,虽至贫者,一年之间积累假借②,至此日更易新衣,备办饮食,享祀先祖。官放关扑③,庆贺往来④,一如年节。"

【注释】

①年节:谓阴历正月初一。今称春节。宋孟元老《东京梦华录·正月》:"正月一日年节,开封府放关扑三日。"

②积累:逐渐积聚。此有"省吃俭用"之意。假借:借贷。至此日更

易新衣,备办饮食,享祀先祖。

③关扑:以商品为诱饵赌掷财物的博戏。宋吴自牧《梦粱录·正月》:"街坊以食物、动使、冠梳、领抹、缎匹、花朵、玩具等物,沿门歌叫关扑。"

④往来:已往与未来。此指新年将至。

【译文】

《东京梦华录》:"京城中人最看重冬至节日,即使是最贫穷的人,一年之中也省吃俭用积攒些钱甚至借贷,到这一天也要换上新衣,置办饮食,祭祀祖先。官府开放'关扑'禁令,人们庆贺新年将至,如同过年一样。"

号冬除①

《岁时杂记》:"冬至既号亚岁,俗人遂以冬至前之夜为冬除,大率多仿岁除故事而差略焉②。"《提要录》谓之"二除夜"。

【注释】

①冬除:冬至节的前一天。

②岁除:谓一年的最后一天。

【译文】

《岁时杂记》:"冬至既号称亚岁,人们就把冬至节前夜当作冬除,大致上多仿效除夕的旧例来进行,只是稍微简略一些罢了。"《提要录》称为"二除夜"。

为大节

《岁时杂记》："都城以寒食、冬、正为三大节。自寒食至冬至,中无节序,故人间多相问遗。至献节[1],或财力不及,故谚语云'肥冬瘦年'[2]。"

【注释】

①献节:即元旦。

②肥冬瘦年:南宋吴地风俗多重冬至而略岁节,冬至时家家互送节物,有"肥冬瘦年"之谚。

【译文】

《岁时杂记》:"京城以寒食、冬至、元旦为三大节。从寒食到冬至,中间没有节日,因此冬至时家家多互送礼物以表问候。到了新年,有时财力不及,因此谚语说'肥冬瘦年'。"

尽九数

《岁时杂记》:"鄙俗自冬至之次日数九[1],凡九九八十一日,里巷多作《九九词》。又云'九尽寒尽,伏尽热尽'[2]。"子由《冬至》诗云:"似闻钱重柴炭轻[3],今年九九不难数。"《九九词》乃《望江南》,今行在修文巷有印本[4],言语鄙俚[5],不录。

【注释】

①数九:冬至后开始的九个"九"天。

②九尽寒尽,伏尽热尽:指数九天结束后,寒冷的天气也就随之结

　　束;三伏天结束后,炎热的天气也就随之结束。

③柴炭:木炭。

④修文巷:即塔巷。在今福建福州郎官巷以南,西通南后街,东达南
　　街。旧名修文巷,塔巷之名得名于五代时闽王王审知部属琅玡安
　　远使募缘建造的木塔,称育王塔,主"文运兴盛"。

⑤鄙俚:粗俗。

【译文】

　　《岁时杂记》:"民间习俗从冬至次日数九个九天,共九九八十一天,街巷多作《九九词》。又说'九尽寒尽,伏尽热尽'。"苏辙《冬至》诗写道:"似闻钱重柴炭轻,今年九九不难数。"《九九词》就是《望江南》,今天通行的有修文巷印本,言语粗俗,没有抄录。

添红线

　　《岁时记》:"晋、魏间,宫中以红线量日影,冬至后,日添长一线①。"杜甫《至日遣兴》云:"愁日愁随一线长。"古词云:"奈愁又、愁无避处,愁随一线口长②。"东坡诗云:"更积微阳一线功③。"子由《冬日即事》云:"寒日初加一线长④,腊醅添浸隔罗光⑤。"

【注释】

①日添长一线:指冬至以后白昼渐长。

②奈愁又、愁无避处,愁随一线口长:出自宋无名氏《失调名》。

③更积微阳一线功:出自苏轼《十一月九日,夜梦与人论神仙道术,
　　因作一诗八句。既觉,颇记其语,录呈子由弟。后四句不甚明了,
　　今足成之耳》。微阳,微弱的阳光。

④寒日:寒冬的太阳。

⑤腊醅(pēi):腊月酿制的酒。醅,没滤过的酒。

【译文】

《岁时杂记》:"晋、魏期间,宫中用红线测量日影,冬至以后,日影每日都增长一线的长度。"杜甫《至日遣兴》写道:"愁日愁随一线长。"古词写道:"奈愁又、愁无避处,愁随一线□长。"苏轼有诗写道:"更积微阳一线功。"苏辙《冬日即事》写道:"寒日初加一线长,腊醅添浸隔罗光。"

增绣功

《唐杂录》言:"宫中以女功揆日之长短①,冬至后,日晷渐长,比常日增一线之功。"山谷诗云:"宫线添尺余②。"《艺苑雌黄》云:"一线之说,以杜甫《小至》诗考之,'刺绣五纹添弱线,吹葭六琯动浮灰'③,当以《唐杂录》说为是。故柳耆卿有'绣工日永'之词④,宋京有'日约绣绷长一线'之句⑤。"

【注释】

①揆日:测量日影。

②宫线添尺余:出自黄庭坚《饮润父家》。

③刺绣五纹添弱线,吹葭六琯动浮灰:出自杜甫《小至》。刺绣,以针穿引彩线,在织物上刺出字画的美术工艺。五纹,线有五色,故云五纹。吹葭,古代候气之法,以葭莩灰填律管之内端,气至则灰散。《后汉书·律历志上》:"候气之法,为室三重,户闭,涂衅必周,密布缇缦。室中以木为案,每律各一,内庳外高,从其方位,加律其上,以葭莩灰抑其内端,案历而候之,气至者灰动。其为气所"

动者其灰散,人及风所动者其灰聚。"六琯:玉制六律管。

④绣工日永:出自柳永《倾杯乐》。绣工,指刺绣劳作。日永,指夏
　天白昼长。

⑤宋京(1078—1124):字宏父,自号迂翁,双流(今属四川)人。宋
　文学家,著有《读春秋》等。日约绣绷长一线:出自宋京佚句。

【译文】

《唐杂录》:"宫中以宫女刺绣劳作来测量日影的长短,冬至后,白昼
逐渐变长,宫女刺绣比平常增加一线的刺绣工作量。"黄庭坚有诗写道:
"宫线添尺余。"《艺苑雌黄》记载:"一线的说法,以杜甫《小至》诗来考
证,'刺绣五纹添弱线,吹葭六琯动浮灰',应当认为《唐杂录》的说法是
正确的。因此柳永有'绣工日永'这样的词句,宋京有'日约绣绷长一
线'这样的句子。"

进履袜①

《宋书》:"冬至朝贺享祀②,皆如元日之仪。"又进履袜,
魏国曹植《冬至献袜颂表》云:"伏见旧仪③,国家冬至献履
袜④,所以迎福践长⑤。"又《酉阳杂俎》云:"北朝妇人,常以
冬至进履袜及靴。"后魏北京司徒崔浩《女仪》⑥:"近古妇
人,常以冬至进履袜于舅姑⑦。"崔骃《袜铭》曰⑧:"建子之
月⑨,助养元气⑩。"

【注释】

①履袜:鞋袜。

②享祀:祭祀。

③伏见:古代在下者对己见的谦词。旧仪:古代礼制,此指冬至日献

履袜的风俗。

④国家：犹言"官家"。指皇帝。

⑤践长：指年寿长久。

⑥北京：北魏孝文帝自平城迁都洛阳后，以旧都平城为北京。司徒崔浩（381—450）：字伯渊，北魏清河东武城（今山东武城西北）人。曾官拜司徒。

⑦舅姑：俗称公婆。

⑧崔骃（？—92）：字亭伯，涿郡安平（今属河北）人。东汉文学家，曾撰《四巡颂》。

⑨建子之月：指夏历十一月。古代以北斗斗柄所指方位（建）划分月份，"子"对应地支十一月。周代曾以此月为岁首，象征阳气初萌、万物始生。

⑩助养元气：指通过一系列方法帮助调养和补充人体的元气，以维持生命活力、增强体质及预防疾病。元气，中医理论中人体最根本的气，由先天之精化生，依赖后天饮食和脏腑功能滋养。

【译文】

《宋书》："冬至日朝贺祭祀等活动，一切都和元旦的礼仪一样。"还会进献鞋袜，魏国曹植《冬至献袜颂表》写道："我看到古代礼制，冬至日向君主进献鞋袜，用来迎福禄年寿长久。"又《酉阳杂俎》写道："北朝的妇人，常在冬至日进献鞋袜以及靴子。"后魏北京司徒崔浩《女仪》写道："近古妇人，常在冬至日向公婆进献鞋袜。"崔骃《袜铭》写道："建子之月，助养元气。"

戴阳巾

《云仙散录》载《金门岁节》曰①："洛阳人家，冬至煎饧绿珠②，戴一阳巾③。"

【注释】

①《云仙散录》：亦名《云仙杂记》，旧题后唐冯贽著。该书为笔记小说集，所录内容颇庞杂，有文人墨客、达官贵人的秘闻轶事，亦涉神异灵怪、风土习俗乃至民间秘方。

②饧绿珠：疑为一种圆形的油炸糖馅美食。

③一阳巾：旧说冬至阳气初动，故称其时所戴之巾为一阳巾。

【译文】

《云仙散录》记载《金门岁节》写道："洛阳的人家，冬至日煎饧绿珠，戴一阳巾。"

玩冰箸①

《天宝遗事》："冬至日，大雪霁②，因寒，所结檐溜皆冰条③，妃子使侍儿敲二条看玩④。帝自晚朝视政回⑤，问妃子曰：'所玩何物邪？'妃子笑而答曰：'妾玩冰箸也。'帝曰：'妃子聪慧，比象可爱⑥。'"

【注释】

①冰箸：指屋檐间凝成的冰柱、冰条。

②霁：雨后或雪后转晴。

③檐溜：房檐流下的雨水。

④看玩：观赏，玩耍。

⑤晚朝：朝仪之一。臣僚于傍晚上朝奏事。视政：处理政务。

⑥比象：比拟象征。

【译文】

《开元天宝遗事》："冬至日，大雪后转晴，因天气寒冷，房檐流下的水都冻成冰条,妃子使女婢敲两个冰条玩耍。皇帝自晚朝处理政务回来,问妃子:'你在玩什么东西呢?'妃子笑着答道:'妾玩的是冰箸。'皇帝说:'妃子聪慧过人,把冰条比拟成冰箸非常可爱。'"

贡暖犀①

《开元遗事》:"开元二年冬至,交趾国进犀一株②,色如黄金。使者请以金盘置殿中,温温有暖气袭人③。上问其故,使者对曰:'此辟寒犀也④。顷自隋文帝时曾进一株,直至今日。'上甚悦。"前辈诗曰:"辟寒犀外冻云平。"

【注释】

①犀:指犀牛角,中有白线贯通两端,故称"通犀"或"通天犀"。

②交趾国:古地区名。初泛指五岭以南地区,后专指越南中部、北部。

③温温:和暖,不冷不热。袭人:侵袭人的身体。

④辟寒犀:犀角名。据说可驱除寒气。

【译文】

《开元天宝遗事》:"开元二年冬至日,交趾国进献一株犀牛角,颜色如同黄金。使者请求把犀牛角放在金盘中置于大殿中央,有暖气扑面而来。皇上问什么原因,使者回答:'这是辟寒犀的角。之前在隋文帝时曾进献一株,直到今日我们又进贡一株。'皇上听了很高兴。"前辈有诗写道:"辟寒犀外冻云平。"

得特支①

皇朝《岁时杂记》:"在京诸军,每年冬至得大特支。唯南郊年^②，既有赉，则更无特支。若改作明堂^③，袷享皆同^④。则既依郊赉，冬至又例有特支。"

【注释】

①特支：宋代朝廷颁给军人的特别赏赐。

②南郊：古代天子在京都南面的郊外筑圜丘以祭天的地方。

③明堂：古代帝王祭祀、朝见诸侯、宣明政教之处。

④袷（xiá）享：即袷祭。古时天子诸侯宗庙祭礼之一。将远近祖先的神主集于太祖庙大合祭。三年丧毕时举行一次，次年禘祭后又举行一次，以后每五年举行一次。

【译文】

本朝《岁时杂记》："驻守在京城的军人，每年冬至都能得朝廷颁给军人的特别赏赐。只是天子在南郊举行祭祀那年，既有其他赏赐，冬至就没有朝廷颁给军人的特别赏赐。如改作在明堂祭祀，祭礼都一样。就既有南郊祭祀的其他赏赐，冬至又依例有朝廷颁给军人的特别赏赐。"

休假务

《嘉泰事类·假宁格》："冬至，假五日。"又《假宁令》："诸假皆休务。"

【译文】

《嘉泰法条事类·假宁格》："冬至，放假五日。"又有《假宁令》说："每次放假都停止公务。"

寝兵鼓①

《五礼通义》②:"冬至,所以寝兵鼓,商旅不行,君不听政事。"

【注释】

①寝兵鼓:谓停息战事。寝,停息。

②《五礼通义》:书名。不详待考。

【译文】

《五礼通义》:"冬至日,要停息战事,商人和旅客不外出远行,皇帝不处理政务。"

住军教

《嘉泰事类·军防格》:"冬至,诸军住教三日。"

【译文】

《嘉泰条法事类·军防格》:"冬至日,各军停止训练三天。"

泣囚狱

后汉盛吉为廷尉①,每冬至节,狱囚当断②。妻夜秉烛,吉持丹笔③,夫妻相对垂泣。东坡《庭事萧然,三圄皆空,和前篇》云④:"执笔对之泣,哀此系中囚。"

【注释】

①廷尉：官名。秦始置，九卿之一，掌刑狱。

②狱囚当断：指被监禁的犯人判决死刑。

③丹笔：朱笔。

④三圄（yǔ）皆空：牢狱空无一人。圄，牢狱。

【译文】

东汉人盛吉担任廷尉，每到冬至节，被监禁的犯人判决死刑。他的妻子在夜里拿着蜡烛照明，盛吉手持朱笔，夫妻俩相对无声哭泣。苏轼《庭事萧然，三圄皆空，和前篇》写道："执笔对之泣，哀此系中囚。"

祝诸子

《晋·周顗传》①："顗母李氏，字络秀，生顗及嵩、谟②。元帝时③，并列显位。常冬至，络秀举觞赐三子曰：'尔等并贵列，吾复何忧！'嵩曰：'恐不如尊旨④。顗志大才短⑤，名重识暗⑥，非自全之道⑦。嵩性直，不容于世。唯阿奴碌碌，常在母目下⑧。'阿奴，谟小字也。后皆如其言。"

【注释】

①《晋·周顗传》：《晋书》中周顗的传记。周顗（269—322），字伯仁，汝南安成（今河南汝南东南）人。少有重名，神采秀逸。好酒，为仆射，略无醒日，人称"三日仆射"。仕至尚书左仆射。后被王敦所杀。

②嵩：周嵩（？—324），字仲智。正直果侠，每以才气凌物，被琅琊王司马睿引为参军，后受到王敦诬陷，坐罪赐死。谟：周谟，小字阿奴，谥曰贞。历仕元帝，至明帝时为后军将军。成帝时为少府、

丹杨尹、侍中、中护军，封西平侯。

③元帝：即晋元帝。

④尊旨：犹尊意。

⑤志大才短：志向远大而才智短浅。

⑥名重识暗：名气很大但学识浅薄。

⑦自全：保全自己。

⑧目下：身边。

【译文】

《晋书·周颛传》："周颛的母亲李氏，字络秀，生下周颛以及周嵩、周谟。晋元帝时，周颛等人都登上了显贵的位置。曾经在冬至时置办酒席，络秀举起酒杯赏赐三个儿子说：'你们都在显贵的位置，我还有什么担忧的呢！'周嵩说：'恐怕不能如您所愿。周颛志向远大而才智短浅，名气很大但学识浅薄，这不是保全自己的办法。我性情耿直，不被社会所容。只有阿奴碌碌无为，常在母亲身边而已。'阿奴，周谟的小名。后来都像周嵩所说的那样。"

候赦法①

《风角书》②："候赦法：冬至后，尽丁巳之日，有风从巳上来，满三日以上，必有大赦。"

【注释】

①候：观测。

②《风角书》：《晋书·天文志》："汉京房著《风角书》。"风角，古代占卜之法。以五音占四方之风而定吉凶。《后汉书·郎颛传》："父宗，字仲绥，学《京氏易》，善风角、星算、六日七分。"李贤注："风角谓候四方四隅之风，以占吉凶也。"京房（前77—前37），

字君明,本姓李,推律自定为京氏。东郡顿丘(今河南清丰西南)人。西汉易学家,京氏学开创者。著有《易传》《周易章句》《周易错卦》《周易占事》等。

【译文】

《风角书》:"观测大赦的方法:冬至以后,到丁巳之日,有风从巳位上吹来,满三日以上,必有大赦天下的诏令颁布。"

验灾旱

《易通卦验》:"冬至之日,见云送迎从下向,来岁大美①,人民和,不疾疫。无云送迎,德薄岁恶②。故其云赤者旱,黑者水,白者兵,黄者有土功③,诸从日气送迎其征也。"

【注释】

①大美:谓大功德,大功业。此指五谷丰登、物产丰饶。

②德薄:德行浅薄。岁恶:谓一年无收成。

③土功:指治水、筑城、建造宫殿等工程。此指地质灾害。《尚书·益稷》:"启呱呱而泣,予弗子,惟荒度土功。"孔传:"闻启泣声,不暇子名之,以大治度水土之功故。"

【译文】

《易通卦验》:"冬至当天,若出现云层从低处向高处流动或上下交汇的现象,预示次年五谷丰登、物产丰饶,社会安定,百姓和睦,无大规模疫病流行。若冬至日无云出现或消散,象征德行浅薄,预示次年收成不佳。因此说红云预示有旱灾,黑云预示有水灾,白云预示有兵灾,黄云预示有地质灾害,云象的变化需结合太阳运行的气运来验证。"

卜壬日

《清台占法》①：“冬至后一日得壬，灾旱千里；二日得壬，小旱；三日得壬，平常；四日得壬，五谷丰熟；五日得壬，小水；六日得壬，大水；七日得壬，河决；八日得壬，海翻②；九日得壬，禾麦大熟③；十日得壬，五谷不成。”

【注释】

①《清台占法》：古时占卜的方法。清台。古代天文台名。《汉书·律历志上》：“诏与丞相、御史、大将军、右将军史各一人杂候上林、清台，课诸历疏密。”

②海翻：指南方沿海区域，秋天由飓风造成海潮侵入陆地的灾害。唐刘恂《岭表录异》卷上：“沓潮者，广州去大海，不远二百里，每年八月，潮水最大。秋中复多飓风，当潮水未尽退之间，飓风作而潮又至，遂至波涛溢岸，淹没人庐舍，荡失苗稼，沉溺舟船，南中谓之沓潮，或十数年一有之……俗呼为‘海翻’。”

③禾麦：指谷、麦作物。

【译文】

《清台占法》：“冬至后一日为壬日，千里之内有旱灾；二日为壬日，有小旱灾；三日为壬日，平常光景；四日为壬日，五谷丰收；五日为壬日，有小水灾；六日为壬日，有大水灾；七日为壬日，河堤决口；八日为壬日，有海上飓风；九日为壬日，谷麦大丰收；十日为壬日，五谷不生长。”

占人食

《四时纂要》云：“以冬至日数，至正月上午日，满五十

日,人食。长一日,即余一月食;少一日,即少一月食也。此
最有据。"

【译文】

《四时纂要》记载:"从冬至日数起,数到来年正月上午日,如果满五
十日,百姓就有足够的粮食。比五十日多一日,就多一个月的粮食;比五
十日少一日,就少一个月的粮食。这种占卜的方法最有依据。"

避贼风①

《黄帝针灸经》②:"冬至之日,风从南来者,为虚贼伤
人也。"

【注释】

①贼风:四时不正之风,或穴隙檐下之风。

②《黄帝针灸经》:《隋书·经籍志》:"梁有《黄帝针灸经》,十二卷,
　佚。"

【译文】

《黄帝针灸经》:"冬至日,风从南方吹来,这是虚邪贼风,容易伤害人。"

别寝处①

《庚申论》②:"是月阴阳争,至前后各五日,宜别寝。"

【注释】

①别寝:分室就寝。

②《庚申论》：书名。不详待考。

【译文】

《庚申论》："这个月阴阳二气相互争胜，冬至前后各五日，应当分室就寝。"

食馄饨

《岁时杂记》："京师人家，冬至多食馄饨，故有'冬馄饨，年馎饦'之说①，又云'新节已故，皮鞋底破，大捏馄饨，一口一个'。"

【注释】

①冬馄饨、年馎饦（bó tuō）：冬至吃馄饨，过年吃馎饦。馎饦，古代的一种面食。

【译文】

《岁时杂记》："京城的人家，冬至大多吃馄饨，因此有'冬馄饨，年馎饦'的说法，又说'新节已故，皮鞋底破。大捏馄饨，一口一个'。"

作豆粥

《荆楚岁时记》："共工氏有不才之子①，以冬至死，为疫鬼②。畏赤小豆，故冬至日作赤豆粥以禳之。"屏山先生《至日》诗云："豆糜厌胜怜荆俗③，云物书祥忆鲁台④。"

【注释】

①不才之子：不成才的儿子。

②疫鬼：致病的恶鬼。古人迷信，以为病疫是由鬼怪作祟所致，故称
　病媒为"疫鬼"。

③豆糜：用豆煮成的粥。厌胜：古代一种巫术，谓能以诅咒制胜，压
　服人或物。

④云物：云的色彩。《周礼·春官·保章氏》："以五云之物，辨吉凶、
　水旱降丰荒之祲象。"郑玄注："物，色也。视日旁云气之色……
　郑司农云：以二至二分观云色，青为虫，白为丧，赤为兵荒，黑为
　水，黄为丰。"

【译文】

《荆楚岁时记》："共工氏有个不成才的儿子，在冬至日死亡，变为致
病的恶鬼。他害怕红小豆，因此人们在冬至日制作红豆粥以去除疫病。"
刘子翚《至日》诗写道："豆糜厌胜怜荆俗，云物书祥忆鲁台。"

试谷种

崔寔《种谷法》："以冬至日，平匀五谷各一升①，布囊
盛，北墙阴下埋之。冬至后十五日，发取平均，最多者，岁宜
之。一云五十日。"

【注释】

①平匀：均匀，平均。

【译文】

崔寔《种谷法》："在冬至日，五种谷物各取一升，盛入布袋中，埋在
北墙下背阴的地方。冬至后十五日，挖出来，再量过，看哪一种保存最
多，就是今年所适宜栽种的。一种说法是冬至后五十日开量。"

浇海棠

《博闻录》:"冬至日早,糟水浇海棠花根^①,其花分外鲜明^②。"

【注释】

①糟水:酿酒后所剩余的渣滓泡制的水。

②鲜明:鲜艳。

【译文】

《博闻录》:"冬至日早晨,用酒糟水浇海棠花根部,海棠花会格外鲜艳。"

奠黑山^①

《燕北杂记》:"戎人冬至日^②,杀白马、白羊、白雁,各取其生血代酒。戎主北望拜黑山,奠祭山神。言契丹死,魂为黑山神所管。又彼人传云,凡死人悉属此山神。"《嘉泰事类·辽录》云:"虏中黑山^③,如中国之岱宗^④。云虏人死,魂皆归此。每岁,五京进人马纸各万余事,祭山焚之。其礼甚严,非祭不敢近山。"

【注释】

①黑山:《辽史·营卫志》:"黑山在庆州北十三里,上有池,池中有金莲。"沈括《熙宁使虏图抄》:"过庆州东北十里,经黑水镇,济黑河,至大河帐。帐之东南有大山,曰黑山,黑水之所出也。"

②戎人:此指契丹人。

③虏:古时对北方外族的蔑称。此指契丹。

④岱宗：即泰山。泰山旧谓居五岳之首，为诸山所宗，故称。古代
谓人死后灵魂归泰山。故以岱宗指死亡。《文选·刘桢〈赠五官
中郎将〉诗之二》："常恐游岱宗，不复见故人。"李善注引《援神
契》："太山，天帝孙也，主召人魂。"

【译文】

《燕北杂记》："契丹人在冬至日这一天，杀白马、白羊、白雁，分别取
他们的生血来代替酒。契丹首领向北遥拜黑山，奠祭山神。传说契丹人
死后，魂魄为黑山神所管。另外，那里的人传言说，凡人死后都隶属黑山
神。"《嘉泰条法事类·辽录》说："契丹人的黑山，如同中原人的泰山。
传说契丹人死后，魂魄都归于此地。每年，五京进献纸人、纸马各万余
副，祭奠山神时焚烧这些物品。祭奠山神的礼仪很严格，不是祭奠山神
的时候人们都不敢靠近黑山。"

卷三十九

腊日

【题解】

　　本卷有《腊日》与《交年节》。腊日,古时腊祭的日子。汉代以冬至后第三个戌日为"腊日",后来改为十二月初八日。腊日卷首一段总叙文字概说腊日之义。其条目均为腊日时俗节物,主要有腊日祭祀祈福"秦初腊""秦改腊""汉祠社""晋作乐""魏时祭""隋定令""唐用周""莽改法""祠公社""祭先祖"等;腊日宫廷赏赐"赐御宴""赐御食""赐甲煎""赐牙香"等;腊日养生保健"授仙药""送风药""治诸药"等;腊日节令物品"献口脂""进香囊""造蜡烛"等;腊日节日饮食"酿冬酒""薰豕肉""蓄猪脂"等;腊日辟邪驱疾"取兔头""干兔髓""挂牛胆""收狐胆""灰乌鸦""煅牡蛎"等;腊日家人欢聚"遣囚归""放囚还""免窃食""恕盗柴"等;腊日节日卜筮"打干种";腊日农桑耕种"浴蚕种"。

　　许慎《说文》曰:"冬至后三戌为腊。"《广雅》曰[①]:"夏曰嘉平[②],商曰清祀[③],周曰大蜡,秦初曰腊,已而为嘉平。"《祭部》云[④]:"汉改为腊。腊者,猎也,因取兽以祭也。"《玉烛宝典》云:"腊者祭先祖,蜡者报百神,同日异祭也。"高堂隆《魏台访议》曰⑤："何以用腊？闻先师曰：'帝王各以其行之盛而祖，以其终而腊。水始于申，盛于子，终于辰，故水行之君，以子祖辰腊。火始于寅，盛于午，终于戌，故火行之君，以午祖戌腊。木始于亥，盛于卯，终于未，故木行之君，以卯祖未腊。金始于巳，盛于酉，终于丑，故金行之君，以酉祖丑腊。土始于未，盛于戌，终于辰，故土行之君，以戌祖辰腊。'故汉火德以戌为腊⑥，魏土德以辰为腊⑦，晋金德以丑为腊⑧。"谨按：《国朝事始》云："建隆四年⑨，太常博士和岘奏⑩：'唐以前，寅日蜡百神，卯日祭社宫，辰日腊享宗庙。开元定礼，三祭皆于腊辰，以应土德。圣朝火德⑪，合以戌日为腊⑫，而以前七日辛卯便行蜡礼，恐未为宜，下太常议而请。'蜡百神、祀社稷、享宗庙同用戌腊日。"

【注释】

①《广雅》：三国时魏张揖撰。本三卷，唐以后分为十卷。该书篇目次序全都依照《尔雅》。作者博采汉人笺注以及《说文解字》《方言》等书，增补《尔雅》的内容，因此取名《广雅》。张揖，亦作张楫，字稚让，三国魏清河（今河北清河）人，一说河间（今河北献县东南）人。明帝太和中为博士。古汉语训诂学家，另著有《埤苍》《古今字诂》《难字》《错误字》等。

②嘉平：腊祭的别称。

③清祀：腊祭的别称。

④《祭部》：为《说文解字》篇名。

⑤高堂隆：底本作"高堂除"，据《通典》改。

⑥火德：五德之一。古以五行相生相克附会王朝命运，以火而王者

为火德。

⑦土德：五德之一。古以五行相生相克附会王朝命运，以土而王者
为土德。

⑧金德：五德之一。古以五行相生相克附会王朝命运，以金而王者
为金德。

⑨建隆四年：963年。建隆，宋太祖赵匡胤年号（960—963）。

⑩和岘（933—988）：小名三美，字晦仁，开封浚仪（今河南开封）
人。建隆初为太常博士。宋音律学家、诗人，著有《奉常集》《秘
阁集》等。

⑪圣朝：封建时代尊称本朝。

⑫戌日：底本作"戌月"，据《宋朝事始》改。

【译文】

许慎《说文解字》记载："冬至后第三个戌日为腊日。"《广雅》记载：
"夏朝称腊日为嘉平，商朝称为清祀，周朝称为大蜡，秦朝初年称为腊，不
久改为嘉平。"《祭部》记载："汉朝改为腊。腊，就是猎的意思，因为猎取
野兽用来祭祀。"《玉烛宝典》记载："腊日祭先祖，蜡日祭百神，在同一
天而祭祀对象不同。"高堂隆《魏台访议》记载："为什么用腊日来祭祀
呢？听先师说：'帝王根据所属德运的兴盛时节祭祀祖先，在德运终结的
时节举行年终大祭。水从申产生，强壮在子，死亡在辰，因此水德之君，
在子日祭祖辰日合祭众神。火从寅产生，强壮在午，死亡在戌，因此火德
之君，在午日祭祖戌日合祭众神。木从亥产生，强壮在卯，死亡在未，因
此木德之君，在卯日祭祖未日合祭众神。金从巳产生，强壮在酉，死亡在
丑，因此金德之君，在酉日祭祖丑日合祭众神。土从未产生，强壮在戌，
死亡在辰，因此土德之君，在戌日祭祖辰日合祭众神。'因此汉朝火德以
戌日为腊，魏国土德以辰日为腊，晋朝金德以丑日为腊。"谨按：《国朝事
始》载："建隆四年，太常博士和岘上奏：'唐代以前，在寅日蜡祭百神，在
卯日祭祀社神，在辰日祭祀祖先。开元时定下礼制，三种祭祀都在腊日

进行,以顺应土德。本朝火德,当以戌日为腊日,而在前面七日辛卯实行蜡祭,恐怕不合适,请交由礼官讨论。'以后蜡祭百神、祭祀社稷、祭祀祖先都用戌日作为腊日。"

秦初腊①

《史记·本纪》:"秦惠文君十二年②,初腊。"

【注释】

①初腊:初次举行腊祭。腊,祭名,岁终猎禽兽以祭先祖。

②秦惠文君十二年:前326年。秦惠文君(？—前311),亦称秦惠文王。嬴姓,名驷。战国时期秦国国君(前337—前311年在位)。

【译文】

《史记·本纪》:"秦惠文王十二年,初次举行腊祭。"

秦改腊

《洞仙传》①:"茅濛②,字初成,咸阳人也③。师鬼谷先生④,受长生之术。后入华山,静斋绝尘⑤,修道合药⑥,乘云驾龙,白日升天。先是,其邑歌谣曰:'神仙得者茅初成,驾龙上升入太清⑦。时下玄洲戏赤城⑧,继世而往在我嬴⑨,帝若学之腊嘉平。'始皇闻之,因改腊曰嘉平,欣然有寻仙志。"

【注释】

①《洞仙传》:十卷,志怪小说集,南北朝见素子撰。《隋书·经籍志》

《旧唐书·经籍志》《新唐书·艺文志》《宋史·艺文志》《通志》等并著录十卷。《玉海》卷五八引《中兴馆阁书目》云："见素子《洞仙传》十卷，凡二百九十二人。"该书记神仙家传说故事，但记事简略平直，小说意味较逊。

②茅濛：字初成，咸阳（今属陕西）人。道教仙人。"三茅真君"的先祖。拜鬼谷子为师，习长生养性之术，继入华山修炼。秦始皇时，据传乘飞龙升天成仙。

③咸阳：底本作"华阳"，据《太平广记》改。

④鬼谷先生：战国时人，居于鬼谷，因以为号。《史记·苏秦列传》司马贞索隐："扶风池阳、颍川阳成，并有鬼谷墟，盖是其人所居。"相传为苏秦、张仪师，纵横家之祖。又传著有《鬼谷子》。

⑤静斋：静心斋戒。绝尘：超脱尘世。

⑥合药：调配药物。此指炼丹。

⑦太清：三清之一。道教谓元始天尊所化法身道德天尊所居之地，其境在玉清、上清之上，唯成仙方能入此，故亦泛指仙境。

⑧玄洲：神话中的十洲之一。《海内十洲记·玄洲》："玄洲，在北海之中，戌亥之地，方七千二百里，去南岸三十六万里，上有太玄都，仙伯真公所治……饶金芝玉草。"赤城：传说中的仙境。

⑨继世：继承先世。

【译文】

《洞仙传》："茅濛，字初成，是咸阳人。拜鬼谷子先生为师，跟他学习长生之术。后来进入华山，静心斋戒超脱尘世，修习道术炼制丹药，乘云驾龙，白日成仙升天。在此以前，他的家乡流传一首歌谣：'神仙得者茅初成，驾龙上升入太清。时下玄洲戏赤城，继世而往在我赢，帝若学之腊嘉平。'秦始皇听说后，因而把腊月改为嘉平，并自然萌生了寻访仙道的志向和兴趣。"

汉祠社

《汉书》：“高祖十年春①，有司奏令县道常以春二月及腊祠社稷以羻羊②。”

【注释】

①高祖十年：前197年。

②县道：县和道。汉制，邑有少数民族杂居者称道，无者称县。《史记·司马相如列传》：“檄到，亟下县道，使咸知陛下之意。”裴骃集解：“《汉书·百官表》曰：‘县有蛮夷曰道。’”羻（zhì）：猪。

【译文】

《汉书》：“高祖十年春天，有司上奏皇帝命令各县和道在春季二月以及腊月用猪羊祭祀土地神和谷神。”

晋作乐

《晋起居注》①：“安帝隆安四年十二月辛丑②，腊祠作乐。”

【注释】

①《晋起居注》：《隋书·经籍志二》：“《晋起居注》三百一十七卷，宋北徐州主簿刘道会撰。梁有三百二十二卷。”

②安帝隆安四年：400年。隆安，晋安帝司马德宗年号（397—401）。

【译文】

《晋起居注》：“晋安帝隆安四年十二月辛丑，腊月祭祀时奏乐。”

魏时祭

《魏台访议》:"荐田猎所得禽兽谓之腊①,特时祭之名尔②,亦伊耆氏之蜡也③。始'腊''蜡'本一。"

【注释】

①荐:献。田猎:打猎。

②特:只,不过。时祭:四时的祭祀。

③伊耆氏:相传为上古帝王,始为蜡祭。或说即尧,作"伊祁"或"伊祈",或说为神农之别称。

【译文】

《魏台访议》:"进献打猎所得禽兽称为腊,只是四时祭祀的名称而已,也是伊耆氏时期的蜡祭。起初'腊'与'蜡'原本一样。"

隋定令

《隋·礼仪志》:"隋初,因周制①,定令亦以孟冬下亥蜡百神②,腊宗庙③。开皇四年十一月④,诏曰:'古称腊者,接也,取新故交接。前周岁首⑤,今之仲冬⑥,建冬之月⑦,称蜡可也。后周用夏后之时⑧,行姬氏之蜡⑨。考诸先代,于义有违。其十月行蜡者停,可以十二月为腊。'"

【注释】

①因:沿袭。周:即北周。

②蜡(zhà):蜡祭。年终合祭百神。《礼记·郊特牲》:"蜡之祭也,主先啬而祭司啬也,祭百种,以报啬也。"

③腊:腊祭。古时岁终祭祀。

④开皇四年:584年。开皇,隋文帝杨坚年号(581—600)。

⑤前周岁首:北周沿用周代历法以夏历十一月为岁首。

⑥今之仲冬:按隋朝采用的夏历仲冬为十一月。

⑦建冬之月:古代以北斗星斗柄所指方位定月令,"建冬"即斗柄指
　　向北方(冬至所在之月),对应夏历十一月。

⑧夏后:即夏后氏。指禹建立的夏王朝。

⑨姬氏:指周王朝。

【译文】

《隋书·礼仪志》:"隋朝初期,沿袭北周礼制,规定在孟冬月最后一
个亥日蜡祭百神,腊祭宗庙。开皇四年十一月,发布诏令:'古代称腊祭,
腊是'接'的意思,取义为新旧交接。北周沿用周代历法以夏历十一月
为岁首,隋朝采用的夏历仲冬为十一月,建冬之月,可以举行蜡祭。北周
采用夏朝历法体系,却按周代历法举行蜡祭。考察前代礼仪,认为北周
的做法于礼不合。停止过去十月举行蜡祭的做法,可以在十二月举行腊
祭。'"

唐用周

《唐书》:"则天载初二年腊月己未①,始用周腊。"

【注释】

①载初二年:690年。载初,武则天年号(689—690)。载初,底本
　　作"初载",据《白孔六帖》改。

【译文】

《新唐书》:"武则天载初二年腊月己未日,开始使用周历腊月。"

莽改法

《后汉书》:"沛国陈咸①,为廷尉监②。王莽篡位③,还家,杜门不出④。莽改易汉法令及腊日,咸言:'我先祖何知王氏腊也?'"

【注释】

①沛国:东汉改沛郡置,治相县(今安徽濉溪西北)。陈咸:字子康,西汉沛郡相县(今安徽濉溪西北)人。时任廷尉监。

②廷尉监:(西汉)廷尉左监、廷尉右监通称。主刑狱逮捕事。

③王莽篡位:指的是西汉末年王莽篡夺汉朝政权建立新朝的历史事件。

④杜门不出:关闭门户,不外出与人交往。杜门,闭门。

【译文】

《后汉书》:"沛国人陈咸,担任廷尉监。王莽篡夺汉朝政权建立新朝,陈咸罢官回家,关闭门户,不外出与人交往。王莽篡改汉朝法令以及腊日,陈咸说:'我的先祖怎么知道王氏腊祭的日子呢?'"

赐御宴

《提要录》:"唐制,腊日赐宴及赐口脂、面药①,以翠管银罂盛之②。"杜甫《腊日》诗云:"纵酒欲谋良夜醉③,还家初散紫宸朝④。口脂面药随恩泽⑤,翠管银罂下九霄⑥。"

【注释】

①口脂:古代防止寒冬口唇开裂的唇膏。面药:脸上用的防裂药。

②翠管：碧玉镂雕的管状盛器。银罂：银质或银饰的贮器。

③纵酒：开怀畅饮。良夜：深夜，长夜。《后汉书·祭遵传》：“帝东归过汧，幸遵营，劳飨士卒，作黄门武乐，良夜乃罢。”李贤注：“良犹深也。”

④紫宸：宫殿名，天子所居。唐宋时为接见群臣及外国使者朝见庆贺的内朝正殿，在大明宫内。

⑤恩泽：帝王或朝廷给予臣民的恩惠。言其如雨露之泽及万物，故云。

⑥九霄：喻皇帝居处。

【译文】

《提要录》：“唐代制度，腊日皇帝宴请臣下并赏赐口脂和面药，用翠管银罂盛着。”杜甫《腊日》诗写道：“纵酒欲谋良夜醉，还家初散紫宸朝。口脂面药随恩泽，翠管银罂下九霄。”

赐御食

《景龙文馆记》：“三年①，腊日，帝于苑中，召近臣赐腊②。晚自北门入，于内殿赐食③，加口脂、红雪、澡豆等④。”又云：“赐口脂、腊脂，盛以碧镂牙筒⑤。”

【注释】

①三年：即唐中宗李显景龙三年（709）。

②赐腊：赏赐与腊祭相关的物品，包括口脂、面药（护肤品）、腊脂、衣物、香囊等。

③赐食：指皇帝宴请臣下。

④红雪：古代一种珍贵的化妆用品。犹今之护肤油脂之类。澡豆：古代洗沐用品。用猪胰磨成糊状，合豆粉、香料等，经自然干燥而制成的块状物。有去污和营养皮肤的作用。

⑤碧镂牙筒：绿色镂空的象牙筒。镂，底本作"缕"，据《白孔六帖》改。

【译文】

《景龙文馆记》："景龙三年，腊日，皇帝在皇家园林中，召集近臣赏赐与腊祭相关的物品。晚上自北门进入，皇帝在内殿宴请臣下，加赐口脂、红雪、澡豆等。"又说："皇帝赏赐口脂、腊脂，用绿色镂空的象牙筒盛着。"

赐甲煎①

皇朝《岁时记》："腊日，国朝旧不赐口脂、面药。熙宁初②，始赐二府以大白金奁二、小陶罌口脂、甲煎各一③，并奁赐之。"

【注释】

①甲煎：香料名。以甲香和沉麝诸药花物制成，可作口脂及焚爇，也可入药。庾信《镜赋》："脂和甲煎，泽渍香兰。"倪璠注："陈藏器曰：甲煎以诸药及美果花，烧灰和蜡治成，可作口脂。"

②熙宁：宋神宗赵顼年号（1068—1077）。

③二府：宋代称中书省和枢密院。《宋史·职官志二》："宋初，循唐五代之制，置枢密院，与中书对持文武二柄，号为'二府'。"大白金奁（lián）：大白金匣。奁，古代盛梳妆用品的器具。陶罌：用陶制作的大腹小口的器皿。

【译文】

本朝《岁时杂记》："腊日，本朝旧制不赏赐口脂、面药。熙宁初年，开始赏赐中书省和枢密院用两个大白金匣、小陶罌盛放的口脂、甲煎各一瓶，并且连同金匣一起赏赐。"

赐牙香①

《韩渥传》②:"腊日赐银合子、驻颜膏、牙香等③,绣香囊一枚④。"

【注释】

①牙香:即香角。沉香之别名。药用可降气温中,暖肾纳气。燃烧时有强烈香味。

②《韩渥传》:《新唐书》中关于韩偓的传记。韩偓(842—914?),字致尧,一作致光,小字冬郎,自号"玉山樵人",京兆万年(今陕西西安)人。龙纪元年(889)进士。唐文学家,著有《玉山樵人集》等。

③驻颜膏:药膏名。驻颜,使容颜不衰老。

④绣香囊:绣有花纹的香囊。

【译文】

《新唐书·韩渥传》:"腊日赏赐银盒子、驻颜膏、牙香等,绣有花纹的香囊一枚。"

献口脂

《唐·百官志》:"中尚署:腊日,献口脂。"

【译文】

《新唐书·百官志》:"中尚署:腊日,进献口脂。"

进香囊

《唐六典》:"中尚署:腊日,进衣、香囊。"

【译文】

《大唐六典》:"中尚署:腊日,进献冬衣和香囊。"

制官药

皇朝《岁时记》:"腊日,政府以供堂钱制药①,分送诸厅。其后,多分送药材,如牛黄、丹砂、龙脑、金银箔之类。张杲卿执政日②,独以为伤廉③,不受。开封府及旧三司则集众钱④,合和均分⑤,他官入钱皆得之⑥。外郡亦然。"

【注释】

①供堂钱:指政府拨付的专项经费,用于制作药品或药食。

②张杲(gǎo)卿:即张昇(biàn,992—1077),字杲卿,谥康节,韩城(今属陕西)人。大中祥符八年(1015)进士,官至御史中丞、参知政事兼枢密使,以太子太师致仕。

③伤廉:损害廉洁。

④三司:官署名。唐末、五代为盐铁、度支、户部三官署合称,五代时以重臣一人专判其事,称三司使。北宋三官署合而为一,称三司。掌邦国财用大计,通管盐铁、度支、户部,威权颇重,四方贡赋一归三司,朝廷不预;设三司使为长官,号计相。下设副使、判官、三部使、三部副使、三部判官等。

⑤合和:掺合,调制。

⑥入钱：缴纳钱财。

【译文】

本朝《岁时杂记》："腊日，朝廷利用专项资金制作药物，并分发各官署或机构。其后，大多分送药材，如牛黄、丹砂、龙脑、金银箔之类。张昇执政时，唯独他认为这样损害廉洁，所以不接受。开封府及旧三司则汇集众人的钱，掺合平均分配，其他官员只要缴纳钱财就都能得到。京都以外的州郡也是如此。"

授仙药

《神仙传》："尹轨①，晋太康元年腊日②，过洛阳，授主人以神仙药。"

【注释】

①尹轨：字公度，太原（今属山西）人。《神仙传》卷九："博学五经，尤明天文星气河洛谶纬，无不精微。晚乃学道。"

②太康元年：280年。太康，晋武帝司马炎年号（280—289）。

【译文】

《神仙传》："尹轨，在晋武帝太康元年腊日，经过洛阳，赠送主人神仙药。"

送风药①

《岁时杂记》："医工以腊月献药②，以风药为主，亦有献口脂、面药及屠苏者。"

【注释】

①风药:医风湿病的药。

②医工:古代医生称谓。

【译文】

《岁时杂记》:"医生在腊月进献药物,以医风湿病的药为主,也有进献口脂、面药以及屠苏酒的。"

治诸药

《岁时杂记》:"凡治合圆剂①,必用腊月,乃经夏不损。如牛胆酿天南星之类,皆用腊月。"

【注释】

①圆剂:即丸剂。药物制剂的一种,把药物粉末加入赋形剂(如水、蜜、糊、液状葡萄糖等),混合调制成的圆粒形成药。

【译文】

《岁时杂记》:"凡制作合丸剂,必在腊月,才能经过夏天药力不减。如制作牛胆酿天南星之类,都在腊月。"

上头膏

《太平御览·卢公家范》:"凡腊日,上澡豆及头膏、面脂。"

【译文】

《太平御览·卢公家范》:"凡在腊日,进献澡豆以及头膏、面脂。"

酿冬酒

《四民月令》:"十月上辛,命典馈渍曲酿冬酒①,以供腊日祭祀。"

【注释】

①典馈:指主管食物的人。

【译文】

《四民月令》:"十月上旬的辛日,命主管食物的人浸上酒曲酿制冬酒,以供腊日祭祀使用。"

造花馅①

《金门岁节》:"洛阳人家,腊日造脂花馅。"

【注释】

①馅（dàn）:饼。

【译文】

《金门岁节》:"洛阳城的人家,腊日制作油脂花饼。"

得菟髌①

《风俗通》:"菟髌,俗说腊正旦食得菟髌者,名之曰幸,赏以寒酒②。幸者,善祥③,令人吉利也。"

【注释】

①菟髌（tù bìn）：兔子的髌骨。菟，通"兔"。

②寒酒：即暖寒酒。唐代长安每逢冬雪，常有人邀亲朋宾客饮酒，称暖寒酒。

③善祥：吉祥，吉兆。

【译文】

《风俗通义》："菟髌，民间流传的说法是腊日吃到兔子的髌骨，称为幸，就把暖寒酒赏给他。所谓幸，就是吉祥，使人吉利。"

薰豕肉①

《岁时杂记》："腊日，以豕肉先糟熟②，挂灶侧，至寒食取食之。"杨诚斋诗曰③："老夫病暑饭不能④，先生馈肉香满城⑤。霜刀削下黄水精⑥，月斧斫出红松明⑦。君家猪胆腊前作⑧，是时雪没吴山脚⑨。公子彭生初解缚⑩，糟丘挽上凌烟阁⑪。试将一脔配双螯⑫，人间信有扬州鹤⑬。"

【注释】

①豕肉：即猪肉。

②糟熟：糟、糠调制的醋醅，发酵将成熟。

③杨诚斋：即杨万里（1127—1206），字廷秀，号诚斋，吉州吉水（今属江西）人。绍兴二十四年（1154）进士。杨万里曾受学于南宋名臣张浚，张浚以"正心诚意"逸之，因自名书室为"诚斋"，世称诚斋先生。南宋文学家，著有《诚斋集》等。诗曰：此指杨万里《吴春卿郎中饷腊猪肉戏作古句》，原诗为"老夫畏热饭不能，先生馈肉香倾城。霜刀削下黄水精，月斧斫出红松明。君冢猪红腊

前作,是时雪没吴山脚。公子彭生初解缚,糟丘挽上凌烟阁。却将一脔配两螯,世间真有扬州鹤"。

④老夫:年老男子的自称。《礼记·曲礼上》:"大夫七十而致事……适四方,乘安车,自称曰老夫。"郑玄注:"老夫,老人称也。"

⑤馈:赠送。

⑥霜刀:形容刀口锋利像霜一样白。黄水精:黄色的水晶,这里比喻腊肉的肥肉部分。水精,同"水晶"。

⑦月斧:修月之斧。神话传说,月由七宝合成,常有八万二千户修之,故有此称。这里用月斧比喻像明月那样雪亮的劈肉刀斧。斫:砍,斩。《尔雅·释器》:"肉曰脱之,鱼曰斫之。"郭璞注:"斫,谓削鳞也。"松明:燃以照明的松木。这里用红色的松明比喻腊肉的瘦肉部分。

⑧猪朏(niǔ):指腊肉。

⑨吴山:山名,在浙江杭州,俗名城隍山,又名胥山。该山在浙江杭州西湖东南,为杭州名胜。金主亮慕其山色风景之美,有"立马吴山第一峰"之语。

⑩公子:即"无肠公子",螃蟹的别名。彭生:即"彭越",蟹的一种。

⑪糟丘:把酿酒所余的糟堆积而成山。此指醉蟹。凌烟阁:封建王朝为表彰功臣而建筑的高阁,绘有功臣画像。唐太宗和唐代宗都有绘画功臣像于凌烟阁之事。

⑫一脔(luán):切下来的肉块。双螯(áo):螃蟹等节肢动物变形的第一对脚,形状像钳子,能开合,用来取食或自卫。

⑬扬州鹤:《殷芸小说》:"有客相从,各言所志,或愿为扬州刺史,或愿多资财,或愿骑鹤上升。其一人曰:'腰缠十万贯,骑鹤上扬州。'欲兼三者。"

【译文】

《岁时杂记》:"腊日,把猪肉先糟熟,挂在灶侧,到寒食节取来食用。"杨万里有诗写道:"老夫病暑饭不能,先生馈肉香满城。霜刀削下黄水精,月斧斫出红松明。君家猪胆腊前作,是时雪没吴山脚。公子彭生初解缚,糟丘挽上凌烟阁。试将一臡配双螯,人间信有扬州鹤。"

蓄猪脂①

《岁时杂记》:"腊日,猪脂蓄之瓦罐,终岁为啖马之用②。"《提要录》云:"亦可治牛疥癞③。"

【注释】

①猪脂:又称"大油""白油"。从猪的脂肪组织"板油""肠油"和"肥膘"中提炼出来的食用动物油。

②终岁:终年,整年。啖马:给马吃。

③疥癞(jiè lài):皮肤病名。俗谓头癣。

【译文】

《岁时杂记》:"腊日,用瓦罐储存猪大油,可以整年用它喂马。"《提要录》说:"也可治疗牛疥癞。"

取兔头

《博济方》①:"治产难滑胎②:腊月兔头脑髓一个,摊于纸上令匀。候干,剪作符子,于面上书'生'字一个。觉母阵痛时③,用产母钗股夹定④,灯焰上烧灰,盏盛,煎丁香酒调下⑤。"又《胜金方》⑥:"专治发脑、发背及痈疽、热疖、恶疮等⑦:腊月兔头细锉⑧,入瓶内密封,愈久愈佳。涂帛上,厚封,热痛处如冰⑨,频换差⑩。"又《抱朴子》曰:"兔寿千岁,五百岁毛色变白。"又云:"兔血和女丹服之,有神女二人来侍,可役使之。"

【注释】

①《博济方》:原名《王氏博济方》,三卷,宋王衮撰。作者原收辑医方7000余首,此书系从中选录500余方编撰而成。内容分为伤寒、血证、诸气、诸积、目疾以及胎产、疮科、丹药、修制药法等29门。王衮,太原(今属山西)人。曾任滑台(今河南滑县)官吏。北宋医学家。

②产难:难产。滑胎:犹言习惯性流产。《医宗金鉴·妇科心法要诀·胎不安小产堕胎总括》"气血充实胎自安"注:"若怀胎三、五、七月,无故而胎自堕,至下次受孕亦复如是,数数堕胎,则谓之滑胎。"

③阵痛:分娩时的时断时续的疼痛。

④产母:产妇。钗股:古代妇女用以固定发髻的头饰。

⑤丁香酒:古酒名。

⑥《胜金方》:《宋史·艺文志》:"《胜金方》一卷。"

⑦发脑:病名。指有头疽生于玉枕或风池穴处的一种病证。由热毒上壅所致,忌灸。发背:指背疽。生于背部的毒疮。发背,底本作"后背",据《证类本草》改。痈疽(yōng jū):毒疮名。疮面浅而大者为痈,疮面深而恶者为疽,是气血为毒邪所阻滞,发于肌肉筋骨间的疮肿。热疖(jiē):病名。又称疖。指夏日所生之小脓肿。

⑧铧(cuò):剁,砍。

⑨冰:底本作"水",据《证类本草》改。

⑩差(chài):病除。

【译文】

《博济方》:"治疗难产和习惯性流产:用腊月兔头脑髓一个,摊在纸上使其分布均匀。等候晾干,剪作符子,在纸上面书写'生'字一个。产妇感觉有分娩时的阵痛时,用产妇的钗股夹定,在灯焰上烧成灰,用盏盛放,煎好丁香酒来调服吞下。"又有《胜金方》记载:"专治发脑、发背及痈疽、热疖、恶疮等:把腊月兔头仔细剁碎,放入瓶内密封,时间越长越好。涂抹在帛上,加厚封存,热痛处如冰一样,连续更换后就会病愈。"又有《抱朴子》记载:"兔子寿命能达千岁,五百岁时毛色变白。"又说:"兔血混合丹药服食,就会有神女二人来侍奉,可供差用。"

干兔髓

《经验方》:"催生丹:兔头二个,腊月内取头中髓,涂放净纸上,令风吹干。入通明乳香二两,碎入前干兔髓同研。来日是腊①,今日先研。就夜星宿下,安桌子上,时果香茶,同一处排定。须是洁净斋戒,焚香望北帝拜告②:'大道弟子某,修合救世上难产妇人药③,愿降威灵佑助此药④,速令生产。'祷告再拜,用纸帖,同露之,次烧香。至来日日未出时,以猪肉和丸,如鸡头子大⑤,用纸袋盛贮,透风处悬挂。每服一丸,醋汤下。良久未产,更用冷酒下一丸即产。此神仙方,绝验。"

【注释】

①来日:明日。
②北帝:即黑帝。神话中的主北方之神。
③修合:调合。
④降:底本缺,据《证类本草》补。威灵:神灵。佑助:庇护。
⑤鸡头子:又名芡实。为睡莲科的一种水生植物的果实。

【译文】

《经验方》：“催生丹：用兔头两个，腊月取出兔髓，涂抹在干净纸上，令风吹干。加入通明乳香二两，弄碎后加入先前吹干的兔髓一同研磨。如果明日是腊日，那今日先研磨。在夜里星空下，桌子上放摆应时的水果、香茶，一同排列整齐。必须保持洁净并进行斋戒，焚香后向北方之神拜告：'大道弟子某，调合救世上难产妇人药，愿降威灵庇护此药，让产妇快速生产。'祷告后再拜，用纸包住药，露天放着，再烧香。到来日太阳未出时，用猪肉调和成丸，如芡实一般大，用纸袋盛贮，在通风处悬挂。每次服一丸，用醋汤服食。很久未生产的话，再用冷酒服食一丸即能生产。这是神仙秘方，效果极佳。”

挂牛胆

《图经本草》：“世多用风化石灰，合百草团末，治金疮，殊胜。今医家或以腊月黄牛胆擂和^①，却内胆中，挂之当风百日，研之，更胜草叶者。腊月者尤佳。”

【注释】

①擂（léi）：研磨。

【译文】

《图经本草》：“世间多用风化石灰，合于各种草药中研末，治疗金疮，效果极佳。现今的医家或用腊月黄牛的胆汁研磨调和，或将石灰纳入牛胆中，挂在风中风干百日，再研磨成末，比草药调和石灰效果更好。腊月制作效果更好。”

收狐胆

《续传信方》[①]："腊月,收雄狐胆。若有人卒暴亡[②],未移时者[③],温水微研,灌入喉,即活。常须预备救人,移时即无及矣。"又《千金方》云:"恶刺,取狐屎灰,腊月膏和封孔上。"

【注释】

①《续传信方》:十卷,南唐王颜撰。该书系仿刘禹锡《传信方》而作。王颜,五代南唐人。另著有《婴孩方》。

②人卒暴亡:人突然暴病身亡。

③未移时:没有过多久。

【译文】

《续传信方》:"腊月,收取雄狐胆。如有人突然暴病身亡,没过多久的话,取雄狐胆用温水研末,灌入喉中,人即苏醒。应该经常预备着用来救人,时辰一过就没救了。"又有《千金方》记载:"治疗恶刺,取狐屎烧成灰,用腊月的猪脂调和封住。"

灰乌鸦

《本草》:"乌鸦,平无毒,腊月者,瓦瓶泥煨烧为灰饮下[①],治小儿痫及鬼魅[②]。"

【注释】

①瓦瓶:陶制的一种容器。煨:把食物直接放在带火的灰里烧熟。

②鬼魅:鬼魅病。

【译文】

《证类本草》:"乌鸦,性平无毒,腊月时,放入瓦瓶中用泥封住烧熟后研磨成灰饮用,治疗小儿癫痫及鬼魅病。"

煅牡蛎①

《经验方》:"治一切渴②:大牡蛎不拘多少③,于腊日、端午日④,黄泥裹煅通红,收冷取出为末,用活鲫鱼煎汤调下一钱匕,小儿服半钱匕,只两服差。"

【注释】

①煅(duàn):中药制法之一。把药材放在火里烧,以降低烈性。牡蛎:又叫蚝或海蛎子。软体动物,有大小两个贝壳。肉供食用又能提制蚝油。

②渴:即消渴。中医学病名。口渴,善饥,尿多,消瘦。包括糖尿病、尿崩症等。

③不拘:不论。

④腊日:底本作"腊月",据《证类本草》改。

【译文】

《经验方》:"治疗一切消渴:大牡蛎数量不限,在腊日、端午日,用黄泥封固牡蛎放在火里烧红,待冷却后收取研磨成末,用活鲫鱼煎汤调服一钱匕,小儿服半钱匕,只服两次即愈。"

浴蚕种

《集正历》:"腊日,取蚕种,笼挂桑中,任霜霰雨雪飘冻^①。至立春日收,谓之天浴。盖蛾子生,有实有妄^②,妄者经寒冻后不复生,唯实者生蚕则强健有收成也。"

【注释】

①霰(xiàn):雪珠。

②有实有妄:实,指发育完全的受精卵。出蚁后可正常的发育成长。妄,指发育不完全的受精卵或未受精的卵,有的不出蚁,有的出子后不能正常长成大蚕。

【译文】

《集正历》:"腊日,收取蚕种,放置于笼中挂在桑树下,听任雨雪冰霜侵袭。到立春日收回,称为天浴。大概是蚕蛾所产的卵,有实子和妄子,妄子经过寒冻后不会孵化,只有实子方可孵化成蚕并且强健,最终有好收成。"

造腊烛

《琐碎录》:"腊日,砍竹浸水中,一百日取出,曝干搥碎^①。点照,光艳如蜡炬。"

【注释】

①搥(chuí):敲击。

【译文】

《琐碎录》:"腊日,砍竹子浸泡在水中,一百天后取出,晒干敲碎。点灯照明,光亮如蜡烛。"

祠公社

《礼记·月令》:"天子乃祈来年于天宗^①,大割祠于公社及门闾^②,腊先祖、五祀^③。"注云:"此《周礼》所谓蜡祭也。"

【注释】

①天宗:指日月星辰。《逸周书·世俘》:"武王乃翼矢珪矢宪,告天宗上帝。"朱右曾校释:"天宗,日月星辰。"

②大割:古时杀割群牲以祭祀。祠:宗祠。公社:中国古代官家祭祀天地神鬼的处所。门闾:城门与里门。

③腊:即腊祭。古时岁终祭祀。五祀:祭祀住宅内外的五种神。《礼记·月令》:"(孟冬之月)天子乃祈来年于天宗,大割祀于公社及门闾,腊先祖五祀。"郑玄注:"五祀,门、户、中溜、灶、行也。"汉王充《论衡·祭意》:"五祀报门、户、井、灶、室中溜之功。门、户,人所出入,井、灶,人所欲食,中溜,人所托处,五者功钧,故俱祀之。"

【译文】

《礼记·月令》:"天子向日月星辰祈求明年丰收,宰杀群牲以祭祀公社及门闾,并举行腊祭祭祀祖先和五祀之神。"注解说:"这是《周礼》所说的蜡祭。"

祭先祖

《风俗通》:"腊者,猎也。因猎取兽,以祭先祖。"晋博士张亮议曰^①:"腊,接也。新故交接畋猎^②,大祭以报功也^③。"

【注释】

①张亮：不详待考。

②畋（tián）猎：打猎。

③大祭：古代重大祭祀之称。包括天地之祭、禘祫之祭等。《周礼·天官·酒正》："凡祭祀，以法共五齐三酒，以实八尊。大祭三贰，中祭再贰，小祭壹贰，皆有酌数。"郑玄注："大祭，天地；中祭，宗庙；小祭，五祀。"报功：酬报有功者，报答功德。《尚书·武成》："崇德报功。"孔传："有德尊以爵，有功报以禄。"

【译文】

《风俗通义》："腊，就是猎的意思。因为打猎获取野兽，用来祭祀先祖。"晋博士张亮辩论说："腊，就是接的意思。新旧交接之时打猎，举行大祭来报答功德。"

报古贤

《汉旧仪》①："腊者，报鬼神，古贤人有功于民者也②。"

【注释】

①《汉旧仪》：即《汉官旧仪》。

【译文】

《汉官旧仪》："腊，就是报答鬼神，对人民有功劳的古代贤人。"

祀灶神

《搜神记》："汉宣帝时，阴子方者至孝①，有仁恩②。尝腊日晨炊③，而灶神现形，子方再拜受庆。家有黄羊④，刉以祀之⑤。暴至巨富，子孙职显。后常腊日祀灶。"

【注释】

①阴子方：西汉南阳新野（今属河南）人。宣帝时，家暴富，有田七百余顷，舆马仆隶比于封君。子孙为南阳大族。

②仁恩：仁爱恩德。

③晨炊：清晨做饭。

④黄羊：《荆楚岁时记》："以黄犬祭之，谓之黄羊。"《古今注》："狗一名黄羊。"此亦当指狗。

⑤刲（kuī）：宰杀。

【译文】

《搜神记》："汉宣帝时，有个叫阴子方的人非常孝顺，有仁爱恩德。曾在腊日清晨做饭，而灶神显形，阴子方向灶神拜了两次请求得到灶神的庇护。他家里有一只黄狗，宰杀了黄狗祭祀灶神。后来他家变得非常富有，子孙职位显要。后世子孙常在腊日祭祀灶神。"

劳农夫

《后汉·礼仪志》："季冬之月，星回岁终①，阴阳以交②，劳农夫大享腊③，以送故也。"

【注释】

①星回岁终：二十八宿随天运行，早晚位次不同。到十二月季冬，回到去年季冬原位。《礼记·月令》："星回于天，岁将几终。"

②阴阳以交：阴气阳气互相交错。

③大享腊：岁终举行腊祭祭祀先祖百神，大肆宴享。

【译文】

《后汉书·礼仪志》："季冬月,星辰回到原来的位置,一年将尽,阴气阳气互相交错,劝勉农耕,岁终举行腊祭祭祀先祖百神,以迎接新年送走旧年。"

纵吏饮

蔡邕《独断》："腊者,岁终大祭,纵吏民宴饮。非迎气,故但送而不迎。"

【译文】

蔡邕《独断》："腊,就是年终重大祭祀,放任官吏与庶民摆宴畅饮。不是为了迎气,因而只送而不迎。"

遣囚归

《后汉书》："虞延除细阳令①,每至岁时伏腊②,辄休遣囚徒③,各使归家。并感其恩德,应期而还④。"

【注释】

①虞延(?—约71):字子大,东汉陈留东昏(今河南兰考北)人。建武初仕执金吾府,除细阳令。为政宽平,每至岁时伏腊,辄放囚徒归家团聚。建武二十四年(48)迁洛阳令。后受楚王刘英狱事牵连及阴氏中伤,免官自杀。细阳:古县名。本战国钜阳邑,后讹为细阳,西汉置县,治今安徽阜阳北。因在细水之阳得名。属汝南郡。

②岁时伏腊：此指逢年过节。伏腊，伏祠与腊祭，或曰夏祭与冬祭、伏天与腊月。

③休遣：暂时放归。

④应期：如期。

【译文】

《后汉书》："虞延为细阳县令，每至逢年过节，他就暂时放归囚犯，使其各自回家。囚犯都感其恩德，如期返回。"

放囚还

《南史》："何胤仕齐①，为建安太守②，政有恩信③，人不忍欺。每伏腊，放囚还家，依期而返。"

【注释】

①何胤（446—531）：字子季，又字胤权，庐江灊县（今安徽霍山东北）人。初仕齐秘书郎。后入梁，武帝屡征不就。南朝梁文学家，著有《百法记注》《周易注》《毛诗隐义》《礼答问》等。

②建安：即建安郡。三国吴永安三年（260）分会稽郡南部都尉置，治建安县（今福建建瓯）。

③恩信：恩德信义。

【译文】

《南史》："何胤在齐做官，出任建安太守，施政有恩德信义，人们不忍心欺骗他。每逢伏日、腊日，何胤就把关押的囚犯放回家，囚犯也都如期返回。"

免窃食

《后汉书》：“韩卓①，字子助，陈留人。腊日，奴窃食，祭其先人。卓义其心，即日免之。”

【注释】

①韩卓：字子助，陈留（今河南开封）人。汉灵帝时任大将军掾。

【译文】

《后汉书》：“韩卓，字子助，是陈留人。腊日，他的奴仆盗窃食物，去祭祀先祖。韩卓觉得他的心意合乎道义，当天就免除了罪刑。”

恕盗柴

《陈留志》①：“范乔②，邑人腊夕盗斫其树，人有告，乔佯不闻③。邑人愧而归之，乔曰：‘卿腊日取此，欲与父母相欢娱耳。’”

【注释】

①《陈留志》：《隋书·经籍志》：“《陈留志》，十五卷，东晋剡令江敞撰。”

②范乔（221—298）：字伯孙，陈留外黄（今河南民权西北）人。西晋文学家，著有《刘扬优劣论》。

③佯：假装。

【译文】

《陈留志》：“范乔，有同乡在腊日晚上偷偷地砍了他家的一棵树，有人告诉他，范乔假装不知道。同乡感到惭愧，便将那棵树归还，范乔说：

'您腊日砍这棵树当柴烧,只是想与父母一起欢乐地过节罢了。'"

罢献兔

《宪宗纪》^①:"元和九年十一月戊子^②,罢京兆府腊献狐兔^③。"腊日,旧献狐兔。

【注释】

①《宪宗纪》:宪宗纪:底本作"宪宗记",据《白孔六帖》改。即《新唐书·宪宗本纪》。

②元和九年:814年。元和,唐宪宗李纯年号(806—820)。

③腊:底本缺,据《新唐书·宪宗本纪》补。

【译文】

《新唐书·宪宗本纪》:"元和九年十一月戊子日,取消京兆府腊日进献狐和兔的旧例。"腊日,从前进献狐和兔。

取瘦羊

《东观汉记》:"甄宇^①,北海人。建武中^②,青州从事^③,征拜博士^④。每腊,诏赐博士羊,人一头。羊有大小肥瘦,时博士祭酒议,欲杀羊称分其肉。宇曰:'不可。'又欲投钩^⑤,宇复耻之。宇因先自取其最瘦者。"

【注释】

①甄宇:字长文,东汉北海安丘(今山东安丘)人。曾任博士、太子少傅,以教授《春秋》著称。

②建武:东汉光武帝刘秀年号(25—56)。

③青州:西汉武帝元封五年(前106)所置十三刺史部之一,东汉时治临菑县(今山东淄博临淄镇北)。从事:汉以后三公及州郡长官皆自辟僚属,多以从事为称。

④征拜:征召授官。

⑤投钩:犹抓阄。

【译文】

《东观汉记》:"甄宇,北海人。建武年间,任青州从事,后被征召授为博士。每年腊日,皇帝下诏赏赐博士每人一头羊。因为羊有大小肥瘦,当时博士祭酒商议,要把羊都杀掉后平分羊肉。甄宇说:'不可以。'又有人提议抓阄分羊,甄宇又认为抓阄分羊很羞耻。甄宇于是先自行挑取其中最瘦小的一头羊。"

发名花

《卓异记》①:"天授二年腊②,卿相等诈称上苑花开,请幸。则天许之,乃遣使宣诏曰:'明朝游上苑,火急报春知③。花须连夜发,莫待晓风吹。'于是凌晨名花瑞草皆发,群臣咸服。"东坡诗云:"连夜开此花④。"又云:"霜枝连夜发⑤。"

【注释】

①《卓异记》:一卷,旧题唐陈翱撰。然据后人考证,以为作者之名及书中之序皆不足凭信,乃晚唐五代时人作。该书内容记唐君臣功业盛事二十七则,其中记帝王三则,将相大臣二十四则。

②天授二年:691年。天授,武则天年号(690—692)。

③火急:形容极其紧急。

④连夜开此花：出自苏轼《三月二十日多叶杏盛开》。

⑤霜枝连夜发：出自苏轼《次韵吴传正枯木歌》。

【译文】

《卓异记》："天授二年腊日，大臣们谎称上苑花已开放，请武则天临幸观赏。武则天答应，于是派遣使者宣读诏书说：'明朝游上苑，火急报春知。花须连夜发，莫待晓风吹。'于是第二天凌晨所有名花瑞草竞相开放，群臣都非常叹服。"苏轼有诗写道："连夜开此花。"又写道："霜枝连夜发。"

生春草

《荆楚岁时记》："腊鼓鸣①，春草生。"

【注释】

①腊鼓：古人于腊日或腊前一日击鼓驱疫，因有是名。《吕氏春秋·季冬》"命有司大傩旁磔"汉高诱注："今人腊岁前一日击鼓驱疫，谓之逐除。"

【译文】

《荆楚岁时记》："腊鼓一响，春草生长。"

治疥疮

《琐碎录》："腊日，空心用蒸饼卷猪板脂食之①，不生疮疥。久服，身体光滑。陈日华诸孙年年服之②，有效。"

【注释】

①空心：即空腹。

②陈日华:即陈晔(1136—?),字日华,福州侯官(今福建福州)人。南宋医学家,曾编刻《陈氏经验方》等。

【译文】

《琐碎录》:"腊日,空腹时用蒸饼卷板猪油吃下去,令人不生疮疥。长久服食,能使人身体变光滑。陈日华的孙辈年年服用,很有成效。"

除瘟病

《养生要诀》①:"腊月腊夜,令人持椒卧井傍,无与人言,内椒井中,可除瘟病。"

【注释】

①《养生要诀》:书名。不详待考。

【译文】

《养生要诀》:"腊月腊日的夜里,叫人手持花椒睡在井边,不要同人说话,将花椒投入井中,可辟除瘟病。"

辟疫鬼

《淮南子毕万术》:"腊日,埋圆石于宅隅①,杂以桃核七枚,则无鬼疫。"

【注释】

①隅(yú):角落。

【译文】

《淮南子毕万术》:"腊日,在住宅四角埋圆石,掺杂七枚桃核,就没有鬼神散布瘟疫。"

打干种

凤台《麈史》:"安陆地宜稻,春雨不足,则谓之打干种。盖人牛种子倍费。元符己卯大旱①,岁暮,农夫相告曰:'来年又打干矣。'盖腊日牛骣泥中则然②。明年,果然。"

【注释】

①元符己卯:1099年。元符,宋哲宗赵煦年号(1098—1100)。

②腊日:底本作"腊月",据《麈史》改。骣(zhàn):转卧。

【译文】

王得臣《麈史》:"安陆的土地适宜种稻,如果春雨不足,就称为打干种。因为这样的话,人力、牛力、种子的耗费都会加倍。元符己卯年大旱,岁末的时候,农夫互相转告说:'来年又要打干种了。'大概因为腊日时牛转卧泥中就是这样。第二年,果然如此。"

就寺浴

《岁时杂记》:"京师士大夫,腊日多就僧寺澡浴①,因饮宴或赋诗,不知其所起也。"

【注释】

①澡浴:沐浴。

【译文】

《岁时杂记》:"京城的士大夫,腊日大多去寺院沐浴,然后趁机设宴饮酒或赋诗,不知道这种做法从何时兴起。"

醮天官

《正一旨要》："侯王腊日①，五帝校定生人处所、分野受禄②，降注三万六千气③，其日可谢罪，祈求延年益寿，安定百神④，移易名位，回改名字⑤，沐浴先亡⑥，大醮天官，令人所求如愿，求道必获。此日不可聚会饮乐，可清静经行山林有坛庭之处⑦，行道存念三魂七魄⑧。不得经营俗事，值腊月腊日是也⑨。"

【注释】

①侯王腊日：即王侯腊。旧时阴历十二月初八日，民间有煮果粥祀神、聚食及馈送亲邻的风俗，称"王侯腊"。

②五帝：指东方青帝、南方赤帝、西方白帝、北方黑帝、中央黄帝，统称五方天帝。生人：众人。分野：与星次相对应的地域。古以十二星次的位置划分地面上州、国的位置与之相对应。就天文说，称作分星；就地面说，称作分野。如：以鹑首对应秦，鹑火对应周，寿星对应郑，析木对应燕，星纪对应吴越等。受禄：接受福祉。

③降注：将神气注入人间，以调整生人的气运。

④百神：指各种神灵。

⑤回改名字：强调通过仪式改变姓名以扭转命运，常见于祈福禳灾的语境。

⑥先亡：亡灵。

⑦坛庭：指的是道教中的一种仪式或概念。在道教做法事时，会念诵"坛庭"，这个词语有时也可以指代家、家舍或家庭。道士在不做法事时，面向的方向会自然形成一个能量场，这个能量场也被称为坛庭。

⑧行道：做法事。三魂七魄：道家语，称人身有"三魂七魄"。魂，旧
　　指能离开人体而存在的精神。魄，旧指依附形体而显现的精神。
⑨腊月腊日：腊月初八。

【译文】

《正一法文修真旨要》："腊月初八，五帝校定人间众生的居住地、福
禄所属的方位，降注三万六千神气，这一天可以向神灵忏悔过失，祈求延
年益寿，安抚各类神灵，通过仪式改变命运或社会地位，改变姓名以扭转
命运，为祖先沐浴并祭祀，举行隆重的祭祀天官仪式，令人所求皆能如
愿，修行者更易得道。这一天禁止聚会饮酒作乐，需到清净的山林或道
观坛场静修，通过修行专注守护'三魂七魄'。在腊月初八日，不得处理
世俗杂务。"

秒离咊①

《燕北杂记》："腊日，戎主带甲戎装，应番汉臣诸司使
已上并戎装，五更三点坐朝②。动乐饮酒罢③，各等第赐御
甲、羊马。番呼此节为秒离咊，汉人译云：'秒离是战，咊是
时，谓战时也。'"

【注释】

①秒离咊（pǒ）：又作"炒伍伮咊"。契丹语，意"战时"。契丹族对
　　"腊辰日"的称谓。
②五更三点：古人将一夜分五更，一更分五点。凡有朝贺时，皆在五
　　更三点行之。坐朝：君主临朝听政。
③动乐：奏乐。

【译文】

《燕北杂记》:"腊日,契丹首领身披甲胄戎装,所有番汉大臣及诸司使以上的臣僚都身着戎装,五更三点君主临朝听政。奏乐饮酒结束,各依等级次第赏赐御甲、羊马。番人称呼此节为袄离叵,汉人翻译说:'袄离是战,叵是时,说是战时。'"

交年节

【题解】

交年节,宋代岁时节令之一,即农历十二月二十四日,象征旧年与新年在此日交接。此日民间通过焚钱纸、诵经咒等仪式完成新旧过渡。南宋后,交年节逐渐成为广义的年关代称,而不仅限于农历十二月二十四日。交年节卷首一段总叙文字概说交年节之义。其条目均为交年节时俗节物,主要有交年节宗教仪式"醉司命""诵经咒"等;交年节节日习俗"照虚耗""扫屋宇""卖备用"。

　　吕原明《岁时杂记》云:"十二月二十四日,谓之交年节。"其事又见《东京梦华录》,他书未见载者。

【译文】

　　吕原明《岁时杂记》记载:"十二月二十四日,称为交年节。"这事又见《东京梦华录》,其他书未见记载。

醉司命^①

　　皇朝《东京梦华录》:"十二月二十四日交年,都人至夜请僧道看经②,备香茶酒送神③,烧合家替代钱纸。帖灶马于灶上④,以酒糟抹涂灶门⑤,谓之醉司命。"

【注释】

①司命:掌管命运的神。

②看经:针对讽经而言,不发声而默读经典称为看经。与后来之读经同义。

③送神:古代祭神,祭毕送之使去,谓之"送神"。

④灶马:木刻印刷在纸上的灶神像。《日下旧闻考·风俗》引《月令广义》:"燕俗,图灶神锓于木,以纸印之,曰灶马,士民竞鬻,以腊月二十四日焚之,为送灶上天。"

⑤酒糟:造酒剩下的渣滓。

【译文】

本朝《东京梦华录》:"十二月二十四日交年节,京城的人到了这天夜里,请僧人、道士诵经,置办香火茶酒用来送神,焚烧全家的替代钱纸。将灶马帖在灶上,用酒糟抹涂灶门,称为醉司命。"

诵经咒

《岁时杂记》:"旧俗以为七祀及百神①,每岁十二月二十四日新旧更易,皆焚纸币,诵道佛经咒,以送故迎新,而为禳祈云②。"

【注释】

①七祀:周代确立的七种官方祭祀体系,针对与日常生活密切相关的七类神灵。即司命、中霤、国门、国行、泰厉、户、灶。其中,司

命,主管生命与命运的神灵;中霤,宅神,掌管居所安宁;国门,城门守护神;国行,道路之神,护佑出行安全;泰厉,无后嗣的帝王诸侯之灵,防止作祟;户,门户之神;灶,灶神,掌管饮食。

②禳祈:祈祷上天降福,消除灾祸。

【译文】

《岁时杂记》:"过去的风俗认为对于七祀以及祭祀各种神灵,每年十二月二十四日新旧改换之时,都要焚烧纸币,诵道教和佛教的经文与咒文,以这样的方式来送旧年迎新年,并且以此来祈祷上天降福,消除灾祸。"

照虚耗①

《岁时杂记》:"交年之夜,门及床下,以至圊溷②,皆燃灯,除夜亦然,谓之照虚耗。"

【注释】

①照虚耗:古代风俗,于十二月二十四日或除夕点灯照床下,以驱除秽邪鬼怪。

②圊溷(qīng hùn):厕所。

【译文】

《岁时杂记》:"交年之夜,门及床下,以至厕所,都要点灯,除夕也是这样,称为照虚耗。"

扫屋宇

《岁时杂记》:"唯交年日,扫屋宇,无忌,不择吉。谚云:'交年日扫屋,不生尘埃。'"

【译文】

《岁时杂记》:"只有交年日这一天,打扫房屋,才没有禁忌,不用选择吉日。谚语说:'交年日扫屋,不生尘埃。'"

卖备用

《东京梦华录》:"交年日已后,京师市井皆卖门神、锺馗、桃符、桃板及财门钝驴、回头鹿马之行帖子、卖干茄瓠、马牙菜、胶牙饧之类①,以备除夜之用②。"晁无咎词云③:"残腊初雪霁④,梅白飘香蕊⑤。依前又还是,迎春时候⑥,大家都备。灶马门神,酒酌醲酥⑦,桃符尽书吉利。　　　五更催驱傩⑧,爆竹起。虚耗都教退,交年换新岁。长保身荣贵。愿与儿孙、尽老今生⑨,祝寿遐昌⑩,年年共同守岁⑪。

【注释】

①市井:市集。门神:过去贴在门上用来驱逐鬼怪的神像。锺馗(kuí):我国民间传说中能打鬼驱除邪祟的神。旧时民间常挂锺馗的像。桃符:古代相传有神荼、郁垒二神,能捉百鬼,因此,新年时于门旁设两块桃木板,上面书写二神之名或画上其图像,用以驱鬼避邪。桃板:即桃版。一种表示辟邪的象征物。财门钝驴:北宋时期民间用于新年祈福的剪刻印刷品,通常贴于门上,寓意招财纳福。其形象为一头驮着干柴的驴,因"柴"与"财"谐音,故以"钝驴驮柴"象征财富入门。回头鹿马之行帖子:似指写有祝辞的帖子。之,底本作"天",据《东京梦华录》改。干茄瓠(hù):疑指经过晾晒或腌制的茄子干。马牙菜:即马齿苋。植物名。马齿苋科马齿苋属,一年生草本。胶牙饧(xíng):一种用麦

芽制成的糖，食之胶齿，故名。

② 除夜：除夕之夜，大年三十晚上。

③ 晁无咎：即晁补之（1053—1110），字无咎，晚号归来子，济州钜野（今山东巨野）人。北宋文学家，著有《鸡肋集》《琴趣外编》等。

④ 残腊：农历年底。霁（jì）：泛指风霜雨雪停止，天气晴好。

⑤ 香蕊：花蕊。

⑥ 迎春：古代祭礼之一。古人以春配应五方之东、五色之青，故于立春日，天子率百官出东郊祭青帝，迎接春季到来。《礼记·月令》："（孟春之月）立春之日，天子亲帅三公、九卿、诸侯、大夫，以迎春于东郊。"郑玄注："迎春，祭仓帝灵威仰于东郊之兆也。"

⑦ 酒酌：喝酒。酌，倒酒。酴（tú）酥：亦作"酴苏"。屠苏酒的别名。

⑧ 五更：特指第五更的时候。即天将明时。驱傩（nuó）：旧时岁暮或立春日迎神赛会，驱逐疫鬼。《后汉书·礼仪志中》："季冬之月，星回岁终，阴阳以交，劳农大享腊。先腊一日，大傩，谓之逐疫。其仪：选中黄门子弟十岁以上，十二岁以下，百二十人为㑴子。皆赤帻皂制，执大鞀。方相氏黄金四目，蒙熊皮，玄衣朱裳，执戈扬眉。十二兽有衣毛角。中黄门行之，冗从仆射将之，以逐恶鬼于禁中。"

⑨ 儿孙：子孙，亦泛指后代。

⑩ 遐昌：久盛不衰。

⑪ 守岁：阴历除夕终夜不睡，以迎候新年的到来，谓之守岁。晋周处《风土记》："蜀之风俗，晚岁相与馈问，谓之馈岁；酒食相邀为别岁；至除夕达旦不眠，谓之守岁。"

【译文】

《东京梦华录》："交年节以后，京城市集上都卖门神、锺馗、桃符、桃板及财门钝驴、回头鹿马之行帖子、卖干茄瓠、马牙菜、胶牙饧之类的东西，以备除夕使用。"晁无咎有词写道："残腊初雪霁，梅白飘香蕊。

依前又还是,迎春时候,大家都备。灶马门神,酒酽醅酥,桃符尽书吉利。　　五更催驱傩,爆竹起。虚耗都教退,交年换新岁。长保身荣贵。愿与儿孙、尽老今生,祝寿遐昌,年年共同守岁。"

卷四十

岁除

【题解】

　　岁除，指旧岁的最后一天，有除旧迎新之意。古人习俗，每岁腊月要击鼓驱疫，谓之岁除，一作逐除。逐除的仪式称"大傩"。卷首一段总叙文字概说岁除之义。本卷条目均为岁除时俗节物，主要有驱除疫鬼仪式"有司傩""乡人傩""逐除傩""驱鬼傩""埋祟傩""送疫傩""殿前傩"等；与锺馗驱鬼故事有关的"梦锺馗""画锺馗""赐锺馗""原锺馗""辨锺馗"等；岁除驱疾辟邪"写桃符""燎爆竹""照水灯""作黄烛""燃皂龟"等；岁除游乐"戏藏钩""为藏驱"等；岁除节令物品"为面具""动鼓乐""作锻磨"等；岁除宜忌之事"宜嫁娶""宜整摄""参吉辰""忌短日"等；岁除诗文典故"添商陆""设火山""悬宝珠""祭诗章"等；岁除辞旧迎新"浴残年""计有余""馈晚岁""迎新年"等。

　　《礼记·月令》曰："是月也，日穷于次，月穷于纪，星回于天，数将几终，岁且更始。"是为岁之终也。《文选》云："岁季月除[1]，大蜡始节[2]。"故曰岁除，又曰除日、除夕、除夜。

【注释】

①岁季月除：年末与月末。季，末。

②大蜡：祭名。古代年终合祭农田诸神，以祈来年不降灾害。《礼记·明堂位》："是故夏礿、秋尝、冬烝、春社、秋省，而遂大蜡，天子之祭也。"郑玄注："大蜡，岁十二月索鬼神而祭之。"

【译文】

《礼记·月令》记载："这个月，太阳运行到最后的位置，月亮运行到最后和太阳会合的位置，星宿也在天上绕了一圈，一年的日子即将终结，新的一年就要重新开始。"这就是一年的结束。《文选》说："岁季月除，大蜡始节。"因此称为岁除，又称为除日、除夕、除夜。

有司傩

《论语疏》①："傩，逐疫鬼也。为阴阳之气不节②，疠鬼随而作祸③，故天子使方相氏黄金为四目④，熊皮为帽，作傩傩之声⑤，以驱疫鬼。一年三遍为之。故《月令》季春'命国傩'，季秋'天子乃傩'，季冬'命有司，大傩旁磔'，注云：'此月有疠鬼，将随强阴出害人。故旁磔于四方之门。磔，禳也。'"东坡《和子由除日见寄》云："府卒来驱傩，矍铄惊远客⑥。愁来岂有魔，烦汝为禳磔⑦。"

【注释】

①《论语疏》：即《论语注疏》，又名《论语正义》，十卷，宋邢昺疏。咸平二年（999）诏昺改定旧疏，颁列学官。

②不节：不遵法度，无节制。

③作祸：干坏事。

④方相氏：周官名。夏官之属，由武夫充任，职掌驱除疫鬼和山川精怪。黄金为四目：即黄金四目面具。

⑤傩傩（nuó）之声：发出傩傩的声音。

⑥矍铄：形容老人目光炯炯、精神健旺。

⑦禳磔（rǎng zhé）：谓宰牲祈禳。

【译文】

《论语注疏》："傩，就是驱逐疫鬼的仪式。因为阴阳之气不遵法度，疬鬼就跟着干坏事，因而天子派遣方相氏佩戴黄金四目面具，戴熊皮帽，发出'傩傩'的声音，以驱逐疫鬼。一年举行三次这样的仪式。因此《礼记·月令》季春有'命国傩'，季秋有'天子乃傩'，季冬有'命有司，大傩旁磔'，注解说：'这个月有疬鬼，将随强大的阴气出来害人。因此在四方城门宰牲禳祭。磔，就是禳祭。'"苏轼《和子由除日见寄》诗写道："府卒来驱傩，矍铄惊远客。愁来岂有魔，烦汝为禳磔。"

乡人傩

《论语·乡党》："乡人傩，朝服而立于阼阶①。"晦庵注云："傩，所以逐疫，《周礼》方相氏掌之②。傩虽古礼而近于戏，亦必朝服而临之者，无所不用其诚敬也③。或曰恐其惊先祖五祀之神④，欲其依己而安也。"

【注释】

①阼（zuò）阶：东阶。这是主人站立的地方。

②掌：主管，负责。

③诚敬：虔诚恭敬。

④五祀之神：古代祭祀的五种神祇。

【译文】

《论语·乡党》："乡人举行驱逐疫鬼的仪式时，要身穿朝服站立在东阶上。"朱熹注解说:"傩,是用来驱逐疫鬼的仪式,《周礼》中由方相氏主管。傩虽是古时的礼制,但又近似于歌舞表演,也必须身穿朝服来面对,无处不用尽心力表示虔诚恭敬。有人担心驱逐疫鬼的场面会使祖先和五祀之神惊恐不安,便身穿朝服使祖先和神祇能依附于自己而不受惊吓。"

逐除傩①

《吕氏春秋·季冬纪》注曰:"前岁一日②,击鼓驱疫疠之鬼,谓之逐除,亦曰傩。"李绰《秦中岁时记》云:"岁除日傩,皆作鬼神状,二老人名为傩翁、傩母。"东坡诗云:"爆竹惊邻鬼,驱傩聚小儿③。"又古词云:"万户与千门,驱傩鼎沸④。"

【注释】

①逐除:犹逐疫。

②前岁一日:即除夕前一天。

③爆竹惊邻鬼,驱傩聚小儿:出自苏轼《荆州十首·其七》。爆竹,古时在节日或喜庆日,用火烧竹,毕剥发声,以驱除山鬼瘟神,谓之"爆竹"。

④万户与千门,驱傩鼎沸:出自宋无名氏《失调名》。鼎沸,形容喧闹、嘈杂。

【译文】

《吕氏春秋·季冬纪》注解说:"除夕前一天,击鼓驱逐疫疠之鬼,称为逐除,也称为傩。"李绰《秦中岁时记》说:"岁除日驱傩,人们都扮作鬼神的样子,其中有二位老人名为傩翁、傩母。"苏轼有诗写道:"爆竹惊邻鬼,驱傩聚小儿。"又有古词写道:"万户与千门,驱傩鼎沸。"

驱鬼傩

　　《礼纬》云①："高阳氏有三子②,生而亡去为疫鬼。一居江水③,是为疟。一居若水④,为罔两蜮鬼⑤。一居人宫室区隅中,善惊人小儿。于是以正岁十二月⑥,命礼官时傩,以索室中而驱疫鬼也⑦。"《月令章句》曰:"日行北方之宿,北方大阴,恐为所抑,故命有司大傩,所以扶阳抑阴也。"韩文公诗云:"屑屑水帝魂,谢谢无余辉。如何不肖子,尚奋疟鬼威⑧。"又张衡《东京赋》云:"卒岁大傩⑨,驱除群疠。"注云:"傩,逐疠疫也⑩。岁终之日为之,以清京室⑪。"

【注释】

①《礼纬》:有关《礼》的纬书之总称。以神学解释《礼》。

②高阳氏:即颛顼。"五帝"之一。

③江水:亦称江。即今长江。

④若水:古水名。即今四川雅砻江、金沙江。

⑤罔两蜮（yù）鬼:即魍魉鬼。

⑥正岁十二月:指农历十二月,即岁末的最后一个月,此时正值新旧交替之际,古人认为阴气最盛,疫鬼易侵扰人间。

⑦索:搜索。

⑧"屑屑水帝魂"几句:出自韩愈《谴疟鬼》。屑屑,劳瘁匆迫貌。水帝,指颛顼。我国古代传说中五帝之一。颛顼以水德王,死后祀为北方水德之帝,故称。谢谢,犹远去。谢,辞去。不肖子,指疟鬼。

⑨卒岁:度过此年。

⑩疠疫:指古代严重的传染病或疫病。

⑪岁终之日为之,以清京室:底本作"岁终之日谓之清凉室",据《六臣注文选》改。京室,谓王室。《诗经·大雅·思齐》:"思媚周姜,京室之妇。"毛传:"京室,王室也。"

【译文】

《礼纬》记载:"高阳氏有三个儿子,死去后成为疫鬼。一个住在长江,这是疟鬼。一个住在若水,这是魍魉鬼。一个住在人们的宫室小屋角落中,喜欢惊吓小孩子。于是在农历十二月,命令礼官举行傩祭,在房室中遍搜疫鬼并逐出去。"《月令章句》记载:"太阳运行到北方,北方正值阴寒,害怕被其所抑制,因此命令主管官员举行傩祭,用来扶助阳气抑制阴气。"韩愈有诗写道:"屑屑水帝魂,谢谢无余辉。如何不肖子,尚奋疟鬼威。"又有张衡《东京赋》写道:"卒岁大傩,驱除群疠。"注解说:"傩,就是驱逐疫病。岁末之日举行,以清洁王室。"

埋祟傩①

皇朝《东京梦华录》:"除日,禁中呈大傩仪②,并用皇城亲事官、诸班直③,戴假面,绣画色衣,执金枪龙旗。教坊使孟景初,身品魁伟④,摆全副金镀铜甲⑤,装将军。用镇殿将军二人,并介胄⑥,装门神。教坊'南河炭'丑恶魁肥⑦,作判官。又装锺馗小妹、土地、灶神之类⑧,共千余人。自禁中驱祟,出南薰门外转龙湾,谓之埋祟而罢。"

【注释】

①埋祟:宋时宫中的一种驱除鬼怪的活动。

②呈:兼有"安排"与"敬献"之义。大傩仪:岁末禳祭,以驱除瘟疫的仪式。

③亲事官:唐代官名。在政府部门中干办具体事务。

④身品:犹言身材躯干。

⑤擐(huàn):穿。

⑥介胄:披甲戴盔。

⑦教坊"南河炭":教坊艺人,"南河炭"应系绰号,大约形容其面黑貌
　　丑。南河,北宋人对汴河的称呼。丑恶魁肥:相貌丑陋,高大肥壮。

⑧锺馗小妹:指锺馗之妹。

【译文】

　　本朝《东京梦华录》:"到了除夕,宫中举行盛大的傩祭仪式。参与
傩仪的都是皇城亲事官、殿前司诸班直的士兵,他们戴着假面具,身穿绣
有图案、色彩鲜艳的衣服,手执金枪、龙旗。教坊使孟景初身材魁梧高
大,穿戴全副金铜制盔甲,装扮成将军。又选用两个镇殿将军,也披甲戴
盔,装扮成门神。教坊里有个叫'南河炭'的人相貌丑陋,高大肥壮,装
扮成判官。又有人装扮成锺馗小妹、土地神、灶神之类的模样,共计千余
人。从宫中开始驱逐鬼祟,一直走到南薰门外的转龙湾,称为埋祟,大傩
仪方才结束。"

送疫傩

　　《后汉·礼仪志》:"先腊一日,大傩,谓之逐疫。其仪,
选中黄门子弟①,十岁以上,十二以下,百二十人为侲子②,
皆赤帻皂制③,执大鼗④。方相氏黄金四目,蒙熊皮,玄衣
朱裳⑤,执戈扬盾。作十二兽⑥,裳衣毛角。中黄门行之⑦,
冗从仆射将之⑧,以逐恶鬼于禁中。夜漏上水⑨,朝臣会,侍
中、尚书、御史、谒者、虎贲、羽林郎将执事⑩,皆赤帻陛卫⑪。
乘舆御前殿⑫。黄门令奏曰:'侲子备,请逐疫。'于是中黄

门倡^⑬，侲子和，曰：'甲作食凶^⑭，胇胃食虎^⑮，雄伯食魅^⑯，腾简食不祥^⑰，揽诸食咎^⑱，伯奇食梦^⑲，强梁、祖明共食磔死寄生^⑳，委随食观^㉑，错断食巨^㉒，穷奇、腾根共食蛊^㉓。凡使十二神，追恶凶，赫女躯^㉔，拉女干^㉕，节解女肉^㉖，抽女肺肠^㉗。女不急去，后者为粮！'因作方相与十二兽舞。囉呼^㉘，周遍前后省三过^㉙，持炬火，送疫出端门。门外驺骑传炬出宫^㉚，司马阙门^㉛，门外五营骑士传火弃雒水中^㉜。"《东京赋》曰："煌火驰而星流^㉝，逐赤疫于四裔^㉞。"注云："卫士千人在端门外，五营千骑在卫士外，为三部，更送至雒水，凡三辈^㉟，逐鬼投雒水中。仍上天池^㊱，绝其桥梁，使不复渡还。"

【注释】

①中黄门：在宫廷服役的太监。《汉书·百官公卿表上》："少府，秦官……诸仆射、署长、中黄门皆属焉。"颜师古注："中黄门，奄人居禁中，在黄门之内给事者也。"

②侲（zhèn）子：特指作逐鬼之用的童子。

③赤帻（zé）：赤色头巾。帻，古指包扎发髻的头巾。皂制：黑衣。

④大鼗（táo）：有长柄有旁耳的大鼓。古祭礼用的一种乐器。

⑤玄衣朱裳：黑红色的衣裳。

⑥十二兽：方相氏所辖食虎食魅的正神。

⑦行之：底本作"行人"，据《后汉书·礼仪志》改。

⑧冗从仆射：宫中侍卫首领。

⑨夜漏：夜间的时刻。漏，古代滴水记时的器具。

⑩谒者：官名。始置于春秋、战国时，秦汉因之。掌宾赞受事，即为天子传达。虎贲：官名。掌侍卫国君及保卫王宫、王门之官。羽林郎：禁军官名。汉置。掌宿卫、侍从。

⑪陛卫：在宫禁中宿卫。

⑫乘舆：古代特指天子和诸侯所乘坐的车子。

⑬倡：歌唱。

⑭甲作：十二兽之一，食凶鬼恶魔。

⑮肺（fèi）胃：十二兽之一，食恶虎。

⑯雄伯：十二兽之一，食鬼魅。

⑰腾简：十二兽之一，食一切不祥的鬼怪。

⑱揽诸：十二兽之一。咎：作恶造孽的鬼怪。

⑲伯奇：十二兽之一。梦：梦魇中的魔鬼。

⑳强梁、祖明：十二兽中的二种，食磔死的强鬼。磔死寄生：车裂体复合体活转来的恶鬼。

㉑委随：十二兽之一。观：幻觉中的鬼魅。

㉒错断：十二兽之一。巨：巨鬼。

㉓穷奇、腾根：十二兽中的二种。蛊（gǔ）：蛊惑人的佞鬼。

㉔赫：通"吓"。女：同"汝"。指疫鬼。

㉕拉：折断。干：肋骨。

㉖节解：一片片瓦解。

㉗抽：剔除。

㉘嚾（huān）呼：犹欢呼。

㉙省：检查。三过：三遍。

㉚驺（zōu）骑：指宫廷仪仗骑士，负责传递火把。

㉛司马阙门：汉代官门名称，为皇宫与外界的重要分界。

㉜五营骑士：指驻守都城外的五营禁军（屯骑、越骑、步兵、长水、射声）。雒水：即洛水。今河南洛河。

㉝煌火：指驱疫的火把。

㉞赤疫：古代迷信传说谓使人得疫病的恶鬼。四裔：四面边远之地。

㉟辈：批。

㊱天池：指海。《庄子·逍遥游》：“南冥者，天池也。”成玄英疏：“大海洪川，原夫造化，非人所作，故曰天池。”

【译文】

《后汉书·礼仪志》：“腊祭的前一天，举行规模盛大的驱傩仪式，称为逐疫。其仪式，选择十岁以上、十二岁以下的中黄门子弟一百二十人，作为逐鬼之用的童子，都戴赤色头巾身穿黑衣，手执大鼗鼓。方相氏佩戴的面具以黄金铸成四只眼睛，身披熊皮，黑色上衣红色下裳，手持戈与盾牌。方相氏率领的十二种神兽，服饰模拟兽类毛发，头戴兽角。由中黄门具体执行仪式，冗从仆射统领队伍，共同在皇宫内部驱逐恶鬼。夜漏上水时刻，文武百官按礼仪聚集于宫廷，准备参与驱疫仪式，侍中、尚书、御史、谒者、虎贲、羽林郎等主事者，都戴赤色头巾在宫禁口护卫。皇帝乘坐车驾亲临前殿主持仪式。黄门令启奏说：‘驱疫童子已就位，请求启动逐疫流程。’于是中黄门带头念诵驱疫咒语，童子齐声应和，说：‘甲作食凶，胇胃食虎，雄伯食魅，腾简食不祥，揽诸食咎，伯奇食梦，强梁、祖明共食磔死寄生，委随食观，错断食巨，穷奇、腾根共食蛊。十二种神兽，负责追击疫鬼，以威势震慑疫鬼的躯体，撕裂疫鬼的躯干，将疫鬼的肌肉肢解成段，掏出疫鬼的内脏。疫鬼若不速速逃离，将被十二神兽吞噬作粮食！’于是方相氏就与十二神兽舞蹈。大声欢呼，方相氏与十二神兽舞者需绕行宫殿前后三次，手持火炬，将疫鬼驱逐出端门。端门外由骑骑接续传递火炬出宫，经过司马阙门，由五营骑士把火炬丢弃在雒水之中。”《东京赋》写道：“煌火驰而星流，逐赤疫于四裔。”注解说：“一千名卫士列于端门外，外围由五营的千名骑兵，分三班轮换，将驱鬼的火炬传递至洛水边，共分三批次。将驱逐疫鬼的火炬投入雒水中。登上天池，毁掉桥梁，使疫鬼无法再渡回人间。”

殿前傩

《乐府杂录》:"驱傩,用方相氏四人,戴冠及面具,黄金为四目,衣熊裘①,执戈扬盾,口作傩傩之声,以逐除也。倰子,五百小儿为之,朱褶青襦②,面具。晦日,于紫宸殿前傩,张宫悬乐③。"

【注释】

①裘:熊皮衣服。

②朱褶青襦:红色褶裙与青色短袄。

③宫悬乐:宫廷乐队演奏的盛大音乐,包括钟、鼓、磬、笙、箫等多种乐器,营造庄严氛围。

【译文】

《乐府杂录》:"驱傩仪式,方相氏由四人扮演,方相氏佩戴冠和特制面具,以黄金铸造四只眼睛,身穿熊皮外衣,手持戈与盾牌,口中发出'傩傩'之声,以驱逐疫鬼。倰子,由五百名童子组成,童子身着红色褶裙与青色短袄,戴面具。腊月最后一天,在紫宸殿前举行傩祭,悬挂编钟、编磬等宫廷雅乐乐器,配合驱傩舞蹈。"

大内傩①

《南部新书》:"岁除日,太常卿领官属乐吏②,护童倰子千人,晚入内。至夜,于寝殿前傩。燃蜡具,燎沉檀③,荧煌如昼④。上与亲王妃子以下观之。其夕,赏赐最厚。"王建《宫词》云:"金吾除夜进傩名,画袴朱衣四队行⑤。院院烧灯如白日,沉香火底坐吹笙。"

【注释】

①大内：指皇宫。

②太常卿：官名。即太常寺卿，为十二卿之一。掌宗庙陵园、祭祀礼乐、天文术数、学校等，领明堂、二庙、太史、太祝、廪牺、太乐、鼓吹、乘黄、北馆、典客馆等令、丞及陵监、国学及协律都尉、总章校尉监等。

③燎：放火焚烧。沉檀：指沉香木和檀木。二者均为香木。

④荧煌：闪耀辉煌。

⑤袴（kù）：同"裤"。

【译文】

《南部新书》："岁除之日，太常卿率领下属官员和乐师，护送儿童傩子千人，晚上进入皇宫。到深夜，在寝殿前举行傩祭。点燃烧烛，焚烧沉香木和檀木，火光明亮如同白天。皇上与亲王、妃子及以下众人观赏。这天晚上，赏赐最丰厚。"王建《宫词》写道："金吾除夜进傩名，画袴朱衣四队行。院院烧灯如白日，沉香火底坐吹笙。"

梦锺馗

《唐逸史》："明皇开元讲武骊山①，翠华还宫②，上不悦③，因痁疾作④。昼寝，梦一小儿，衣绛犊鼻⑤，跣一足⑥，履一足，腰悬一履，搢一筠扇⑦，盗太真绣香囊及上玉笛⑧，绕殿奔戏上前。上叱问之，小鬼奏曰：'臣乃虚耗也。'上曰：'未闻虚耗之名。'小鬼奏曰：'虚者，望空虚中，盗人物如戏。耗，即耗人家喜事成忧。'上怒，欲呼武士⑨。俄见一大鬼，顶破帽，衣蓝袍，系角带⑩，靸朝靴⑪，径捉小鬼，先刳其目⑫，然后擘而啖之⑬。上问大者：'尔何人也？'奏云：'臣终南山进士锺馗也。因武德年中应举不捷^⑭，羞归故里，触殿阶而死^⑮，是时奉旨赐绿袍以葬之，感恩发誓，与我王除天下虚耗妖孽之事。'言讫，梦觉，痁疾顿瘳^⑯。乃诏画工吴道子曰^⑰：'试与朕如梦图之。'道子奉旨，恍若有睹，立笔图就进呈。上视久之，抚几曰：'是卿与朕同梦尔！'赐以百金。"

【注释】

①开元讲武骊山：指开元元年（713）唐玄宗在骊山（今陕西临潼西南）大规模阅兵一事。

②翠华：御车或帝王的代称。

③不悦：此指不舒服。

④痁（shān）疾：即疟疾。

⑤犊鼻：亦作"犊鼻裈"。短裤，一说围裙。形如犊鼻，故名。

⑥跣（xiǎn）：光着脚。

⑦摺（jìn）：插。筠扇：竹扇。

⑧太真：即杨贵妃。

⑨上怒，欲呼武士：底本作"上欲怒呼武士"，据《事物纪原》改。

⑩角带：以角为饰的腰带。宋时下级官吏及庶民服饰。

⑪靸（sǎ）：古人把布鞋后帮踩在脚后跟下。

⑫刳：挖出。

⑬擘：掰开。啖：吃。

⑭武德：唐高祖李渊年号（618—626）。

⑮触：碰。

⑯痁（shān）：疟病。瘳（chōu）：病愈。

⑰吴道子（约680—759）：又名道玄，阳翟（今河南禹州）人。唐著名画家，尊称画圣。

【译文】

《唐逸史》："唐明皇开元年间在骊山阅兵，御驾还宫，因疟疾发作，明皇很不舒服。午睡时，梦到一个小儿，小儿身穿红色短裤，一只脚光着一只脚穿鞋，腰里挂着一只鞋，插一把竹扇，偷了杨贵妃的紫香囊以及明皇的玉笛，在大殿里绕着皇上奔跑嬉戏。明皇大声喝斥并询问他，小鬼启奏说：'小臣是虚耗。'明皇说：'没有听说过虚耗。'小鬼启奏说：'虚，就在虚空中，盗走人的财物如同儿戏。耗，就是把人家的喜事变成忧事。'明皇大怒，想叫武士捉拿它。突然看见一个大鬼，头戴一顶破帽，身穿蓝袍，系角带，靸拉着朝靴，直接去捉住小鬼，先挖出它的眼睛，然后掰开吃掉。明皇问大鬼：'你是什么人？'大鬼启奏说：'臣是终南山的进士锺馗。因为武德年间应试而没有中第，耻于回归家乡，头碰大殿台阶而死，当时皇上赐绿袍并安葬了我，我感恩发誓，要为陛下除尽天下虚耗等妖孽。'话说完，明皇梦醒了，感觉疟疾顿时就好了。于是下令召见画工吴道子说：'你试着把我梦中的情景画出来。'吴道子奉旨，恍惚觉着看到一样，就立刻下笔画好进呈明皇。明皇看了很久，抚着几案说：'你是与我做了相同的梦啊！'赏赐吴道子百两黄金。"

画锺馗

《野人闲话》①："昔吴道子所画一锺馗，衣蓝衫，鞲一足②，眇一目③，腰一笏，巾裹而蓬鬓垂发④，左手捉一鬼，以右手第二指挖鬼眼睛⑤，笔迹遒劲⑥，实有唐之神妙。收得者将献伪蜀主⑦，甚爱之，常悬于内寝。一日，召黄筌令看之⑧，一见，称其绝妙。谢恩讫，昶谓曰：'此锺馗，若拇指掐鬼眼睛，则更较有力。试为我改之。'筌请归私第，数日看之不足⑨。别张绢素，画一锺馗，以拇指掐鬼眼睛。并吴本并进纳讫,昶问曰:'比令卿改之,何为别画?'筌曰:'吴道子所画锺馗,一身之力,气色眼貌俱在第二指,不在拇指,所以不敢辄改。筌今所画,虽不及古人,而一身之力、气思并在拇指^⑩。'昶甚悦,赏筌之能,遂以彩缎银器旌其别识^⑪。"

【注释】

①《野人闲话》:五卷,五代后蜀景焕撰。该书记孟蜀时故事,内容间涉于怪异。

②鞹(kuò):靴子。

③眇(miǎo):瞎了一只眼,后亦指两眼俱瞎。

④蓬鬓:鬓发蓬乱。

⑤捥(wǎ):取。

⑥遒劲:刚劲有力。

⑦伪蜀:即后蜀(933—965),五代时十国之一,孟知祥所建。后唐灭前蜀,以知祥为西川节度使,他整顿吏治,减轻赋税,境内渐安,实力增强。后又攻杀东川节度使董璋,得东川地。长兴四年(933)受后唐封为蜀王。次年,称帝,建都成都(今属四川),年号明德,国号蜀,史称后蜀。

⑧黄筌(约903—965):字要叔,成都(今属四川)人。五代宋初画家,与江南徐熙在画史上并称"黄徐",时有"黄家富贵,徐熙野逸"之评。

⑨不足:不可,不能。

⑩气思:气色神态。

⑪旌:表彰。

【译文】

《野人闲话》:"从前吴道子所画的一幅锺馗像,画中锺馗身穿蓝衣衫,一只脚穿靴子,一只眼睛瞎了,腰里插着一只笏板,头上裹着头巾,鬓发蓬乱,他左手捉住一只鬼,用右手第二指挖鬼的眼睛,这幅画笔法强劲有力,确实有唐代绘画笔法的神妙。收藏这幅画的人将它进献给后蜀君主孟昶,孟昶非常喜爱这幅画,曾一度将它悬挂于内室。一日,召见黄荃欣赏这幅图,黄荃一看,称其绝妙。黄荃谢过恩后,孟昶说:'这画上的锺馗,如果用拇指挖鬼眼睛,就会更有力些。请你试着为我修改一下。'黄荃请求允许他将这幅画带回家里去改,仔细看了几天不能改动。于是另外展开一幅白绢,重画一幅锺馗像,画上锺馗用拇指挖鬼的眼睛。他把这幅画连同吴道子的原画一起进献给孟昶,孟昶问道:'我让你改画,为什么另画一幅?'黄荃说:'吴道子所画的锺馗,全身的力量,人物的气色、眼神都聚集在第二指上,不在拇指上,所以我不敢轻易改动。我现在画的这幅,虽然赶不上吴道子画的那幅,但是全身的力量、气色神态都聚集在拇指上。'孟昶听后非常高兴,赞赏黄荃的才能,于是赏赐给他彩缎银器表彰他的卓越见识。"

赐锺馗

《岁时杂记》:"旧传唐明皇不豫^①,梦鬼物,其名曰锺馗。既寤^②,遂安,令家家图画其形象于门壁。禁中每岁前,赐二府各一帧^③。又或作锺馗小妹之形,皆为捕魑魅之状^④,或役使鬼物。"又云:"锺馗、门神、桃符、桃板诸物,皆候家祭毕设之^⑤,恐惊祖先也。"

【注释】

①不豫:天子有病的讳称。《逸周书·五权》:"维王不豫,于五日召周公旦。"朱右曾校释:"天子有疾称不豫。"

②寤（wù）：睡醒。

③一帧：一幅。

④魑魅（chī mèi）：古谓能害人的山泽之神怪。亦泛指鬼怪。《汉书·王莽传》："敢有非井田圣制，无法惑众者，投诸四裔，以御魑魅。"颜师古注："魑，山神也。魅，老物精也。"

⑤家祭：家中对祖先的祭祀。

【译文】

《岁时杂记》："以前相传唐明皇身体不适，梦到鬼怪，它的名字叫锺馗。不久醒来后，就康复了，于是命令家家都画锺馗的画像贴在门上。宫中每到元旦前，赐中书省和枢密院各一幅锺馗像。有的还会画锺馗小妹的形象，都是捕捉鬼怪的样子，或是驱使鬼怪的样子。"又说："锺馗画像、门神、桃符、桃板等物，全都是家祭时需陈设的，这是害怕鬼怪惊吓了祖先。"

原锺馗

《笔谈》①："今人岁首，设锺馗辟邪，不知起自何代。皇祐中②，金陵发一冢，得碑，乃宋宗悫母郑夫人墓志③，载有妹名锺馗，乃知锺馗之设远矣。"

【注释】

①《笔谈》：即《梦溪笔谈》。

②皇祐：宋仁宗赵祯年号（1049—1054）。

③宗悫（què，？—465），字元干，南阳涅阳（今河南邓州）人。南朝宋名将。

【译文】

《梦溪笔谈》："现在的人过元旦，要摆设锺馗像以辟邪，这种风俗不知兴起于什么朝代。皇祐年间,金陵发掘出一个坟墓,发现一个石碑,是南朝宋宗悫母亲郑夫人的墓志,上面记载宗悫有个妹妹名字叫锺馗,可以知道摆设锺馗像的风俗已经很久远了。"

辨锺馗

《遁斋闲览》:"《北史》:尧暄①,本名锺葵,字辟邪,生于魏。道武时人有于劲者②,亦字锺馗,以世数考之③,暄又居前,则知不特起于宋也④。然'馗'与'葵'二字不同,必传写之有误也。"

【注释】

① 尧暄(?—495):字辟邪,本名锺葵,上党长子(今属山西)人。北魏文成帝时为中散,后位大司农卿。

② 道武:即北魏道武帝拓跋珪(371—409),又名拓跋开、拓跋什翼圭、拓跋翼圭、拓跋涉珪,云中盛乐(今内蒙古和林格尔)人。鲜卑族。北魏开国皇帝(386—409年在位)。于劲:原姓万忸于氏,字锺葵,谥恭庄,代郡桑干(今山西山阴)人。鲜卑族。北魏大臣。

③ 世数:世系的辈数。

④ 不特:不只是。

【译文】

《遁斋闲览》:"《北史》:尧暄,本名锺葵,字辟邪,生于北魏。北魏道武帝时有个人叫于劲,也字锺馗,以世系的辈数察考,尧暄又在前,就知道设锺馗像辟邪的习俗不只是起源于南朝宋。然而'馗'与'葵'二字不同,必定是传抄时出了差错。"

写桃符

《古今诗话》："伪蜀每岁除日①，诸宫门各给桃符，书'元亨利贞'四字。时昶子善书札，取本宫策勋府桃符书云：'天垂余庆，地接长春。'乾德中，伐蜀。明年，蜀降。二月，以兵部侍郎吕余庆知军府事②，以策勋府为治所，太祖圣节号长春③，此'天垂''地接'之兆。"又《杨文公谈苑》云："辛寅逊仕伪蜀孟昶为学士④，王师将攻伐之前岁，昶令学士作两句写桃符，寅逊题曰：'新年纳余庆，嘉节号长春。'明年，蜀亡，吕余庆以参知政事知益州⑤，长春乃太祖诞圣节名也。"

【注释】

①伪蜀：即五代十国后蜀。

②吕余庆（927—976）：本名胤，字余庆，幽州安次（今河北廊坊）
　　人。五代时期至北宋时期官员。知：主持，管理。

③长春：即长春节。宋太祖建隆元年（960）至开宝九年（976）间庆
　　祝宋太祖赵匡胤诞辰的节日。

④辛寅逊：云阳（今属重庆）人。五代十国后蜀学士。

⑤参知政事：官名。唐初以参知政事为他官参预宰相事务的职名。
　　宋以同中书门下平章事为宰相，乾德二年（964）以枢密直学士薛
　　居正、兵部侍郎吕余庆参知政事，为副宰相，辅助宰相处理政务。

【译文】

《古今诗话》："五代后蜀每年除夕，各个宫门都会发放桃符，写着'元亨利贞'四字。当时孟昶之子善于书法，他选取本宫策勋府的桃符，在上面写道：'天垂余庆，地接长春。'乾德二年，宋太祖出兵伐蜀。第二

年,后蜀孟昶投降。二月,宋太祖任兵部侍郎吕余庆主持军府事,以策勋府为官署,宋太祖的诞辰日称为长春节,这是'天垂''地接'所显示的预兆。"又有《杨文公谈苑》记载:"辛寅逊在后蜀孟昶政权中担任学士,大宋王师将攻打讨伐后蜀的前一年,孟昶令学士辛寅逊在桃符上题写两句,辛寅逊题写道:'新年纳余庆,嘉节号长春。'第二年,后蜀灭亡,吕余庆以参知政事的身份主持益州,长春是宋太祖生日的节日名。"

戏藏钩①

《荆楚岁时记》:"岁前,又为藏钩之戏。"辛氏《三秦记》曰②:"始于钩弋夫人③。"按,钩弋夫人姓赵,为汉武帝婕妤④,生昭帝⑤。《汉武故事》云:"上巡狩河间⑥,见青气自地属天,望气者云下有贵子⑦。上求之,见一女子在空室中,姿色殊绝。两手皆拳,数百人擘之莫舒,上自披即舒。号拳夫人,即钩弋也。后人见其手拳而有国色⑧,故因之而为藏钩之戏。"李商隐诗云:"楚妃交荐枕,汉后共藏阄⑨。"周美成《除夜立春》云:"裁幡小废藏钩戏,生菜仍□宿岁□⑩。"

【注释】

①藏钩:古代的一种游戏。相传汉昭帝母钩弋夫人少时手拳,入宫,汉武帝展其手,得一钩,后人乃作藏钩之戏。

②辛氏《三秦记》:旧题汉辛氏撰。原书久佚,张澍杂抄诸书,辑为一卷。记载三秦山川地理、宫室陵墓、灵异怪事等。

③钩弋夫人:即赵倢伃(?—前88),又称拳夫人,河间(今河北献县东)人。在汉武帝巡视河间时得见汉武帝,因其时两手皆拳,故称"拳夫人"。后随汉武帝入长安,被封为倢伃,深得宠爱。太

始三年（前94），生子刘弗陵（即汉昭帝）。后元元年（前88），因武帝欲立刘弗陵为嗣，以吕后为鉴戒，遂被杀。汉昭帝即位，被追尊为皇太后。

④婕妤：职官名。为汉代女官，汉武帝时所置，位视上卿，爵比列侯。

⑤昭帝：即汉昭帝刘弗陵（前94—前74），西汉第八位皇帝（前87—前74在位）。

⑥巡狩：谓天子出行，视察邦国州郡。《尚书·舜典》："岁二月，东巡守，至于岱宗，柴。"孔传："诸侯为天子守土，故称守。巡，行之。"

⑦望气：古代方士的一种占候术。观察云气以预测吉凶。《墨子·迎敌祠》："凡望气，有大将气，有小将气，有往气，有来气，有败气，能得明此者，可知成败吉凶。"

⑧手拳：手握成拳形。

⑨楚妃交荐枕，汉后共藏阄：出自李商隐《拟意》。楚妃，楚国的王妃，此借用巫山神女事。宋玉《高唐赋·序》："昔者先王尝游高唐，怠而昼寝，梦见上妇人曰：'妾巫山之女也，为高唐之客。闻君游高唐，愿荐枕席。'王因幸之。去而辞曰：'妾在巫山之阳，高丘之阻，旦为朝云，暮为行雨。朝朝暮暮，阳台之下。'"荐枕，进献枕席。借指侍寝。《文选·高唐赋》李善注："荐，进也，欲亲于枕席，求亲昵之意也。"汉后，此指钩弋夫人。藏阄，汉代以后的一种游戏礼仪。属《礼志·嘉仪》之一。源于汉武帝时的藏钩。腊日祭祀之后，饮宴时设阄，探得者得饮。

⑩生菜：鲜菜，青菜。亦特指不烹煮而生吃的蔬菜。常用有莴苣、芹菜、香菜等。宿岁：犹守岁。南朝梁宗懔《荆楚岁时记》："岁暮，家家具肴蔌诣宿岁之位，以迎新年。相聚酣饮。留宿岁饭，至新年十二日，则弃之街衢，以为去故纳新也。"

【译文】

《荆楚岁时记》："过年前，还有藏钩的游戏。"辛氏《三秦记》记载：

"藏钩游戏始于汉朝钩弋夫人。"按,钩弋夫人姓赵,为汉武帝妃嫔,生汉昭帝。《汉武故事》记载:"汉武帝巡行至河间,看见一股青气从地面升向天空,懂天象的人认为青气之下必有贵子。武帝派人去寻找,见一个女子独自在空屋子里,容貌极其美丽。她两手握拳,数百人去掰也不能掰开,武帝亲自去掰,她的双手立即舒展。于是称她为拳夫人,就是钩弋夫人。后人看见她的手握成拳形而姿容极美,因而又创造了藏钩的游戏。"李商隐有诗写道:"楚妃交荐枕,汉后共藏阄。"周邦彦《除夜立春》写道:"裁幡小废藏钩戏,生菜仍□宿岁□。"

为藏彄①

《风土记》:"腊日以后,叟姬各随其侪为藏彄②。分为二曹③,以较胜负。"司马温公诗云:"藏阄新度腊,习舞竞裁衣④。"又《藏彄》诗云:"不知藏在何人手,却向尊前斗弄拳。""阄""彄""钩"并居侯切。三字皆有理,原其所本,则"钩"字为胜。

【注释】

①藏彄(kōu):即藏钩。

②侪(chái):等辈,同类的人们。

③曹:组。

④藏阄新度腊:出自司马光佚句。

【译文】

《风土记》:"腊日以后,老人们各自与同伴玩藏钩游戏。分为两组,以比较胜负。"司马光有诗写道:"藏阄新度腊,习舞竞裁衣。"又有《藏彄》诗写道:"不知藏在何人手,却向尊前斗弄拳。""阄""彄""钩"三字读音,全部都是声母同反切上字'居',韵母和声调同反切下字'侯'。三个字都有道理,还原其所说本意,则以"钩"字为胜。

设火山①

《纪闻》②:"唐贞观初③,天下乂安④,百姓富赡⑤。时属除夜,太宗盛饰宫掖⑥,明设灯烛,殿内诸房,莫不绮丽⑦,盛奏歌乐,乃延萧后观之⑧。乐阕,帝谓萧后曰:'朕施设孰愈隋主⑨?'萧后笑而答曰:'彼乃亡国之君,陛下开基之主⑩,奢俭之事,固不同矣⑪。'帝曰:'隋主何如?'萧后曰:'隋主享国十有余年⑫,妾常侍从,见其淫侈。每二除夜⑬,殿前诸院,设火山数十,尽沉香木根也。每夜,山皆焚沉香数车,火光暗则以甲煎沃之,焰起数丈。沉香、甲煎之香,傍闻数十里。一夜之中,用沉香二百余乘⑭,甲煎过二百石⑮。'"欧阳公诗云:"隋宫守夜沉香火,楚俗驱神爆竹声⑯。"又李易安《元旦》词云:"瑞脑烟残⑰,沉香火冷。"

【注释】

①火山:巨大的火堆。

②《纪闻》:十卷,唐牛肃撰。该书之所以命名《纪闻》,乃因所记皆他本人所闻,为"纪实"之作。此书所载皆开元、乾元间征应及怪异事。牛肃,京兆府泾阳(今属陕西)人,徙居怀州河内(今河南沁阳)。开元二十八年(740)在怀州,官终岳州刺史。

③贞观:唐太宗李隆基年号(627—649)。

④乂(yì)安:太平,安定。

⑤富赡：资财丰富。

⑥盛饰：装饰华丽。宫掖：指皇宫。

⑦绮丽：华美艳丽。

⑧延：邀请。萧后：即萧皇后（？—648），隋南兰陵（今江苏常州武进）人。后梁明帝（萧岿）之女。杨广（隋炀帝）为晋三时，纳为王妃。炀帝即位，立为皇后。后宇文化及兵变，炀帝被杀，先后归化及、窦建德及突厥处罗可汗。唐贞观四年（630）破突厥，以礼迎归长安。

⑨隋主：即隋炀帝。

⑩开基：犹开国。谓开创基业。

⑪同矣：底本作"同年"，据《太平广记》改。

⑫享国：帝王在位年数。

⑬二除夜：除夕以及冬至前一日之夜。

⑭乘：用以计算车子。

⑮石（dàn）：容量单位，十斗等于一石。

⑯隋宫守夜沉香火，楚俗驱神爆竹声：出自欧阳修除夜偶成拜上学士三丈》，原诗为"隋宫守夜沉香燎，楚俗驱神爆竹声"。守夜，即守岁。

⑰瑞脑：香料名。即龙脑。

【译文】

《纪闻》："唐太宗贞观初年，天下太平安定，百姓生活富足。当时正值大年除夕，唐太宗下令将皇宫装饰得很华丽，各处设置灯烛，宫殿内各个房屋，都布置得华美艳丽，命令宫中乐工演奏乐曲，命人将隋炀帝的皇后萧后请来一同观赏。一曲演奏完毕，太宗问萧后：'朕今晚的这些陈设与隋炀帝相比哪个更盛大豪华？'萧后笑着回答说：'隋炀帝是亡国之君，陛下是开创基业的皇帝，因此哪位奢侈、哪位节俭，本来就不一样。'太宗问：'隋炀帝当年是怎样的？'萧后说：'隋炀帝在位十多年，我一直在他身边侍奉,见到他那些奢华淫逸的事。隋炀帝每到除夕以及冬至前一日之夜,都要在宫殿前的每个庭院中,架设几十座火山,用沉香木根作燃料。每夜,火山都要焚烧好几车沉香木,火光昏暗就往里添加香料甲煎,火焰高好几丈。沉香、甲煎燃烧散发的香味,几十里外都能闻到。一个晚上,就要用二百多车沉香木,二百多石甲煎。'"欧阳修有诗写道:"隋宫守夜沉香火,楚俗驱神爆竹声。"又有李清照《元旦》词写道:"瑞脑烟残,沉香火冷。"

悬宝珠

《续世说》云①:"隋主每二除夜,殿内房中,不燃膏火②,中悬珠一百二十以照之,光比白日,尽明月宝夜光珠也。大者六七寸,小者犹三寸,一珠之价,直数千万也③。"干宝《搜神记》云:"隋侯尝见大蛇被伤而救之④,后含珠以报。其珠径寸,纯白,夜有光明,如月之照一堂。隋侯珠,一名明月珠。"杜甫诗云:"自得隋珠觉夜明⑤。"

【注释】

①《续世说》:十二卷,孔平仲撰。该书编集南朝刘宋至五代间朝野遗事,以续刘义庆《世说新语》,故名。孔平仲,字义甫,一作毅父,临江新喻(今江西新余)人。北宋文学家,另著有《孔子杂说》《释裨》《珩璜新论》等。

②膏火:照明用的油火。

③直:同"值"。

④隋侯:西周时所封诸侯国侯国的国君。其封国在今湖北随州。

⑤自得隋珠觉夜明:出自杜甫《酬郭十五受判官》。

【译文】

　　《续世说》记载："隋炀帝每到除夕以及冬至前一日之夜,在殿内房中,不燃油火,中间悬挂一百二十个大珠用来照明,光亮如同白昼,都是明月宝夜光珠。大的六七寸,小的约三寸,一件珠子的价格,值数千万。"干宝《搜神记》记载:"隋侯曾见一条大蛇被砍伤而进行救治,后来大蛇衔着一颗明珠来报答隋侯。明珠直径超过一寸,纯白色,夜间有光,像月亮一样明,可照亮屋子。隋侯珠,又叫明月珠。"杜甫有诗写道:"自得隋珠觉夜明。"

燎爆竹

　　李畋《该闻集》①:"爆竹辟妖。邻人有仲叟,家为山魈所祟②,掷瓦石,开户牖,不自安。叟求祷之,以佛经报谢,而妖祟弥盛。畋谓叟曰:'公且夜于庭落中,若除夕爆竹数十竿。'叟然其言,爆竹至晓,寂然安帖③,遂止。"

【注释】

　　①李畋《该闻集》:李畋撰。李畋(tián,621—690),字竹声,浏阳(今属湖南)人。中国花炮祖师。

　　②山魈:传说中山里的独脚鬼怪。

　　③安帖:安定。

【译文】

　　李畋《该闻集》:"爆竹辟妖气。邻居家有个仲姓老翁,家里有山怪作祟,经常投掷瓦石,打开门窗,家里人心惶惶。老翁向神祈祷求助,以佛经答谢,而山怪作祟更加厉害。李畋对老翁说:'您可以在夜间庭院中,就像过除夕一样燃放数十竿爆竹。'老翁按李畋的话做了,燃放爆竹到天亮,之后就静了下来,山怪作祟就停止了。"

照水灯

《金门岁节》:"洛阳人家,除夜则以铜刀刻门^①,埋小儿砚,点水盆灯。"

【注释】

①刻门:似指在门上雕刻。

【译文】

《金门岁节》:"洛阳的人家,除夕之夜就用铜刀在门上雕刻,埋小儿砚台,点水盆灯。"

添商陆^①

《提要录》:"裴度除夜叹老,迨晓不寐^②,炉中商陆火凡数添也^③。"

【注释】

①裴度(765—839):字中立,河东闻喜(今山西闻喜)人。曾任检校左仆射、同中书门下平章事、太原尹、北都留守。

②迨:等到。底本作"殆",据《云仙散录》改。

③炉:底本作"户",据《云仙散录》改。

【译文】

《提要录》:"裴度在除夕之夜因感怀年华老去而叹息,彻夜未眠,守岁期间多次添加炉中的商陆木炭。"

作蒉烛①

《岁时杂记》："除夕,作蒉烛,以麻糁浓油如庭燎②,守倅监司厅皆公库供之③。冬除夜亦然。"

【注释】

①蒉(fén)烛:古时束麻蘸油制成的火炬。用来照明。《周礼·秋官·司烜氏》:"凡邦之大事,共坟烛庭燎。"汉郑玄注:"故书'坟'为'蒉'。郑司农云:'蒉烛,麻烛也。'玄谓'坟',大也。树于门外曰大烛,于门内曰庭燎,皆所以照众明也。"

②麻糁(shēn):芝麻榨油后的渣滓。庭燎:古代庭中照明的火炬。铁制叉杆,上束绑松柴,遇国君行祭,则燃点照明。

③守倅:郡守及其副职。

【译文】

《岁时杂记》:"除夕之夜,制作蒉烛,用芝麻榨油后的渣滓浓油制作庭中照明的火炬,郡守及其副职监司厅所用的蒉烛都由公库供应。冬至前一夜也是这样。"

烧骨𩨾①

《岁华纪丽》:"除夜,烧骨𩨾,为熙庭助阳气②。"又《四时纂要》云:"除夜,积柴于庭,燎火辟灾。"

【注释】

①骨𩨾(chū):木柴块,树根疙瘩。

②熙:光明。

【译文】

《岁华纪丽》:"除夕之夜,烧树根疙瘩,照耀庭院助长阳气。"还有《四时纂要》记载:"除夕之夜,在庭院中积聚柴火,点火烧柴以辟除灾祸。"

燃皂角①

《岁时杂记》:"除夜,空房中集众燃皂角,令烟不出,眼泪出为限,亦辟疫气。"

【注释】

①皂角:即皂荚。豆科皂荚属,落叶乔木。多刺,羽状复叶,夏开黄色蝶形小花,结实成荚,长扁如刀,煎汁可洗濯衣服。其荚果及种子皆可作药。

【译文】

《岁时杂记》:"除夕之夜,召集众人在空房中燃烧皂角,使烟雾不泄出,烟雾呛出人的眼泪为限度,也能辟除疫病。"

焚废药

《岁时杂记》:"除日,集家中不用之药,焚之中庭,以辟瘟疫之气。"

【译文】

《岁时杂记》:"除日,收集家中废弃不用的药材,在庭院焚烧,用来辟除瘟疫之气。"

埋大石

《荆楚岁时记》:"十二月暮日^①,掘宅四角,各埋一大石为镇宅。"又《鸿烈万毕术》云^②:"埋圆石于宅四隅,捶桃核七枚,则鬼无能殃也^③。"

【注释】

①十二月暮日:疑为除夕。

②《鸿烈万毕术》:原作《鸿宝毕万术》,误。据《太平御览》改。

③殃:为害。

【译文】

《荆楚岁时记》:"除夕,挖掘宅院四角,各埋藏一块大石来镇宅。"又有《鸿烈万毕术》记载:"把圆石埋在院子四角,捶碎桃核七枚,则鬼怪不能为害。"

卖白饧^①

《岁时杂记》:"胶牙饧形制不一,其甚华者,云胶之使齿牢。东京潘楼下,从岁前卖此等物,至除夜,殆不通车马^②。"

【注释】

①白饧(xíng):用米或杂粮加麦芽或谷芽熬成的一种糖。北魏贾思勰《齐民要术·饧餔》:"煮白饧法:用白芽散蘖佳;其成饼者,则不中用。用不渝釜,渝则饧黑。"

②殆:几乎。

【译文】

《岁时杂记》:"胶牙饧形制不一样,其中有很华丽的,说吃掉可以使牙齿牢固。东京潘楼下,从年前开始卖胶牙饧等物,到除夕夜,人太多了以致车马几乎不能通行。"

投豆麦

《龙鱼河图》^①:"岁暮,夕五更,取二七豆、麦子,家人发少许,同着井中,咒敕井,使其家竟年不遭伤寒^②,辟五方疫鬼。一云用麻子、小豆各二七粒。"

【注释】

①《龙鱼河图》:汉代谶纬《河图》中的一种,但是古籍中不见此名,只在引用时或简称《龙鱼图》或《河图》。书名当是本自纬书传说,本书中记载河中黄龙负图出授黄帝,《河图挺佐辅》中又说翠妫之川有大卢(鲈)鱼授给黄帝《录图》,该书是想说本书所记即此黄龙、鲈鱼所授者,故名《龙鱼河图》。

②伤寒:中医学上泛指一切热性病。又指风寒侵入人体而引起的疾病。症状为头痛、项强、畏寒、发热、骨节酸痛、无汗脉紧等。

【译文】

《龙鱼河图》:"岁末,除夕之夜五更时,取十四颗豆子、十四粒麦子,加上家人少量头发,连同豆子、麦子放入井中,念咒敕使井神,可以使这家人整年不害伤寒,还可以辟除五方瘟疫鬼的侵犯。又说用麻子、小豆各十四粒。"

卧井傍

《养生论》:"岁暮,令人持椒卧于井傍,候夜静,内椒井中,以压邪气也。"

【译文】

《养生论》:"年底,叫人手持花椒睡在井边,等到夜深人静时,将花椒投入井中,以镇住邪气。"

为面具

《岁时杂记》:"除日作面具,或作鬼神,或作儿女形,或施于门楣①。驱傩者以蔽其面②,或小儿以为戏。"

【注释】

①施:安放。

②蔽:遮挡。

【译文】

《岁时杂记》:"除夕日制作面具,有的做成鬼神的样子,有的做成儿女的样子,有的安放在门框上端的横木上。驱傩的人用面具来遮挡面部,有的小儿用来游戏。"

动鼓乐

《岁时杂记》:"冬至、岁旦前一夜①,大作鼓乐于宿倅厅。自初夜至五鼓②,其声不绝。"

【注释】

①岁旦:即元旦。

②初夜：犹初更。

【译文】

《岁时杂记》："冬至、元旦前一夜，在州郡副职官员办公处所大作鼓乐。从初更到五更，鼓乐声持续不断。"

宜嫁娶

《琐碎录》："北方人嫁娶，只岁除日牛羊入圈时入宅①。"

【注释】

①入宅：搬入新宅。此指迎娶回家。

【译文】

《琐碎录》："北方人嫁娶，只在除夕牛羊入圈时让新人回家。"

祭诗章

《金门岁节》："贾岛常以岁除，取一年所得诗，祭以酒食，曰：'劳吾精神①，以是补之。'"

【注释】

①劳：耗费。

【译文】

《金门岁节》："贾岛经常在除夕，取出一年所得诗句，用酒食来祭祀它们，说：'诗耗费了我太多精力，用酒食来滋补一下。'"

添聪明

《琐碎录》:"北人年夜五更,以葱击小儿头,谓之添聪明。"

【译文】

《琐碎录》:"北方人在除夕夜五更时分,用葱击打小儿头,称为添聪明。"

作锻磨①

《僧圆逸记》②:"都下寺院,每用岁除锻磨,是日作锻磨斋。"

【注释】

①锻磨:修凿石磨。

②《僧圆逸记》:书名。不详待考。

【译文】

《僧圆逸记》:"京城的寺院,每年除夕修凿石磨,当日制作素斋称作锻磨斋。"

修斋戒

《四时纂要》:"十二月晦日前两日①,通晦三日②,斋戒烧香静念③,仙家重之④。"

【注释】

①十二月晦日:即除夕。

②通：总共。

③静念：沉思默念。

④仙家：寺观，庙宇。此指佛家和道家。

【译文】

《四时纂要》："除夕前两天，连除夕总共三天，宜斋戒烧香沉思默念经文，佛家和道家非常重视。"

宜整摄①

《岁时杂记》："僧家以腊月三十日譬临终一念②，不可不整摄也。"

【注释】

①整摄：整顿治理。

②譬：比喻。临终一念：佛家语。指的是人在生命即将结束时，最后一刻心中的念头。这个念头被认为决定着一个人来世的去向。

【译文】

《岁时杂记》："佛家把腊月三十日比喻为'临终一念'，不可不整顿治理。"

示大众①

《松庵语录》②："长沙北禅贤和尚岁除示众云③：'今夜无可供养大众，待烹个露地白牛④，与诸人分岁⑤。'举犹未了⑥，有僧出云：'今官中追呼和尚⑦，不合私剥耕牛⑧，兼索牛角。'贤捋下头袖⑨，僧拾取归众。松庵云：'此禅可谓孝顺⑩，翻成骨董⑪。含饭还觉面肿，一物未到口边，先被傍人唧哝⑫。'"

【注释】

①大众：佛教对信众的称呼。

②《松庵语录》：书名。不详待考。

③北禅贤和尚：即北禅智贤禅师。

④露地白牛：禅宗经典意象，象征证悟后的清净本性。露地，指无遮无隐的自在境界。白牛，代表无染无垢的真如。

⑤分岁：多指农历除夕夜之聚餐。

⑥举：提议。

⑦追呼：谓吏胥到门号叫催租，逼服徭役。这里指追捕。

⑧不合：不该。

⑨捋下：用猛劲拉掉。捋：底本作"将"，据《锦绣万花谷》改。头袖：指比丘用以御寒之帽子。以头巾之形状似衣袖，故称头袖。

⑩孝顺：此处并非传统孝道，而是指对禅宗表面形式的盲目遵从，暗含讽刺。

⑪翻成骨董：比喻固守形式而失去本意，如同陈旧无用的古董。

⑫唧哝：叽叽咕咕。此指议论纷纷。

【译文】

《松庵语录》："长沙北禅智贤和尚岁除之日告知信众：'今夜没有什么可以供养信众，不如烹煮一头象征清净本性的白牛，与诸位共度除夕。'提议尚未完，有僧人出来说：'如今官府正在追捕智贤和尚，指责他不该私自宰杀耕牛，还索要牛角作为罪证。'智贤用猛劲拉下头袖，僧人捡起回归僧众行列中。松庵说：'这种禅法看似孝顺，实则成了迂腐陈旧的东西。好比含着饭团却感觉脸颊肿胀，连食物还没送到嘴边，就被旁人议论纷纷。'"

参吉辰①

《岁时杂记》:"世俗以岁除为乱岁②,百无所忌③,冠婚沐浴④,皆用此日。然于阴阳家都无所出⑤,须参取吉辰用之⑥。"

【注释】

①吉辰:犹良辰。

②乱岁:即乱岁日。指农历腊月二十五日至除夕这一段时间。清潘荣陛《帝京岁时纪胜·乱岁》:"二十五日至除夕传为乱岁日。因灶神已上天,除夕方旋驾,诸凶煞俱不用事。多于五日内婚嫁,谓之百无禁忌。"

③百无所忌:没有任何忌讳。

④冠婚:谓行加冠、结婚礼。《西京杂记》卷四:"儿真幼矣,白太后,未可冠婚之。"沐浴:旧时婚丧礼俗之一。《仪礼·士昏礼》:"夙兴,妇沐浴纚笄,宵衣以俟见。"

⑤阴阳家:中国古代提倡阴阳五行说的一个学派。以邹衍、邹奭为代表。

⑥参取:参酌选择。

【译文】

《岁时杂记》:"世俗以腊月二十五日至除夕为乱岁日,没有任何禁忌,人们冠礼、婚礼、沐浴,都选用这一吉日。虽然在阴阳家的典籍中找不到直接的依据,但仍可综合参考其他规律参酌选择吉利时辰来应用。"

忌短日

《阴阳书》:"癸亥日为日短,晦日为月短,除日为年短,最不宜用事，谓之三短日。"

【译文】

《阴阳书》："癸亥日为白天最短的一天，晦日为每月最短的一天，除日为每年最短的一天，最不适宜做事，称为三短日。"

浴残年①

《岁时杂记》："在京寺观，以除日，多燂汤馔食②，以召宾客③，谓之浴残年。"

【注释】

①残年：岁暮，一年将尽的时候。

②燂（tán）：放在火上使热。

③召：邀请。

【译文】

《岁时杂记》："京城的佛寺和道观，在除日这一天，人们多会烧热汤饮食，用来邀请宾客，称为浴残年。"

计有余

《岁时杂记》："凡治己治人①，至除日，当自观察，以计岁之有余。"

【注释】

①治己：指自我修养和管理。治人：指管理他人或社会治理，需以自

身为表率。

【译文】

《岁时杂记》:"无论是自我修养还是管理他人,到了年末时,应当自我检视,总结一年的得失。"

馈晚岁

东坡文:"岁晚相与馈问①,为馈岁②;酒食相邀③,呼为别岁④;至除夜,达旦不寐,为守岁。蜀之风俗如是。"子瞻作《记岁暮乡俗》三首,其一《馈岁》,其二《别岁》,其三《守岁》,子由亦次韵焉⑤。

【注释】

①岁晚:岁末。馈问:馈赠慰问。

②馈岁:岁末相互馈赠。

③酒食:酒与饭菜。邀:底本缺,据《东坡七集》补。

④别岁:旧时民俗,岁末相与宴饮辞旧,称为别岁。

⑤次韵:也称步韵。依次用所和诗中的韵作诗。世传次韵始于白居易、元稹,称"元和体"。

【译文】

苏轼文:"年底相互馈赠慰问,称为馈岁;备办酒食相邀宴饮,称为别岁;到除夕之夜,通宵达旦不睡觉,称为守岁。蜀地风俗也是这样。"苏轼作《记岁暮乡俗》三首,其一是《馈岁》,其二是《别岁》,其三是《守岁》,苏辙也依照原韵作诗三首。

祝长命

《岁时杂记》:"痴儿騃女①,多达旦不寐。俗语云:'守冬爷长命,守岁娘长命。'"

【注释】

①痴儿騃女:指天真不懂事的少男少女。騃,痴愚。

②达旦不寐:通宵达旦不睡觉。

【译文】

《岁时杂记》:"天真不懂事的少男少女,大多通宵达旦不睡觉。俗话说:'守冬爷长命,守岁娘长命。'"

守岁夜

皇朝《东京梦华录》:"除夜,禁中爆竹山呼声闻于外①。士庶之家,围炉团坐,达旦不寐,谓之守岁。又有宵夜果子②。"古词云:"兽炭共围,通宵不寐,守尽残更待春至③。"

【注释】

①山呼:高声吹呼。

②果子:即馃子。泛指糖食糕点。

③"兽炭共围"几句:出自宋无名氏《失调名》。兽炭,做成兽形的炭。亦泛指炭或炭火。《晋书·外戚传·羊琇》:"琇性豪侈,费用无复齐限,而屑炭和作兽形以温酒,洛下豪贵咸竞效之。"残更,旧时将一夜分为五更,第五更时称残更。春至,春天来到。

【译文】

本朝《东京梦华录》："除夕夜晚,宫中的爆竹声、欢呼声都传到宫外。士大夫和百姓人家,一家人围着火炉坐成一圈,通宵达旦不睡,称为守岁。还有夜间可吃的糖食糕点。"古词写道："兽炭共围,通宵不寐,守尽残更待春至。"

迎新年

《荆楚岁时记》："岁暮①,家家具肴蔌②,谓宿岁之储③,以迎新年。相聚酣饮,留宿岁饭④,至新年则弃之街衢⑤,以为去故纳新也⑥。"唐太宗《守岁》诗云："暮景斜芳殿,年华绮丽宫。寒辞去冬雪,暖带入春风。阶馥舒梅素⑦,盘花卷烛红。共欢新故岁,迎送一宵中。"又《除日太原召侍臣赐宴守岁》诗云："四时运灰琯⑧,一夕变冬春。送寒余雪尽,迎岁早梅新。"

【注释】

①岁暮:除夕。

②肴蔌(sù):鱼肉与菜蔬。《文选·颜延之〈三月三日曲水诗序〉》："肴蔌芬藉,觞醳泛浮。"刘良注:"鱼肉曰肴,菜蔬曰蔌。"

③宿岁:守岁。

④宿岁饭:亦称"过年饭""年饭""春饭"。

⑤街衢:通衢大道。《文选班固〈西都赋〉》："内则街衢洞达,间阖且千。"李善注:"《说文》曰:'街,四通也……'《尔雅》曰:'四达谓之衢。'"

⑥去故纳新:犹言去旧迎新。

⑦馥：香气。

⑧四时：一年四季。运：运行。灰琯：即灰管。古代候验芗气变化的器具。把芦苇茎中的薄膜制成灰，放在十二乐律的玉管内，置玉管于木案上，每当节气至，则中律的乐管内灰即飞出。

【译文】

《荆楚岁时记》："除夕，家家户户备办美味佳肴，称为守岁之储，以迎接新年的到来。一家人相聚开怀畅饮，留下些过年饭，到了新年就扔弃在大道上，认为有去旧迎新的意思。"唐太宗《守岁》诗写道："暮景斜芳殿，年华绮丽宫。寒辞去冬雪，暖带入春风。阶馥舒梅素，盘花卷烛红。共欢新故岁，迎送一宵中。"又有《除日太原召侍臣赐宴守岁》诗写道："四时运灰琯，一夕变冬春。送寒余雪尽，迎岁早梅新。"

末卷

总载

【题解】

本卷《总载》,为全书补遗与总结性质,其条目均为各时禁忌及占候。

寅午戌月①

坦庵《拜命历》②:"今人不用正、五、九月,访彼名流,稽诸故实③,皆无所据。愚常论之④:正、五、九月,斗建寅、午、戌,属火。臣为商,商为金,火能制金,是以忌之。"本朝以火德王天下,火生在寅⑤,旺在午⑥,墓在戌⑦,应公家事并作商音,商属金,败于午⑧,衰于戌⑨,绝于寅⑩,以绝败衰耗之金,岂敢犯生旺墓金之火?又况君臣自有定分,故不用也。《弹冠必用》亦以此三月为兀月⑪。《坛经》云⑫:"正月上旬与九月下旬,吉。往贤本旨以正月上旬⑬,火力犹微,九月下旬,火力已减,故不曰凶,或得吉日时辰。此不足执⑭,惟金曹避之尤紧⑮。"

【注释】

①寅午戌月:寅为正月,午为五月,戌为十月。

②坦庵《拜命历》：即赵师侠《赵氏拜命历》。南宋时赵峸侠据家藏
旧本"略为增益"而纂成之《赵氏拜命历》，该书堪为官场迷信专
书之代表。赵师侠，一名师使，字介之，号坦庵。太祖子燕王赵德
昭七世孙。淳熙二年（1175）进士。另著有《坦庵词》。

③故实：典故。

④论：思考。

⑤生在寅：火的长生阶段（寅为火的初始能量），象征萌芽。

⑥旺在午：火的帝旺阶段（午为火的鼎盛），代表力量巅峰。

⑦墓在戌：火的归宿阶段（戌为墓库），象征能量收敛。

⑧败于午：金的败气在午（火旺之地，火克金）。

⑨衰于戌：金的衰气在戌（土旺之地，土生金但戌为火库，火土相生
反耗金气）。

⑩绝于寅：金的绝气在寅（木旺之地，木克土，土为金之母，母弱则
金衰）。

⑪《弹冠必用》：即《弹冠必用集》，一卷，三十篇，宋周渭撰。该书专
为上官诹选吉日而作。周渭（923—999），字得臣，昭州恭城（今
属广西）人。工诗，另撰有《齐七政赋》。兀月：疑为佛教术语"三
长月"的转译。古人将正月、五月、九月视为"恶月"（又称"三长
月"），佛教认为这三个月是大宝镜照耀南赡部洲的时期，信徒需
斋戒祈福。兀，高耸，孤绝。此处引申为特殊、需警惕的时段。

⑫《坛经》：一卷。六祖慧能撰，故又称《六祖坛经》。六祖慧能住曹
溪宝林寺时，当时的韶州刺史韦璩请他至城内大梵寺讲演摩诃般
若波罗蜜法。慧能的演讲由其门人法海记录，成书后称《坛经》。

⑬往贤：前贤，先贤。本旨：原意。

⑭执：拘泥。

⑮金曹：指与"金"相关的方位或神煞。按五行理论，金对应西方、
秋季，主刑杀、肃降，在择日时需特别避忌。

【译文】

坦庵《拜命历》:"今天的人不在正月、五月、九月做一些事,访查知名人士,考校各种典故,发现这些禁忌缺乏可靠依据。我常思考:正月、五月、九月,斗柄指向寅、午、戌三个地支,五行属火。臣为商音,商属金,火能制金,因此忌讳。"本朝以火德王天下,火的长生阶段在寅,帝旺阶段在午,归宿阶段在戌,处理公家事务若涉及商音,商属金,金的败气在午,衰气在戌,绝气在寅,当金处于午(败)、戌(衰)、寅(绝)时,怎敢冒犯生旺墓金之火?又何况君臣关系由天命或礼法规定,因此不用。《弹冠必用》也将这三个月称为兀月。《坛经》记载:"正月上旬与九月下旬,有吉日。古代贤者认为,正月上旬时,火元素尚处微弱阶段,九月下旬时,火元素已衰退减弱,因而不能称为凶日,可能存在特定吉利的时辰或日子。这类禁忌不必拘泥,但涉及金曹方位或凶煞时务必严加避让。"

正五九月

《容斋随笔》:"释氏一说正、五、九月①。天帝释以大宝镜②,轮照四天下③。寅、午、戌月正临南赡部洲④,故奉佛者皆茹素以徼福⑤。官司谓之'断月'⑥,故受驿券有所谓羊肉者,则不支。俗谓之'恶月',士大夫赴官者,辄避之。或谓唐日藩镇莅事⑦,必大享军,屠杀羊豕至多,故不欲以其月上事,今之他官,不当尔。然此说亦无所经见。予读《晋书·礼志》,穆帝纳后欲用九月⑧,九月是'忌月'。《北齐书》云高洋谋篡魏⑨,其臣宋景业言⑩:'宜以仲夏受禅。'或曰:'五月不可入官⑪,犯之,终于其位。'景业曰:'王为天子,无复下期,岂得不终于其位乎?'乃知此忌相承,由来久矣,竟不能晓其义及出何经典也⑫。"

【注释】

①释氏:佛家。正、五、九月:即三长月。佛教分一年为三时,二、三、四、五月,六、七、八、九月,十、十一、十二、正月,各为一时。每时的最末一个月,即五月、九月、正月为"三长月"。

②天帝释:姓释迦,名天帝释。佛教护法神之一。

③四天下:即四大部洲。佛教谓全世界由在须弥山周围海上的东胜神洲、西牛贺洲、南赡部洲、北俱芦洲构成,称为四洲或四大部洲。

④寅、午、戌月:十二地支纪月,夏历以正月为寅月,则午月为五月,戌月为九月。

⑤奉佛者皆茹素:汉族佛教茹素的风习,是由梁武帝提倡而普遍施行的。其他如藏传佛教、南传佛教,并没有不能吃肉的戒律。三长月皆自一日至十五日持过午不食之戒,谓之三戒,此风盛行于唐宋时。茹素,吃素食。徼(jiǎo)福:祈福,求福。

⑥官司谓之"断月":《新唐书·高祖本纪》:"(武德二年)诏自今正月、五月、九月,不行死刑,禁屠杀。"佛教宣扬在此三月内断荤食素以积德邀福,唐代在此三月内延缓执行死刑。

⑦藩镇:唐代在边陲各地设置节度使,镇守土地,抵御外侮,称为"藩镇"。莅事:视事,处理公务。

⑧穆帝:即晋穆帝司马聃(343—361),字彭子。东晋第五位皇帝(344—361年在位)。

⑨高洋:即齐文宣帝高洋(526—559),字子进。鲜卑名侯尼于(一作侯尼干),原籍渤海蓨县(今河北景县)。北齐开国皇帝(550—559年在位)。谋篡:谋朝篡位,专指通过非法夺取皇位。

⑩宋景业:广宗(今河北威县)人。历仕东魏、北齐。

⑪五月:底本作"五日",据《容斋随笔》改。

⑫不能晓其义及出何经典:顾炎武《日知录》卷三十《正五九月》:"正、五、九月不上任,自是五行家言,不缘屠宰,其传已久,亦不始

于唐时。……考《左传》，郑厉公复公父定叔之位，使以十月入，曰：
‘良月也，就盈数焉。’而颜师古注《汉书》‘李广数奇’，以为‘命只
不耦’，是则以双月为良，只月为忌。喜耦憎奇，古人已有之矣。”

【译文】

《容斋随笔》："佛家称正月、五月、九月为三长月。佛教说法是天帝
释用大宝镜，轮流照耀四大部洲。寅、午、戌三个月，正好临照南赡部洲，
所以信佛的人应当吃素以祈福。官府称为‘断月’，因此驿站接收驿券
中的羊肉券，就不支付。世俗称这三个月为‘恶月’，士大夫上任做官，
总是避开这三个月。有人说是唐时藩镇大员到任视事，一定要大肆犒赏
军队，屠杀的羊、猪非常多，所以不愿在这三个月上任，现在做其他官，不
应当如此。然而这种说法也无法查考。我读《晋书·礼志》，晋穆帝司
马聃想在九月娶皇后，而九月是‘忌月’。《北齐书》说高洋密谋篡夺东魏
政权，他的大臣宋景业说：‘最好在仲夏五月接受禅让。’有人说：‘五月不
能到官上任，要是违犯了，就会老死在那个官位上。’宋景业说：‘大王做
了天子，不会再有更大的期望，哪能不在那个位置上终老呢？’由此可知
这一禁忌递相传承，由来已久，始终不能确知它的意义以及出自何部经
典。"

避三长月

《艺苑雌黄》："唐武德二年正月，诏：‘自今正月、五月、
九月，不行死刑，禁屠杀。’予尝考之，此盖本于浮屠氏之
教①，所谓‘年三长斋’是也。释氏智论云②：‘天帝释以大
宝镜，照四大神州，每月一移，察人善恶。正、五、九月，照南
赡部洲，故以此月省刑修善③。’《断狱律》④：‘诸立春以后、
秋分以前决死刑者⑤，徒一年。其所犯虽不待时⑥，若于断屠

月及禁杀日而决者⑦，各杖六十。'《疏议》云⑧：'断屠月谓正
月、五月、九月。'盖唐时始以此著之令式，正、五、九月断屠。
即有闰月，各同正月，亦不得奏决死刑。今人泥此⑨，名'三
长月'，如之官赴任之类，一切皆避是月，未知此何理也。"

【注释】

①浮屠氏之教：即佛教。

②释氏智论：僧人名。不详待考。

③省刑：减轻刑罚。修善：修习善道。

④《断狱律》：唐律第十二篇名。即关于监禁、审讯、判决的刑法。

⑤立春以后、秋分以前决死刑：根据《狱官令》规定，每年在立春至
　秋分，不得奏请执行死刑，违反的，处徒刑一年。

⑥所犯虽不待时：所犯的罪不须等到秋分以后执行死刑。例如犯恶
　逆罪，奴婢、部曲杀主人等犯罪，不按《狱官令》的规定．不须等到
　秋分以后再执行死刑。

⑦断屠月：不准屠杀的月份，指正月、五月、九月。禁杀日：禁止杀生
　之日，指每月的一日、八日、十四日、十五日、十八日、二十三日、
　二十四日、二十八日、二十九日、三十日这十日。

⑧《疏议》：即《唐律疏议》，三十卷，长孙无忌、褚遂良等人撰。该书
　是唐代律法及其疏注的合编，亦为中国现存最完整的唐律法。

⑨泥：拘泥，死板。

【译文】

《艺苑雌黄》："唐武德二年正月，下诏：'自今正月、五月、九月，不准
执行死刑，禁止屠杀。'我曾考证，这大概来源于佛教，就是所谓的'年三
长斋'。释氏智论说：'天帝释用大宝镜，照耀四大部州，每月移动一次，
观察人的善恶。正月、五月、九月，正照耀南赡部洲，因此这三个月减轻

刑罚修习善道。'《断狱律》：'凡是在立春以后、秋分以前执行死刑的，处徒刑一年。有些犯罪虽不须等待特定时节就可以处决，如果在断屠月以及禁杀日执行死刑，各处杖六十。'《唐律疏议》记载：'断屠月是指正月、五月、九月。'大概唐时开始以明文规定，正、五、九月禁止行刑。如果正月、五月、九月有闰月，也与正常月相同，也不得奏请执行死刑。如今人们拘泥于此，称为'三长月'，如当官赴任之类，都要避开这三个月，不知是什么道理。"

用前半月

《琐碎录》："京师贵家用事①，多在上旬。门户吉庆，和合兴旺②。逐月初五日③，月生魄。干事随天地之气④，请宾客和合，多在月半之前。若月望后，气候渐弱⑤，全不中用⑥。朝廷拜相⑦，亦用上旬。"

【注释】

①贵家：高门大族之家。用事：谓有所事。指行祭祀之事。《周礼·春官·大祝》："过大山川，则用事焉。"郑玄注："用事，亦用祭事告行也。"

②和合：和睦同心。

③逐月：每月。

④干事：办事。

⑤气候：指云气等变化。古代多据此来预测吉凶。

⑥不中用：不合用，无用。

⑦拜相：被任命为宰相。

【译文】

《琐碎录》："京城富贵人家举行祭祀，多选用每月上旬。家庭和睦喜庆，百事吉利兴旺。每月初五日，月光开始有微光。办事要顺应天地之气，宴请宾客和睦同心，多在十五之前进行。如果在十五以后，气候渐弱，日子都不合用。朝廷任命宰相，也多选用每月上旬。"

五不祥日

《遁斋闲览》："每月初四日、初七日、十六日、十九日，为'四不祥日'①。林复之言②：'上官用此日③，鲜有善罢④。'屈指凡八九人如此⑤。又方君云⑥：'初四日，辰虽佳，亦不可上官。若更值丁日，尤不佳，有亲必忧去⑦。'又法有增二十八日，谓'五不祥'，大忌上官。其日虽不犯兀⑧，纵得吉辰，亦不宜用。"欧阳参政《记事》云⑨："犯此日者，多不终任，应上官、嫁娶必参差⑩。"沈存中《笔谈》云："常历数亲知犯此日，皆不得善脱。"

【注释】

①四不祥：指上官、赴任、临政、亲民四件事不利。其中临政指处理政事，亲民指接触百姓。每月初四、初七、十六、十九、二十八五日四事不祥，是因为隔三为破，对七为冲，都是月朔地支的冲破之日。比如朔日为寅，隔三为巳，寅巳相破；对七为申，寅申相冲。其余类推。

②林复之（1151—1213）：字几叟，怀安（今属河北）人。绍熙四年（1193）进士。

③上官：受命上任。

④鲜有：非常少。

⑤屈指：弯着指头计数。

⑥方君：不详待考。

⑦亲：指父母。忧：居丧。多指居父母丧。

⑧兀：兀日。旧时占卜法认为不吉之日。

⑨欧阳参政：即欧阳修。

⑩参差：远离。

【译文】

《遁斋闲览》："每月初四日、初七日、十六日、十九日，为'四不祥日'。林复之说：'在此日受命上任的，很少有好的结果。'弯着指头计数，总共有八九人是这样的情况。又有方君说：'初四日，时辰虽好，也不可受命上任。如果碰上丁日，更不好，必然居父母丧。'还有一种说法增加了二十八日，称为'五不祥'，特别忌讳受命上任。这一日虽不触犯兀日，即使是良辰，也不宜使用。"欧阳修《记事》说："触犯此日的人，大多不能最终留任，上任、嫁女与娶妇一定要远离此日。"沈括《梦溪笔谈》说："我曾经历过几个亲戚朋友触犯此日，都不能轻易摆脱厄运。"

十恶大败①

《提要录》："日之'十恶大败'，自古名之，旧矣②。今佛书《大藏》《元黄经》中所谓'十恶大败'③，始与常之所谓不同，乃以甲巳年三月戊戌日、七月己亥日、十月丙申日、十一月丁酉日，乙庚年四月壬申日、九月乙未日，丙辛年三月辛未日、九月庚辰日、十月甲辰日，戊癸年六月己丑日，除丁壬年中无日外，前之八年内，遇此十日者，乃十恶大败日，用之百事不宜，切须避忌。"

【注释】

①十恶大败：《三命通会·论十恶大败》："十恶者，犯十恶重罪，在所不赦；大败者，在兵法中，譬兵法中，与敌交战，大败无一生还，喻极凶也。"星家也认为是极凶的神煞，应该百事回避。

②旧矣：确实很久了。旧，很久，长久。矣，确实。

③《大藏》：即《大藏经》。《元黄经》：佛教典籍。

【译文】

《提要录》："十恶大败日，自古以来就有这种说法，确实很久了。如今佛书《大藏经》《元黄经》中所说的'十恶大败'，开始与平常所说的不同，于是以甲巳年三月戊戌日、七月己亥日、十月丙申日、十一月丁酉日，乙庚年四月壬申日、九月乙未日，丙辛年三月辛未日、九月庚辰日、十月甲辰日，戊癸年六月己丑日，除丁壬年中无日外，前之八年内，遇到这十日，就是十恶大败日，什么事情都不适宜做，切记一定要回避。"

诸家兀日

《遁斋闲览》："仕宦多忌①，兀日不赴官②。人多不晓其义③，或云瓦日。然兀日，数家之说不同，最为无据。《弹冠必用》所载有年兀、月兀、日兀、时兀、大兀、小兀、上兀、下兀，又有《大小月兀法》《逐月上下兀法》《六轮兀别法》《传神经兀法》《百忌历兀法》《通仙六局兀法》《演星禽兀法》，并详见《上官拜命玉历》④。然今之士夫信用⑤，与《万年□□历》所载，乃《六轮经上下兀日法》。其上起正月，阴年巽上起正月并顺行⑥，月上便起初一。若逢闰月，则于本月上起初一。只数六位，震、兑二宫不数⑦，遇巽为上兀，遇坤为下兀。盖兀者，兀陧不安也⑧；瓦者，谓瓦解离散也。"

【注释】

①仕宦：引申为仕途、官场。

②赴官：上任。

③晓：明白。

④《上官拜命玉历》：一卷，陈元靓撰。

⑤信用：相信和采用。

⑥阴年：乙、丁、己、辛、癸属阴干，为五阴年。巽：八卦之一，代表风。

⑦震：八卦之一，代表雷。兑：八卦之一，代表沼泽。

⑧兀陧：倾危不安的样子。

【译文】

《遁斋闲览》："官场大多忌讳，兀日不上任。人们大多不明白其中的含义，有人说是瓦日。然而兀日，各家的说法不同，最没有依据。《弹冠必用》所载有年兀、月兀、日兀、时兀、大兀、小兀、上兀、下兀，又有《大小月兀法》《逐月上下兀法》《六轮兀别法》《传神经兀法》《百忌历兀法》《通仙六局兀法》《演星禽兀法》，全部详情见《上官拜命玉历》。然而如今的士大夫相信并采用的，与《万年□□历》所载一样，是《六轮经上下兀日法》。以正月为起点的月份排列，阴年需从巽宫（八卦方位中的东南方）起正月，并按顺时针方向依次排列月份，初一以朔日为起点。如果遇到闰月时，闰月的初一仍以朔日为起点。只数六位，震卦、兑卦二卦不数，遇巽卦为上兀，遇坤卦为下兀。所谓兀，就是倾危不安；所谓瓦，就是瓦解离散。"

正误时日

《三历撮要》①："十恶日：'甲辰、乙巳与壬申，丙申、丁酉及庚辰，戊戌、己亥加辛巳，己丑都来十位神。'然则甲寅旬无十恶日，盖'丁亥'误作'丁酉'，'癸巳'误作'己亥'

也。又贵人时日②：'甲戊庚牛羊③，乙巳鼠猴乡。丙丁猪鸡位，壬癸兔蛇藏。六辛逢马虎，此是贵人乡。'何甲、戊、庚三位皆牛羊，而辛独逢马、虎？亦世传讹耳。或以为甲、戊见牛、羊，而辛独逢马，识者鉴诸④。"

【注释】

①《三历撮要》：一卷，无名氏撰。该书为古代的择日学经典著作，被视为历代择日家的宝典。

②贵人：即天乙贵人。为六壬十二将之首。时日：时辰和日子。古人迷信，以为时日有吉凶，常以卜筮决之。

③甲戊庚牛羊："甲"是甲年的年干，"戊"是戊年的年干，"庚"是庚年的年干，就是这三年中生的人，四柱中见有"牛、羊"，即丑未，即为四柱中有贵人。

④识者鉴诸：请有见识的人明察。鉴，明察。

【译文】

《三历撮要》："十恶日：'甲辰、乙巳与壬申，丙申、丁酉及庚辰，戊戌、己亥加辛巳，己丑都来十位凶神。'然则甲寅旬没有十恶日，大概'丁亥'误作'丁酉'，'癸巳'误作'己亥'。有关于贵人时日的说法：'甲戊庚牛羊，乙巳鼠猴乡。丙丁猪鸡位，壬癸兔蛇藏。六辛逢马虎，此是贵人乡。'为何甲、戊、庚三位对应的都是牛羊，而辛对应的是马、虎？也是世间流传的错误说法而已。有人以为甲、戊对应的牛、羊，而辛对应的是马，有见识的人可以明察这些情况。"

甲子占雨

《朝野佥载》："春雨甲子，赤地千里①。夏雨甲子，乘船入市^②。秋雨甲子,禾头生耳^③。冬雨甲子,飞雪万里。"一云:"双日甲子,□□少应。"唐俚语云"禾头生耳",盖禾粟无生耳者,禾头□□□□是也。杜甫诗云:"禾头生耳黍穗黑^④。"

【注释】

①赤地千里:形容千里大旱。

②乘船入市:形容发大洪水。

③禾头生耳:谓谷粟遭雨后顶部出芽。

④禾头生耳黍穗黑:出自杜甫《秋雨叹三首·其二》。黍穗,黍的穗子。

【译文】

《朝野佥载》:"春天甲子日下雨,就要千里大旱。夏天甲子日下雨,就会发大洪水。秋天甲子日下雨,谷粟遭雨后顶部出芽。冬天甲子日下雨,就要万里飞雪。"又说:"双日甲子,□□少应。"唐代俚语说"禾头生耳",大概说谷粟顶部没有出芽,就正是禾头□□□□。杜甫有诗写道:"禾头生耳黍穗黑。"

甲申占雨

《占书》:"凡甲申雨,五谷贵。大雨大贵,小雨小贵。若沟渎涨满^①,急聚五谷。甲申至己丑风雨,籴贵,主六十日。"

【注释】

①沟渎(dú):沟渠。

【译文】

《占书》:"凡是甲申日下雨,五谷价格高。大雨大贵,小雨小贵。如果沟渠的水涨满,赶紧积蓄五谷。甲申日到己丑日刮风下雨,买进五谷价格高,这种情况会持续六十天。"

庚寅占雨

《占书》:"凡庚寅至癸巳风雨,皆主籴折^①,以入地五寸为候。五月为麦,六月为黍,七月为粟,八月为菽麦^②,九月为谷,皆以此则之。假令五月雨庚寅,即麦折钱,他月仿此。"

【注释】

①折:亏损。

②菽(shū)麦:豆与麦。

【译文】

《占书》:"凡是庚寅日到癸巳日刮风下雨,都预示粮食价格下跌,以雨水渗入地下五寸为征兆。五月为麦,六月为黍,七月为粟,八月为菽麦,九月为谷,都以此准则来判断。假如五月庚寅日下雨,即小麦价格下跌,其他月份都按照这个规律。"

甲寅占雨

《占书》:"春三月雨甲寅、乙卯,夏谷贵一倍。夏雨丙寅、丁卯,秋谷贵一倍。秋雨庚寅、辛卯,冬谷贵一倍。冬雨壬寅、癸卯,春谷贵一倍。"

【译文】

《占书》:"春季三月甲寅日、乙卯日下雨,夏季谷价贵一倍。夏季丙寅日、丁卯日下雨,秋季谷价贵一倍。秋季庚寅日、辛卯日下雨,冬季谷价贵一倍。冬季壬寅日、癸卯日下雨,春季谷价贵一倍。"

沐浴避忌

《西山记》①:"沐旬浴五②,夫五则五气流传③,浴之荣卫通畅④;旬则数满复还,真气在脑,沐之则耳目聪明。若频浴者,血凝而气散,虽肌体光泽,久而损气能成瘫痪之疾者,气不胜血,神不胜形也。若频沐者,气壅于脑⑤,滞于中,令人体重形疲,久而经络不能通畅。"《老君实录》云⑥:"诵加句《天童经》咒水沐浴⑦,百病皆愈。"

【注释】

① 《西山记》:即《西山群仙会真记》,五卷,施肩吾撰。该书为道教养生经典。施肩吾,字希圣,号华阳真人,又号栖真子,睦州分水(今浙江桐庐)人。唐道士,另著有《太白经》《养生辨疑诀》《黄帝阴符经解》等。

② 沐旬浴五:十天一洗头,五天一洗澡。

③ 五气:指五脏之气。气,指脏腑的功能活动。《周礼·天官·疾医》:"以五气、五声、五色视其死生。"郑玄注:"五气,五藏所出气也。肺气热,心气次之,肝气凉,脾气温,肾气寒。"

④ 荣卫:荣指血的循环,卫指气的周流。荣气行于脉中,属阴,卫气行于脉外,属阳。荣卫二气散布全身,内外相贯,运行不已,对人体起着滋养和保卫作用。《素问·热论》:"五藏已伤,六府不通,荣卫不行,如是之后,三日乃死。"

⑤ 壅:堵塞。

⑥ 《老君实录》:即《太上老君混元皇帝实录》,九卷,谢守灏编撰。

宋真宗因崇奉道教，奉太上老君为混元上德皇帝，故名其书。该
书为神仙人物传记。谢守灏（1134—1212），字怀英，寻观复大师
高士，谥号修文辅教观复先生，永嘉（今属浙江）人。另著有《太
上老君年谱要略》《太上混元老子史略》等。

⑦加句《天童经》：即《太上太清天童护命妙经注》，一卷，宋侯善渊
注。该书为古代内丹术书，实为修炼时颂读的一篇咒词。据称
颂读之可"护命养生，神明佑助"。咒词每句均加注解，以显明要
义。侯善渊，号太玄子，骊山（今属陕西临潼）人。全真道士，隐
于姑射山。长于玄理，另著有《上清太玄集》《上清太玄鉴诫论》
《上清太玄九阳图》等。咒水：古代巫术之一。对水施念咒语，据
说饮之可治病祛邪。

【译文】

《西山群仙会真记》："十天一洗头，五天一洗澡，五是五脏之气流传，
洗浴则气血通畅；十天周期自然循环完成后，促使真气回归脑部，洗头则
耳目聪明。如果经常洗浴，会导致血液凝结而真气涣散，虽然肌体有光
泽，时间久了真气亏损，能使人瘫痪。如果经常洗头，损耗元气会导致气
血失衡，精神无法主导形体。真气堵塞大脑，积滞其中，使人身体沉重身
形疲惫，时间久了经络不能保持通畅。"《老君实录》说："诵加句《天童
经》咒水沐浴，各种疾病都能痊愈。"

房室避忌①

《修真秘诀》②："四时八节③，弦望晦朔④，本命之日，魁
罡值日⑤。六甲日⑥，六丁日⑦，甲子日，庚申日，子卯日，为
天地交会之辰，特忌会合，违者减年夺算⑧。"又《庚申论》
云⑨："五月五日、六日、七日、十五日、十六日、十七日、廿五

日、廿六日、廿七日为九毒日，切宜斋戒，尤忌色欲^⑩，犯之减寿。一云是日宜别寝，犯之三年致卒。"

【注释】

①房室：指房事，性生活。

②《修真秘诀》：《玉海·艺文志》："《神仙修真秘诀》十二卷，题颖阳子撰。"

③四时八节：四时，乃春、夏、秋、冬、四季。八节，即立春、春分、立夏、夏至、立秋、秋分、立冬、冬至，八个节气。

④弦望晦朔：弦，月半圆时，状如弓弦，故谓之弦，农历初七八日为上弦，二十二三日为下弦。望，月圆之时，常指农历每月十五。晦，农历每月最后一日。朔，农历初一月亮运行到地球与太阳之间，地面上看不见月光这种现象叫作朔，也即现在农历每月初一，因此亦称初一为朔日或朔。

⑤魁罡：指斗魁与天罡二星。

⑥六甲：天干地支相配计算时日，其中有甲子、甲寅、甲辰、甲午、甲申、甲戌，故称。

⑦六丁：六个天干为丁的日子，即丁卯、丁巳、丁未、丁酉、丁亥、丁丑，故称。

⑧夺算：削去寿数，缩短寿命。

⑨《庚申论》：书名。不详待考。

⑩色欲：男女间的性爱。

【译文】

《修真秘诀》："四时八节，弦望晦朔日，本命之日，魁罡值日。六甲日，六丁日，甲子日，庚申日，子卯日，是天地交会的日子，特别忌讳男女交合，违犯了就会折损寿命。"又有《庚申论》说："五月五日、六日、七日、十五日、十六日、十七日、廿五日、廿六日、廿七日为九毒日，一定要斋戒，特别忌讳男女间的性爱,违犯了就会削减寿数。另一说法是这些日子宜分室就寝,违犯的三年内会导致死亡。"

早暮谨戒①

《黄帝杂忌》②:"一日之忌,暮无饱食。一月之忌,暮无大醉。一岁之忌,暮无远行。终身之忌,暮无燃烛行房③。"又《仙经》云:"一日之忌,暮无饱食。一月之忌,暮无远行。终身之忌,暮常护气④。"又道林曰⑤:"晦日不歌,朔日不哭。"

【注释】

①谨戒:敬慎戒惧。

②《黄帝杂忌》:即《黄帝杂忌法》,托名黄帝所传的房事方面的禁忌法。所论皆为性卫生方面的知识。

③行房:谓男女交合。

④暮:晚年。护气:守护元气。

⑤道林:即支遁(314—366),字道林,俗姓关,陈留(今河南开封南)人,一说河东临虑(今河南林县)人。东晋高僧。

【译文】

《黄帝杂忌法》:"一天之中的大忌,晚饭不要吃得很饱。一月之中的大忌,晚上饮酒不要过量。一年之中的大忌,晚上不要出远门。一生之中的大忌,晚上不要点燃蜡烛行男女之事。"又有《仙经》说:"一天之中的大忌,晚饭不要吃得很饱。一月之中的大忌,晚上不要出远门。一生之中的大忌,晚年必须要守护元气。"又有道林说:"晦日不唱歌,朔日不哭泣。"

鞯鞁应时^①

《马痴记》^②："王武子好马^③,非马不行。正旦则柳叶金障泥^④,上元则满月鞯^⑤,清明则剪水鞭,重午则笼娇鞁,八月中秋则玉满璁络头^⑥,重阳则蝉儿鞯,春秋社则涂金鞁^⑦,冬至则嘶风镫^⑧,除日则药玉鞍。每节日,则喂马以明砂豆、蔷薇草。"

【注释】

①鞯(jiān):衬托马鞍的垫子。鞁(bèi):古代套车的器具。

②《马痴记》:又作《马癖记》,《云仙杂记》卷四引。

③王武子:即王济,字武子,太原晋阳(今山西太原)人。《晋书·杜预传》:"王济解相马,又甚爱之。预常称济有马癖。"

④柳叶金障泥:用金线绣柳叶图纹的障泥。障泥,垂于马腹两侧,用于挡避泥土,故称。

⑤满月鞯:圆形的鞍垫。

⑥络头:马笼头。

⑦涂金:谓封禅时和金为泥而涂封。

⑧嘶风:马迎风嘶叫。镫(dèng):马镫。

【译文】

《马痴记》:"王济喜爱骏马,没有马不能行动。正月初一则用柳叶金障泥,上元节则用满月鞯,清明节则用剪水鞭,端午节则用笼娇鞁,八月中秋节则用玉满璁络头,重阳节则用蝉儿鞯,春社、秋社则用涂金鞁,冬至节则用嘶风镫,除日则用药玉鞍。每到节日,则用明砂豆、蔷薇草喂马。"

北人打围①

《使辽录》②："北人打围，一岁间各有所处。正月钓鱼海上，于水底钓大鱼。二月、三月放鹘③，号海东青④，打雁。四月、五月打麋鹿⑤。六月、七月于凉处坐夏⑥。八月、九月打虎豹之类。自此直至岁终，如南人趁时耕种也。"

【注释】

①打围：打猎。因须多人合围，故称。

②《使辽录》：一卷，宋张舜民撰。该书所记以辽皇帝四时围猎为主，所谓打围猎物各有处所。张舜民，字芸叟，自号浮休居士，又号矴斋，邠州（今陕西彬州）人。宋文学家，另著有《画墁录》等。

③鹘：隼。

④海东青：也叫海雕，雕的一种。一种凶猛而珍贵的鸟，辽金时常有人饲养。

⑤麋鹿：也叫四不像。哺乳动物。过去认为它角似鹿，头似马，体似驴，蹄似牛，但又不全像以上四种动物中的一种，故名。

⑥坐夏：佛教语。僧人于夏季三个月中安居不出，坐禅静修，称坐夏。

【译文】

《使辽录》："北方少数民族的人们打猎，一年之间各有去处。正月海边钓鱼，在水底钓大鱼。二月、三月放鹘，号海东青，捕捉大雁。四月、五月猎取麋鹿。六月、七月在凉处安居不出。八月、九月猎取虎豹之类。自此直到年终，如南方人利用时机耕种一样。"

龟兹戏乐

《酉阳杂俎》:"龟兹,元日,斗羊、马、驼,为戏七日,观胜负,以占一年羊马减耗繁息也。婆逻遮,并服狗头、猴面,男女无昼夜歌舞。八月十五日,行像及透索为戏①。焉耆②,元日、二月八日,婆摩遮。三日,野祀。四月十五日,游林。五月五日,弥勒下生。七月七日,祀先祖。九月九日,床撒③。十月十日,王为厌法④。王出首领家,首领骑王马,一日一夜,处分王事⑤。十月十四日,每日作乐,至岁穷。拔汗那,十二月十九日,王及首领,分为两朋,各出一人着甲,众人执瓦石棒杖,东西互击,甲人先死即止,以占当年丰俭。"

【注释】

①行像:即行城。透索:跳绳。

②焉耆:古西域国名。又作乌耆、乌缠、阿耆尼。国都在员渠城(今新疆焉耆)。

③床撒:他本或作"麻撒",又或以为当作"麻撒",不详所指。

④厌法:即厌胜。古代一种巫术,谓能以诅咒制胜,压服人或物。

⑤处分:处理,处置。王事:国家的政事。

【译文】

《酉阳杂俎》:"龟兹国,正月初一,举行斗羊、斗马、斗骆驼的活动,持续七天,通过观察胜负,以此来占卜一年中羊马损耗和繁殖生息的情况。跳婆罗遮舞时,大家都戴着狗头、猴脸的面具,男女不分昼夜地唱歌跳舞。八月十五日,抬着佛像在大街上游行,跳绳为乐。焉耆国,在正月初一、二月初八,举行婆罗遮舞会。三日,野外祭扫。四月十五日,在树林中游玩。五月五日,纪念弥勒菩萨的生日。七月七日,祭祀祖先。九月九日,床撒。十月十日,国王做厌胜法事。国王带着全家出宫,部落首领代替国王骑马,为时一天一夜,负责处理国事。十月十四日起,每天都会奏乐,一直到年终。拔汗那国,在十二月十九日,国王及部落首领分为两队,每队各出一人身穿铠甲,众人手执瓦块、石头、棍棒,攻击对方穿铠甲的人,有一方穿铠甲的人先被打死活动立即停止,用这种方法来占卜当年农作物收成的好坏。"

中华经典名著
全本全注全译丛书
（已出书目）

抱朴子内篇	唐语林
抱朴子外篇	北山酒经(外二种)
西京杂记	折狱龟鉴
神仙传	容斋随笔
搜神记	近思录
拾遗记	洗冤集录
世说新语	岁时广记
弘明集	传习录
齐民要术	焚书
刘子	菜根谭
颜氏家训	增广贤文
中说	呻吟语
群书治要	了凡四训
帝范·臣轨·庭训格言	龙文鞭影
坛经	长物志
大慈恩寺三藏法师传	智囊全集
长短经	天工开物
蒙求·童蒙须知	溪山琴况·琴声十六法
茶经·续茶经	温疫论
玄怪录·续玄怪录	明夷待访录·破邪论
酉阳杂俎	潜书
历代名画记	陶庵梦忆
唐摭言	西湖梦寻
化书·无能子	虞初新志
梦溪笔谈	幼学琼林
东坡志林	笠翁对韵